मुं'भाई'
रिटर्न्स

मुंभाई रिटर्न्स

विवेक अग्रवाल

वाणी प्रकाशन

वाणी प्रकाशन
4695, 21-ए, दरियागंज, नयी दिल्ली-110 002

शाखा

अशोक राजपथ, पटना-800 004

फ़ोन : +91 11 23273167 फ़ैक्स : +91 11 23275710

www.vaniprakashan.in
vaniprakashan@gmail.com
sales@vaniprakashan.in

MUM'BHAI' RETURNS
by Vivek Agrawal

ISBN : 978-93-5229-434-3
Journalism

प्रथम संस्करण

एस.के. ऑफ़सेट, दिल्ली-110 095 में मुद्रित

वाणी प्रकाशन का लोगो मक़बूल फ़िदा हुसेन की कूची से

समर्पण

उन अनाम 'मित्रों' के नाम...
जिनके बिना न स्याह संसार चलता है...
जिनके बिना न स्याह संसार ख़त्म होता है...
जिनके असली नाम दुनिया कभी नहीं जान पाती...

अनुक्रम

आमुख

सबके जहन में एक सवाल उठता है कि क्या माफिया के रक्तरंजित अतल समन्दर के रहस्यों की परतें भेदना सम्भव है?

उत्तर है—हाँ/नहीं।

दोनों एक साथ कैसे हो सकता है भला! सच तो यही है कि जो जानकारी पता चल गयी तो वह रहस्य रह ही कहाँ गयी। जो नहीं पता चला, उसके लिए तो 'नहीं' कहना ही पड़ेगा। मुंबई माफिया के ऐसे अनेकों तथ्य हैं, जो अनसुने, अनदेखे, अनजाने और अचीन्हे रह जाते हैं। कुछ तथ्य टुकड़ों-टुकड़ों में अपराध संवाददाताओं या खोजी पत्रकारों द्वारा अथक प्रयासों से आप तक पहुँचते हैं। ऐसे में 'मुं'भाई'' सामने आने के बाद यह तो साफ है कि 'मुं'भाई' रिटर्न्स' में क्या होगा।

ऐसे बहुतेरे विषय हैं, ऐसी काफी जानकारियाँ हैं, ऐसे असंख्य आंकड़े हैं, ऐसे ढेरों तथ्य हैं, जो इस पुस्तक में समाहित किये है। हर पुस्तक की एक समस्या होती है कि उसकी पृष्ठ संख्या सीमित रखनी होती है। ऐसे में काफ़ी जानकारियाँ यहाँ नहीं समेट पाया। वे इस शृंखला की तीसरी पुस्तक 'मुं'भाई' रीगेन' में समाहित की हैं।

इस पुस्तक के अध्याय 'गुंडों की नाम कहानी' में आप वह पढ़ेंगे, जो आज तक किसी ने आपको नहीं बताया होगा। इसमें गुंडों के उन उपनामों और उनके ये नामों से पहचाने जाने की सच्ची कहानियाँ हैं। मुंबई माफिया के गुंडों के उर्फ नामों की तलाश की यह पहली सार्थक कोशिश थी। जनसत्ता की रविवारीय पत्रिका सबरंग के लिए यह लेख तैयार करने में तकरीबन आठ माह का लम्बा वक्त लगा था। सनक ही तो थी, वरना सबरंग की कवर स्टोरी लिखने के लिए मिलने वाली महज पाँच सौ रुपये की रकम के लिए इतना वक्त कौन लगाता भला? और पैसा कितना ख़र्च किया था, वह तो याद ही नहीं।

'महिलाएँ और माफिया' तो वह विषय है, जो सबका पसन्दीदा है। कुछ लोग

महिलाओं के माफिया में होने पर बड़ा अचरज ज़ाहिर करते हैं। इस अध्याय में आपको पता चलेगा कि कैसी-कैसी महिलाएँ हो गुजरी हैं, स्याह सायों के संसार में और उनके रहस्य क्या थे।

'बारबालाओं का साथ' में आप मुंबई के उन ठिकानों और उन बारबालाओं व नर्तकियों की सच्ची दास्तान से रूबरू होंगे, जिनमें से बहुतांश तो अँधियाले कोनों में उनकी ज़िन्दगी की तरह ही दफ़न रही हैं।

'बमबाजों से बदला' और 'शिवसेना पर निशाना', दो ऐसे अध्याय हैं, जिनमें एक तरह से दो गिरोहों के बीच छिड़े गिरोह युद्ध की कहानी कुछ अलग ही अन्दाज़ में सामने आती है। एक तरफ़ जहाँ छोटा राजन गिरोह ने 1993 मुंबई बमकांड के आरोपियों की हत्याएँ कर देशभक्ति का राग अलापा था, वहीं दूसरी तरफ़ डी-कम्पनी ने शिवेसना के तमाम नेताओं और कार्यकर्ताओं की हत्याएँ कर एक तरह से बदला भी लिया था। इस गिरोह ने इस कट्टर हिन्दूवादी दल को एक के बाद एक तगड़े झटके देते हुए देश के तमाम मुसलमानों को सन्देश दिया था कि आड़े वक्त में डी-कम्पनी उनके साथ, कौम के साथ खड़ी है।

'छुरे से एके छप्पन' में गिरोहों के हथियारों, उनके इस्तेमाल इत्यादि से आप रूबरू होंगे। 'गिज़्मो गैलरी' में यह पता चलेगा कि किस गिरोह और गिरोहबाज द्वारा किस किस्म के उपकरण और तकनीक का इस्तेमाल होता रहा है।

'ख़बरियों की ख़बर' विषय इतना विशाल और गहरा है कि एक अध्याय में उसे समाहित नहीं किया जा सकता। आप अभी यहीं इतने में ही सन्तोष करें। इसमें कोशिश है कि मुखबिरों के संसार के हर रहस्य तक आपकी नज़र पहुँच सके।

'मुठभेड़ : कितना सच-कितना झूठ' में संगठित अपराधी गिरोहों के हर उस गुंडे की पुलिस की गोलियों से मौत का वह हर रहस्य उजागर करने की कोशिश है, जो एक साथ—एक जगह पर कभी आपने नहीं हासिल किया होगा।

'अँधेरे की राजदार भाषा' में तो आपको वे शब्द और वाक्य पता चलेंगे, जो स्याह सायों के संसार के सबसे बड़े रहस्य हैं। कभी डी-कम्पनी मं तो कभी नाना कम्पनी में, कभी गवली गिरोह तो कभी नाईक गिरोह में, ये शब्दावली और वाक्य वक्त और जरूरत के मुताबिक बदलते रहते हैं। इस रहस्य का पर्दाफ़ाश कितना मुश्किल काम है, यह बताने या जताने से कुछ हासिल नहीं। आप पढ़ेंगे तो ख़ुद जान जायेंगे। पुलिस की दर्जनों फ़ाइलों और सैकड़ों पन्नों और मुखबिरों के पास से ये रहस्यमयी भाषा आप तक पहुँ रही है।

'टाडा : सत्य और कथ्य' में इन मतान्ध प्रेतों का एक अलग ही चेहरा सामने आता है। कैसे इस कठोर क़ानून ने इन रक्तपिपासु प्रेतों के मृत्युनाद और नर्तन

पर विराम लगाया था, उसका पूरा रहस्य परत-दर-परत उधेड़ कर रख दिया है।

गिरोहों की आपसी रंजिश और मारकाट से परे भी एक संसार है, उनके ऐसे कुछ विषय हैं, जिन तक पहुँचना सम्भव नहीं होता। यही तो रहस्य है। कल्पनातीत और दुरूह जानकारियाँ ही तो रहस्यों की जनक होती हैं। गिरोहों और गिरोहबाजों के बारे में जानने की इच्छाशक्ति ही स कुछ नहीं होती। इन गिरोहबाजों को समाज के भ्रष्ट नायकों के रूप में देखें, आपको सब कुछ साफ दिखने लगेगा।

किसी सन्त से एक जिज्ञासु ने पूछा कि क्रोध क्या है?

सन्त का उत्तर था कि मानव मन की वह स्थिति, जिसमें मानव यह माने कि वह सामने वाले का अहित कर रहा है, लेकिन सत्य यह है कि वह स्वयं का नुक़सान करता है, यह भाव ही क्रोध है।

...और यही भाव समाज के इन पथभ्रष्ट व स्खलित नायकों का भी है। वे भी इसी भाव से जीते हैं कि बदले की आग में वे दूसरे का नुक़सान कर रहे हैं। इसके विपरीत सत्य का दूसरा पहलू यह भी है कि वे स्वयं और उनके समस्त परिजन भी इस अग्नि में जलते हैं। एक भाव मेरे मन में सदा रहता है कि कभी ऐसा कोई युवक इन भटकते प्रेतों के संसार में न पहुँचे, न उनका अंग बने, न उनका कर्म अपनाये। वह सफल हो तो एक मानव के रूप में, दानव के नहीं।

तथास्तु।

विवेक अग्रवाल

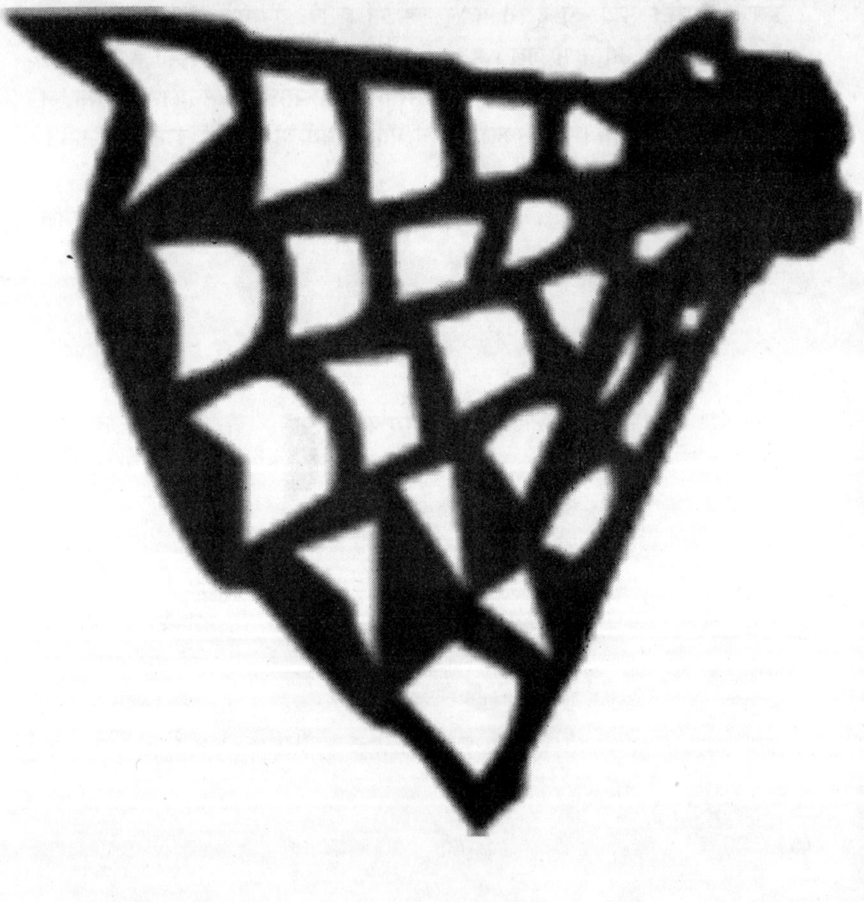

अँधेरे की राजदार भाषा

ऐसा सिर्फ़ जासूसों या सैन्यकर्मियों के बीच ही नहीं होता कि वे अपनी रहस्य भरी बातें छुपाने के लिए कूटभाषा और संकेतों का ईजाद करें। यह मुंबई माफिया में भी आम है। वे जब कहते हैं 'कौव्वा' तो किसी को ये नहीं समझना चाहिए कि वे काले रंग के उस पंछी की बात कर रहे हैं जो काँव-काँव करता आपके इर्दगिर्द उड़ता दिखता है। ऐसे न जाने कितने शब्द हैं जो बहुरूप धारण किये अँधियाले संसार में प्रचलित हैं और अंडरवर्ल्ड में बर्षों से सन्देश देने-लेने का जरिया बने हुए हैं। ऐसे भी न जाने कितने शब्द हैं, जिनके सामान्य अर्थों से अलग ऐसे मतलब निकलते हैं जो किसी को भी चौंका दें। हर दिन, हर पल बदलने वाली इस भाषा के साथ समस्या यही है कि उसका कोई पक्का स्वरूप नहीं है।

अपने-अपने कोड

‘हाँ भाई, आरडी बोल रहा हूँ।’

‘रियाज भाई, आप जब भी फ़ोन करते हैं, हमेशा ख़ुद को आरडी कहते हैं, मुझसे भी कहते हैं कि इसी नाम से पुकारूँ, क्या चक्कर है?’

‘भाई, अपनी दुनिया बड़ी जालिम, यहाँ किसी को पता नईं होना माँगता कि अपुन तुम्हेरे से बात करता है।’

‘तो क्या हुआ? आप एक ख़बरी हो, ये तो सभी को मालूम है।’

‘नई साब, ख़बरी होना एक बात, तुम्हेरे साथ जोड़ी रखना दूसरा बात। वो तुम नईं समजेंगा।’

‘तो समझाएँ मुझे भी।’

‘वो क्या है कि ऐसाच बोलो तुम अपुन को। ऐसाई बोलते हैं गैंगवार में सब लोग।’

‘अच्छा, आपकी बातों से याद आया कि अंडरवर्ल्ड एक खास भाषा का इस्तेमाल करता है। वह क्या और क्यों है?’

‘वो तो अपने-अपने कोड होते हैं भाई, वैईसे बात करने में किसी को पता नहीं चलेंगा कि वो लोक किसके बारे में क्या बात करता।’

‘उनकी कुछ जानकारी दें।’

‘ढेर सारा है भाई, कितना लिक्खेंगा तुम छापा में।’

‘देखिए क्राइम ब्रांच द्वारा पकड़े अपराधियों से कुछ तो मैंने पूछा था। उन्होंने मुझे कितना सच बताया, वह भी तो आप ही तस्दीक कर सकते हैं।’

‘तो आ जाओ भाई एक दिन। बात करते हैं।’

दाना, झाड़ू, दो टाँग...

‘हाँ, मैं बुलेट बात कर रहा हूँ। ‘एमआर’ को ठोंकना है। डीआर में दो टाँग लेकर आना। एमडी में चार टाँग भेजना। काला पैंट-शर्ट पहन कर मैं वहीं खड़ा हूँ। देख मेरे कौव्वे की बोली बन्द हो रही है। तू सलीम की चिड़िया पे मैसेज दे। उसे भी उदर ही बुला ले। मैं वहीं वेट करता हूँ। वो दिन क्लिक किया था लेकिन फोटू निकलाईच नईं। वो कैमरा सही काम नहीं करता। आज तू गिटार लेके आना। ये टाइम गेम नक्की करना है। भाई का हुकुम है।’

ये बातचीत अगर कोई आपके सामने करे तो दो ही बातें आप कहेंगे, एक तो यह कि सामने वाला पागल है, या वह जबरन बड़बड़ा रहा है। लेकिन ऐसा नहीं है। वह तो मुंबई के गिरोहों का कोई सुपारी हत्यारा है जो अपने साथी से फ़ोन

पर बातचीत कर रहा है। वह सन्देश दे रहा है कि 'एक व्यक्ति की हत्या करनी है और उसके मोबाइल फ़ोन की बैटरी ख़त्म हो रही है। सलीम को भी पेजर पर सन्देश देकर काम वाली जगह पर बुला ले। पिछली बार वाली पिस्तौल ख़राब थी, उससे गोली चलती नहीं है इसलिए इस बार एके-47 रायफल लेकर आना है।'

'तू चार टाँग पे झाड़ू ले के जा, टकले कूं लिटा के भेज', शब्दों का कोई मतलब नहीं निकाल सकते लेकिन माफिया में इसके पीछे गहरा राज है। इसका अर्थ है कि कोई सरगना या सिपहसालार किसी शूटर को किसी की हत्या का निर्देश दे रहा है। 'चार टाँग' का अर्थ है 'कार', 'झाड़ू' कहते हैं 'एके 47 रायफल' को, 'टकले' का मतलब है 'शिकार' (जिसकी हत्या होनी है), 'लिटा के भेज' को समझा जाता है 'मार देना'।

मुंबई माफिया की अपनी भाषा है जिसे आम आदमी बिल्कुल नहीं समझ सकता। कई बार पुलिस अधिकारियों को भी यह कूट भाषा समझने के लिए खासी कसरत करनी पड़ती है। मुंबई माफिया इस मामले में पुलिस और खुफिया एजेंसियों को चकमा देने के लिए काफ़ी मेहनत करता है। वे बार-बार भाषा और संकेत बदलते हैं। एक खास वस्तु या व्यक्ति के कई नाम रखते हैं ताकि किसी को समझ न पड़े।

संकेत या कूट नाम	–	**असली वस्तु या अर्थ**
अंटा, लाल परी	–	चरस की गोली।
आठ नम्बर चप्पल	–	38 कैलीबर रिवाल्वर।
आर्टिस्ट	–	शूटर।
उनतीस	–	उम्र में कुछ बड़ी लड़की।
एक्सीडेंट हो गया	–	गुंडे के गिरफ़्तार होते-होते बचने पर कहते हैं।
एडमिट हो गया	–	गिरोहबाज के गिरफ़्तार होने पर कहते हैं।
कटिंग	–	शिकार के बारे में महत्त्वपूर्ण सूचना।
काँटा निकालना	–	विरोधी को मारना।
काला	–	अफीम।
काला कोट	–	वकील।
काला साबुन	–	आरडीएक्स।
कैमरा	–	रिवाल्वर, पिस्तौल।
कैमरा क्लिक करना	–	पिस्तौल से गोली दागना।

कैसेट	—	पिस्तौल की मैगजीन।
कौव्वा	—	मोबाइल फ़ोन।
खाली-पीली	—	बेकार में।
खोखा, कंटेनर	—	एक करोड़ रुपये।
गिटार	—	एके-47 या 56।
गुड़, साबुन, काला साबुन	—	आरडीएक्स।
गेम करना	—	हत्या करना।
घोडा, वगन (वज़न)	—	बन्दूक।
चकरी या चकरट	—	रिवाल्वर।
चार टाँग	—	चौपहिया वाहन।
चार टाँग पे जाना	—	कार में जाना
चप्पल मार के पैदल होना	—	नौ मिमी की पिस्तौल से गोलीबारी कर फरार होना।
चारों बाजू काफ़ी ग़न्दगी है	—	हर तरफ़ पुलिस का कड़ा बन्दोबस्त है।
चिड़िया	—	पेजर।
छत्तीसा	—	मैथाक्यूनॉल।
छत्री	—	गिरोह का खैरख्वाह या पैसे से मददगार।
छब्बीस	—	ख़ूबसूरत जवान लड़की।
छापा	—	अख़बार।
छोटी	—	पिस्तौल
झाड़ू	—	एके-47 या 56।
झाड़ू फेरना	—	एके-47 या 56 से पूरी गोलियाँ दागना।
ठसना	—	छुप जाओ।
डस्ट	—	गरद, ब्राऊन शुगर।
डिब्बा	—	रेडियो।
डिब्बा या भांडी	—	पुलिस वायर लैस वैन।
डीआर	—	दादर।
तैंतीस नम्बरी	—	वरिष्ठ पुलिस अधिकारी।
दाना	—	गोलियाँ।
दूध-पाव	—	ऐसा व्यक्ति जो भोजन देता है।
दूसरे घर पर आना	—	दूसरे लाइन पर फ़ोन करो। ये तब कहते हैं जब फ़ोन बीच में सुने जाने, टेप होने या गड़बड़ी का सन्देह हो।

दो टाँग	—	दुपहिया वाहन।
नल्ला	—	नकली माल।
नौ नम्बर चप्पल	—	9 मिमी स्टार पिस्तौल।
नौ नम्बरी	—	पुलिस कांस्टेबल।
पंटर	—	छोटे-मोटे काम करने वाले लड़के।
पत्ते बिखराना	—	मार गिराना।
पुट्ठा	—	पासपोर्ट।
पेटी	—	एक लाख रुपये।
पेपर	—	पैसा, रुपया, धन।
पेमेंट करना	—	किसी की हत्या कर देना या सुपारी पर किसी को मारना।
पैदल होना	—	छुपते हुए रहना।
बटाटा	—	जूता।
बड़ा भाई	—	गिरोह सरगना।
बड़ी अम्मा	—	एके 56।
बर्फ़	—	चाँदी।
बैदा	—	अज्ञात पाकेटमार।
बोंबा-बोंब	—	डाँट-डपट।
भाई बोला	—	बॉस ने कहा है।
मच्छी	—	चप्पल।
मामा, वर्दीवाला, गन्दे लोग	—	पुलिसकर्मी और पुलिस अधिकारी।
रस्सी	—	सोने की चेन।
लड्डू	—	बम, हथगोला।
लिफ्ट वाली बिल्डिंग	—	स्प्रिंग संचालित मैगजीन वाली ऑटोमैटिक पिस्तौल।
लैटर	—	सन्देश।
वोजी	—	असली माल।
शॉट दिखाऊँ क्या	—	गोली मारूँ क्या तुम्हें? शिकार को डराने के लिए।
सुपारी	—	ठेका।
स्क्वेयर फीट भाई	—	गुंडा जो गिरोह विशेष से न जुड़ा हो।
स्ट्रेट	—	चाकू।
स्ट्रेट घुमा दिया	—	चाकू मार दिया।

हल्दी	–	सोना।
हाथ पे आजा	–	मोबाइल पर फ़ोन करो। तब कहते हैं जब शक हो कि फ़ोन में गड़बड़ है, टेप हो रहा है या गोपनीय बात करनी हो।
होम ग्राऊंड	–	स्थानीय अदालत के विषय में इस्तेमाल शब्द। जेल में या जमानत की प्रक्रिया में बहुतायत से प्रयुक्त।

2004 में माफिया की भाषा

बैट-बॉल लाया क्या?

एक वक्त यह भी आया था कि माफिया ने अपनी भाषा में परिवर्तन किया। वे पुराने कोडवर्ड तेज़ी से बदल रहे थे। पुलिस के लिए हर दिन नया सिरदर्द बन रहे थे। पुलिस को स्याह सायों के संसार के तमाम पुराने कोड तो पता चल ही गये थे इसलिए कुछ नये शब्द और संकेत गढ़े जा चुके थे।

संकेत या कूट नाम	–	असली वस्तु या अर्थ
टाऊन	–	नागपाडा।
चार कुत्ता	–	चार नल इलाका, डोंगरी।
मुर्गी	–	दुपहिया वाहन।
बकरी	–	चौपहिया वाहन।
खन्ना	–	शिकार।
मैच	–	गेम, शूटआउट।
बैट	–	पिस्तौल।
बॉल	–	गोलियाँ।
चौका लगाना	–	हवा में गोली चलाना।
लास्ट ओवर	–	ज़रूरत पड़े तो अन्तिम समय में।
छक्का लगाना	–	शिकार को सीधे गोली मारना।
सीजन बैट	–	एके-47।

2005 में माफिया की भाषा

'भाई, आसपास बहुत कौव्वे उड़ रहे हैं!'

तेज़ी से बदलते संसार में मुंबई माफिया में परिवर्तन भी काफ़ी तेज़ी से होते हैं। इसी में आती है उनकी कूट भाषा भी। मुंबई माफिया की अपनी भाषा है। हर

गिरोह अपने लिए कुछ संकेत तय करता है ताकि उनकी बात यदि कोई सुने तो समझ न पाये। पिछले कुछ समय में जो परिवर्तन इसमें हुए हैं, वह अपने-आप में मज़ेदार होता है।

'भाई बादल छा रहे हैं।' जैसा वाक्य कहीं सुनने को मिले तो निश्चित ही माना जायेगा कि मौसम के बारे में बात हो रही है। लेकिन मुंबई में मामला कुछ और ही है। यह सम्भव है कि कोई गुंडा अपने सरगना को बता रहा हो कि आसपास पुलिस वालों का खासा जमावड़ा है। यही बात कुछ इस तरह भी कही जाती है, 'भाई, आसपास बहुत कौव्वे उड़ रहे हैं।' लेकिन जब बन्दोबस्त हट जाये, तो अँधियाले संसार में कहते हैं, 'बादल छँट गये हैं।' 'डॉक्टर आ रहा है' का सीधा सा अर्थ है कि पुलिस आ रही है। पहले पुलिसवालों को 'बापट' और 'बाराती' कहते थे। इन दिनों मुंबई पुलिस मुख्यालय को 'फ्रूट मार्केट' कहने लगे।

पुलिसवाले को 'बीड़ी' भी कहते हैं। माफिया ने पुलिस अधिकारियों को भी कुछ विशेष नाम दिये। कथित मुठभेड़ विशेषज्ञ विजय सालस्कर को 'महाराज' नाम इसलिए माफिया ने दिया क्योंकि वे धार्मिक व्यक्ति माने जाते हैं। मुठभेड़ विशेषज्ञ प्रदीप शर्मा को 'बावा' नाम से पुकारते थे, तो उसके दस्ते के एक इंस्पेक्टर को 'फ्रांसिस' (अब तक छप्पन फ़िल्म के एक पात्र) का नाम मिला था। एक अन्य नामचीन मुठभेड़ विशेषज्ञ दया नायक 'करोड़पति' इसलिए कहलाये क्योंकि उन्होंने अपनी माँ के नाम कर्नाटक में दो करोड़ की लागत का स्कूल खोला था, जिसे लेकर उनके ख़िलाफ़ विभागीय जाँच भी हुई थी।

पुलिस अधिकारी लगातार माफिया के टेलीफ़ोन सुनते हैं, उनकी बातचीत रिकार्ड करते हैं, उनमें जो शब्द इस्तेमाल होते हैं, उनके अर्थ जानने के लिए ख़बरियों की सहायता ली जाती है। माफिया में लगातार भाषा और शब्दों के अर्थ में परिवर्तन होते रहते हैं और लगातार उनके अर्थ पता करना पुलिस की मजबूरी है।

संकेत या कूट नाम – असली वस्तु या अर्थ

आइटम – लड़की।

आसमानी कबूतर – अधिक चालाकी दिखाने वाले लड़के या लड़की।

एक्स्ट्रा – फ़िल्मों में ही नहीं होते। मुंबई अंडरवर्ल्ड में भी इनका वजूद है। हथियार पहुँचाने, हमले के बाद हथियार ले जाने, वाहन चलाने, नज़र रखने जैसे छोटे-मोटे काम करने वालों के लिए यह शब्द इस्तेमाल होता रहा है।

कबूतर भेज	—	मुझे ई-मेल या एसएमएस करो।
लॉटरी	—	करंसी नोट हेतु प्रचलित शब्द कभी 'काग़ज़' था।
कान	—	एक करोड़ रुपये।
कुर्बानी	—	डी-कम्पनी शूटर जानबूझ कर हारने के लिए काम करे।
कोपचे में	—	कोने में।
कौव्वा	—	रिवाल्वर के लिए।
खर्चा पानी दे उसे	—	अच्छी पिटाई लगा उसकी।
गुलदस्ता दे उसे	—	रिश्वत के पैसे पहुँचा दो उसे।
चप्पल	—	रिवाल्वर।
चमचम	—	मोबाइल फ़ोन।
चिड़िया	—	पहले मतलब पेजर था, अब 'फ़र्जी पासपोर्ट' है। 'पुट्ठा' भी कहते हैं।
टकला	—	500 का नोट।
डब्ल्यू मत रख अपने पास	—	'डब्ल्यू' अर्थात हथियार दूर करो।
थान	—	कपड़े का नहीं, माफिया में अर्थ 1,000 का नोट है।
दे दे/दे डाल	—	हत्या करना।
पीला	—	सोना।
पेशेंट	—	शिकार।
पेशेंट को अस्पताल में रखना है	—	शिकार को पकड़ कर उसे किसी अड्डे पर रखो।
फाइटर	—	गोलीबारी नहीं करता, लात-घूँसे चलाने में माहिर।
बटन	—	गोलियाँ।
बरफ	—	चाँदी।
भाई, मैं गाँव जा रहा हूँ	—	मैं दुबई भाग रहा हूँ।
माँ-बच्चे हैं साथ में	—	'माँ' का मतलब है पिस्तौल, 'बच्चे' का अर्थ है रिवाल्वर।
यू-टर्न	—	जब कोई सदस्य असली गिरोह में वापस लौट आये।

लम्बी	–	दुनाली या रायफल।
हाथ	–	एक लाख रुपये।
हाथवाला	–	मोबाइल फ़ोन।

2008 में माफिया की भाषा

फिर बदली भाषा अंडरवर्ल्ड की

मुंबई का माफिया लगातार बोलचाल की भाषा बदलता रहता है क्योंकि उसे डर बना रहता है कि उनकी बातचीत कोई पुलिस वाला या ख़बरी सुन सकता है और उनके आगामी काम पर आँच आ सकती है। यही कारण है कि न केवल दाऊद गिरोह बल्कि छोटा राजन गिरोह, गवली गिरोह, नाईक गिरोह, बंटी पांडे, एजाज लकड़ावाला, रवि पुजारी, हेमन्त पुजारी, फहीम मचमच, फजलू रहमान के गिरोहों ने लगातार भाषा में परिवर्तन जारी रखे।

आपके सामने अगर फ़ोन पर कोई बोले, "दो हाथी लेकर आने वाला है, उसके साथ में बच्चे ख़ूब सारे होंगे, तू जाकर उन सबको साथ में ले लेना, हाजी साहब बोले हैं कि हाथी और बच्चे लेके सीधे एयरपोर्ट पहुँच जाना।" इस बातचीत का मतलब आपके लिए कुछ नहीं निकलता है लेकिन बोलने वाला आदमी और सुनने वाला व्यक्ति अंडरवर्ल्ड का है तो उनके लिए इसका काफ़ी गहरा मतलब है। वह आदमी सामने वाले को सन्देश दे रहा है कि, "दो एके-56 लेकर आने वाला है, उसके साथ ख़ूब गोलियाँ भी हैं, तू जाकर उन्हें साथ ले लेना, छोटा शकील ने कहा है कि एके-56 और गोलियाँ लेकर सीधे अड्डे पर पहुँचो।"

इसी तरह अगर कोई बोलता मिले, "रद्दीवाले के पास जाकर सारे काग़ज़ उठा ला। अपना काम आज ही हो जायेगा।" तो साफ़ है कि "हवाला कारोबारी के पास जाकर पूरी रकम (नोट) लाने हैं, अपने लिए ही यह पैसा आया है।"

सन् 2008 में जो नये नाम और भाषा माफिया इस्तेमाल कर रहा था, उसकी बानगी देखें–

संकेत या कूट नाम	–	**असली वस्तु या अर्थ**
अनार	–	बम।
इंडियन बैट	–	देशी कट्टा।
इलायची	–	500 के नोट।
एम्पायर	–	पुलिस इंस्पेक्टर।
एक्स्ट्रा	–	शूटर के साथी।
एयरपोर्ट	–	अड्डे पर।

कचरेवाला — हवाला कारोबारी।
कप्तान — अबू सालेम।
काग़ज़ — नोट।
कान या ड्रम — करोड़ रुपये।
केशर — 1000 के नोट।
कैसेट — पिस्तौल।
घड़ी — टाइम बम।
पैंटपीस — रिवाल्वर।
चूहा — टैक्सी, रिक्शा।
चौका मारना — हवाई फायरिंग करना।
डिब्बे में लेना — अपहरण।
थर्ड अम्पायर — एनकाउंटर स्पेशलिस्ट।
थर्ड गियर — तेज़ गति से चकमा देकर भाग निकलना।
धागा — कारतूस।
नाक — लाख रुपये।
पोटला करना — हत्या करना।
बच्चे — गोली।
बड़े हाजी — दाऊद इब्राहिम।
बीड़ी — कांस्टेबल।
रोटी — सीडी
सम्भल के खेल — पुलिस का ध्यान रखना।
सिक्सर माना — हत्या करना।
सीजन बैट — विदेशी हथियार।
हाजी साहब — छोटा शकील।
छोटे हाजी — छोटा शकील
हाथ — लाख रुपये।
हाथी — एके-47 या 56।

सन् 2008 में अन्य गिरोहबाजों की भाषा

सिक्सर मत मारना

ठाणे पुलिस ने कुछ गिरोहबाजों को गिरफ़्तार किया तो बेहद चौंकाने वाली और एकदम नयी भाषा और मुहावरों का प्रयोग अँधियाले संसार में होते पाया। इस दौरान क्रिकेट में उपयोग होने वाले शब्दों और वाक्यों का इस्तेमाल मुंबई के सरमायादार करते नज़र आ रहे थे।

सीजन बैट लेके जा... एकदम सम्भल कर खेलना... और सुन सिर्फ़ चौका ही मारना... सिक्सर तो मारने के बारे में सोचना भी मत... हाँ, अंपायर से बच कर रहना... थर्ड अंपायर तो और भी ख़तरनाक है... उसने कैमरे में पकड़ा न, तो सीधे आउट... बचने का कोई चांस नहीं।

यह सुन कर कोई भी यही समझेगा और कहेगा कि एक खिलाड़ी दूसरे को खेलने की नसीहतें दे रहा है। यूँ तो यह बेहद आम क्रिकेट की भाषा है लेकिन पुलिस वालों और गिरोहबाजों के लिए उसके कुछ अलग ही मायने हैं। इस दौर के नये शब्दों और उनके अर्थों की जानकारी कुछ इस तरह से है।

संकेत या कूट नाम		**असली वस्तु या अर्थ**
अंपायर	–	पुलिस।
अनार फोड़	–	बम चलाओ।
इंडियन बैट	–	देशी रिवाल्वर या कट्टा।
इलायची	–	सौ लाख रुपये पाँच सौ नोट में।
गंदे लोग	–	पुलिस वाले।
घड़ी	–	टाइम बम।
चूहा	–	टैक्सी।
थर्ड अंपायर	–	मुठभेड़ विशेषज्ञ।
धागा	–	गोलियाँ।
पचास किलो	–	पचास लाख रुपये।
पैंटपीस	–	रिवाल्वर।
सम्भल कर खेल	–	पुलिस से सावधान रहना।
सिक्स नहीं मारना	–	शिकार को जान से नहीं मारना।
सीजन बैट लेकर जाना	–	विदेशी हथियार ले जाना।
सौ किलो	–	एक करोड़ रुपये।

सन् 2009 में माफिया की भाषा

अजान सुना दे... बारात... बुलडॉग...

इस साल में भी कुछ नये ही शब्द मुंबई माफिया में सुनाई दिये। इनके बारे में अधिक जानकारी तो नहीं सामने आयी लेकिन ये ज़रूर पता चला कि अपराध शाखा ने कुछ गुंडों से पूछताछ के बाद छानबीन का दायरा बढ़ाने के लिहाज से इन्हें भी जाँच का हिस्सा बना लिया था।

संकेत या कूट नाम	–	असली वस्तु या अर्थ
अजान सुना दे	–	शिकार को डराने के लिए गोलियाँ हवा में चलाना।
अण्णा	–	अश्विन नाईक।
अल्लाह-अल्लाह	–	हत्या हो गयी (डी-कम्पनी में)।
एचपी	–	हेमन्त पुजारी।
एसआरके	–	मुख्य सुपारी हत्यारा।
चिवडा	–	कांइया व्यक्ति।
चिवडा	–	पुलिस वाला।
जादूगर	–	खुफिया अधिकारी।
डब्बा	–	कम्प्यूटर।
दूसरा दरवाजा	–	दूसरा मोबाइल।
दूसरा हाथ	–	दूसरा मोबाइल।
पाव टकला	–	छोटा शकील (कुछ गंजापन आने के कारण)।
फ़ाइल दे दी	–	हत्या कर दी।
टोटल काम कर दिया	–	हत्या कर दी।
स्पाइडरमैन	–	इंटरनेट का इस्तेमाल करने वाला गिरोहबाज।
बड़ा हाजी	–	दाऊद इब्राहिम।
सीएस	–	छोटा शकील।
बारात	–	पुलिस दस्ता।
बारात निकल गयी	–	गिरफ़्तारी हो गयी।
बाराती	–	पुलिसवाले।
बीपी	–	रवि पुजारी।
बुलडॉग	–	दाऊद (मुँह पर झुर्रियाँ पड़ने के कारण, ख़तरनाक होने के कारण)।
बॉल पेन, रीफिल	–	देसी कट्टा और गोलियाँ।
भाई फ़ोन कर लिया	–	मोबाइल फ़ोन चोरी कर लिया।
भाड़े का गाड़ी	–	शारीरिक शोषण के लिए इस्तेमाल ख़ूबसूरत जवान क़ैदी।
माँ-बेटा	–	पिस्तौल व गोलियाँ।
रॉबिन	–	छोटा राजन।

विजय	–	छोटा राजन।
विट्ठला-विट्ठला	–	हत्या हो गयी (नाना-कम्पनी में)।
शॉट दे दिया	–	हत्या कर दी।
सुई-धागा	–	पिस्तौल व गोलियाँ।
सेठ	–	छोटा राजन।

सन् 2010 में माफिया की भाषा

फुल प्लेट राईस यानी एक करोड़

कल तक तो एक करोड़ के लिए खोका अथवा कान सरीखे शब्द स्याह सायों के संसार में बड़े प्रचलित थे लेकिन अब वे बदल गये हैं। बदले भी तो ऐसे कि कोई सपने में भी नहीं सोच सकता कि 'फुल प्लेट राईस' का ये भी मतलब होगा। 'अपराध शाखा' के लिए अब कहा जा रहा है 'स्कूल'। ये जानकारियाँ पिछले दिनों एक गिरोहबाज की गिरफ़्तारी के बाद सामने आयीं।

संकेत या कूट नाम	–	असली वस्तु या अर्थ
चना	–	गोलियाँ।
चूहा	–	सेल फ़ोन।
टकिया दे	–	गला दबा कर हत्या।
पतरा	–	चॉपर।
लेग पीस	–	माऊजर पिस्तौल।
हफ्ता	–	चन्दा।

सन् 2013 में स्पॉट फिक्सिग में कूटभाषा

अनाज के दानों में छुपा रकम का राज

आईपीएल-6 में स्पॉट फिक्सिग के चलते पूरी दुनिया में हंगामा मचा रहा। उधर पुलिस है कि परत-दर-परत इस मायाजाल की परतें उधेड़ने में लगी रही, इधर पता चला कि स्याह सायों के मैच फिक्सरों, सटोरियों और खिलाड़ियों ने आपस में बात करने के लिए कुछ तय इशारे और कूटशब्द पहले से तय कर लिए थे ताकि वे अपने तरीके से मैच के नतीजे बदलने की स्थिति में भाव और सट्टा लगाने में फेरबदल कर सकें और मोटा मुनाफ़ा पीट सकें। आपस में बात करने के लिए कुछ नये कूट संकेत या कोडवर्ड भी मुंबई माफिया ने विकसित किये थे।

क्रिकेट सट्टे में अधिक पैसा बनाने के चक्कर में मैच फिक्सिग करवाने के लिए सटोरियों व गिरोहबाजों ने न केवल हवाला नेटवर्क का इस्तेमाल किया बल्कि

नये-नये संकेतों का इस्तेमाल किया ताकि पुलिस या उनके जासूसों व मुखबिरों की निगाह में न आ सकें।

ज्वार... बाजरा... डॉलर...

सूत्रों के मुताबिक़ इन मैच फिक्सरों और गिरोहबाजों के बीच रकम के लेन-देन को लेकर जो नये कूट संकेत थे, वे ज्वार और बाजरा थे। अगर कोई कहता कि 'एक किलो ज्वार भेज दिया है' तो उसका मतलब होता था कि '10 हज़ार डॉलर का हवाला कर दिया है।' 'एक किलो बाजरा' भेजने का मतलब '1 लाख डॉलर' हवाला करना था।

संकेत या कूट नाम	–	असली वस्तु या अर्थ
कवला (कौव्वा)	–	अंकित चव्हाण।
गुरुजी	–	गुरुनाथ मैयप्पन।
चश्मिश	–	वीरेन्द्र सहवाग।
जैक	–	विंदू दारासिंह।
दादा	–	असद रऊफ (अंपायर)।
पगड़ी	–	हरभजन सिंह।
फिरकी	–	आर. अश्विन।
बटकू	–	सचिन तेंडुलकर।
मंकी	–	लाशिंथ मलिंगा।
मिर्ची	–	एक करोड़।
मॉडल	–	युवराज सिंह।
मोगली	–	अजीत चंडीला।
रावण	–	क्रिस गैल।
रोतडू	–	एस श्रीसन्त।
शेरा	–	सुरेश रैना।
हेलीकॉप्टर	–	एमएस धोनी।

डॉक्टर साहब... मास्टर साहब...

दिल्ली पुलिस की जाँच में साफ़ हो गया कि बुकी रमेश व्यास के डी-कम्पनी से सीधे रिश्ते रहे हैं। पूछताछ के दौरान पता चला कि रमेश ने दाऊद इब्राहिम से दो बार फ़ोन पर बात की थी। पुलिस ने दावा किया कि उनके पास पुख्ता सबूत है कि रमेश और उसके साथियों ने दाउद व छोटा शकील के इशारे पर भारत में आईपीएल मैचों का सट्टा कारोबार किया था। मोबाइल फ़ोन की रिकॉर्डिंग से

पुलिस को पता चला कि रमेश ने अन्य कुछ बुकियों से बातचीत में मास्टर और डॉक्टर साहब कूट संकेत इस्तेमाल किये थे। पुलिस अधिकारियों ने दावा किया कि रमेश दाऊद को मास्टर साहब और छोटा शकील को डॉक्टर साहब कहता था। गुड़गाँव का बुकी अश्विनी कुमार उर्फ़ टिंकू मंडी भी फ़ोन पर बातचीत में इन्हीं मास्टर और डॉक्टर साहब का ज़िक्र करता था।

खिलाड़ियों के संकेत

वानखेड़े स्टेडियम में मुंबई और राजस्थान के बीच हुए मैच के कुछ कूट संकेत जो पहले से खिलाड़ियों, सटोरियों और गिरोहबाजों के बीच तय हुए थे, उनके मतलब कुछ इस तरह से थे...

जूते के तस्मे ठीक करना–इसका मतलब यह होता है कि अब गेंदबाज ऐसी गेंद डालने जा रहा है कि चौका लगेगा।

लॉकेट चूमना–यह हरकत करने का मतलब होता है कि खिलाड़ी अब नो बॉल डालने वाला है।

तौलिया–गेंदबाजी करने से पहले इसी से बुकी को खिलाड़ी द्वारा इशारा होता था कि वो अब मैच फिक्सरों के बताये अनुसार ओवर में काम करने जा रहा है। 9 मई को पंजाब के ख़िलाफ़ श्रीसन्त ने अपने दूसरे ओवर में 14 या अधिक रन देने की स्पॉट फिक्सिंग की थी। इसके लिए उसे पैंट के आगे तौलिया लटकाना था।

टीशर्ट–ये अजीत चंदिला का संकेत था कि वो मैच के दौरान टीशर्ट उठाएगा तो बुकी दूसरे ओवर में 14 या अधिक रन देगा।

घड़ी–अंकित चव्हाण को दूसरे ओवर में 14 रन देने के लिए हाथों से घड़ी उतार कर संकेत देना था।

रिस्ट बैंड निकालना–ये संकेत था कि गेंदबाज एक ओवर में 14 या अधिक रन देगा।

खिलाड़ी के धूप का चश्मा पहनने और बैट बदलने पर भी कूट संकेत तय होते रहे हैं। ये तो वे जानकारियाँ हैं जो आम हो चुकी हैं। स्पॉट फिक्सरों के बीच रकमों के आदान-प्रदान के लिए ज्वार और बाजरे के इस्तेमाल की जानकारी बिल्कुल अनोखी है।

कूट संकेतों या कोडवर्ड की ये दुनिया यहीं ख़त्म नहीं होने वाली है। कारण? उत्तर बहुत साधारण सा है। जब तक मुंबई के सरमायादार रहेंगे, तब तक उनकी गोपनीय भाषा और संकेत बने रहेंगे।

गुंडों की नाम कहानी

डी, लँगड़ा, रावण, हड्डी, मच्छी, कुत्ता, वांग्या, मिर्ची, वड़ा पाव... एक सामान्य व्यक्ति के लिए ये अलग-अलग वस्तुएँ, सामान या जीव हैं लेकिन माफिया और पुलिस में इनका मतलब एक जीते-जागते इनसान से है। ये गुंडों के फ़र्जी नाम हैं जो उनकी असली पहचान बन गये हैं। गुंडों के असली नाम ऐसे विस्मृत होते हैं कि अगर वे सही नाम लेकर मिलने आ जायें तो कोई पहचाने नहीं। ये नाम दरअसल उपनाम, कूट नाम, छद्म नाम, टोपन नाम या उर्फ़ कहलाते हैं। उनके फ़र्जी नामों की लोगों में दहशत होती है। यदि मुंबई पुलिस या खुफिया एजेंसियों के अधिकारियों से भी गुंडों के असली नाम पूछें तो वे भी अचकचा जाते हैं। उन्हें भी कई बार असली नाम पता नहीं होते। काले संसार में सभी को एक न एक नया नाम मिलता है। किसे, कब, कैसे, क्यों ये नाम मिलते हैं, यह जानना बेहद दिलचस्प होगा।

टाइगर का असली नाम?

मैं एक अधिकारी से मिला और पूछा–'टाइगर मेमन को जानते हैं?'

'जानता हूँ...'

'क्या जानते हैं?'

'तस्कर है, दाऊद के साथ है, चार भाई हैं, माहिम इलाके में रहता था, अब कराची में है...'

'और...'

'और बमकांड करके फरार है। उसके स्मगलिंग रैकेट का इस्तेमाल आरडीएक्स तथा गोला-बारूद लाने में हुआ था....'

'इसके अलावा...'

'उसी के घर में तमाम कारों और स्कूटरों में आरडीएक्स से बम तैयार करके लगाये थे। उसके इशारे और मेहनत से इतनी बड़ी साजिश को अमली जामा पहनाया गया। वो इतना शातिर था कि बमकांड के पहले परिवार को दुबई भेज दिया। ख़ुद चन्द घंटों पहले मुंबई से रवाना हो गया।'

'टाइगर का पूरा नाम क्या है?'

'पूरा नाम याने?'

'उसका असली नाम?'

'उसका असली नामऽऽऽ... टाइगर मेमन....'

'वो उसका छद्म नाम है...'

'क्या नाम है...'

'उसका उर्फ़ है...'

'असली नाम मुझे भी नहीं पता...'

'आप तो बमकांड की छानबीन कर रहे हैं, सब पता है, फिर यह नाम...'

'यार उसका नाम ही टाइगर मेमन पड़ गया है। कभी वो पट्ठा मेरे सामने आये और अपना असली नाम लेकर कहे कि मेरा नाम ये है तो शायद मैं उसे पहचान न सकूँ। ये तो बड़ी परेशानी खड़ी कर दी तुमने।'

'मैंने? क्या?'

'और क्या... उसका नाम याद करना होगा यार। कभी किसी सीनियर ने पूछ लिया तो बेइज़्ज़ती हो जायेगी।'

'ऐसा तो और भी गुंडों के साथ होगा?'

'और क्या। ऐसे कई गुंडे हैं जिनके वास्तविक नाम किसी को नहीं मालूम होते। कई गुंडों के असली नाम कबके विलीन हो चुके हैं। उनके टोपन नाम से ही साथी भी पहचानते हैं।'

टाइगर... कराटे... ट्विंकल...

यह चर्चा ठीक उस वक्त के बाद की है, जब मुंबई के तमाम अख़बारों में एक ही नाम चर्चा में था। अख़बारों के पहले सफे पर बमकांड को लेकर ख़बरें शाया हो रही थीं–

'टाइगर मेमन ने मुंबई में करवाया बमकांड'

'टाइगर मेमन परिवार के साथ फरार'

'टाइगर मेमन देश का सबसे ख़तरनाक तस्कर'

'टाइगर मेमन और दाऊद ने मिल कर किया बमकांड'

'टाइगर मेमन के कारण हुआ देश को भारी नुक़सान'

'टाइगर मेमन' शब्द सुनने में ऐसा नहीं लगता था कि किसी मुस्लिम परिवार ने अपने बच्चे को यह नाम दिया होगा। मन में उत्सुकता जागी कि टाइगर मेमन का असली नाम पता करूँ। बमकांड की जाँच में लगे पुलिस और सीबीआई अधिकारियों से मिला, टाइगर के बारे में जानकारियाँ हासिल कीं। हरेक ने उसके नेटवर्क, स्वभाव तथा अन्य जानकारियाँ दीं लेकिन किसी को असली नाम पता न था। इसी जद्दोज़हद में एक अधिकारी से मिला जो कुछ देर से मामले से जुड़े थे। उन्हें बमकांड का आरोप पत्र एक प्रकार से कंठस्थ है। उन्होंने बताया कि टाइगर का असली नाम 'इब्राहिम अब्दुल रजाक मेमन' है। उसका नाम टाइगर इसलिए पड़ा क्योंकि वह हमेशा आक्रामक रहता था। उसकी हर गतिविधि, जीवन के हर पहलू में, वह हमलावर की भूमिका में दिखता। तस्करी में भी उसका रवैया इतना सख्त था कि अगर कोई पुलिस या कस्टम्स अधिकारी सहयोग नहीं करता तो उसे मारने के लिए तैयार हो जाता। आमतौर पर तस्कर सुरक्षा एजेंसियों से फ़साद करना ठीक नहीं समझते, लेकिन टाइगर ऐसा न था।

मुंबई में हुए बमकांड के जिम्मेदार इब्राहिम अब्दुल रजाक मेमन के 'टाइगर मेमन' बनने के पीछे कहानी कुछ यूँ भी बतायी जाती है। कस्टम अफसरों पर कमाठीपुरा में उसने हमला कर माल छुड़ाया और ले भागा तो गुंडों की दुनिया को लगा कि ये तो एकदम 'टाइगर' के माफिक काम करता है। बस तबसे वह टाइगर मेमन हो गया।

इब्राहिम मुश्ताक मेमन उर्फ़ टाइगर मेमन के यह नाम पड़ने के पीछे एक कहानी और कही जाती है। दक्षिण मुंबई के मांडवी इलाके की कादिया इमारत में पैदा हुआ-पला-बढ़ा इब्राहिम बचपन से क्रिकेट का बड़ा शौक़ीन था। उसके पिता मुश्ताक भी चाहते थे कि बेटा ख़ूब क्रिकेट खेले... और बहुत ख़ूब खेले।

वे चाहते थे कि उनके बेटे को लोग महान क्रिकेटर नवाब पटौदी के उपनाम 'टाइगर पटौदी' वाला नाम दें। कुछ लोग बताते हैं कि पिता हमेशा इसी नाम से बेटे को पुकारते थे... और चाहते थे कि लोग भी उसे यही नाम दें... इसी वजह से वह 'टाइगर मेमन' हो गया।

जितेन्द्र कराटे उर्फ़ जीतू उर्फ़ अमन और सतविंदर उर्फ़ ट्विंकल जैसे नाम सुन कर कोई यह न सोचे कि किसी लड़के को उसके परिवार और पास-पड़ोस के लोग इन प्यारे से नामों से पुकारते होंगे। ये तो उन गुंडों और अपराधियों के नाम हैं जिनकी दहशत सारा समाज खाता है।

'यह तो बढ़िया विषय है जो अब तक कहीं छपा नहीं है।' जैसे ही दिमाग़ में यह बात गूँजी, मन अशान्त हो गया। इस पर काम करने के पहले कुछ सम्पर्कों से जानकारी ली। कुछ बड़े गुंडों और गिरोहबाजों के छद्मनाम पता चले लेकिन उनके नाम पड़ने की वजह नहीं मिली। जैसे-जैसे काम बढ़ा, वैसे-वैसे कठिन भी होता गया, तैसे-तैसे उसे पूरा करने की ज़िद लगातार बढ़ती गयी। एक सम्पर्क के गले पड़ गया कि कुछ लोगों से मिलवाए जो ऐसे नामों और उनकी कहानियाँ बताएँ। उसने कहा कि नामों की सूची बना लाऊँ तो वह शायद मदद कर सके। सूची बनाने में अपराध शाखा के अधिकारियों की मदद ली। काफ़ी नानुकुर के बाद कुछ ने मित्रता निभाई, सूची बनवा दी।

दफ़्तर से काम ख़त्म कर सूची लेकर हर रात अपने सम्पर्क समेत सत्तरादि के उन लोगों का पीछा शुरू किया जो आज भी ज़िन्दा हैं। ऐसे लोगों की संख्या दर्जन-दो दर्जन से अधिक नहीं मिलेगी। ऐसे तीन लोगों से मिला और देर रात एक से दो बजे के बाद ही बात होती थी। यह दौर घंटों चलता... लगभग साढ़े तीन महीने के परिश्रम से 'गुंडों की नाम कहानी' का पूरा मसाला तैयार हुआ। यह लेख तो जनसत्ता की रविवारीय पत्रिका सबरंग में छप गया लेकिन उसके बाद भी उर्फ़ नाम जमा करने का सिलसिला बन्द न हुआ। इस दिशा में शोध जारी रखा। जब किसी सम्पर्क या सूत्र से मिलता तो किसी न किसी नये नाम के उर्फ़ नाम अपनी छोटी-सी डायरी में नोट करके ही उठता। अब यह इतनी विस्तारित हो गयी है कि उनके पीछे की कहानियाँ पढ़ने में और ही मज़ा आता है।

लँगड़ा, कुत्ता, मच्छी, वड़ा पाव...

'मैं डी के इधर से बोल रहा है...'

'वो लँगड़ा का काम होएंगा...'

'पता कर रावण किधर है...'

'ये काम सलीम हड्डी को करने का है...'

जितने वाक्य यहाँ लिखे हैं, उनमें एक बात समान है कि सभी में गुंडों के नाम असली नहीं हैं। अपने वक्त के सबसे बड़े डॉन रहे हाजी मस्तान को यह अफ़सोस रह गया होगा कि उसे कोई नाम विशेष अपराध जगत ने बख्शा ही नहीं। बहुत अधिक हुआ तो वह 'हाजी भाई' नाम से सम्बोधित किया गया। इसका समकालीन था करीम लाला। उसे लोग 'करीम पठान' इसलिए कहते थे क्योंकि वह पठान था। इसी दौर के सरगना वरदराजन मुदलियार को भी बेहद सामान्य उपनाम 'वरदा दादा' या 'वरदा भाई' ही मिला।

दाऊद आज भी अपराध जगत का बेताज बादशाह है। उसका भी एक उपनाम है जो अब प्रचलन में नहीं है। जब दाऊद की बड़ी झब्बेदार लटकती मूँछें थीं, तब उसे 'मुच्छड़' कहते थे। बाद में साथियों व छुटभैयों ने उसे 'बड़ा भाई' पुकारा। अपराध जगत में प्रथमाक्षरों का इस्तेमाल दाऊद के साथ ही शुरू हुआ। यह नाम 'डी' था। अब वह कराची में 'इक़बाल सेठ' है। उसे 'दाऊद कोंकणी' नाम से भी कुछ समय पहचाना गया जो उसके कोंकण इलाके से आने के कारण दिया माना जाता है।

अब जबकि अरुण गवली ने राजनीतिक पार्टी खड़ी कर ली है, अतीत का भूत उसके साथ अभी भी चिपका है। गवली को 'एजी' कहा जाता है। गवली के मुख्यालय दगड़ी चाल के निवासियों समेत सभी अपराधी उसे 'डैडी' कहते हैं। चूँकि गवली के बच्चे उसे 'डैडी' कहते हैं इसलिए गिरोहवाले भी यही कहने लगे।

गवली की पत्नी आयशा मुजावर का नाम 'आशा गवली' भले ही रखा गया लेकिन गिरोह में वह 'मम्मी' नाम से पहचानी जाती है।

अबू सालेम ने अन्धेरी में छोटे-मोटे अपराध करने और लड़कियों से छेड़खानी शुरू की तो उसे अपराध जगत ने 'लाल डोंगर का लफंगा' कहा। जब पासपोर्ट बनाने का धन्धा किया तो बड़े गुंडों व गिरोहबाजों के सम्पर्क में आया। उसने देश-विदेश के सम्पर्कों से हथियार मँगवाये। उसकी ख्याति ऐसी फैली कि काली दुनिया में 'अबू सामान' हो गया।

कुछ अर्सा पहले तक फ़िल्मी हस्तियों के लिए आफत का परकाला था, बबलू श्रीवास्तव का करीबी साथी विक्रम वाही। वह 'विक्की' नाम से अँधियाले संसार में पहचाना ही जाता है, 'विजय शर्मा' नाम से वह दुनिया भर में घूमता है। मुंबई में अपने एक साथी विजय शर्मा को लेकर वह घूमता रहा। विक्की ने मुंबई के विभिन्न होटलों में 'विजय शर्मा' के नाम पर कमरे लिए। असली विजय शर्मा अपने को प्रचारित करता है, नकली विजय शर्मा यानी विक्की किसी और

नाम से होटलों में ठहरता। पुलिस को चकमा देने का यह रामबाण तरीका है। थुलथुल बदन होने के कारण उसे मुंबई में नया नाम मिला–'विजय जाड्या'।

सदानन्द भीमराव पावले उर्फ़ सदा मामा कभी अरुण गवली गिरोह रीढ़ की हड्डी था। सदा पावले का नाम 'मामा' इसलिए पड़ा क्योंकि वह दादर (पू.) के शेखर नगर निवासी बहन के घर जाता था। बच्चे उसे 'मामा' पुकारते तो यही उसके साथ चिपक गया। वह सबके लिए धीरे-धीरे 'मामा' बन गया।

अली बुदेश ख़ुद को 'अली बाबा' कहलाना इसलिए पसन्द करता था कि वह सबके बीच सम्मान से पुकारा जाये। इसके अलावा उसे बाबा बहरीन उर्फ़ एबी भाई उर्फ़ अली भाई के नाम से भी पुकारा गया। यह गिरोह सरगना फ़र्श से अर्श तक पहुँचने की एक बड़ी ही निराली दास्तान का नायक है।

ओमप्रकाश सिंह को उसके प्रथमाक्षरों के साथ गुंडे के लिए मुंबई के आदरसूचक शब्द भाई की उपाधि जोड़ कर ही ओपी भाई कहा जाता था।

रक्त पीने वाला यह छोटा राजन गिरोह का सुपारी हत्यारा पहले तो वेंकटेश बग्गा रेड्डी उर्फ़ बाबा रेड्डी के रूप में ही पहचाना जाता था लेकिन एक मुस्लिम लड़की के प्यार में दीवाना होकर उससे निकाह की शर्त के लिए मुस्लिम बना और नाम बदल कर अजीज रखा। इसके कारण माफिया में वह अजीज रेड्डी हो गया।

'वीटी' की गुत्थी सुलझ जाती है, जब आपको यह पता चल जाता है कि यह 'वीटी' असल में 'विक्टोरिया टर्मिनल' न होकर गवली गिरोह के सिपहसालार रहे 'विजय तांडेल' का लघुकृत रूप है।

चन्द्रकला धनसिंह राजपूत को अपना नाम प्रिया या श्रीदेवी कहलाना अच्छा लगता था क्योंकि उसका मानना था कि वह इस फ़िल्म अभिनेत्री जैसी दिखती है। बचपन में युनाइटेड इंक कारखाने इलाके में हर वक्त बेकार ही घूमने वाली प्रिया को सभी 'चन्दू' नाम से चिढ़ाते थे। उसे इलाके का एक दर्जी तो मुर्गी की तरह यहाँ-वहाँ फुदकते हुए घूमते रहने के कारण 'चुलबुली मुर्गी' कहता था। वह राजन गिरोह की हत्यारिन है।

दाऊद गिरोह के गुंडे इक़बाल मोहम्मद शफ़ी शेख़ उर्फ़ इक़बाल मोहम्मद गनी शेख़ को एक फ़िल्म 'पुराना मन्दिर' में अभिनय करने के कारण ही अपराध जगत में 'पुराना मन्दिर' नाम से पहचाना गया।

गवली को गिरफ़्तार करने गये पुलिस दल ने दगड़ी चाल स्थित उसके घर में विजय शिरोडकर को मार गिराया। एक दर्जन से अधिक मामलों में वांछित विजय चूँकि छोटे क़द का था इसलिए उसे 'साढ़े तीन फुट' कहते थे।

मुठभेड़ में मृत गवली के गुंडे गणेश भोसले के बारे में कहते हैं, 'उसकी

खोपड़ी भोत क़ानूनबाज थी सा'ब।' गणेश को जानने वाले एक अपराधी ने बताया, 'वो एकदम फिट था अपने काम में। उसको लीगल पाइंट का नॉलेज एकदम मज़बूत था।' इसका सीधा-सा अर्थ यही है कि क़ानूनी नुक्तों में माहिर वह गिरोह के ही नहीं बल्कि जेल में अन्य गुंडों और पुलिस वालों तक के लिए क़ानूनी सलाह देने का काम करता था। इसी कारण सभी उसे 'वकील' कहते थे।

आपसी दुश्मनी की भेंट चढ़ने वालों में भांडुप का गिरोहबाज और शिवसेना टिकट से नगरसेवक बना खीम बहादुर थापा था। डी-कम्पनी से जुड़े इस गुंडे को उसकी इज़्ज़त करने या डरने वाले 'थापा भाई' कहते थे लेकिन जिनके लिए थापा की हैसियत न थी या चिढ़ते थे, उसे 'चपट्या' कहते थे। वह पहाड़ी था इसलिए उसका चेहरा चपटा था, सो उसे ये उपाधि मिली। उसे लोग केटी नाम से भी जानते थे। 'बहादुर' तो उसे बचपन से ही लोग कहते थे।

'लगाओ दम-मिटाओ गम' जैसा लम्बा उपनाम किसका होगा भला? मैं 'डी' के छोटे भाई नूरा कासकर की बात कर रहा हूँ। चरस के शौक़ीन इस बन्दे को अपराध जगत में 'चरसी' भी कहते हैं तो ताज्जुब क्यों होने लगा भला?

यदि आप 'भाई ठाकुर' के नाम से परिचित नहीं तो मुंबई में रहने का आपको कोई अधिकार नहीं। जब उसकी भाईगिरी वसई-विरार में खासी जम गयी तो जयेंद्र विष्णु ठाकुर को यह नाम मिला। उसे 'कणिया' नाम से भी पुकारा जाता है। यह पक्का नहीं पता कि वाकई उसकी एक आँख में दोष है या नहीं, या वह हर बात को अपने एक ही मतलब से देखने की वजह से 'काने' व्यक्ति के बिगड़े शब्द स्वरूप 'कणिया' जैसी उपाधि का हकदार बन गया।

उत्तर प्रदेश के फूलपुर से मुंबई आकर हत्या के बाज़ार में धाक जमाने वाले सुभाष सिंह शोभानाथ ठाकुर को लोग 'एसटी' कहते हैं लेकिन जिन्हें मौत का भय न हो या जो बेहद करीबी हैं, सिर्फ़ वे उसे 'भैया' कहने का हौसला दिखाते हैं। वह इस नाम से काफ़ी चिढ़ता बताते हैं। सुभाष सिंह को लोग सुभाष भाई भी कहते हैं।

पुलिस की गोलियों का शिकार बना अपराध जगत का एकमात्र गिरोह सरगना अमर नाईक था। उसे अपराधी दुनिया में 'रावण' इसलिए कहते थे क्योंकि वह बेहद स्वार्थी था। जो कमाई होती, ख़ुद हजम कर जाता था। विजय परशुराम मिस्त्री तो अमर का खास और जां-निसार साथी था जो गिरोह के लिए संसाधनों और पैसों का इन्तज़ाम करता था। उसकी प्रबन्धकीय प्रवृत्ति के कारण गिरोह में 'मैनेजर' का खिताब मिला।

1993 में मुंबई बमकांड के बाद दाऊद से अलग होने वाले राजन निखालजे

को हत्यारों-हफ्ताखोरों के बाज़ार में 'छोटा राजन' कहा जाता है। 'नाना' और 'छोट्या' भी उसके उपनाम हैं। चूँकि पहले 'बड़ा राजन' अपराध जगत में हो चुका है, चूँकि राजन निखालजे दाऊद के साथ काम करता था, इसलिए उसे 'छोटा' ही कह सकते थे। आज कुछ लोग राजन को 'बड़ा सेठ' भी पुकारते हैं। राजन की जब बाली में गिरफ्तारी हुई तो उसके दो नये उर्फ़ नामों का खुलासा हुआ। उसके सिडनी से जारी पासपोर्ट पर जहाँ 'मोहन कुमार' नाम दर्ज़ मिला, वहीं दिल्ली में बने एक पासपोर्ट पर उसका नाम 'राजेश मोरे' लिखा था।

किसी ज़माने में तिलक नगर, चेंबूर में एक नामचीन गुंडा हुआ—राजन नायर। मुंबई में उसकी बड़ी दहशत थी। ताश के बड़े शौक़ीन इस गुंडे को गिरोहबाज इज़्ज़त देते हुए 'बड़ा राजन' कहते थे। बड़ा राजन के साथ दिन-रात साये की तरह राजन निखालजे चिपका रहता था। अपराध जगत में सर्वविदित तथ्य है कि बड़ा राजन ही छोटा राजन का गुरु था। गुरु पैदा मुंबई के तिलक नगर में हुआ, परवरिश भी यहीं हुई। वह मूलतः केरल के मलाबार क्षेत्र का था।

राजन गिरोह के ही धर्मेन्द्र पांडेय का उर्फ नाम 'रोहित वर्मा' चलता था। वह एक सधा हुआ निशानची, योजनाकार और अपने वक्त का एक नामी डकैत था। सन् 200 में छोटा राजन पर बैंकॉक में हुए जानलेवा हमले में उसकी मौत हो चुकी है। उसे परिवार वाले 'बब्बू' कह कर बुलाते थे।

अशोक जोशी गिरोह में काम करने वाला केशव चव्हाण भी केशव अण्णा इसीलिए कहलाया क्योंकि दक्षिण भारतीय बड़े भाई को अण्णा कहते हैं।

जोगेश्वरी से कभी गतिविधियाँ चलाने वाले तस्कर शरद राजन्ना शेट्टी को भी 'शरद अण्णा' कहते रहे हैं। वह शरद कुमार गजानन शेट्टी के फर्जी नाम से भी पहचाना जाता रहा है। राजन गिरोह ने उसे दुबई में मार गिराने के लिए उसका गुप्त नाम 'बड़ा इडली' इसलिए रखा था ताकि किसी को कानों-कान पता न चल सके और वे इस दक्षिण भारतीय अपराधी को आसानी से मार सकें।

डी-कम्पनी के चन्द्रकान्त शंकर खोपड़े का उपनाम 'बाब्या' था। महाराष्ट्र के रत्नागिरी इलाके में गुंडों को 'बाबल्या' कहते हैं, इसी से उसका नाम बाबल्या से बिगड़ कर बाब्या हो गया।

इरफान गोगा का यह असली नाम नहीं है। वह गुजरात के गोगा ज़िले का निवासी है। वहाँ से मुंबई आने के कारण उसकी अलग शिनाख़्त कायम करने के लिए भूमिगत संसार में गोगा नाम डाल दिया।

छोटा राजन का ख़तरनाक सुपारी हत्यारा सुनील सदानन्द मडगाँवकर इसलिए माट्या हो गया क्योंकि वह मराठीभाषी इलाके में रहता था।

किशोरावस्था में क्रिकेट का दीवाना योगेश पराडकर उर्फ़ परड्या कांजूर विलेज की गलियों में क्रिकेट खेलते-खेलते पिस्तौलों और बन्दूकों से खेलने लगा था। उसे परड्या नाम उसके सरनाम को बिगाड़ कर उसके वरिष्ठ अपराधियों ने दिया था।

शरद शेट्टी गिरोह के सेनापति प्रकाश सिंहासने को उसका नाम बिगाड़ कर ही पक्या कहा जाता था। 1996 में उसकी हत्या के मामले में पुलिस ने मोनांग फ़िल्म कम्पनी के भागीदार प्रताप भगवानदास बारोट (46) तथा हरीश बारोट (42) नामक सगे भाइओं को गिरफ़्तार किया था।

फ़िरोज अब्दुल्ला सरगुरु। दाऊद के इस ख़तरनाक सुपारी हत्यारे के फरार होने के बाद कुछ समय तक तो यह पता नहीं चला कि वह कहाँ गायब हो गया है। उसे फ़िरोज कोंकणी इसलिए कहते हैं क्योंकि उसका परिवार मूल रूप से कोंकण इलाके का है। बाद में पता चला कि दाऊद ने ही उसका नेपाल में पोटला करवा दिया।

संजय शाह शेयर चोर और शरारती युवक था। प्रतिभूति घोटाले के खलनायक हर्षद मेहता के करोड़ों के शेयर चोरी कर उसने बाज़ार में 30 फ़ीसदी कीमत पर बेचे। जब उसका ये धन्धा मन्दा हो गया और उसके सम्पर्क राजन गिरोह में बन गये तो वह भी काली दुनिया से जुड़ गया। ओछे क़द के कारण उसे 'बटल्या' या 'बटलर' कहा गया। उसकी चालबाजियों के कारण 'शोभराज' और हमेशा लोगों को धमकियाँ देने के कारण 'छोटा वरदा' भी कहा गया।

गवली गिरोह के सरगना फिलिप्स कमलाकर शिरसट ने 1998 के लोकसभा चुनाव भी लड़े थे। उसे राजू फिलिप के नाम से बचपन से ही जाना जाता था।

सुरेश कालाणी को सिर्फ़ जनता के बीच में ही नहीं बल्कि पप्पू कालाणी के नाम से दाऊद गिरोह के गुर्गों समेत पूरा माफिया भी जानता है। उल्हासनगर के बेताज बादशाह और माफिया पप्पू कालाणी पर हत्याएँ करवाने, साजिश रचने, आतंक फैलाने, ज़मीन हड़पने, बम विस्फोट जैसे दर्जनों आरोप पुलिस ने लगाये।

सलीम बिस्मिल्लाह खान की गिरफ्तारी दाऊद के कहने पर 93 बमकांड में विध्वंसक गतिविधियों का प्रशिक्षण लेने मुंबई से चुन कर युवकों को पाकिस्तान भेजने के आरोप थे। उसे सलीम कुर्ला इसलिए कहते थे क्योंकि वह कुर्ला इलाके का निवासी था। 21 अप्रैल 1998 को बेलव्यू नर्सिंग होम में छोटा राजन के गुंडों ने उसकी हत्या कर दी थी।

धन्धा

धन्धों के आधार पर भी कई गुंडों के उपनाम रखे गये। डी-कम्पनी का गुंडा ससून गोदी स्थित मछली शीत गृह कारोबार से चूँकि इक़बाल जुड़ा इसलिए उसे

'इक़बाल मच्छी' कहा गया। मछलियों में भर कर सोने के बिस्किटों की तस्करी भी 'इक़बाल मच्छी' करता था।

मोहम्मद सलीम मोहम्मद इक़बाल कुरैशी का कूट नाम सलीम फ्रूट था। वह फलों के निर्यात का पुश्तैनी कारोबार सँभालता था ही, इन फलों के बीच तस्करी का सामान रख कर भी भेजता या मँगाता भी था। उसको भी भारतीय जाँच एजेंसियों ने दुबई में गिरफ़्तारी के बाद भारत प्रत्यर्पित किया था।

इस्माइल मुर्गी बेचने के धन्धे में था इसलिए 'इस्माइल मुर्गी' कहलाया।

और 'सैयद बाटला' जैसे नामों की तो शान ही निराली है। अगर कोई दारू की बोतलें भरवाने के काम में इतना मशहूर हो जाये तो उसे भला और क्या नाम देंगे?

सलीम माकड़वाला बड़ा उस्ताद साइकिल चालक था। भरी सड़कों पर साइकिल ऐसे चलाता मानो मक्खन से छुरी निकल रही हो। उसका बन्दर लोगों की जेब से पर्स मारने या सामान छीन कर भागने में महारत रखता था। सामान लेकर बन्दर छलाँग लगाते सीधा माकड़वाला की साइकिल के हत्थे पर जा बैठता और कई झोलों में से किसी एक में माल पहुँचा देता। अब माकड़वाला जौहर दिखाता, पलक झपकते साइकिल से ग़ायब हो जाता। इसी कारण उसे 'बन्दरवाला' या 'माकड़वाला' नाम से पुकारा गया। उसे पकड़ने में नाकामयाब पुलिस के हत्थे बन्दर चढ़ा तो सीआईडी अफ़सरों ने उसे गोली मारने की धमकी दी। अब सलीम ने समर्पण कर दिया। जब सुधरने की कसम खाई तो एक उपायुक्त ने उसके लिए इत्र बेचने की दुकान खुलवा दी।

दुनिया भर में कुख्यात नशा तस्कर 'इक़बाल मिर्ची' युवावस्था में अपनी पैतृक मसालों की दुकान पर बैठता था। इक़बाल मोहम्मद मेमन नामक यह नौजवान अपने पिता की दुकान का कामकाज सँभालता था। दुकान और उससे हमेशा मिर्च की गन्ध आती थी इसलिए लोग उसे 'मिर्ची' कहने लगे। भले ही वह लन्दन की सबसे ख़ूबसूरत गलियों के सबसे महँगे बँगले में क्यों न रहता था, मुंबई वालों के लिए वह मिर्ची ही रहा। उसकी मौत के बाद भी यह नाम आज तक उसके असली नाम के बदले लिया जाता है।

जब सिलसिला 'टोपन नामों' का हो तो 'इक़बाल टेंपा' का नाम कैसे भूल सकते हैं। वह तस्करी का माल लाने-ले जाने या कहीं हमले के लिए हमेशा टेंपो (छोटा ट्रक) में भर कर गुंडों की फ़ौज लाता था। इक़बाल टेंपो असल में हत्या के कारोबार में आने से पहले टेंपो चालक था। यह भी कहते हैं कि इसीलिए उसका उपनाम अँधियाले संसार के स्वामियों ने 'टेंपो' रख दिया था।

विलास जाधव के पिता की हजामत की दुकान है तो ज़ाहिर है उसे 'हज्जाम' कहा ही जायेगा।

बड़ा राजन के लिए काम करने वाले गुंडे अशोक महादेव तोरास्कर का नाम 'मान काप्या' इसलिए पड़ा क्योंकि उसने चेंबूर इलाके में एक व्यक्ति की गर्दन धड़ से काट कर अलग की थी। इसी ने उसे 'गर्दन काटने वाले व्यक्ति' के रूप में माफिया के मध्य स्थापित किया।

सलीम पासपोर्ट को इसलिए यह उपनाम मिला क्योंकि वह पहले एक ट्रेवल एजेंसी चलाता था। खाड़ी देशों में रोज़गार की तलाश में जाने वालों के लिए पासपोर्ट और वीज़ा जुटाने में वह महारत रखता था।

अरुण गवली गिरोह के 'राजेश डेकोरेटर' को भले ही मुंबई पुलिस ने एक मुठभेड़ में मार गिराया हो लेकिन उसका यह अनूठा नाम सदा के लिए आपराधिक इतिहास में दर्ज़ हो गया। वह पहले मंडप और पंडाल डेकोरेशन का धन्धा करता था। यह भी कहा जाता है कि वह हर बात को सज़ा कर कहता था इसलिए उसका नाम डेकोरेशन पड़ा था। जो हो, उसे भी अपने नाम के साथ यह शब्द जुड़ा अच्छा लगता था।

अली बुदेश गिरोह के लिए काम करने वाले मोहम्मद शेख मोहम्मद रफीक से रफीक डिब्बावाला बनने तक सफ़र एक ही मकसद हुआ, वह था पैसा कमाना। वह घाटकोपर का सामान्य डिब्बावाला था जो विभिन्न जेलों में काली दुनिया के बन्द स्याह सायों की भूख का इन्तज़ाम करता था। रफीक उनके बीच विचरता, तो बहुत कुछ सुनता, और उन्हें याद रखता। वह स्खलित नायकों के बीच जारी महाभारत का एकलव्य था, जिसे न जाने कितने 'द्रौण' अनजाने ही शिक्षित कर रहे थे। उसे डिब्बे पहुँचाने के कारण ही 'डिब्बावाला' कहते थे। हत्या के 17 मामलों में वांछित यह गुंडा 'बादशाह' और 'हरीश ठाकुर' नाम से भी जाना गया।

मुंबई के अपराध जगत में आपको बहुतेरे गिरोहबाज या प्यादे मिलेंगे जो क़ानून की ख़ूब जानकारी रखते हैं। अपराध जगत में हरीश जतन (नाना-कम्पनी) एक ऐसा नाम है जिसे 'वकील' के उपनाम से अधिक याद किया जाता है। हरीश जतन मुंबई का सम्भवतः एकमात्र ऐसा गिरोहबाज था जिसे भारतीय दंड संहिता (आईपीसी) का पूरा-पूरा ज्ञान था। एक प्रकार से उसे आईपीसी कंठस्थ थी, जिसके कारण उसे वकील कहते थे। उसका एक नाम 'प्रकाश शेट्टी' भी था।

साइमन थॉमस मैनुअल उर्फ़ सिकन्दर उर्फ़ शानू कभी अपने शिकार को डराने के लिए पिस्तौल या बन्दूक का नहीं बल्कि साँपों का इस्तेमाल करता था। कुरार विलेज इलाके की मुस्लिम आबादी के बीच सिकन्दर की बादशाहत थी।

1997 में विक्रोली अदालत के बाहर शकील का खास सुपारी हत्यारा और साथी इस्माइल मलाबारी पुलिस गोलियों का शिकार होकर धूल चाटने लगा। इसके कारण सिकन्दर का सितारा और बुलन्द हुआ। अब तक साइमन नाम से पहचान रखने वाले इस गुंडे को नये नाम की ज़रूरत महसूस हुई। यहीं से वह 'सिकन्दर' बना।

बापू खोटे स्ट्रीट पर मोहम्मद हुसैन एक छुटभैया गुंडा था। उसका भतीजा था शेख़ मोहम्मद हुसैन। चाचा ने अपने भतीजे को अपने ही धन्धे में उतारा। दोनों के सामने सबसे बड़ी समस्या हथियार थी। उन दिनों अस्त्र-शस्त्र की भारी कमी होती थी। चाचा-भतीजा ने उस्तरे को अपना हथियार बनाया। उन्हें यह हथियार चलाने में खासी महारत हो गयी थी। हुसैन को उपनाम 'वस्त्रा' एक विरोधी पर हमले के बाद मिला। हुसैन ने इस प्रतिद्वन्द्वी पर उस्तरे से ऐसे हमला किया कि पीठ पर, गर्दन से लेकर गुदा द्वार तक, उसे सीधा चीर दिया। जब उस घायल को अस्पताल में भरती किया तो डॉक्टरों ने यह मानने से ही साफ़ इनकार कर दिया कि यह चीरा आपसी मारकाट में भी हो सकता है। उनके मुताबिक़ ऐसी 'साफ़ कटिंग' कोई सर्जन ही कर सकता है। यह ऐसा 'कट' था कि आदमी मरता नहीं लेकिन सदा के लिए बेकार हो जाता है। काली दुनिया में यह ख़ूबी बेहद कम लोगों में पायी जाती है।

जनार्दन रामशरण पासी उर्फ़ जन्या रॉबर्ट उर्फ़ रामन राधव को लोग पाशा भी कहते थे। उसे सच्चे अर्थों में कसाई कह सकते हैं, या नरभक्षी भेड़िया। ऐसा हिंसक जीव जिसे अन्य मानवों का रक्त बहाने में परम सुख मिलता था। शिवड़ी के इस 'आतंक' ने सुरेश मंचेकर के साथ काफ़ी हिंसाचार किया था।

शारीरिक गठन

शेख़ शकील बाबू मोहिउद्दीन शेख़ कम क़द और लम्बू शकील से अलग पहचान के लिए 'छोटा शकील' नाम से नवाज़ा गया।

दाऊद का वित्त प्रबन्धन देखने वाले शकील अहमद मोहम्मद मुस्लिम शेख़ का 'लम्बू शकील' नाम उसके लम्बे क़द के कारण है।

मोहम्मद दाऊद फणसे उर्फ़ टकल्या को रायगढ़ में 93 बमकांड के लिए हथियार और गोला-बारूद उतारने के मामले में अदालत सज़ा दे चुकी है। वह गिरोह में दाऊद टकल्या कहलाता था क्योंकि वह गंजा था।

प्रसाद रमाकान्त खाड़े को मोटापे के चलते 'जाड्या' कहा गया। प्रमोद हिन्दूराव साठे को काली रंगत के कारण 'काल्या मामा' पुकारा गया।

टाइगर मेमन का सहयोगी और 93 बमकांड का आरोपी जावेद दाऊद टेलर

कराची में रहता है और उसे चिकना पुकारने के पीछे कारण यही था कि वह देखने में बेहद ख़ूबसूरत और गोरी रंगत का था।

शेर ख़ान मुनीर ख़ान का छोटा नाम भले ही 'शेरू' था, उसे लोग 'पियाजी' भी कहते रहे लेकिन पाँव की 'लँगड़ाहट' के चलते 'लँगड़ा' भी कहा गया।

गुरुनाथ साटम उर्फ़ गुरु साटम को काले संसार में 'म्हातारा' नाम से भी पहचाना जाता है क्योंकि उसके बाल सफेद हैं और वह उम्र में बड़ा दिखता था।

बायें हाथ से काम करना राजू मोतीराम सावरकर की भले ही मजबूरी होगी लेकिन उसके साथियों में तो एक विशेषता थी जिसके कारण उसे 'लेफ्टी' उपनाम से नवाज़ा।

कुछ बरस पहले मुठभेड़ में मारा गया डी-कम्पनी का सलीम इतना दुबला-पतला था कि उसकी हड्डियाँ दिखती थीं, इसी कारण वह 'सलीम हड्डी' कहलाने लगा था।

एक था 'सलीम लँगड़ा'। उसका असली नाम यूसुफ सलीम था लेकिन एक पाँव में कुछ दोष होने से थोड़ा लँगड़ाता था, अतः 'भाई लोगों' की दुनिया में उसे 'सलीम लँगड़ा' कहा जाने लगा।

पेट निकला होने के कारण मनोज नसीबचन्द शर्मा (वर्मा) को 'टोंडया' कहते हैं। कुछ लोगों के मुताबिक़ वह चूँकि बेहद मुँहफट है, कुछ भी बोल देता है इसलिए उसे यह नाम दिया था।

ठाणे ज़िले में गवली गिरोह के लिए ऑपरेट करने वाले विनायक सागरीताया को चश्मा पहनने के कारण 'चश्मिस' पुकारा जाने लगा।

राजू रामूगम गौड़ा को दक्षिण भारतीय होने की वजह से भले ही 'शेट्टी' कहते हों, उसे 'कांडा लम्बू' इसलिए कहा क्योंकि वह सींकिया जिस्म का मालिक था। उसकी लम्बाई सामान्य से अधिक थी। मुंबई में 'कांडी' पतली सींक को कहते हैं।

मराठी में 'बरक्या' मतलब हट्टा-कट्टा, गुदगुदा, मोटू सा ऐसा बच्चा है जिसे हर व्यक्ति प्यार करना चाहे। महेन्द्र भगवान पंडागले भले ही गुंडा था लेकिन शारीरिक गठन ऐसे बच्चे सरीखा होने से साथियों के बीच 'बरक्या' नाम से पुकारा जाने लगा।

प्रदीप अनन्त कदम को 'चाँदी' नाम इसलिए नहीं मिला था क्योंकि उसे चाँदी के गहने पसन्द थे या चाँदी की तस्करी करता था। दरअसल वह बालों की रूसी से परेशान था और उसे ख़त्म करने के लिए एक दवा सिर में लगाता था जो चाँदी सी चमकती थी इसीलिए उसे गुंडों के साम्राज्य में 'चाँदी' उपनाम हासिल हुआ।

अनील परब को 'वांग्या' उसके बेहद छोटे कद, काले रंग और गोलमटोल-गठीले

शरीर के कारण पुकारा जाने लगा। मराठी में 'वांग्या' शब्द बैंगन के लिए प्रयुक्त होता है। बाद में उसके लिए यह नाम इस कदर प्रचलित हो गया था कि कल का 'वांग्या' अब 'वांग्या भाई' बन गया।

हमीद चूहा एक छोटा-सा और चूहे सरीखा चेहरा होने के कारण इस नाम से नवाज़ा गया।

हमीद बिरया को पुलिस ने 93 बमकांड के मामले में गिरफ़्तार किया था। वह डी-कम्पनी का प्यादा है। उसे हमीद चूहा इसलिए कहते थे क्योंकि उसका क़द काफ़ी कम था। बमकांड मामले की सुनवाई के दौरान ही दिल का दौरा पड़ने से उसकी मौत हो गयी थी।

सलीम बैदा चूँकि गोलमटोल अंडे की आकृति वाली तोंद लेकर घूमने वाला व्यक्ति था इसलिए उसे स्याह सायों ने मुम्बइया भाषा में अंडे के लिए कहे जाने वाला शब्द 'बैदा' उपनाम देकर कृतार्थ कर दिया।

सलीम बटाटा के लिए यह हालाँकि काफ़ी ख़राब था कि उसकी एक ऐसी शारीरिक कमज़ोरी के कारण उसका नाम बटाटा रखा था, जिसे वह ख़ुद भी खासा नापसन्द करता था। यही कारण था कि पुलिस वाले भी उसे बेहद आसानी से पहचान जाते थे। वह था उसकी नाक पर एक गूमड़, जो सदा आलू की याद दिलाता था।

काली रंगत के कारण ही अशोक कौव्वा नाम उस अपराधी का पड़ा, उसकी आवाज़ ख़राब होने के कारण नहीं।

गिरोह सरगना छोटा राजन पर बैंकाक में जानलेवा हमला कर बुरी तरह घायल करने और उसके सेनापति रोहित वर्मा को मौत के घाट उतारने वाला सैयद मुदस्सिर हुसैन छोटे क़द का था इसलिए उसे अपराध जगत की बड़ी मछलियाँ झिंगाड़ा पुकारती थीं। अपराध जगत में झिंगा मछली को झिंगाड़ा कहते हैं।

यूसुफ सूलेमान कादरी का असली नाम है यूसुफ बचकाना का। उसका एक उर्फ़ नाम नरेन्द्र शर्मा नौसेना के लालबहादुर शास्त्री नॉटीकल एंड इंजीनियरिंग कॉलेज (एलबीएसएनईसी) के परिचय पत्र पर लिखा था। उसका माफिया में प्रचलित नाम यूसुफ बचकाना था क्योंकि वह बच्चा सरीखा दिखता था।

सादिक कालिया मुंबई के गिरोहों की दुनिया का वह व्यक्ति था जिसे अपनी वफादारी कायम करने के लिए अपने ही बहनोई की हत्या करनी पड़ी। छोटा शकील ने जब सादिक को गिरोह में भर्ती किया तो कहा कि अपने विश्वसनीय होने का सबूत दे। सादिक को अख़बारों में दुनिया में किलिंग मशीन के रूप में पहचाना जाता है क्योंकि उसने 22 से अधिक हत्याएँ 2 साल के छोटे वक्त में

की थीं। उसे कालिया इसलिए कहते थे क्योंकि वह रंगत में काला था।

नितेश कसारे अपराध स्थल और आवागमन की तमाम जानकारियाँ इकट्ठी करने के लिए लड़की का रूप बना कर निरीक्षण करता था। नितेश को उसकी ख़ूबसूरती के कारण ही अपराध जगत में 'चिकना' नाम से भी पुकारा जाता था। एक पुलिस अधिकारी के मुताबिक़, 'वह पंजाबी सलवार सूट पहन कर महिला जैसा बन कर किसी इलाके में जब घूमने निकलता तो जो सबसे महत्त्वपूर्ण बात उसके पक्ष में जाती थी, वह उसका छोटा क़द और गोरा रंग था। उसका चेहरा-मोहरा ऐसा था कि सहसा भरोसा न हो कि वह लड़की नहीं है। लोग उसे लड़की मान लेते थे। उसकी दाढ़ी-मूँछें भी तब तक इतनी नहीं आयी थीं। वह सुन्दर था ही।'

भूमिगत संसार के काले सायों को अँधियारे में खोजने और ख़त्म करने में खासी महारत रखने वाला दाऊद गिरोह का सुपारी हत्यारा मोहन सिंह पदम सिंह नेपाली छोटे क़द और भोला लगने के कारण मुन्ना नाम से जाना गया।

रमेश कृष्णा सुर्वे श्रेयस कॉलोनी निवासी और आरे रोड स्थित मराठी व उर्दू माध्यम के स्कूल में पढ़ने वाला उर्दू माध्यम में पढ़ने वाली जरीना से प्यार कर बैठा और इसी के कारण वह अपराध जगत में कूदा। 147 सेमी क़द के रम्या को छोटे क़द का होने के कारण मित्र मंडली ने 'बटल्या' के अपभ्रंश 'बटलर' उपनाम से नवाज़ा। डी-कम्पनी के लिए काम करने वाले रमेश का 'रम्या' हो गया था।

अपराध की दुनिया में अपने ही गुरु साधु शेट्टी को पुलिस में टिप देकर मरवाने वाला दिनेश बाबू शेट्टी उर्फ़ लम्बू दिनेश इसलिए कहलाया क्योंकि काले संसार का यह 'स्खलित नायक' काफ़ी ऊँचे क़द का था।

डी-कम्पनी के सलीम तुकाराम को यह उपनाम इसलिए मिला क्योंकि तुकाराम नामक एक नगरसेवक की शक्ल उससे हूबहू मिलती है।

छोटा राजन गिरोह के सिपहसालार सदानन्द नाथू शेट्टी को साधु शेट्टी कहने के पीछे जो वजह बतायी जाती है, वह उसकी बढ़ी हुई दाढ़ी में सन्तनुमा दिखाई देना ही था।

आरिफ इस्माइल जावेद उर्फ़ आरिफ कालिया एक ऐसा कुख्यात, सनकी, दीदावर और ख़तरनाक गुंडा था कि उससे न केवल मुंबई पुलिस के अधिकारी भय खाते थे बल्कि मुठभेड़ों के विशेषज्ञ माने गये दो बड़े नामवर अधिकारियों की भी हवा ख़राब रहती थी। उसे रंगत के कारण ही कालिया कहा जाता था।

शरीफ अब्दुल गफ़ूर परकार को दादा भाई कहते थे तो सिर्फ़ इसलिए क्योंकि वह गिरोह में सबसे उम्रदराज था। वह टाइगर मेमन का सहयोगी था। 93 बमकांड मामले में उसे भी अदालत ने सज़ा सुनायी।

व्यवहार पर

वह युवक खड़े-खड़े अचानक पागलों की तरह चीखने लगा... जमा लोग चौंक पड़े...सबकी हवा खुश्क। अचानक वही युवक बदल गया...चीखते-चीखते वह अट्टहास करने लगा... लोग और बुरी तरह डर जाते हैं... यही युवक देर रात कार में जा रहा है...अचानक कार रोक कर नीचे उतरता है... फुटपाथ पर सो रहे भिखारियों को जगाता है... उनकी अलसाई आँखों में अचरज के भाव आते हैं जब वह युवक उनकी हथेलियों पर सौ-सौ के नोट धरता है... वह घूमता है और कार में आ बैठता है... चल देता है... किसी और दिन ऐसे ही देर रात... यही युवक किसी और फुटपाथ पर सोए भिखारियों को लतिया कर जगाता है... उन्हें भद्दी गालियाँ देता है... उन्हें कोसता है कि सब आलसी हैं... बुरे लोग हैं... काम नहीं करते हैं... फिर झूमता हुआ पीछे असमंजस भरी आँखों वाले लोग छोड़ कर कार में जा बैठता है... ऐसा युवक क्या कहलाएगा? कोई मदमस्त धनिक, कोई सनकी, कोई पागल... सच यह है सभी उसे पागल कहेंगे... मराठी में 'येड़ा'। यह किरदार वाकई मुंबई के अँधियाले संसार में है... मुंबई के सबसे ख़तरनाक और सनकी गुंडे का नाम यदि अपराध शाखा के अफ़सरों से पूछें तो वे 'येड़ा गोपाल' ही गिनाएँगे।

महेन्द्र शेलार को उसके साथी 'माया' इसलिए कहते थे क्योंकि वह एक छलावे की तरह आता और किसी को भी मार कर चला जाता था।

तेज़ बुद्धि के स्वामी सलीम को अगर 'सलीम कुत्ता' कहा जाता है तो अचरज कैसा? कहते हैं कि वह दुश्मन व पुलिस की चालों को पहले ही सूँघने में माहिर था। वह हमेशा बड़ा चौकन्ना रहता था। इन्हीं गुणों ने उसे अपराध जगत में यह उपाधि तकसीम की।

एक सलीम मीरा शेख़ भी सलीम कुत्ता के नाम से कुख्यात था। 93 बमकांड का यह आरोपी और डी-कम्पनी का प्यादा इस नाम से इसलिए पहचाना गया क्योंकि वह बेहद गुस्सैल, रूखा और किसी भी व्यक्ति को काट लेने वाला था।

पुलिस को अगर कोई हमेशा चकमा देने में कामयाब रहे तो उस गुंडे को भाईबन्द 'चूहा' कहते हैं। चूहे की तरह किसी न किसी रास्ते से सटकने की कला में माहिर अब्दुल अजीज हमीद को 'हमीद चूहा' कहा जाने लगा।

रमेश जगदीश शर्मा को 'गूँगा' इसलिए कहा जाता है क्योंकि वह हमेशा चुप्पी साधे रहता था।

हर काम तूफानी गति से करने के आदी शफी दाऊद मेमन शेख़ को 'शफी तूफानी' कहने में बुराई क्या है?

अविनाश विनायक देशपांडे को 'वाकड्या' कहने के पीछे यही वजह है, कि वह हर काम किसी उलटे, आड़े-तिरछे तरीके से करता है। यह भी कहा जाता है कि वह लँगड़ा है और थोड़ा तिरछा चलता है, जिसके कारण उसे यह नाम मिला था।

गिरोहों में रहते हुए बड़े काम करने के मौक़े मिलने पर भी छोटी-मोटी हरकतें करने से निलेश हरीश कृष्णानी कभी बाज नहीं आता तो उसे 'चिन्दी' कहने में अपराध जगत क्यों हिचके भला?

'इंग्लिश' कहते हैं कृष्णा रघुनाथ राणे को क्योंकि वह अंग्रेज़ी भाषा जानता है। अँधियाले संसार में पढ़े-लिखे गुंडों की कमी होती है। अब तो ऐसे गुंडों की तादाद में इज़ाफ़ा हुआ है। पहले ऐसा न था इसलिए 'कृष्णा इंग्लिश' सरीखे नाम भी पाये जाते थे।

सुहास भाटकर को 'पोत्या' कहने के पीछे वजह यही थी कि वह सिद्धि विनायक मन्दिर से नारियल की बोरियाँ (पोत्या) चुराता था।

येड़ा याकूब, गोपाल अच्युत नाईक उर्फ़ येड़ा गोपाल, लाला मोहम्मद यार मोहम्मद सैयद उर्फ़ येड़ा मोहम्मद, एकनाथ शिवराम राड्ये उर्फ़ पंग्या, इब्राहिम इसाक शेख़ उर्फ़ लल्लू, प्रदीप नारायण मडगावकर उर्फ़ बंड्या मामा, पराग अशोक अहीरे उर्फ़ बंड्या बिलकुल पागलों जैसी हरकतें करने वाले बेहद गर्म मिजाज़ होने के कारण उन्हें उक्त टोपन नाम मिले हैं।

बीयर पीने के शौक़ीन शिवशंकर मिश्रा को उसके साथियों ने 'बीयर बादशाह' नाम दे दिया। विश्वनाथ खटाटे की फितरत सूफी सन्तों सी थी। वह कहीं भी रहे, चाहे जेल में, चाहे बाहर, हरेक को शिक्षा देता था, इसी कारण उसे 'बुवा' कहा गया।

डी-कम्पनी का जोगेश्वरी निवासी अब्दुल कादर अब्बास नरूला नुरूल्लाह बड़ी रंगीन तबीयत का आदमी था, हमेशा फ़िल्मी स्टाइल में बातें करता था, जिससे उसका नाम 'कादर रंगीला' पड़ा।

डी-कम्पनी के गुंडे भूपेन्द्र विट्ठल वेरुलकर को गिरोह में 'नाना पुड़ी' नाम से इसलिए जाना गया क्योंकि वह हमेशा तम्बाकू-सुपारी की पुड़िया जेब में रखता था। तम्बाकू की आदत ने भूपेन्द्र को यह नाम बख़्शा।

डी-कम्पनी में गुंडे यदि अपने किसी साथी को 'एमएलए' पुकारें तो निश्चित है उसका रुआब कुछ अलग रहा होगा। यह सच है क्योंकि चेंबूर निवासी जसपाल सिंह चौहल का ठाठ-बाट बड़ा निराला था। वह हमेशा ऐसे बात करता कि लोगों को अहसास हो सारा महाराष्ट्र उसी के बूते चल रहा है।

सुनील नारायण भोगले को गिरोह के सदस्य 'मैकेनिक' नाम से पहचानते

थे। वह पहले गाड़ियाँ सुधारता था। जब गिरोह में आया तो भी उसका 'वाहन मोह' छूटा नहीं। जब वह किसी 'काम' से निकलता, पूरी गाड़ी का अच्छे से निरीक्षण करता, जैसे कोई मैकेनिक ग्राहक को वाहन सौंपने के पहले करता है। यह देख कर ही उसे 'मैकेनिक' नाम मिला।

अब्दुल लतीफ़ की एक ऐसी हरकत थी जो आमतौर पर अपराध जगत में नहीं मिलती। बन्दरों की तरह थानों की दीवारें फाँद कर फरार होने के कारण उसे 'अब्दुल बन्दर' नाम से नवाज़ा गया।

सुनील हरिश्वर सावे की हरकतें ऐसी जिससे सभी उसे 'लुक्खा' कहने लगे। वह हमेशा कोई न कोई ऐसी बात कहता या काम करता जिससे उसके फटीचर होने का अहसास होता था।

रवीन्द्र नारायण साटवे को 'पांप्लेट' मछली बेहद पसन्द थी। जब भी, जहाँ भी, वह खाना खाते दिखाई देगा, उसकी थाली में पांप्लेट होना अनिवार्य था। यही कारण था उसका नाम रवीन्द्र 'पांप्लेट बाबू' पड़ गया।

दाऊद का वित्त व्यवस्थापक फहीम शरीफ अहमद को 'मचमच' कहते थे क्योंकि वह तुतला कर बोलता, ख़ूब हल्ला मचाता और किचकिच करता था।

राजेश राय को 'डॉक्टर' इसलिए कहने लगे क्योंकि वह अपने साथियों में सबसे समझदार था।

डकैत सन्तोष भोईर को 'तीन-पाँच' कहते थे क्योंकि वह छोटी-मोटी रकमें उधार माँगता रहता था। सहयोगियों में वह 'तीन-पाँच' नाम से ही पुकारा-पहचाना जाता था जिससे पुलिस को उसका पता-ठिकाना कभी नहीं मिल पाता था।

अली बुदेश गिरोह के अनवर यूसुफ गनी शेख़ उर्फ़ अन्नू को सारे साथी 'मामा' कहते रहे क्योंकि वह गिरोह का उसी तरह ख़्याल रखता और प्रबन्ध करता था, जैसे मुंबई के काले संसार के स्याह सायों पर बनी फ़िल्म 'सत्या' में 'कल्लू मामा' का किरदार था। उसे भड़े भाई का आदर देने के लिए 'अण्णा' भी कहते थे, 'अनवर बादशाह' भी कहते थे।

कस्टम्स अधिकारियों का कहना है कि मोहम्मद डोसा और मुस्तफा मंजनू के तीसरे भाई हारून को लोग 'हारून बावला' कहते हैं। उनका कहना है कि हारून को बावला इसलिए कहते हैं कि वह सदा 'पागलों जैसी' हरकतें करता है। कई अधिकारी यह भी कहते हैं कि उन्होंने जानबूझ कर हारून हेतु मानसिक रोगी का चिकित्सा प्रमाण-पत्र हासिल किया है ताकि वह बमकांड के आरोपों से बच जाये।

मुस्तफा डोसा का नाम मंजनू इसलिए पड़ा क्योंकि वह दिन भर लड़कियों के चक्कर में रहता था। वह सुन्दर औरतों का ऐसा रसिया था और उनके पीछे

घूमता था इसलिए उसके आसपास के लोगों ने मंजनू कहना शुरू कर दिया था। ये वही डी-कम्पनी का सिपहसालार है, जिसने मुंबई के 93 बमकांड की साजिश रचने और उसे अमली जामा पहनाने में खासी मदद की थी। उसका दुबई से प्रत्यर्पण हुआ था और उसे विशेष टाडा अदालत ने सज़ा भी सुनायी।

ओमप्रकाश श्रीवास्तव उर्फ़ बबलू उर्फ़ अरुण कुमार अग्रवाल उर्फ़ पंडितजी उर्फ़ शास्त्रीजी उर्फ़ सर जैसे नाम यदि बबलू श्रीवास्तव ने पाये हैं तो निश्चित ही वह एक बड़ा गुंडा होगा। कभी दाऊद के साथ काम कर चुके उत्तर प्रदेश के इस सबसे बड़े माफिया सरगना को पंडितजी इसलिए कहा जाता था क्योंकि वह बात करता था तो लगता था कि प्रवचन ही दे रहा है।

'इक़बाल गधा' भी मुंबई माफिया ने बख़्शा है। उसका 'गधा' नाम इसलिए पड़ा क्योंकि वह बड़ी बेवकूफ़ाना हरकतें करता था। उसके नाम पर तो भूमिगत संसार में भी ढेरों क़िस्से और चुटकुले सुनाये जाते हैं।

सन्तोष अडिवडेकर फ़ोन पर अपने शिकार को सिर्फ़ इतना कहता था, 'हम सिर्फ़ तीन बार फ़ोन करेंगे। आपको चौथा फ़ोन आयेगा नहीं।' यह सच भी है कि वह चौथा फ़ोन नहीं करता था। शिकार के पास ख़ुद पहुँचता, अब वह या पैसे लेता–या जान। उसकी ऐसी बंड (शरारती) हरकतों के कारण ही वह बंड्या कहलाया। उसके ड्राइविंग लाइसेंस पर बारीक बालों और बगैर मूँछों वाले बंड्या की तस्वीर के साथ नया नाम था जयदीप ठाकुर।

गुरुनाथ नरहरी साटम को लोग यदि गुरु साटम कहने लगे तो इसमें कोई नयी बात नहीं थी, असल में वह उसके नाम को छोटा करके पुकारने वाली बात तो थी, वह चूँकि बड़ा चालाक था, इसलिए भी लोगों ने उसे 'गुरु' नाम बख़्शा था।

और यदि सलीम तलवार को भूलते हैं तो यह अच्छी बात नहीं होगी। वह तो यह नाम असल में तलवार और चाकू चलाने की अपनी महारत के कारण हासिल कर पाया था।

सलीम तूफानी के बारे में क्या कहें? कहते हैं कि वह बचपन से ही ऐसी तूफानी गति से दिन-रात चारों तरफ़ मँडराता था कि उसकी आमद और वापसी के बीच चारों तरफ़ सिर्फ़ तबाही का मंजर बचा रहता था।

हनीफ टोपी का नाम इसलिए टोपी नहीं पड़ा था क्योंकि वह लोगों को ठगता रहता था। मुंबई में किसी को मूर्ख बना कर कुछ हासिल करने को टोपी पहनाना कहते हैं। असल में हनीफ को टोपी पहनना अच्छा लगता था। इतना अच्छा कि वह टोपी पहन कर सो भी जाता था।

लोगों की हत्या कर तनाव मुक्त होने वाले हत्यारे शेर असलम ख़ान को

स्याह संसार में शेरु इसलिए भी कहा जाता था क्योंकि वह शेर की तरह से अपने शिकार पर झपटता था। भाजपा नेता रामदास नायक की हत्या के लिए 10 लाख रुपये की सुपारी लेने वाले इस हत्यारे का एक नाम मोहम्मद असलम भी था।

शेरू का पिता अबू कालिया भी बड़ा गुंडा था। लोग उसके नाम से काँपते थे। वह रमी क्लबों को लूटने में महारत रखता था। अबू को जानने वाले लोग बताते हैं कि वह 'बॉक्सर' नाम से इसलिए जाना जाता था क्योंकि रमी क्लबों के कैशियरों की राशि लूटता था। विरोध करने वालों को मुक्के मार-मारकर धराशायी कर देता था।

यूसुफ मोटरवाला का यह नाम सदा गिरोहबाजों के बीच चलता रहा। वह गोदामों को लूटने के मामले में काफ़ी कुख्यात रहा है। उसकी एक खास अदा थी कि जब कहीं गोदी के गोदाम से चोरी करने जाता, अपने साथ एक मोटर गाड़ी ले जाता था, यही कारण बना कि उसे ऐसा शानदार नाम अन्धेरी दुनिया ने बख्शा।

छोटा राजन के कुख्यात गुंडे नजीर अजीज को उसके जल्दी क्रोध में आने के कारण, मुम्बइया भाषा में पागल शब्द का पर्यायवाची 'हटेली' नाम मिला।

6 जून 1994 को 58 वर्षीय माधव ठक्कर की हत्या हो जाती है जो अपराध जगत और पुलिसवालों के बीच पिछले 30 सालों से देश के सबसे शक्तिशाली माफिया सरगना करीम लाला के मैनेजर के रूप में पहचाना जाता था, बाद में पुलिस मुखबिर बन गया था, उसकी रईसी दिखाने की अदा के कारण ही माधो सेठ कहा जाता था।

एन्थोनी वीरस्वामी जॉन को कालिया एन्थोनी इसलिए कहा गया क्योंकि फ़िल्म कालिया में जिस तरह अभिनेता अमिताभ बच्चन को बड़े दुस्साहसी तरीके से जेल की सलाखें काट कर, सुरक्षा के तमाम इन्तज़ामात को धता बता कर, निगरानी चौकियों से फेंकी जा रही रोशनी के गोल दायरों को चकमा देते हुए, दसियों फीट ऊँची काले पत्थरों की दीवारों को लाँघ कर ग़ायब होने के कारण दिया गया था। मज़ेदार बात यह है कि जिस दिन कालिया फ़िल्म का प्रदर्शन हुआ था, यह दृश्य पर्दे पर दिखाया जा रहा था, ठीक उसी दिन अकोला जेल की ऊँची दीवारों के पीछे से एन्थोनी भी फरार हो रहा था।

अनवर यूसुफ शेख़ 'बादशाह' टोपन नाम उसे तब अपराध जगत ने बख़्शा था जब उसने कई राजनीतिकों को मार गिराया। कहते हैं कि एक इलाके में एक ही 'बादशाह' होता है, दूसरों को वह अपदस्थ या ख़त्म कर देता है। अनवर तो सभी को 'ख़त्म' कर रहा था, वही इलाके का 'बादशाह' हो सकता था। यूँ उसके और भी कई नाम थे जो मामजी उर्फ़ अण्णा भी थे।

अंड्या मामा का पूरा नाम किसी को नहीं पता। कुलाबा इलाके का 40 के दशक का यह गुंडा अंड्या इसलिए कहलाता था क्योंकि उसे खाने में अंडे बेहद पसन्द थे।

छोटा राजन की पत्नी सुजाता निकालजे को दो कारणों से नानी कहते हैं, एक तो यह कि छोटा राजन का दूसरा नाम नाना है तो वह नानी हो गयी। दूसरा यह कारण भी रहा है कि वह गरीबों और गिरोह के गुंडों के बच्चों के प्रति बेहद उदार और भला बरताव करती थी, जैसा कि अन्य नानियाँ करती हैं।

सलीम रहीम शेख़ भी टाइगर मेमन का एक सहयोगी था। उसे भी 93 बमकांड में सज़ा हुई है। उसका उर्फ़ नाम इसलिए चावरा पड़ गया क्योंकि उसने एक बार पुलिस कांस्टेबल को माहिम के हिरासतखाने में ग़ुस्से में भर कर काट लिया था।

पहचान छुपाने के लिए

दिलीप कुलकर्णी उर्फ़ डीके भाई नाम आतंक पर्याय था जो गवली गिरोह का एक सिपहसालार था। उसका नाम डीके आतंकफरोशों के बीच सबसे बड़ा ब्रांड नाम था। उसे डीके भाई पुकारा जाता था।

गिरोह सरगना अबू सालेम को शारजाह से भागने में फ़िल्म तारिका मोनिका बेदी ने भी साथ दिया था। बाद में उसके अपराधों की साथिन भी हो गयी तो उसका नाम फौजिया हो गया।

एजाज पठान का भांजा मेंहदी इमरान नसीर शेख़ मुंबई के लोगों से हफ्तावसूली करने के अली बुदेश के दिए नाम दिलावर पर ही काफ़ी समय तक जीता रहा था।

अश्विन नाईक मुंबई माफिया का एक ऐसा पात्र है जिसकी कहानी लगभग हर दूसरी-तीसरी मुंबई मसाला फ़िल्म में टुकड़ों-टुकड़ों में दिखती है। अश्विन नाईक को गिरोह के साथी भाऊ कहते हैं, उसके पास आशीष वोरा और मामजी शाह नाम से पासपोर्ट भी हैं।

डी-कम्पनी के सेनापति सुनील सावन्त को मराठी भाषी मध्य मुंबई इलाके में रहने के कारण ही सावत्या नाम मिला था। सुनील कुमार नाम अपनी पहचान गोपनीय रखने के लिए इस्तेमाल करता था।

उपेन्द्र सिंह का नाम गुड्डू और राजू उसके साथियों द्वारा पहचान छुपाने के लिए रखे गये थे। वह मुंबई अपराध जगत के सबसे खूँखार गिरोह सरगनाओं में से एक अबू सालेम के लिए काम करता था।

दाऊद शमशेर ख़ान ख़ुद को हर लिहाज़ से पुलिस की निगाहों में आने से बचाये रखने की कोशिश करता है। ऐसा करना उसकी मजबूरी है क्योंकि वह

नशे के कारोबार से जुड़ा है। इसी कारण वह शफी ख़ान नाम धारण किये रहा।

सुरेश मंचेकर ने इन्दौर के गाँधी धाम इलाके में छुप कर रहने के लिए अपना नाम विजय भारद्वाज रख लिया था।

खोटा शकील की कहानी तो और भी मज़ेदार है। छोटा शकील के साथ काम करने वाले इस गिरोहबाज का असली नाम शेख़ शकील अहमद है। वह छोटा शकील की दक्षिण मुंबई स्थित ट्रेवल एजेंसी पर सदा पाया जाता था। वहाँ का कामकाज भी सँभालता था और गिरोहबाजी की हरकतों में भी साथ देता था। वह छोटा शकील के बदले में फ़ोन पर उसके नाम से बात करता था और लोगों को यह जतलाता था कि छोटा शकील ही उनसे मुखातिब है। इसके चलते लोगों ने उसकी खोटी हरकतों पर खोटा शकील कहना शुरू कर दिया।

पुलिसवाला उर्फ़ ड्रेसवाला उर्फ़ गन्दे लोग

गुंडों के ही उर्फ़ या टोपन नाम होते हैं, यह बात अगर आप सोचते हैं तो गलती पर हैं। गुंडों ही नहीं पुलिस अधिकारियों व कर्मचारियों के भी उपनाम होते हैं। वे इन नामों से बाकायदा आधिकारिक रूप से पहचाने भी जाते हैं। सभी वरिष्ठ अधिकारियों के 'गुप्त नाम' होते हैं। वे ख़ुद या पुलिसकर्मी जब वायरलेस सेट पर बात करते हैं तो गोपनीयता बरतने के लिए इन्हीं का इस्तेमाल होता है।

यह हालाँकि पुलिस का भ्रम मात्र है कि उनके गुप्त नामों की जानकारी अपराध जगत को नहीं होती। अपराधी न केवल पुलिस की तमाम वायरलेस फ्रिक्वेंसियाँ सुनते हैं बल्कि किस गुप्त नाम से किस अधिकारी को सम्बोधित किया जाता है, क्या सूचना दी या ली जा रही है, वे जानते हैं।

चालाक अपराधी, जो पढ़े-लिखे भी हैं, कई बार इन फ्रिक्वेंसियों पर ख़ुद किसी अधिकारी के 'गुप्त नाम' से कोई सूचना विशेष की माँग कर लेते हैं। जल्दबाजी में, ठीक से सुन न पाने या लापरवाही में ही सही, कई बार पुलिसकर्मी वायरलेस पर सूचनाएँ दे भी देते हैं। अधिकारी अपने गुप्त नाम हमेशा ऐसे रखते हैं जो आक्रामक हों। कभी-कभी ये नाम सामान्य भी होते हैं।

राज्य व नगर पुलिस प्रमुख, उनके वरिष्ठ सहयोगी अधिकारियों के अलग-अलग नाम होते हैं, जैसे—टाइगर, मार्शल, कर्नल, पैंथर, पाइथन... इत्यादि। ये अधिकारी अमूमन अतिरिक्त या संयुक्त पुलिस आयुक्त तक रैंक वाले होते हैं। इस रैंक के बाद वाले तमाम छोटे, महत्त्वपूर्ण लेकिन एक समान कई पदों के लिए भी गुप्त समान नाम दिये जाते हैं। फ़र्क़ करने के लिए उनके अधिकार क्षेत्रों को जो नम्बर दिये जाते हैं, वही नम्बर भी इन नामों के पीछे जोड़े जाते हैं, जैसे—माईक-1,

माईक-2, माईक-3... या ट्रिगर-1, ट्रिगर-2, ट्रिगर-3...। इस तरह के नम्बर वाले गुप्त नामों से उस पद विशेष व अधिकारी की पहचान तुरन्त हो जाती है।

मुंबई पुलिस के पूर्व आयुक्त रामदेव त्यागी का गुप्त नाम 'टाइगर' था। यही उपनाम उनके बाद आये सुभाषचन्द्र मल्होत्रा ने भी अपनाया। बीच में कुछ माह तक उन्होंने उपनाम बदला लेकिन किसी नामालूम कारण से फिर इसी को स्वीकार लिया। ठाणे से आये रोनी मेंडोसा मुंबई पुलिस आयुक्त थे। उन्होंने अपना गुप्त नाम बदला तो वे 'मार्शल' के नाम से पुकारे जाने लगे थे।

और अन्त में एक कड़वी सच्चाई (हर पुलिसकर्मी से क्षमा सहित)। अपराधियों की दुनिया में पुलिसवालों को 'मामा', 'ड्रेसवाला' या 'गन्दे लोग' तो कहा ही जाता है, चिढ़ कर उन्हें 'पांडू' भी कहा जाता है।

गुंडों के उपनाम

दाऊद गिरोह

गिरोहबाज	**उपनाम**
शेख़ दाऊद हसन दाऊद इब्राहिम	
शेख़ कासकर	मुच्छड़, बड़ा भाई, डी, इक़बाल सेठ बड़े हाजी
अच्युत रामचन्द्र जाधव	अच्या
अनिल रामचन्द्र परब	रॉबिन, वांग्या
अनिल शान्ताराम सकपट	अन्या
अब्दुल अजीज हमीद	हमीद चूहा
अब्दुल करीम अब्दुल करीम शेख़	केके
अब्दुल कादर अब्बास नरूला नुरूल्लाह	कादर रंगीला
अब्दुल लतीफ	अब्दुल बन्दर
अय्यूब इस्माइल शेख़	पठान
अशोक दगड़ शिगवान	अच्छू
अशोक रामजी उत्तेकर	अच्छू
असलम अमानुद्दीन अंसारी	आलम
आरिफ दाऊद मेमन	आरिफ तूफानी
इब्राहिम अब्दुल रजाक मेमन	टाइगर मेमन
इब्राहिम इसाक शेख़	लल्लू
इब्राहिम गुलाम नबी शेख़	जेके

इस्माइल मोदी मोहम्मद रिधानी	इस्माइल दाढ़ी
इस्माइल	मुर्गी
एंटोनी जॉन नागेरियो	सेंडी
एकनाथ शिवराम राड्ये	पंग्या
एग्नेल एंड्र्यू फर्नांडिज	छोटू
एडवर्ड येसू एंटोनी	एड्डू
ऑल्विन लारेंस लोबो	बंटी
किशन केदारे मातनवार	किश्या
खीम बहादुर तुलसी राम थापा	थापा भाई, केटी, थापा शेट्टी
गणेश शंकर शिवशरण	सोनारे गण्या
चन्द्रकान्त जगभाई देसाई	चन्दू
चन्द्रकान्त शंकर खोपड़े	बाब्या
जयप्रकाश सिंह चौहल सिंह चौधरी	एमएलए
जयाराम अण्णा पुजारी	बाला
जितेन्द्र विश्वनाथ मिठबावकर	जीतू
तानाजी शान्ताराम कोली	तान्या कोली
दत्ताराम सदाशिव गुरव	दत्या
दर्शन कुमार सदाशिव गुरव	टिल्लू
दिनेश सालियान	डैनी
नरेश वसन्त जुक्कर	अवतु
नासिर लाला	नासिर शेख़, नासिर पठान
नित्यानन्द कदमस्वामी वनियार	नित्या
निलेश कोकम	माजिद ख़ान
निसार अहमद शेख़	बाबा भाई, चरसी
प्रदीप नारायण मडगाँवकर	बंड्या मामा
प्रदीप शिवराम गुड़े	बाबा गुड़े
प्रमोद हिन्दूराव साठे	काल्या मामा
प्रसाद रमाकान्त खाड़े	जाड्या
फ़िरोज अब्दुल सरगुरु	फ़िरोज कोंकणी, डार्लिंग
बाबाजी तुकाराम सावन्त	बाबा
भूपेन्द्र विट्ठल वेरुलकर	नाना पुड़ी
मंसूर उस्मान कान	मंसूर राडो, मंसू

मंसूर हारून शेख़	पप्पा
मनोज नसीव चन्द शर्मा (वर्मा)	टोंड्या
महेन्द्र विठोबा डोलस	माया डोलस
मो. अहमद मेमन	मोहम्मद डोसा
मो. इक़बाल मंडई	शेमड्या, इक़बाल जोगेश्वरी
मो. इरफान मो. इस्माइल शेख़	निप्पू
मो. जमीर बशीर अहमद शेख़	जम्मू
मो. सलीम मो. अमीन शेख़	बाबा, एसटीडी
मो. सलीम मो. इस्माइल शेख़	सलीम प्यारी
मो. सलीम यूसुफ सैयद	सलीम कालिया
मो. हनीफ अली मो. मेमन	हनीफ बेरिंग
मोहिऊद्दीन जहीर ख़ान	मामू
यूसुफ सलीम	सलीम लँगड़ा
रमाकान्त शंकर नाईक	रमा नाईक, रमा भाई
राजकुमार रामदास शर्मा	राजू चिकना
रोमेश शर्मा	नेताजी
ललित सिंह दान सिंह ठाकुर	लल्ली
लाल मो. यार मो. सैयद	येड़ा मोहम्मद
वसन्त उद्धव टटपुंजे	छोट्या कश्या
वसन्त कृष्णा चव्हाण	घूमत्या
विलास जाधव	हज्जाम
शकील अहमद मो. मुस्लिम शेख़	लम्बू शकील
शफी तूफानी दाऊद मेमन शेख़	शफी तूफानी
शरद दिनप्पा कांबले	सर्जा
शरद शेट्टी	अण्णा
शाहनवाज अब्दुल कादर कुरैशी	नकटा नवाज
शेख़ शकील शेख़ बाबू मोहिउद्दीन शेख़	छोटा शकील, पाव टकला, छोटे हाजी, सीएस
शेर ख़ान मुनीर ख़ान शेख़	शेरू, पियाजी
श्रीकान्त मानू देसाई	श्रीकान्त मामा
सन्तोष शान्ताराम ठाकुर	पोत्या
सलीम मीरा शेख़	कुत्ता

सलीम	मच्छी
सलीम	हड्डी
सुनील दत्ताराम सावन्त	सावत्या, सनी
सुरेश सुलभनाथ दिघे	चिनाटा सूर्सा
सूर्यकान्त पांचाल	शेंडी
हनीफ	कुत्ता
हरीश गंगाराम गोसावी	हर्या
हरीश पुजारी	मामा

एसटी गिरोह

सुभाष सिंह शोभानाथ ठाकुर	एसटी, भैया
किशोर गरिकापट्टी	किशोर भाई, केजी
गैब्रियल बाबा मैंस मुबीन	बाबा गैब्रियल, बाबा बच्ची
जयप्रकाश सिंह शिवचन्द्र सिंह	बच्ची सिंह
मदन चौधरी	मेंटल

गवली गिरोह

अरुण गुलाब गवली (अहीर)	एजी, डैडी, एबी भाई, टोपी
अशोक मोहन चौधरी	छोटा बाबू
गणेश भोंसले	वकील
परशुराम शम्भू जयटापक	टोंब्या
पराग अशोक अहिरे	बंड्या
राजेन्द्र महादेव भांगे	राजू बटाटा
विजय किशन सावन्त	वड़ा पाव
विजय सदानन्द तांडेल	वीटी
विनायक सागरीताया	चश्मिस
शेख़ हसन इस्माइल कान	सेक्शन
शेखर सुराप्पा देवदिया	टल्ली
सदानन्द पावले	सदा मामा
सुधीर एकनाथ गोवाकर	मडक्या
सुनील दगड़ू शिंदे	खरब्या
सुनील नारायण भोगले	मैकेनिक

राजन गिरोह

राजन सदाशिव निखालजे	छोटा राजन, नाना, छोट्या, विजय दमन, सेठ, मोहन कुमार, राजेश मोरे
अनिल रामचन्द्र देसाई	आरके
अनिल सदाशिव नांदोस्कर	हांड्या
अरुण भीखाजी महाजन	इटल्या
अवधूत बोंडे	महाराज
काशीनाथ मुनीराम पासी	काशी पासी
किरण केशव डोकरे	बालू
गणेश सिंह देवराज बिष्ट	डैनी
जसपाल सिंह	एमएलए
डीके राव	डीके, रवि मल्लेश वोरा, आकाश
देवराज कुंड	मुत्तप्पा
नन्दू	चन्दू पुजारी
नारायण सिंह लक्ष्मण सिंह शेर सिंह रावत	नारू
निमेश शेटे	निम्या
प्रकाश गंगनाईक	छोटू, मोट्या
प्रदीप नारायण मंडगाँवकर	बंड्या मामा
भगवन्त सिंह कुँवर सिंह ठाकुर	भरत नेपाली, चपट्या
मंगेश	मनोज परब, बाला
महेन्द्र अनन्त पाटिल	माया पाटिल
मोहन गोपाल सुवर्णा	मोहन कोटियन
रमेश जगदीश शर्मा	गूँगा
रमेश सुर्वे	बटलर
रवि नेपाली	सरफिरा
राज गोविन्द भुवाडे	खाजा राजू
रोहित वर्मा	माइकल डीसूजा
शरद बायकर	बरक्या, बबलू
शिवाजी गावड़े	शिवा पाटिल
संजय तुकाराम मएकर	बाब्या, संजय पाटेकर
संजय वडकर	संजय घाटी

संजय शाह	बटल्या, बटलर, शोभराज, छोटा वरदा
सदानन्द नाथू शेट्टी	साधु शेट्टी
सुनील सदानन्द मडगाँवकर	माट्या

नाईक गिरोह

अमर नाईक	रावण, एएन
अश्विन नाईक	अश्विन शेट्टी, एएन, आशीष वोरा, नानजी शाह
अविनाश विनायक देशपांडे	अवि, वकड्या
अशोक महादेव तोरास्कर	मान काप्या
अशोक यशवन्त भोईटे	कयूवा
अश्विन कंवरजीत सचदेव	बच्चू
गणेश नारायण देवदिगा	काल्या मद्रासी
चन्द्रशेखर महादेव सालगाँवकर	गोट्या
जयप्रकाश नाधवन नायर	जेपी
जितेश गुलाब गायकवाड़	भाऊ
दिनेश सखाराम जठार	अबू जठार
निलेश हरीश कृष्णानी	चिन्दी
पंकज चिमन लाल सोनी	भाटे
प्रदीप किशन गंगावणे	नाना
प्रदीप सदाशिव काम्बले	बिल्लू
प्रमोद राजाराम जाधव	बादाम
बालकृष्ण सीताराम केलकर	बाला, कान्या
महेन्द्र भगवान पंडागले	बरक्या
रमेश मदुकर गगन	यामय्या
रमेश हरिश्चन्द्र पवार	बटल्या
रवीन्द्र नारायण साटवे	पांप्लेट बाबू
रवि रुकय्या पुजारी	रवि टक्कल
राजेन्द्र अनन्द सावन्त	राजू पावडर
राजेश मदनलाल सोनी	काके
वसन्त गानप्पा सालियन	वसन्त पुजारी

विजय अरुण सारंगधर	फावड्या राजू
विजय तुकाराम पवार	अबू
विजय परशुराम मिस्त्री	मैनेजर
श्रीराम धोंडू बर्डे	बटर मामा
संजय प्रभाकर पारकर	धोग्या
संजय रामचन्द्र बैत	नानी
संजय हीरामन देशमुख	चिक्या शकील
सदानन्द हरिश्चन्द्र सावन्त	नन्दू, थापा
सुनील जाधव	एक्का
सुनील नारायण भोगले	नेचानिस
सुरेश कोलम्बेकर	जीटी
हरीश पुजारी	हर्या
हुसैनी नागप्पा दूबे	छोटा भुई
संजीत कृष्णा शेट्टी	लफड़ा शेट्टी

अन्य गिरोह

अब्दुल कय्यूम अंसारी	अबू सालेम, अबू सामान, लाल डोंगर का लफंगा, अब्दुल कय्यूम आजमी, अबू चिरमिरी, चिकना, मोहम्मद अरसलान, सरदार
अनवर ख़ान	पप्पू, बिलाल
अब्दुल समद मो. यासीन अंसारी	टोमेटो
अमीर साहब ख़ान साहब ख़ान	अमीर लम्बू
अशोक जाधव	बोनी
अहमद हुसैन रहीमतुल्लाह सिद्दिक	भोलू
करीम ख़ान शेर ख़ान पठान	करीम लाला, करीम पठान
कृष्णा रघुनाथ राणे	इंग्लिश
गणेश भालेकर	अबू
गणेश रामलू रेड्डी	चोर गण्या
गुरुनाथ साटम	गुरु साटम
चिन्तामण जवकर	चिंटिया
जंगल बाजीराव कांबले	जगल्या

जयेन्द्र विष्णु ठाकुर	भाई ठाकुर, कणिया
जितेन्द्र शंकर माने	जीतू
जोहन कुमार दुराई	डॉल्फिन, मद्रास दुराई
डेविड कोहिल पिछाई	डेविड ड्राइवर
पुरुषोत्तम नारायण शेट्टी	अजय
पैट्रिक फर्नांडिज	पैट्री
प्रकाश उत्तेकर	गोट्या
प्रकाश गोविन्द मुरुडकर	कोंबडी, बाला
प्रकाश परसुराम देसाई	काका
प्रकाश सिंहासने	पक्या
प्रदीप अनन्त कदम	चाँदी
महेन्द्र चन्द्रेश कलगुटकर	मयूर
मित्तल कुमार भँवर लालजी जैन	टाटा
मेघराज किशन सबुनकर	मेघ्या
मो. कासिम बशीर अहमद शेख़	चोर कासिम
रमाकान्त शंकर नाईक	रमा नाईक
रवीन्द्र बबनराव भभूते	मिस्तकी
राज मोहम्मद	अब्दुल कादिर
राजू गोपाल राव	हटेली
राजू मोतीराम सावरकर	लेफ्टी
राजू रामूगम गौड़ा	शेट्टी, कांडा लम्बू
राजेन्द्र दिगम्बर	छोटा पावस्कर
राजेन्द्र नीलकंठ सावन्त	राजा जमूरा
राजेन्द्र मोहन मेहरा	राजू चिकना, राजू नेपाली
राजेन्द्र शिवराम छोले	चिकू
लाला फरीद ख़ान सुल्तान ख़ान पठान	ख़ान, पठान
वरदराजन मुदलियार	वरदा भाई, वरदा दादा
विक्रम वाही	विकी, अजय शर्मा, विजय जाड्या
विजय शान्ताराम पराडकर	बैजनाथ, बैजा
शिवजी दादाबा भोंसले	बकरी
शैलेश रमाकान्त बबूले	चिल्या
संजय वसन्त दलवे	बोंग्या

सन्तोष गोविन्द शिर्के	हाड्या
सन्तोष रामचन्द्र हलदणकर	शानू
सिल्वराज मनकुम नाडर	रोटी
सुनील कुसलकर	राजू
सुनील हरिश्वर सावे	लुक्खा
हरीश चांडेया पुजारी	मामा
हाजी मिर्ज़ा मस्तान	हाजी मस्तान, हाजी भाई

महिला अपराधियों के उपनाम

अनीता वर्मा	अमीना आफताब बटकी
अमीना अब्दुल रजाक शेख उर्फ अमीना बी	सामान वाली दादी
अर्चना शर्मा	मीनाक्षी अग्रवाल, मनीषा अग्रवाल
अशर्फी बी	सपना (पठान गिरोह के मो. कालिया की पत्नी)
आयशा मुजावर	आशा गवली उर्फ़ मम्मी
चन्द्रकला धनसिंह राजपूत	प्रिया उर्फ़ चन्दू उर्फ़ चुलबुली मुर्गी
नसीम फखरुद्दीन	नेहा (शकील गिरोह)
पल्लवी जाधव	दीदी, ताई, सीमा, निशा सावन्त, निशा कदम, मैरी फर्नांडिज, अनीता
भारती चाँदमल वर्मा	आयशा असलाह ख़ान
मंसूरा	मंदाकिनी (शकील गिरोह के हत्यारे सैम की पत्नी)
लक्ष्मी दुर्गा प्रसाद	लक्का (गुरु साटम की प्रेमिका)
शमीम ताहिर मिर्ज़ा आरिफ बेग	मिसेज पॉल
शैला इरफान गोगा	मनीषा
सबीना	रुबीना (अबू की पहली पत्नी)
सीतामुखी देवी थापा	थापा दीदी
सीमा भगवाजी यादव	जमना

माफिया में महिलाएँ

यह एक पुरानी कहावत है कि जर-जोरू और ज़मीन के लिए ही तमाम युद्ध लड़े गये। यही बात अगर मुंबई माफिया के लिए कहें तो अतिशयोक्ति न होगी। माफिया ने भी धन, लड़कियों और सम्पत्ति के लिए ही तो रक्त की नदियाँ बहाई हैं। क्या महिलाओं ने माफिया में रहते हुए कभी कोई अपराध नहीं किया? इस सवाल का जवाब है, 'यह सरासर गलत है।' प्रेम, शोहरत, सम्पत्ति को लेकर महिलाओं ने ऐसे जघन्य अपराध किये हैं कि वे 'नारी' की 'कोमल' और 'ममतामयी' छवि को सदैव के लिए कलंकित कर देती हैं। पेशेवर महिला अपराधियों ने इस तरह पुलिस को नाकों चने चबाने पर मजबूर किया है कि क्या किसी पुरुष अपराधी ने किया होगा। माफिया की कुछ महिलाओं से रूबरू हों।

सौन्दर्य का प्रतिमान

'ये फोटो देख रहे हो?'

'हाँ। क्या हुआ इसे? कोई ख़ुशख़बरी है क्या? '

अपने पुराने कुँआरे दोस्त को इस तरह लड़की के ढेरों फोटो दिखाते पाया तो चौंकना स्वभाविक था। उसके चेहरे पर आहत होने के भाव उभर आये।

'नहीं यार, हर बात की जलेबी तल देते हो। मैं सोचता था कि क्राइम रिपोर्टर हो, ज़िन्दगी में हर बात के पीछे क्राइम देखे बिना तुम्हारे पेट का पानी नहीं पचता होगा। यहाँ सब उलटा है। मस्तीखोरी गयी नहीं तुम्हारी।'

'ये मस्तियाँ गयीं, तो हम भी गये... '

'जायें तुम्हारे दुश्मन। चल यार, ये फ़ोटो ध्यान से देख।'

'अच्छे हैं। कौन है ये?'

'तुम्हें नहीं पता?'

'कोई फ़िल्मी हीरोइन तो निश्चित तौर पर नहीं है। यह कोई स्ट्रगलर हो सकती है। फ़ोटो सेशन तो इसी तरह का ही करवाया हुआ लग रहा है।'

'कुछ-कुछ सही हो, पूरी तरह नहीं।'

'क्या चाहते हो यार? क्यों मेरे दिमाग़ में जलेबियाँ बना रहे हो? सीधे कहो न...'

'ये अर्चना शर्मा है...'

'कौन अर्चना शर्मा?'

'बबलू श्रीवास्तव वाली...'

'वो तो मीनाक्षी अग्रवाल है... उसका एक नाम मनीषा अग्रवाल भी है...'

'हाँ, ये वही है...'

'क्या बकते हो...'

'मैं बकता हूँ?' मित्र ने आँख दिखाई।

'नहीं... यानी कि... ये तो वो नहीं लगती...'

'तू मिला है उससे? देखा है उसे कभी?'

'अभी तक तो नहीं देखा है...'

'तो फिर यह कैसे कह सकते हो कि यह उसके जैसी नहीं लगती?'

'यार ये सुन्दर और ज़हीन लगती है।'

'है भी... किसी से कम नहीं। इसकी यही खासियत उसके लिए अभिशाप बन गयी... अब वह दाऊद गिरोह के लिए काम कर रही है।'

'ये फ़ोटो अब मेरे हो गये... '

'रख लो, मैं भी क्या करूँगा इनका।'

'और क्या, तू शादी भी तो नहीं कर सकेगा उससे... डी-कम्पनी की लड़कियों पर नज़र डाल कर मरना थोड़ी है तुझे...

'क्या बोला?'

ये फ़ोटो हासिल होना मेरे लिए तो एक प्रकार से एवरेस्ट फतह करने जैसा था। अब मनीषा के बारे में सूचनाएँ पाने की इच्छा और बढ़ गयी। मालाड के एक बार मालिक का अपहरण करके उसका फरार होना, अच्छी तरह से याद था। उसकी कहानी उज्जैन, इन्दौर, भोपाल, मुंबई से होती हुई दुबई के जरिए कराची तक जा पहुँची। अब पता चला कि महिला शक्ति का इस्तेमाल मुंबई के बाहुबली कैसे करते हैं।

माला से जिनाबाई ख़बरी तक

ज़रूरी नहीं कि हर अपराधी महिला मुंबई माफिया से जुड़ी हो। तीन बच्चियों की माँ विधवा माला राम प्रसाद चौधरी पेशेवर अपराधी न थी लेकिन प्रेम ने उसे ऐसा अन्धा बनाया कि अपराध जगत के दलदल में जा धँसी। अभिनेत्री प्रिया राजवंश (वीरा सिंह उनका असली नाम था) की हत्या में ऐसा सहयोग किया कि पुलिस भी सुन कर दंग रह गयी। निर्माता-निर्देशक चेतन आनन्द और प्रिया राजवंश का रिश्ता छुपा न था। चेतन आनन्द के पुत्रों, केतन और विवेक के अलावा सम्पत्ति में प्रिया को भी साझीदार बनाया था।

अब सभी जानते हैं कि प्रिया की नौकरानी माला और विवेक के अवैध सम्बन्ध थे। वह अपने प्रेमी के लिए प्रिया से भी झगड़ती थी जिस बँगले में प्रिया रहती थी, उसे विवेक बेचना चाहते थे लेकिन प्रिया रोड़ा थीं। उन्हें रास्ते से हटाने के लिए माला ने केरल से एक कार चालक से ज़हरीली जड़ी मँगायी, प्रिया को पीस कर पिलाई, जिससे वे बेहोश हो गयी। अब तार से उनका गला घोंट दिया। इस मौत की ख़बर मिली तो पुलिस ने हत्या का मामला दर्ज़ कर चार लोगों को गिरफ़्तार किया।

अब पता चला कि माला इस बंगले की मालकिन बनने के ख्वाब देख रही थी। माला को दो करोड़ के बँगले का सुख भले ही न मिला हो, 200 करोड़ की सरकारी इमारत में सैकड़ों सुरक्षा रक्षकों के बीच रहने के लिए वह जेल ज़रूर जा पहुँची। ये तो महिलाओं की अतिमहत्त्वाकांक्षा के चलते माफिया तक जाने की पहली सीढ़ी वाली कहानी भर है।

पुलिस अधिकारी कहते हैं कि अपराध जगत से जुड़ी ज्यादातर लड़कियाँ

उनके साथी गिरोहबाजों के लिए कुछ समय बाद बड़ा ख़तरा बन जाती हैं। ये लड़कियाँ या तो आपस में दुश्मनी का बायस बनती हैं या उस गिरोह सरगना या सिपहसालार या गुंडे की पहचान का जरिया बन जाती हैं। उनकी निगरानी से पुलिस या विरोधी गिरोह को अपने शिकार तक पहुँचने में आसानी हो जाती है।

सुन्दरियों का संग पाने और उन्हें इस्तेमाल करने में दाऊद सबसे आगे है, तो उसके भाई भी पीछे नहीं। उसके तमाम सिपहसालार-जत्थेदार भी अपने सरगनाओं के नक़्शे क़दम पर पीछे-पीछे ही चलते हैं। यह बात और है कि डी-कम्पनी के सरमायादारों ने कभी लड़कियों और महिलाओं पर भरोसा नहीं किया, उन्हें रात को बिस्तर पर इस्तेमाल किया, उनके तन को बाज़ार में बेचा, पुलिस वालों के सामने परोसा या अपना मतलब निकालने के लिए इधर से उधर भेजा, लेकिन उनकी गिरफ्त में कभी न रहे।

भूमिगत संसार में जितना महत्त्व पैसे और दहशत का है, उतना ही सुन्दरियों का माना जाता है। जिस गिरोह के पास जितनी लड़कियाँ होती हैं, उन्हें काम करने में उतनी आसानी होती है। डी-कम्पनी के कई सिपहसालार-गुंडे सुन्दर महिलाओं-युवतियों को अपने साथ रखते हैं। काले संसार में कोई काम करवाना हो तो सुन्दरियों के लिए वह जितना आसान है, किसी अन्य के लिए नहीं। अपराधियों से जुड़ कर इन सुन्दरियों को एक तरफ़ जहाँ अपनी कदर होती लगती है, वहीं वे ख़ूब पैसा भी बनाती हैं। अपराधियों के प्रभाव से उनकी ओर कोई आँख टेढ़ी करने का दुस्साहस नहीं करता।

अमर नाईक को भी सुन्दरियों का रसिया बताते हैं। कहते हैं कि उसके इर्दगिर्द लड़कियों का मोहक जाल था। एक प्रकार से ये लड़कियाँ उसे संरक्षण देती थीं। कहते तो यह भी हैं कि अमर की जान भी एक लड़की के कारण ही गयी। एक लड़की ने ही उसे फँसा कर मुंबई सेंट्रल के उस होटल में भेजा था, जहाँ वह पुलिस के हत्थे चढ़ा और मारा गया था।

बताते हैं कि गवली गिरोह का सेनापति सदा पावले उर्फ़ सदा मामा भी सुन्दरियों का दीवाना था। सदा मामा अपनी प्रेमिका बार नर्तकी के पास अक्सर जाता था। कहते हैं कि पुलिस ने काफ़ी अर्से तक उस बारबाला की निगाहबीनी की थी ताकि सदा मामा को पकड़ सके। काले संसार में यह आम है कि इस बारबाला के चक्कर में ही सदा मामा पुलिस के हत्थे चढ़ा और मारा गया।

मुंबई अंडरवर्ल्ड के लिए सिर्फ़ उनके घरों की औरतें ही काम नहीं करती हैं बल्कि बाहर से भी वे महिलाओं व युवतियों को साथ जोड़ते हैं। वे भले ही महिलाओं का अपने कामों में इस्तेमाल करते हैं लेकिन उन्हें गिरोह के रहस्यों

की जानकारी नहीं होने देते। औरतों को बस अपने फ़ायदे के लिए वे इस्तेमाल भर करते हैं। मुंबई अंडरवर्ल्ड में ऐसी ही ढेरों महिलाएँ हैं, जो अभी भी काम कर रही हैं। कुछ महिलाओं की दास्तां...

बुरके में मौत

ऐसी ही न जाने कितनी लड़कियाँ हैं जो अपराध जगत में आयीं और गयीं। कुछ ऐसी हैं जिनको दुनिया सदा याद रखेगी क्योंकि उनके कारनामे ही कुछ ऐसे थे। ऐसी ही कुछ लड़कियों की ज़िन्दगी के बारे में खोजबीन का नतीजा चौंकाने वाले रहस्यों से परदा हटाता है।

महिला अपराधियों की नामावली में ढेरों नाम हैं, उनमें माफिया हेतु काम करने वालों की कमी नहीं। जिनाबाई ख़बरी, शिल्पा जवेरी, सीतामुखी थापा उर्फ़ थापा दीदी, अर्चना शर्मा उर्फ़ मनीषा अग्रवाल के सामने किसी अपराधी का क़द नापें तो किसी पैमाने पर उनसे बड़ा साबित नहीं कर सकेंगे।

दाऊद का सुपारी हत्यारा सुनील सावत्या सुन्दरियों का बड़ा रसिया था। वह सुन्दरियों को लेकर चमचमाती कारों में मुंबई की सड़कों पर घूमता था। यह उसकी बड़ी कमज़ोरी थी। वह जानता था कि लड़कियों के साथ होने से पुलिस वाले उसकी ओर से निश्चिन्त रहते हैं। साथिन के कारण वह कई बार पुलिस के हाथों से बचने में कामयाब रहा। वह ऐसी बाला साथ रखता जो फ़ैशनेबल और सुशिक्षित हो। यदि पुलिस के चक्कर में आ जाये तो महिला मित्र फर्राटेदार अंग्रेज़ी से पुलिस वालों को चकरा दे और सावत्या बच निकले।

मिलिन्द वैद्य हत्याकांड का एक रहस्यात्मक पहलू भी है जो आज भी जस का तस है। न पुलिस इस बारे में कुछ जान सकी, न आरोपी कुछ बता पाए। वैद्य की हत्या हेतु एके-47 रायफलें तथा पिस्तौलें हमलावरों, अजीज शेख़, जुबेर तथा फ़ज़ल को एक महिला ने पहुँचाई थीं। उस महिला के बारे में हत्यारे दस्ते का कार चालक कुछ नहीं जानता, न हमलावर दस्ता। किसी ने उसका चेहरा नहीं देखा, आवाज़ न सुनी। एक तय स्थान पर कार के करीब बेआवाज़ पहुँची वह बुरकाधारी महिला हथियारों से भरा बैग थमा कर भीड़ में ग़ायब हो गयी। यह महिला आज भी अँधेरे और रहस्य के बुरके में लिपटी है, पुलिस उसे न तलाश पाने की शर्मिन्दगी के एहसास को दिल में टीसता पाती है।

घर की चौखट से जेल तक

मुंबई माफिया से जुड़ी अब तक की सबसे ख़तरनाक सुन्दरियों की तमाम जानकारियाँ उनके नाम और गिरोहों के साथ जुड़ाव तथा उनके कामकाज के ब्योरे

के साथ में यहाँ दी गयी हैं। इस सूची में वे महिलाएँ हैं जो किसी न किसी रूप में इन माफिया सरगनाओं के परिवारों से ही जुड़ी हुई हैं। ये किसी की पत्नी हैं, तो किसी की बहन, तो किसी की प्रेमिका तो किसी की माँ तक। इस सूची में दर्ज़ कुछ तो महिलाएँ ऐसी भी हैं, जिन्होंने कभी किसी किस्म का अपराध नहीं किया, कभी किसी अपराधी का सहयोग नहीं किया, कभी किसी अपराधकर्म में ख़ुद लिप्त नहीं रहीं... वे तो बस इस दलदल में इसलिए हैं... क्योंकि उनके जीवनसाथी इसी दलदल में जीते हैं। कुछ ऐसी महिलाओं की जानकारी है, जो अपराध जगत में या तो खुशी से आयीं, ताकि ख़ूब शानदार जीवन जी सकें। कुछ अपने काम के चक्कर में आ फँसीं। कुछ को मोहब्बत के मोहपाश ने फँसा दिया। कुछ जेल से छूटने की छटपटाहट में आ फँसी।

अबू की बारबालाएँ

मार्च 1999 में अली के कुछ गुंडों को पुलिस ने गिरफ़्तार किया तो पता चला कि इस गिरोह ने भी आड़ के लिए बारबालाओं का ख़ूब इस्तेमाल किया है और आज भी कर रहे हैं। इन लड़कियों से अनवर और उसके सहयोगी गुंडे अपराध के पहले और बाद में खासा सहयोग लेते हैं। इनसे पुलिस को मालाड के मालवाणी स्थित होटल में साईंनाथ शेट्टी की हत्या समेत लगभग ढाई दर्जन मामलों की जानकारी मिली जिनमें से कई में लड़कियों को इस्तेमाल किया था।

पुलिस के मुताबिक़ अली गिरोह का मुंबई व्यवस्थापक गिरोह के सुपारी हत्यारों और हफ्ताखोरों को अख़बारों के परिचय-पत्र दिलवाने और अख़बारों को आड़ बनाता था। उसके पास भी दो अख़बारों के परिचय-पत्र हैं। ये गुंडे जब किसी होटल में रुकते या वाहन से जाते समय पुलिस से आमना-सामना होने पर अपना परिचय बतौर पत्रकार देते थे। इनके साथ हमेशा कोई लड़की होती थी। आमतौर पर ये लड़कियाँ बारों में शराब परोसने या नाचने वाली होती थीं। पैसों के लालच में ये लड़कियाँ अनवर और उसके साथियों की सहायता करती थीं।

जिना बाई ख़बरी

अपराधियों के बीच गहरी पकड़ और धाक जमा कर पूरी दुनिया को अँगुलियों पर नचाने वाली जिनाबाई ख़बरी भले ज़िन्दा न हो, वह एक किंवदन्ती बन चुकी है। माना जाता है कि आज तक मुंबई की सबसे ताकतवर महिला जिना बाई ही थी। वह चावल बेचते-बेचते अपराध जगत के बेताज बादशाहों पर हुकूमत चलाने लगी। हाजी मस्तान, करीम लाला, यूसुफ पटेल भी जिना बाई के आदेशों को हवा में उड़ाने का साहस नहीं करते थे।

पुलिस अधिकारी बताते हैं कि जिना बाई ख़ुद अपराध नहीं करती थी। उसका काले संसार से कोई कारोबारी रिश्ता ही न था। अपराधी अच्छी तरह समझते थे कि जिना बाई का वजूद क्या है और वह क्यों इस कदर उनकी जमात के लिए पूज्य है। उसकी बात को टालना दाऊद इब्राहिम के लिए कभी सम्भव न रहा था। वह जो कह देती, उसे डी-कम्पनी का बड़े से बड़ा सिपहसालार भी ठुकराने की हिम्मत नहीं कर सकता था।

महजबीन दाऊद इब्राहिम

भारतीय भूमिगत संसार की इस प्रथम महिला को क्या अपने ऊपर इस पद पर होने के लिए गर्व होगा? कहा नहीं जा सकता कि इस सवाल का जवाब क्या होगा, लेकिन यह सच है कि भूमिगत संसार की बाकी महिलाएँ उसकी पदवी से जलती ही होंगी। दाऊद इब्राहिम की पत्नी महजबीन अपने पति के हजारों करोड़ रुपये के कारोबार की मालकिन जो है।

जब महजबीन जवान थी और उसे पति के बारे में यह सब सुनने को मिलने लगा कि वह भाईगिरी करता है तो उसे अच्छा नहीं लगा था। विवाह के पहले न तो महजबीन ने, न उसके टैक्सीचालक पिता यूसुफ कश्मीरी ने सोचा था कि वे जिसके साथ रिश्ते की डोर बाँधने जा रहे हैं, वह भारत का सबसे वांछित भगोड़ा अपराधी सरगना बन जायेगा।

मुंबई पुलिस के हवलदार इब्राहिम कासकर का यह बेटा पूरी दुनिया में अपने अवैध साम्राज्य की जड़ें पहुँचा लेगा और महजबीन को भी अनचाहे ही उसका भागीदार बनना पड़ेगा। उनकी शादी तब भले ही छोटी और सादगी भरी हुई लेकिन उसे जल्द ही यह महसूस हो गया कि उसके हाथों की लाली में और भी कैसा लाल रंग भरने जा रहा है।

एक सूत्र का कहना है कि महजबीन सीधी-सादी पारिवारिक महिला थी। उसे इस बात से कोई लेना-देना न था कि उसका पति क्या करता है। असल में उसके पास पति के साथ रहने के अलावा कोई और चारा भी न था। ऊपर से कासकर परिवार के वरिष्ठ सदस्यों का दबाव भी था कि वह चुप बैठे। जब दाऊद के भाई शाबिर को पठान गिरोह ने मार गिराया तो महजबीन को भी अपने खाविंद दाऊद की खैरियत की भारी चिन्ता सताने लगी। लेकिन दाऊद था कि भाई की मौत का बदला लेने के लिए दीवानों की तरह घूम रहा था और यह बात महजबीन को खाये जा रही थी।

1987 में दाऊद को अन्ततः भारत से फरार होकर दुबई जाना ही पड़ा

क्योंकि यहाँ उसका जीवन सुरक्षित नहीं रह गया था। महजबीन भी कुछ अरसा बाद पति के पास दुबई जा पहुँची और तभी से उसके साथ हर मोड़ पर हर क़दम पर साथ दे रही है। फिलहाल वह भी कराची में है। यह बात और है कि महजबीन ने दाऊद के साथ किसी आपराधिक गतिविधि में हिस्सा नहीं लिया है लेकिन पुलिस मानती है कि उसे काफ़ी जानकारियाँ होंगी। वह दिल की मरीज है। दाऊद ने उसके नाम पर बड़ी मात्रा में स्थायी सम्पदा में निवेश कर रखा है। मुंबई में बहुमंज़िला इमारत महजबीन मेंशन उसके नाम है जिस पर पुलिस कई बार छापामारी कर चुकी है।

सुजाता छोटा राजन

राजन सदाशिव निखालजे उर्फ़ छोटा राजन के साथ सुजाता का बाकायदा हिन्दू रीति-रिवाजों से उसके माता-पिता ने तय करके विवाह किया। दुबई में विवाह के बाद वह शायद ही किसी को दिखाई दी होगी। उसके बारे में भी लोगों को अधिक कुछ पता नहीं था। कुछ लोगों का कहना है कि उसका असली नाम संगीता है।

सितम्बर 2000 में वह फिर ख़बरों में आयी क्योंकि उसके पति पर बैंकॉक में जानलेवा हमला हुआ। उसे अस्पताल में अपने पति की तीमारदारी में जुटे कई लोगों ने देखा था। जब राजन कुछ ठीक हो गया तो वह फिर ऐसी ग़ायब हो गयी जैसे राजन के जीवन में किसी महिला का कोई दखल ही न हो।

कहते हैं कि वह लौट कर मुंबई आ गयी और गुप्त रूप से जीवन बिता रही थी। यहाँ तक कि उसके देवर दीपक और प्रदीप निखालजे को भी यह पता न था कि उनकी भाभी कहाँ और किस हाल में है। फ़िल्म निर्माता बन चुके दीपक-प्रदीप ने भी अपने परिवारों को तिलक नगर के पैतृक निवास से उसी समय ग़ायब कर दिया जब राजन पर हमला हुआ था। कहा जाता है कि सुजाता ने 2002 में ही एक बच्ची को जन्म दिया लेकिन पुलिस अधिकारी ऐसी किसी जानकारी से साफ़ इनकार करते हैं।

सूत्रों का दावा है कि वह पति के अवैध कामों में शामिल नहीं है लेकिन कुछ यह भी कहते हैं कि वह उपनगरों में चलने वाले एक भारी-भरकम केबल नेटवर्क की निदेशक है और उसे चलाने में बाहुबल का सहारा लेती है। उसके पैतृक परिवार के लोग भी इस नेटवर्क में भागीदार बताये जाते हैं। यही कारण है कि उसे पिछले दिनों पुलिस ने गिरफ़्तार किया और मोका के तहत ऐसा जेल में सड़ाया कि वह सुप्रीम कोर्ट तक जा पहुँची लेकिन कुछ न कर सकी। उसे एक साल तक जेल की सलाखों के पीछे रहना ही पड़ा था। पुलिस का कहना है कि

उसके ख़िलाफ़ काफ़ी सारे सबूत हैं जो यह साबित करते हैं कि वह अपने पति राजन निखालजे का सारा कामकाज मुंबई में सँभाल रही है।

यह और बता दें कि उसे भी एक उर्फ़ नाम मिला हुआ है। वह है नानी। चूँकि छोटा राजन का उर्फ़ नाम नाना है, इसलिए सम्भवतः सुजाता को नानी कहा जाता है। कुछ लोगों का यह भी कहना है कि बच्चों के प्रति उसका व्यवहार चूँकि एक नानी की तरह ही सौम्य और दयालु होता है, उसके कारण ही ये नाम पड़ा है।

समीरा अबू सालेम

समीरा जुमानी उर्फ़ सबीना आजमी उर्फ़ आसिफ जाफरी उर्फ़ नेहा एक गुजराती मध्यमवर्गीय परिवार की लड़की है जिसके बारे में न तो अधिक जानकारी किसी को है, न ही उसे अपने पति की गतिविधियों के बारे में तब पता था जब उसका विवाह होने जा रहा था। समीरा का अबू से कब निकाह पढ़ा गया, यह भी पक्के तौर पर किसी को नहीं पता है। समीरा से जब अबू का निकाह हुआ था, तब वह कॉलेज में पढ़ती थी। सूत्रों के मुताबिक़ उसकी उम्र महज 17 साल थी। यह भी कहा जाता है कि उससे जबरदस्ती अबू ने शादी की थी। 1991 में निकाह होने की बात कुछ पुलिस अधिकारी बताते हैं। समीरा और अबू के दो बेटे हुए।

मुंबई पुलिस के अधिकारी बताते हैं कि 1991 में अबू को एंटी टेररिस्ट स्क्वाड ने एक नाबालिग लड़की को अगवा करने के आरोप में गिरफ़्तार किया था। यह लड़की कोई और नहीं समीरा ही थी। उसके पालकों ने डीए रोड थाने में अपहरण की रपट लिखाई थी। इस पर एसटीएफ ने भादवी की धारा 355 और 356 के तहत अबू को पकड़ा और 4 दिनों तक पुलिस हिरासत में रखा था।

जब अबू देश से बाहर भाग गया तो वह भी अपने पति के पास दुबई चली गयी। उसके साथ काम करने लगी और कई आपराधिक मामलों में तो वह अपने पति अबू सालेम द्वारा इस्तेमाल भी की गयी बताते हैं। बाद में उसने एक फ़र्जी पासपोर्ट, सबीना आजमी के नाम से तैयार करवाया था, जिसका इस्तेमाल वह आज तक करती है। पासपोर्ट जालसाजी के मामले में सीबीआई और इंटरपोल को इसकी भी तलाश है।

समीरा जुमानी ने बाद में अपने लिए हैदराबाद से नेहा आसिफ जाफरी नाम से फ़र्जी पासपोर्ट हासिल किया था और अबू व मोनिका के साथ देश के बाहर भाग निकली थी। वह पहले अबू के साथ डर्बन में रही, फिर वे न्यूजर्सी रहने चले गये।

90 के दशक के अन्तिम दिनों में छोटा शकील ने जब अबू की हत्या की कोशिशें तेज़ कर दीं उसी दौरान समीरा गर्भवती हुई और न्यूजर्सी के एक अस्पताल

में भर्ती की गयी। यहाँ शकील ने अबू को मारने के लिए फील्डिंग लगायी लेकिन अबू वहाँ पहुँचा ही नहीं।

बाद में दिखाने के लिए समीरा से उसने तलाक ले लिया। फिलहाल समीरा डुलुथ शहर में रहती है जो कि जॉर्जिया, संयुक्त राज्य अमेरिका में है।

आशा गवली उर्फ़ आयशा मुजावर

स्कूल जाने वाली एक मुस्लिम छात्रा आयशा मुजावर जब मुंबई के भायखला स्थित दगड़ी चाल में अपने बहन के घर पर अपने गाँव वडगाँव पीर (पुणे के करीब) से छुट्टियाँ मनाने आयी तो उसे पता न था कि वह भी यहीं की हो कर रह जायेगी, उसे पता न था कि यहाँ उसके सपनों का राजकुमार इन्तजार कर रहा है। पड़ोस में रहने वाले 12 वर्षीय दुबले-पतले लड़के अरुण से उसकी आँखें चार हो गयीं तो उनके दो दिल मिल कर एक हो गये।

अन्ततः यह प्रेमकथा आयशा मुजावर के नाम परिवर्तन कर आशा गवली रख कर बाकायदा विवाह किये जाने और अरुण गवली की नाराज़ माँ के गृह त्याग से हुई। क्रांप्टन ग्रीव्ज़ कम्पनी में बतौर फिटर काम करने वाला अरुण गवली रमा नाईक और पापा गवली की मौत के बाद गिरोह का मुखिया बन बैठा। गिरोह में डैडी नाम से मशहूर अरुण गवली की पत्नी आशा भी सबके लिए 'मम्मी' हो गयी। पुलिस का दावा है कि गिरोह की गतिविधियों को अरुण गवली की अनुपस्थिति में आशा चलाती रही है। वह गिरोह में दूसरे नम्बर पर है। 90 के दशक से उसका गिरोह पर ख़ासा दबदबा कायम है।

आशा उन दिनों सबसे अधिक रोशनी में आयी जब पुलिस ने दगड़ी चाल पर हमला करके तीन गुंडों को गवली के घर में ही मार गिराया था। तब आशा ने ख़ूब हल्ला-गुल्ला मचाया कि पुलिस उसके पति को झूठी मुठभेड़ में मारना चाहती है। जब उसके पति को पुलिस ने गिरफ़्तार कर लिया उसे रिहा करवाने का कड़ा संघर्ष आशा ने किया। उसने हर बार कहा कि पुलिस ने गवली के विरोधियों से फ़र्जी मुठभेड़ में उसे मार गिराने की 'सुपारी' ली है। जब गवली को 1998 में तड़ीपार क़िया गया तो आशा ने अपने मायके में पति के दो साल तक सुरक्षित प्रवास की व्यवस्था की। पुलिस का दावा है कि उस दौरान वही गिरोह की कमान सँभाले थी।

अंजली अमर नाईक

अमर नाईक की पत्नी के बारे में पुलिस का दावा है कि गिरोह की गतिविधियों का सँभालने के काम उसने तब शुरू किया था जब वह पहली बार 1980 में

गिरफ़्तार किया गया था। कहते हैं कि उस दौरान अंजली ही गिरोह के लिए हफ्तावसूली और धन प्रबन्धन करती थी।

नीता अश्विन नाईक

मनपा की शिवसेना टिकट से पार्षद बनी नीता नाईक को पता था कि वह रक्त के दलदल में धँसे साम्राज्य के मालिक के भाई अश्विन से विवाह करने जा रही है, लेकिन क्या हो सकता है जब दिल पर किसी का ज़ोर न हो। यहाँ भी तो प्रेम का ही मामला था। उस समय अश्विन मैकेनिकल इंजीनियरिंग का डिप्लोमा कर रहा था और नीता सोफिया कॉलेज में डिजाइनर बनने के ख़्वाबों को सँवारने में जुटी थी।

अमर के दुश्मनों ने ही अश्विन को भूमिगत संसार में आने के लिए तब पूरी तरह बाध्य कर दिया जब उस पर अदालत में जानलेवा हमला हुआ। एक गोली अश्विन के सिर में जा धँसी और वह कोमा में चला गया। जब ठीक हुआ तो व्हील चेयर से बँध गया। अब उसने गिरोह का संचालन करना स्वीकार लिया था। ऐसे में नीता ने भी उसका पूरा-पूरा साथ दिया। हर मोड़ पर, हर मौक़े पर वह पति के साथ पूरी मुस्तैदी से जुटी रही।

जब अमर नाईक को 1997 में पुलिस ने मुठभेड़ में मार गिराया तो अश्विन के ही नहीं नीता के भी सामान्य शान्तिपूर्ण जीवन जीने के सपने चूर-चूर हो गये। एक दिन अश्विन तो पुलिस के हाथों से निकल भागा लेकिन नीता यहीं पीछे मुंबई में रह गयी। इसके कारण मुंबई में नीता के सिर पर गिरोह के लिए काम करने की जिम्मेदारी भी आ पड़ी जिसे उसने बखूबी निभाया। उसी दौरान वह शिवसेना में गयी और पार्षद चुनी गयी।

आरोप है कि उसका प्रेम इसी दौरान पुलिस अंगरक्षक लक्ष्मण झिम्मन से हुआ। यह बात जब अश्विन को पता चली तो नीता को उसके इशारे पर सदा की नींद सुला दिया गया। इसके पहले भी नीता को अमर नाईक ने एक ठेकेदार से अवैध सम्बन्धों को लेकर आगाह किया था। कहते हैं कि नीता फिर भी बाज नहीं आयी थी। तब तो अमर नाईक ने ठेकेदार की हत्या करवा कर उसे चेतावनी दी थी बाद में अश्विन ने तिहाड़ जेल में बन्द रहते हुए उसकी हत्या करके सज़ा दी।

अर्चना शर्मा उर्फ़ मीनाक्षी अग्रवाल

अर्चना बालमुकुन्द शर्मा उर्फ़ मनीषा उर्फ़ मीनाक्षी अग्रवाल आज कहाँ है, यह सवाल सबको मथ रहा है। न मुंबई पुलिस को उसके बारे में कुछ पता है, न

आईबी जैसी खुफिया एजेंसी इस बारे में कोई जानकारी रखती है। अब तक बबलू श्रीवास्तव, विक्की गोस्वामी जैसे दूसरे स्तर के गिरोहबाजों के साथ काम करने वाली यह ख़तरनाक महिला डॉन अर्चना शर्मा, अब मुस्लिम नाम, नयी पहचान और थोड़े बदले हुए चेहरे, और पूरी तरह थुलथुल बदन की होकर कराची में डेरा डाले हुए है। अब वह डी-कम्पनी की बतौर कम्पनी सेक्रेटरी काम कर रही बतायी जाती है। कुछ अर्सा पहले तक विक्की गोस्वामी की बच्ची को लेकर पुणे की एक शान्त कॉलोनी में रहने वाली अर्चना को जैसे ही बेटी के ख़ुदमुख्तार होने और होस्टल में डाल कर फिर काली दुनिया में लौटने का मौक़ा मिला, वह ख़ुद को रोक न सकी।

पता चला है कि अब वह अपनी कुशाग्र बृद्धि और कौशल का इस्तेमाल डी-कम्पनी के लिए कर रही है। वह पूरी दुनिया में दाऊद के लिए सम्पर्कों का जाल बनाती है, उन्हें फ़ोन से, ई-मेल के जरिए ताज़ा रखती है, रूसी, चीनी व अन्य माफिया सरगनाओं के बीच वह कड़ी के रूप में काम करती है। इतना ही नहीं वह मुंबई समेत पूरे हिन्दुस्तान में होने वाले डी-कम्पनी के तमाम आपरेशंस पर भी निगाह रखती है। वह दाऊद को तमाम जानकारियों से सदा अपडेट रखती है।

अर्चना शर्मा बड़ी ख़तरनाक और बला की ख़ूबसूरत युवती रही है। वह फ़िल्मों में काम करने के इरादे से मुंबई आयी लेकिन यहाँ उसकी दाल न गली और वह लोगों की हवस का शिकार हो गयी। अतिमहत्वाकांक्षा के बोझ से दबी अर्चना ने जब देखा कि हर मर्द उसके सौन्दर्य और जिस्म पर पैसे लुटाने के लिए तैयार बैठा है तो उसने फ़िल्मों को एक तरफ़ रख दिया और उन्हें लूटने का काम शुरू कर दिया।

मध्यप्रदेश की राजधानी भोपाल में एक कारखाने के सुरक्षा अधिकारी की इस बड़ी बेटी ने इसी चक्कर में मुंबई में कई लोगों को बेवकूफ बना कर अपना शिकार बनाया। इसी दौरान उसकी मुलाक़ात दाऊद गिरोह के कुछ लोगों से हो गयी और वह सबके साथ मिल कर काम करने लगी। वह कुछ समय के लिए दुबई गयी तो वहाँ बबलू श्रीवास्तव से मिली और उसके लिए काम करने लगी। कुछ समय तक यह गन्दा गठबँधन चलता रहा। बाद में वह विक्की गोस्वामी जैसे ख़तरनाक नशा तस्कर के साथ जुड़ गयी।

कहा तो यह भी जाता है कि विक्की से अर्चना को एक बच्चा भी हुआ। बच्चा होने के बाद अर्चना ने कुछ समय के लिए स्याह सायों के संसार को विदा कह दिया था। बता दें कि बबलू की गिरफ़्तारी के बाद उसने कुछ समय तक फ़ज़लू रहमान के साथ भी काम किया था।

ज्योति

सारी दुनिया जानती है कि यदि कलकत्ता के करोड़पति और खादिम शूज के मालिक पार्थ प्रतिम राय बर्मन के अपहरण में मुंबई की बारबाला ज्योति का साथ नहीं होता तो अपहरण सम्भव न था। यह अपहरण न होता तो कलकत्ता माफिया अफजल अंसारी अमरीकी सेंटर पर आतंकी हमला कर चार पुलिसवालों को मारने जैसी हिकमत अंजाम नहीं दे पाता। डी-कम्पनी से मिल कर काम कर रहे अफजल के ज्योति ने काफ़ी काम आसान किये। उसने गिरोह के लिए सूचनाएँ जुटाईं, अन्य व्यवस्थाएँ कीं। ज्योति को बढ़िया रकम मिली क्योंकि श्री बर्मन की रिहाई से 8 करोड़ रुपये फिरौती मिली। प. बंगाल पुलिस उसे मुंबई से पकड़ कर कलकत्ता ले गयी।

शैला इरफान गोगा

शैला उर्फ़ मनीषा पत्नी है कुख्यात गिरोह सरगना इरफान की। बेहद ख़ूबसूरत और काले संसार में 'ममता कुलकर्णी' नाम से पहचानी-पुकारी जाने वाली शैला के सम्बन्ध पति की रहस्यमयी मौत के बाद बबलू श्रीवास्तव से बने। उसके बाद वह भी गिरोहबाजी में उतर गयी। 1997 में वह मुंबई पुलिस द्वारा गिरफ़्तार की गयी।

नेहा अनिल परब

दाऊद गिरोह के कुख्यात सुपारी हत्यारे अनिल परब उर्फ़ वांग्या पक्का औरतखोर की श्रेणी में गिना जाता था। उसकी पत्नी नेहा एक मध्यमवर्गीय गुजराती परिवार की सदस्य है। उससे जब अनिल ने शादी की तो उसका जीवन खासा आसान हो गया था। उसके ख़िलाफ़ भले ही शहर में दर्जन भर हत्याओं के मामले बने लेकिन घाटकोपर में कुछ समय बिता कर 1984 में ही अनिल दुबई भाग गया। नेहा भी पति के साथ कुछ समय बाद रेसीडेंट वीज़ा पर जा पहुँची।

जल्द ही प्रेम के दिन बीत गये और अनिल को लगने लगा कि उसकी पत्नी के किसी और से अनैतिक सम्बन्ध हैं। यह पक्का तो नहीं पता कि दुबई में क्या हुआ था लेकिन 1994 में नेहा की हत्या मुंबई में करवा दी गयी।

नेहा से कहा गया कि एक हवाला डील के लिए वह मुंबई पहुँचे। जब वह सहार हवाई अड्डे पर पहुँची तो अनिल के साथी नेहा को कुर्ला लाये, वहाँ घर जाकर हत्यारों ने नेहा की फ़ोन पर अनिल से बात करवाई, अनिल ने बताया कि विश्वासघात की सज़ा देने के लिए उसे मुंबई भेजा गया है। इसके बाद एक गोली ने उसका भेजा छेद दिया। नेहा सदा के लिए ख़ामोश हो गयी। उसका शव बाद में मुंबई विश्वविद्यालय के कलीना कैंपस से बरामद हुआ था।

शिल्पा जवेरी

शिल्पा जवेरी ने सिर्फ़ शोहरत की खातिर काली दुनिया में क़दम रखा। वह जेल गयी तो करीम लाला के भतीजे समद ख़ान से मिली। पेरोल पर रिहाई के बाद उसने समद से शादी कर ली। समद की मौत के बाद शिल्पा ने एक प्रोफ़ेसर से शादी की लेकिन अपराध के दलदल से बाहर नहीं निकल पायी। वह पक्की नशेड़ी थी। नशे के अत्यधिक सेवन से वह अन्ततः मौत के आगोश में समा गयी। जो माया जोड़ने के लिए उसने नशे के कारोबारियों को मदद दी, वही पिशाच आखिरकार उसे निगल गया।

अशरफी बी उर्फ़ सपना

अशरफी बी उर्फ़ सपना एक ऐसी महिला अपराधी है जिसने ख़तरनाक हत्यारों और मवालियों के बीच अपनी अलग पहचान कायम की थी। गवली और दाऊद के बीच मनमुटाव की वजह गवली का भाई पापा गवली बना। यह विवाद इतना बढ़ा कि वे जानी दुश्मन बन गये। अशरफी के सम्बन्ध गवली के छोटे भाई पापा गवली से थे। अशरफी का पति मोहम्मद कालिया पठान गिरोह का सदस्य था। उसने दाऊद के बड़े भाई शाबिर की प्रभादेवी में 1988 में हत्या की थी।

जब पठान गिरोह के समद ख़ान और आलमजेब-अमीरजादा की हत्याएँ हो गयीं तो कालिया गिरोह का सेनापति बना। इन हत्याओं के बाद दाऊद ने कालिया से सम्पर्क किया। उससे कहा कि वह आपसी मारकाट नहीं चाहता है, बेहतर यही है कि वो देश के बाहर कुछ समय के लिए चला जाये। उसने कालिया को दुबई जाने की टिकटें भी मुफ्त में मुहैया करवा दीं लेकिन वापसी टिकट दिल्ली तक ही था। वहाँ से स्थानीय विमान द्वारा मुंबई लौटना था। कालिया को पता न था कि यह उसकी अन्तिम यात्रा है। जिस दिन कालिया सांताक्रुज हवाई अड्डे पर पहुँचा, सब इंस्पेक्टर अमोलिक और प्रदीप सूर्यवंशी ने उसे जा घेरा। उसे वहीं मुठभेड़ (?) में मार गिराया।

अशरफी को पता था कि दाऊद ने उसके पति की 'हत्या' करवाई है। उसे पक्का भरोसा हो गया था। अब वह चोट खायी नागिन सरीखी फुँफकारते हुए बदला लेने पर आमादा थी। इस सौन्दर्यवती युवती ने हर उस दरवाज़े को खटखटाया जहाँ से मदद की उम्मीद कर सकती थी। दाऊद के विरोधियों की तलाश में जुट गयी। हर अपराधी और सरगना से मदद की गुहार की। किसी ने उसकी बात न सुनी। हताश अशरफी भाग्य को कोसती, हिम्मत न हारते

हुए अपनी कोशिशों में लगी रही। वह उसी दौरान पापा गवली से अशरफी की मुलाक़ात हुई। अशरफी ने पापा के सामने दुखड़ा रोया। उससे प्रभावित पापा ने दाऊद के ख़िलाफ़ मोर्चा खोल दिया। उसे काली दुनिया के तौर-तरीके पता न थे। वह ख़ूनी खेल में उतना नहीं पैठा था।

अरुण गवली को पता नहीं था कि पापा क्या करने जा रहा है। अशरफी के लगातार उकसावे पर पापा ने दाऊद की मुखालफत शुरू कर दी। तब हालात ऐसे न थे कि अरुण गवली ख़ुद दाऊद से सीधा संघर्ष कर पाता, वह उससे बचता रहा था। ऐसे में पापा की गलती बड़ा और ख़ूनी संघर्ष का बायस बना।

दाऊद को जब समझ आया कि पापा बड़ा ख़तरा बन सकता है, मझगाँव के एक सुपारी हत्यारे बरक्या को पापा की सुपारी दे दी। 1989 में पापा की हत्या हो गयी। दगड़ी चाल स्तब्ध रह गयी। अब अरुण गवली दाऊद से बुरी तरह नाराज़ हो गया। उसने बरक्या को मार कर पापा का बदला लिया जिसके परिणामस्वरूप दोनों गिरोहों के बीच 8 हत्याएँ हुईं।

अशरफी ने अब ऐसी सुगठित बाँहें तलाशीं जो न केवल उसका सहारा बनतीं बल्कि उसे सुरक्षा भी देतीं। उसे यह सहारा मिला सब इंस्पेक्टर एन शेख़ के पास। अशरफी ने उनसे विवाह कर लिया लेकिन यह उसकी खामखयाली थी कि वह सुरक्षित रहेगी। 1989 में दाऊद के साथियों ने अशरफी का कत्ल उसी के फ्लैट में कर दिया और माफिया के रक्तरंजित इतिहास में एक बदनुमा दाग सदा के लिए लगा दिया। उसके पहले गिरोह सरगना और उनके प्यादे कभी किसी महिला पर हाथ भी नहीं उठाते थे।

सन्ना फीलू ख़ान

वह ख़ूबसूरत युवती एक फ़िल्म अभिनेत्री थी। 'सन्ना' नामक इस सौन्दर्य प्रतिमा को जब नशे के सौदागर फीलू ख़ान ने देखा तो उसका दीवाना हो गया। फीलू भी कम सुन्दर न था। उसके पास नशे की बेहिसाब दौलत थी। हवस की मारी एक सुन्दर औरत को आकर्षित करने के तमाम गुण फीलू ख़ान में थे। सन्ना भी फीलू के मायाजाल से नहीं बची, जल्द वे पति-पत्नी बन गये। फीलू से सम्बन्ध बने तो उसके तमाम काले कारनामों के बारे में भी सन्ना को पता चला।

बान्द्रा पुलिस ने सन्ना को एक बार नशा तस्करी में गिरफ़्तार किया था। पुलिस समेत कई विभागों और राजनीति में उसके उच्च सम्पर्कों की कमी न थी। सन्ना को कभी जेल या पुलिस हिरासत के दौरान कोई परेशानी का सामना नहीं करना पड़ा।

कहा तो यह भी जाता है कि मुंबई पुलिस का एक उच्चाधिकारी सन्ना पर बड़ा मेहरबान रहा है। उसकी मेहरबानी से कड़े सुरक्षा बन्दोबस्त में हथियारबन्द पुलिस जवानों से घिरा फीलू एक गोली चलाये बिना फरार होने में कामयाब रहा था। सन्ना के नशा तस्करी में शामिल होने के कारण उसका फ़िल्म कैरियर तबाह हो गया।

सुरेखा परब

सुरेखा परब डी-कम्पनी के सबसे ख़तरनाक सुपारी हत्यारों और शूटरों में से एक सुनील सावन्त उर्फ़ सावत्या की बहन है। वह दो बच्चों की माँ है। पुलिस रिकार्ड में वह हफ्ताखोर है, भाई के अवैध कारोबार में सहयोग देने वाली महिला है।

पुलिस का दावा है कि मुंबई में हफ्तावसूली और सावत्या के लाखों रुपयों के हफ्ते की रकमों को इधर-उधर करने-करवाने में सुरेखा को महारत हासिल है। डी-कम्पनी सदस्यों को हथियार पहुँचाने के अलावा वक्त पड़ने पर गुंडों और शूटरों को सुरक्षित पनाहगाहों में आसरा देने का काम भी सुरेखा लम्बे अर्से से कर रही है। सुरेखा न केवल सावत्या के आपराधिक साम्राज्य को मुंबई में सफलता से चलाती रही बल्कि दुबई, नेपाल में भी डी-कम्पनी के प्यादों-सिपहसालारों से सम्पर्क में रही है।

ये आरोप भी लगे कि जेजे हत्याकांड के बाद शूटर सुनील सावन्त, सुभाष सिंह, श्याम किशोर को सुरेखा ने छिपने में मदद की। इन्हें मुंबई से बाहर निकालने में भी सुरेखा ने सहायता की थी। एक पुलिस अधिकारी के मुताबिक़ हत्याकांड के बाद सावत्या, सुभाष और श्याम किशोर जब तक जुहू के पाँच तारा होटल हॉलिडे-इन में रहे, सुरेखा किसी न किसी काम से उनसे मिलने आती रही। सुरेखा को अपराध शाखा ने माहिम के वीर सावरकर मार्ग स्थित रतन सोसायटी के फ्लैट से पकड़ा। आरोपों की फेहरिस्त में जेजे कांड के बाद दाऊद के पाकमोडिया और डोंगरी अड्डों से 8 लाख रुपये लाना भी शामिल है।

मंसूरा

मंसूरा नामक एक ग्रेजुएट लड़की भी अपने पति सैम की तरह ही शकील के लिए काम करती है। सैम तो फिलहाल जेल में हैं। मंसूरा-शकील के टेप भी पुलिस ने जुटाये हैं। उसमें भी अश्लील प्रेमालाप भरा पड़ा है। पुलिस में मंसूरा के अच्छे सम्पर्क रहे हैं, उन्होंने वक्त रहते ही उसे बता दिया कि पुलिस का नजला कभी भी उस पर गिर सकता है क्योंकि शकील से चर्चा के सबूत पुलिस ने जुटा लिए हैं। गिरफ़्तारी के भय से वह फरार हो गयी।

मंगला सुरेश मंचेकर उर्फ़ मीनाक्षी उर्फ़ राजश्री

गिरोहबार सुरेश मंचेकर की पत्नी। केईएम अस्पताल की नर्स थी और सुरेश से तब प्रेम कर बैठी थी जब 1993 में वह पैर तुड़ा कर इलाज के लिए भर्ती हुआ था। वहाँ सेवारत मीनाक्षी को यह दुबला-पतला सा युवक भा गया। दोनों की आँखें लड़ गयीं। वहीं उनका प्यार परवान चढ़ा और दोनों ने साथ जीने-मरने की कसमें भी खाईं।

अस्पताल से छूटने पर सुरेश अपने साथ मीनाक्षी को भी गोवा ले गया। वहाँ उसने तीन बंगले खरीदे जिसमें से एक का नाम उसने 'मीनाक्षी सदन' रखा। यह नाम ही मंचेकर के लिए भारी पड़ गया। ठाणे पुलिस के अधिकारियों के ख़बरियों ने इसी के आधार पर पता लगा लिया कि मंचेकर ने गोवा में अड्डा बनाया है। पुलिस अधिकारी उस बंगले पर चढ़ दौड़े लेकिन मीनाक्षी को लेकर सुरेश पहले ही ग़ायब हो गया। वहाँ से दोनों बेंगलुरु गये और कारवार में ठिकाना बनाया। कहते हैं कि मंचेकर गिरोह की महिला ब्रिगेड की मुखिया मीनाक्षी ही थी। वह महिलाओं के अलावा पुरुष सदस्यों पर भी हुक्म चलाती थी। गिरोह के लिए पैसों का इन्तज़ाम भी वह करती थी।

सुरेश मंचेकर की पत्नी मंगला पर पुलिस ने लम्बे अरसे से निगाह लगा रखी थी। उसे भी एक दिन पुलिस ने जा दबोचा और गिरोहबाजों को मदद करने तथा लोगों को धमका कर हफ्ता वसूलने के आरोप में जेल की सलाखों के पीछे पहुँचा दिया। उसके ख़िलाफ़ भी पुलिस ने अगस्त 2002 में मोका के तहत कार्रवाई की थी।

पुलिस का आरोप है कि मंगला भी अपनी सास लक्ष्मी मंचेकर की तरह ही लोगों के विवादों का निपटारा करने के नाम पर पैसे वसूलती है। इसके लिए वह पति सुरेश मंचेकर के बाहुबलियों का इस्तेमाल करती है। उसे मुठभेड़ विशेषज्ञ रवीन्द्र आंग्रे और इं. संजय शिन्दे ने गिरफ़्तार किया था।

भारती चाँदमल वर्मा उर्फ़ आयशा असला ख़ान
अनीता चाँदमल वर्मा उर्फ़ अमीना आफताब ख़ान

एक सैन्य अधिकारी की बेटी भारती का विवाह एक राजस्थानी युवक से कुछ बरस पहले होता है। उसके दो बच्चे भी हुए लेकिन पति से उसकी बिल्कुल भी पटती नहीं थी। मालाड के मड-मार्वे क्षेत्र में बसी सैन्य बसाहट में ही वह अपने पिता के साथ ही निवास करती थी। कहते हैं कि भारती का गला अच्छा था और वह बढ़िया गाती थी। वह एक बीयर बार के आर्केस्ट्रा में गाने

लगी ताकि आजीविका चला सके। यहीं काम करते हुए उसे असला ख़ान मिला। वह दुबई स्टेज शो का एक एजेंट है। उसने भारती को प्रस्ताव दिया कि उसके साथ दुबई चले और वहाँ पर अपना फन दिखाये तो उसे काफ़ी अच्छी कमाई होगी। भारती को पैसा कमाने की धुन तो सवार थी ही, लिहाजा वह झट तैयार हो गयी। दुबई शो के दौरान उनके बीच सम्बन्ध स्थापित हो गये।

जब भारती वापस मुंबई लौटी तो वह असला ख़ान के साथ ही रहने लगी। दुबई की कमाई और चकाचौंध देख कर वह समझ गयी कि पैसे कमाने का जरिया और तरीका क्या होता है। भारती को अब ख़ान के साथ रहना अच्छा लगने लगा क्योंकि वह ख़ूब पैसे कमाता था और उसकी झोली भरता रहता था। भारती ने ख़ान को पूरी तरह अपनाने और उसके प्रति पूर्ण समर्पण ज़ाहिर करने के लिए धर्म परिवर्तन कर लिया। उसने अपना नाम भी बदल लिया। अब वह हो गयी थी–'आयशा असला ख़ान।'

भारती ने अपनी बहन अनीता को भी अपने धन्धे में घसीट लिया। अनीता को भी उसने दुबई स्टेज शो में काम दिलाना शुरू कर दिया। दुबई कार्यक्रमों के दौरान उसकी मुलाकात दाऊद के प्रबन्धक आफताब बटकी से हुई। दोनों के बीच सम्बन्ध जुड़ने में अधिक वक्त नहीं लगा। अनीता ने आफताब से विवाह कर लिया और अपनी बड़ी बहन की तरह ही नाम व धर्म बदल कर अमीना बन गयी।

अब अनीता अपने पति आफताब बटकी के साथ ही दुबई में रहने लगी। दोनों बहनों की हरकतों से नाराज़ पिता ने उनसे सम्बन्ध विच्छेद कर लिए। पिता की भावनाओं की परवाह भारती तो पहले भी नहीं करती थी, अब क्या करती। वह पति सहित बोरीवली की गोराई रोड पर किराये का एक घर लेकर उसी के साथ रहने लगी। एक दिन मुंबई सीआईडी ने भारती के घर पर छापा मारा और उसे मोका में गिरफ़्तार कर लिया। गिरफ़्तारी के वक्त भारती 37 वर्ष की थी। अब तक उसमें न वैसा सौन्दर्य रहा, न गले की मिठास वैसी बच रही थी। उसने कमाई करने के लिए अल्ताफ बटकी के लिए काम करना शुरू कर दिया।

अल्ताफ, छोटा शकील का दुबई निवासी खास साथी है। वह भी अपने भाई आफताब बटकी के साथ में भारतीय फ़र्जी मुद्रा की तस्करी व प्रसार के कार्य में लगा हुआ है। पुलिस अधिकारियों का कहना है कि विमानों से भेजे घरेलू इलेक्ट्रानिक उपकरणों में नकली नोटों के जखीरे छुपे होते थे। राजस्थान सीमा से ऊँटों पर और गुजरात तटों से नावों पर नकली मुद्रा की खेप आती रहती थीं।

ये नकली नोटों के जखीरे मुंबई में भारती को दिये जाते थे। माल 'सही

हाथों' में पहुँचाने का काम भारती के जिम्मे था। ये माल वह गुप्त ठिकानों में छुपा कर रखती थी। बाद में सही समय और सही स्थान पर एजेंटों को वितरित करती थी। फरवरी 2001 में भारती पकड़ी गयी। उसे कुछ समय जेल में बिताना पड़ा। दिसम्बर 2002 में मोका अदालत ने भारती वर्मा उर्फ़ आयशा असला खान को जमानत दे थी क्योंकि पुलिस ने उसके खिलाफ 90 दिनों की मियाद के पहले आरोप पत्र दाखिल नहीं किया था।

लक्ष्मी दुर्गाप्रसाद सोनी उर्फ़ लक्का

अपराध शाखा ने गुरु साटम के तीन साथियों को जब सन् 2002 में हफ्तावसूली के आरोप में गिरफ़्तार किया तो यह जान कर ताज्जुब हुआ कि उनमें एक महिला लक्ष्मी दुर्गाप्रसाद सोनी उर्फ़ लक्का (30) भी है। बाकी दो के नाम भास्कर दिनकर तोंडवलकर (40) तथा चन्द्रप्रकाश महाबल शेट्टी (23) थे।

पुलिस के मुताबिक लक्ष्मी तो गुरु साटम की रखैल है। मुंबई से फरारी के पहले तक साटम से लक्ष्मी के अवैध सम्बन्ध थे। साटम की फरारी के बाद वह मुंबई में अपने प्रेमी की हफ्तावसूली कमान सँभालने लगी। इतने संगीन आरोप में लक्ष्मी को पहली बार पुलिस ने पकड़ा।

कुख्यात अपराधी राजू सोनी की बहन लक्ष्मी, अम्बेडकर रोड स्थित जवलकर मेंशन के तल मंजिल पर एक फ्लैट में रहती है। लक्ष्मी का साटम के प्रति प्रेम भाव इतना है कि उसने अभी भी विवाह नहीं किया। साटम कई सालों से फरार है लेकिन लक्ष्मी है कि उसके प्रति पूर्ण समर्पण भाव से काम कर रही है। अधिकारी बताते हैं कि लक्ष्मी मुंबई में हफ्तावसूली की रकम राजू को देती। वह लक्ष्मी से पैसे लेकर शूटरों और साथियों को बाँट देता।

मोनिका बेदी उर्फ़ फौजिया

अक्टूबर 2001 में अबू का शारजाह में गिरफ़्तार होना मुंबईवासियों के लिए एक और हैरतअंगेज़ ख़बर लाया। वह था मोनिका बेदी नामक फ़िल्म अभिनेत्री का अबू सालेम के साथ विचरण। पुलिस का दावा है कि उसके कामकाज में इजाफा कर रही मोनिका पर अपराध शाखा की ख़ास नज़र है। मोनिका के ख़िलाफ़ अधिकारियों को पुख्ता सूचना सन् 2000 के अन्तिम महीनों में मिल्टन फ्लास्क सीईओ और निदेशक चिरंजीव वाघानी के मलाबार हिल रोड से हुए अपहरण के दौरान मिली। अपहरण कांड को मुंबई में अंजाम देने वाले सालेम, अली बुदेश और मोनिका थे।

पुलिस के मुताबिक़ मोनिका ने चिरंजीव वाघानी के घर, कारों, दफ्तरों,

आदतों, आने-जाने के मार्गों जैसी महत्त्वपूर्ण जानकारियाँ अबू-अली को दी थीं जिसके आधार पर कार से जाते श्री वाघानी का अपहरण आसान हो गया था। वाघानी अपहरण कांड में अपराध शाखा ने एक खास दस्ता बनाया, जिसे इस अभिनेत्री के घर की तलाशी लेने का काम सौंपा गया था। कहते हैं कि मोनिका अबू के लिए हफ्ते की रकम मुंबई से हवाला के जरिए न्यूजर्सी या अन्य देशों में भेजती है।

अधिकारी कहते हैं कि वह अपने सेलूलर फ़ोन से सालेम के सम्पर्क में हमेशा बनी रहती है। वह हमेशा अबू को 'सरदार' कहती है। मोनिका शारजाह में अबू से मिली है। वह एक होटल में काफ़ी समय तक रही थी और इस दौरान अबू ने भी शारजाह का दौरा किया था। यही मोनिका उर्फ़ फौजिया उस्मान फ़र्जी पासपोर्ट पर अबू के साथ फरार हो गयी और अन्ततः उसे पुर्तगाल की राजधानी लिस्बन में पुलिस ने 18 अक्टूबर 2002 को गिरफ़्तार कर लिया।

नकली यात्रा दस्तावेज़ों पर पुर्तगाल में रहने के लिए उस पर भी सालेम के साथ ही मुक़दमा चला। उसे भी अबू के साथ ही तीन साल तक लिस्बन जेल में सज़ा काटनी पड़ी। उसके बाद भारत प्रत्यर्पित कर दिया। मुंबई और भोपाल पर मोनिका पर फ़र्जी पासपोर्ट के मुक़दमे चले। उसे सजा हुई। कई साल जेल में एड़ियाँ रगड़ने के बाद रिहा हो गयी।

वह फिल्मों एवं टीवी में अभिनय के लिए संघर्ष करने लगी। उसे कोई घर नहीं दे रहा था तो एक कांग्रेसी नेताजी मदद के लिए सामने आये। मोनिका के लिए एक फ़्लैट किराये पर करवा दिया। रिहाई के बाद वह अबू सालेम से मिलती है या नहीं यह एक रहस्य है। यह ज़रूर तय है कि अबू सालेम को अब उसकी ज़रूरत नहीं रह गयी है।

कमला सागवेकर

कमला सागवेकर अश्विन नाईक के साथी शशीकान्त सागवेकर की पत्नी है। कमला भी काले संसार में कार्यरत है। दक्षिण मुंबई के क्रांती नगर इलाके में पति सहयोगी निलेश तिवारी के सहयोग से कमला भी हफ्तावसूली करती थी।

शिल्पा मटकर

शिल्पा मटकर नाना कम्पनी के खास शूटर विनोद मटकर की पत्नी है। लालबाग इलाके में लोगों के विवाद सुलझाने का काम वह अपने घर से ही करती है। उसकी 'भाईगिरी' पर भी मुंबई के अधिकारियों की लगातार निगाह है।

रंजना हडकर

रंजना हडकर भी राजन के एक फ़ौजदार सुनील हडकर की पत्नी है और वह मालवण ज़िले के गाँव पोईप में रह कर ही गिरोह के सदस्यों को सुरक्षित ठिकाना मुहैया करवाने का काम करती बतायी जाती है। पुलिस का दावा है कि उसने नाना कम्पनी के कई हत्यारों और हफ्ताखोरों को पुलिस से छुपा कर रखने में खासी भूमिका अदा की है।

पल्लवी जाधव

पल्लवी जाधव को 23 जुलाई 2001 को मालशेज घाट से पीछा कर ठाणे पुलिस ने गिरफ़्तार किया और 24 जुलाई की सुबह महात्मा फुले थाना, कल्याण के हवाले कर दिया। वहाँ उसके ख़िलाफ़ 16 अक्टूबर 1998 को की गयी डॉ. दीपक शेट्टी की हत्या (क्र. 338/98) का मामला दर्ज़ था। कुछ उसके पति की गलत हरकतों और कुछ ख़ुद पल्लवी की मूर्खताओं के कारण भारी क़र्ज़ में डूब गयी। पेट भरने के लिए उसने जिस्म फरोशी भी शुरू कर दी। तंगी की शिकार पल्लवी बीयर बार में काम करने लगी। घाटकोपर के गिरोहबाज बन्धु पैट्रिक फर्नांडिस उर्फ़ पेट्टी तथा टूटू से उसकी मुलाकात हुई। पेट्टी ने पल्लवी को 'रख' लिया। पल्लवी अब 'मेरी फर्नांडिस' बन गयी। पेट्टी ने उसका क़र्ज़ उतारा, बदमाशों से बचाया।

प्रदीप घर लौटा तो पल्लवी ने उसे बेइज़्ज़त करके निकाल दिया। प्रदीप भी उसकी हक़ीक़त जान चुका था, वह चुपचाप बेटी को लेकर गाँव चला गया। 4-5 महीने बाद पेट्टी गिरफ़्तार हो गया। आधारवाड़ी जेल में बन्द पेट्टी की जेल यात्रा के दौरान पल्लवी की देख-रेख टूटू ने की। वह मेरी से 'सीमा फर्नांडिज' हो गयी। इसी जेल में शिवसेना नगरसेवक विनायक बाबले व विधायक विट्ठल चव्हाण की हत्या के आरोप में सुरेश मंचेकर भी बन्द था। पेट्टी की मुलाक़ात उससे हुई। डोंबीवली में मंचेकर गिरोह का खासा दबदबा था। पेट्टी ने मंचेकर का विश्वास जीता और उसका योजनाकार व दिमाग़ बन कर तमाम कामकाज अपने हाथों में ले लिया। पल्लवी ने फिर उसका हाथ थाम लिया। 1996 में उसे एक बेटी और पैदा हुई।

पेट्टी ने पल्लवी के सौन्दर्य, सूझबूझ, तेज़ दिमाग़, स्फूर्ती, तेज़ी, लोगों पर अपनी बातों से तगड़ा असर डालने और जल्द ही किसी से भी घुल-मिल जाने की क़ाबिलियत देखी तो 'काम' में लगा लिया। पल्लवी ने जल्द ही पूरे गिरोह में सिक्का जमा लिया। वह 'ताई' और 'दीदी' जैसे सम्बोधनों से पुकारी जाने लगी। पल्लवी योजना बनाने में सलाह-मशविरा देने लगी। वह हत्याओं में भी सहायक बनी।

पल्लवी ने बिल्डरों, होटल उद्यमियों, व्यवसायियों, व्यापारियों, डॉक्टरों, वकीलों, तगड़ा वेतन पाने वालों आदि की जानकारियाँ जुटाने का काम किया ताकि हफ्तावसूली हो सके। वह किसी बहाने से बिल्डरों, वकीलों, डॉक्टरों, अमीरों के पास जाती, तमाम जानकारियाँ, उनके सम्पर्क, टेलीफ़ोन नम्बर, घर और दफ्तरों के पते इत्यादि हासिल करती। इससे मंचेकर को फ़ायदा होने लगा। किसी हत्या के लिए गिरोह के सदस्यों को हत्या स्थल तक पहुँचने, बरती जाने वाली सावधानियों, बचने के तौर-तरीकों, नक़्शों इत्यादि पर पूरी मेहनत करती और इसके आधार पर गिरोह के सदस्य गेम बजाते थे।

पल्लवी के बारे में एक अधिकारी बताते हैं कि वह गिरोह के सदस्यों पर 'प्रति जासूसी' में भी माहिर थी। कहीं-कोई-किसी किस्म की गड़बड़ी तो नहीं कर रहा, विरोधियों को सूचना तो नहीं दे रहा, किसी ने पुलिस से तो हाथ नहीं मिला लिया, पैसों का हिसाब-किताब हर व्यक्ति ठीक कर रहा है या नहीं, वह अपने ही स्तर पर सूचनाएँ हासिल करती और मंचेकर को देती। जो व्यक्ति गिरोह से गद्दारी करता, उसे ख़त्म करवाने में पल्लवी नहीं चूकती।

कहते हैं कि नवनाथ को पल्लवी ने ही पेट्टी और उदय मांजरेकर से इसलिए मरवाया क्योंकि उन पर हफ्ते में घपला और नाईक गिरोह से सम्पर्क स्थापित करने का शक था। इसी तरह उसने मल्लेश शेट्टी पर भी हमला करवाया लेकिन वह बच गया था। पल्लवी हत्यास्थल पर हत्यारों को हथियार देने और हत्या के बाद हथियार लेकर ग़ायब हो जाती थी। वह किसी स्टेशन से ट्रेन के जरिए घाटकोपर स्थित अपने अड्डे पर जाती थी। पल्लवी अब तक तो मंचेकर की बेहद खास और निकट सहयोगी व प्रबन्धक बन गयी। गिरोह के प्यादों को पकड़ने पर उनकी जमानत, वकीलों की व्यवस्था, भोजन, कपड़ों, न्यायाधीशों-पुलिस को पटाने, गवाहों को धमकाने जैसे काम वह करती। जेल में डिब्बे भेजने के लिए वह होटल मालिकों को पैसे नहीं देती थी, यही उनका हफ्ता होता था। बताते हैं कि मंचेकर ने उसे हफ्तावसूली के पैसे अपने पास रखने की छूट दी थी।

सुना जाता है कि 25 जनवरी, 2000 को अपने ही अंगरक्षक की गोलियों से छलनी हुए उल्हासनगर माफिया गोपाल राजवानी को मारने की सुपारी मंचेकर ने ली थी लेकिन पल्लवी की सलाह ही पर उसने सुपारी वापस कर दी थी। मंचेकर गिरोह ने डोंबीवली, कल्याण, टिटवाला इलाकों में दहशत कायम करने के लिए सड़कों को रक्तरंजित करने में कोई कसर न छोड़ी।

16 अक्टूबर, 98 को श्रीदेवी अस्पताल के मालिक मशहूर डॉक्टर दीपक शेट्टी की हत्या भी मंचेकर गिरोह ने की। हफ्ताखोरी के चलते गिरोहबाजों द्वारा

डॉक्टर की हत्या करने का यह मुंबई के रक्तरंजित इतिहास का पहला मामला था। इस हत्याकांड में भी पल्लवी ने योजना बनायी और सक्रिय भूमिका निभाई थी। श्रीदेवी अस्पताल में पल्लवी लगातार कई दिनों तक बैठती रही। वहाँ का मुआयना किया। कर्मचारियों की संख्या और डॉक्टर के आने-जाने के रास्तों जैसी महत्त्वपूर्ण सूचनाएँ मंचेकर को दीं।

राजपूताना रेजीमेंट का एक भगोड़े सैनिक दीपक मेघानी पेट दर्द का मरीज बन कर शाम सात बजे डॉ. शेट्टी से मिला। पल्लवी ने उसे अस्पताल में हथियार दिया, डॉ. शेट्टी को गोलियाँ मार कर मेघानी ने रिक्शे में बैठी पल्लवी को पिस्तौल सौंपी और पेट्टी के साथ मोटरसाइकिल से ग़ायब हो गया। पल्लवी भी अपने घर चली गयी।

सिरदर्द बन चुके मंचेकर गिरोह को दुरुस्त करने के लिए ठाणे के तत्कालीन आयुक्त भुजंग राव मोहिते ने ठाणे अपराध शाखा के संयुक्त आयुक्त ललित कुमार गोडबोले, कल्याण-डोंबीवली के उपायुक्त सुरेश अहिरे, एसीपी श्री राठौड़, वरिष्ठ पीआई राजा जगताप समेत एक दस्ता तैयार किया। वे मंचेकर के बारे में जानकारियाँ जुटाने लगे। मंचेकर के मुखबिरों का जाल पुलिस में भी था। हर ख़बर मंचेकर तक पहुँचती रही। जब अपेक्षित परिणाम न मिले तो श्री मोहिते ने पूरे दस्ते का पुनर्गठन किया। कुछ नये अधिकारी लाये, कुछ हटाये, कुछ को कम महत्त्वपूर्ण काम में लगाया, गुंडों के लिए मुखबिरी करने वाले एक पुलिसकर्मी को मुअत्तल करके गिरफ़्तार किया।

श्री मोहिते ने मंचेकर टोली के सरगना सुरेश मंचेकर, शूटर दीपक मेघानी, पैट्रीक फर्नांडिस, देवेन्द्र कोरेकर, सुनील देसाई, कृष्णा घाग, अशोक धारया, मोहन बंगाली, अदित गायचोर, उदय मांजरेकर इत्यादि के सचित्र पोस्टर पूरे इलाके में चिपकवाये। उनका पता-ठिकाना देने वाले के लिए 10 हज़ार रुपये नगद इनाम की घोषणा की। मंचेकर की धृष्टता से पुलिस बुरी तरह बौखलाई हुई थी।

डॉ. शेट्टी की हत्या के चौथे दिन ही शूटर गणेश पाटिल को मुठभेड़ में मार गिराया। ठीक सातवें दिन बाद छह नवम्बर को दीपक मेघानी को मारा। इसके बाद मांजरेकर, अतुल नाडकर्णी, अशोक धारया, अजित गायचोर, मोहन बंगाली समेत कुल 9 सदस्यों को पुलिस ने एक-एक करके मार गिराया। प्रीतम हड़पकर और फ़िरोज शेख़ पकड़े गये। पेट्टी और घाग ने समर्पण करने में ही भलाई समझी। 10 नवम्बर, 99 को अजित गायचोर भी मारा गया। सरगना सुरेश मंचेकर, देवेन्द्र कोरेकर और पल्लवी समेत गुजरात जा छुपा। गुजरात पुलिस ने देवेन्द्र को मुठभेड़ में मार गिराया। मंचेकर की हालत खस्ता हो गयी। वह पल्लवी को छोड़ कर अज्ञात स्थान पर जा छुपा।

पुलिस को पता चला कि वह गोवा में छुपा है। उसकी पूर्व प्रेमिका परेल के एक अस्पताल की नर्स थी जो साथ में थी। वहाँ भी पुलिस ने उसका पीछा किया। एक बार जब मंचेकर उल्हासनगर पहुँचा तो वहीं उसे भी चार अन्य साथियों समेत घेर कर पुलिस ने मार गिराया।

मंचेकर के भागने से निराधार पल्लवी मुंबई लौटी। वह पेट्टी के एक परिचित जेम्स के पास सीमा के नाम से रहने लगी। पेट्टी के बताने पर पुलिस दस्ते ने पल्लवी के बारे में तमाम जानकारियाँ हासिल कीं। उसका रेखाचित्र बनाया। पुलिसकर्मी और मुखबिर हर पल उसे ढूँढ़ने लगे। जेम्स के साथ होने की जानकारी मिली लेकिन पुलिस के पहुँचने से पहले पल्लवी ग़ायब हो गयी। पल्लवी के कुछ रिश्तेदार मुंबई में हैं। वह थोड़े-थोड़े समय के लिए रिश्तेदारों के घर पनाह लेने लगी।

दुर-दुर करती ज़िन्दगी जी रही पल्लवी को अशोक कदम मिला। वह आरटीओ अन्धेरी में चालक था। कदम ने बताया कि मुंबई लौट कर उसने पल्लवी को ढूँढ़ा लेकिन वह कहीं न मिली। पुलिस पल्लवी की ससुराल से मायके तक हर स्थान पर निगरानी रखे थी, उन्हें कदम का तो ख़याल भी न था। निशा सावन्त, निशा कदम, मेरी फर्नांडिस, सीमा, ताई, अनीता जैसे नामों का इस्तेमाल करने वाली पल्लवी को साल भर से ज्यादा समय हो गया पुलिस की आँखों में धूल झोंकते हुए। उसने अब मुंबई आने का मन बनाया। इसी कारण वह 25 जुलाई 2001 को भाई से मिलने निकली लेकिन पुलिस से बच न सकी। पल्लवी ने पुलिस अधिकारियों को बताया कि जबसे वह मंचेकर से गोवा में बिछुड़ी, उसके बाद कभी उससे न मुलाक़ात हुई, न टेलीफ़ोन पर बात हुई।

काजल मेघानी

घाटकोपर के उस भड़कीले बीयर बार के नाच घर में तमाम बारबालाएँ काजल की किस्मत पर रश्क खा रही थीं। एक सजीला सा अमीर युवक काजल को जब भी पास बुलाता 500 का एक नया नोट हाथों में रखता। गदहपचीसी पर सवार काजल भी उस चाहने वाले पर बलिहारी हुई जा रही थी, सबकी निगाहें का मरकज बनी वह इतराती-इठलाती जाती थी। उसे पता न था कि चन्द घंटों की यह मुलाक़ात और मुस्कुराती भाग्यलक्ष्मी, उसे नीम अँधियारे में धकेलने वाली है, जहाँ से वापसी कतई सम्भव नहीं। जिस सजीले युवक ने उस पर काग़ज़ के चन्द टुकड़े न्योछावर किये हैं और अपना मुरीद बनाने में कोई कसर नहीं छोड़ी, वह युवक कोई और नहीं मंचेकर गिरोह का सिपहसालार दीपक मेघानी था।

उसका साथ मिला तो काजल गिरोह के लिए काम करने लगी।

एक माह से ही कम वक्त में काजल आठ बार बिहार गयी, तेल के डिब्बों में भर कर अलग-अलग मौकों पर 8 पिस्तौलें लायी। इससे गिरोह में उसका नाम काफ़ी ऊपर जा पहुँचा और उसे अपना काम सफलता से करने पर खासी रकम मिलती थी। जब वह 1999 में गिरफ़्तार हुई, तो उसने पुलिस से कहा, 'इस खेल में निश्चित तौर पर काफ़ी पैसा है लेकिन जो चीज़ इस दुनिया की तरफ़ सबसे अधिक खींचती है, वह गिरोह सदस्यों के बीच मिलने वाला सम्मान और समाज के बीच चलने वाला रुआब है। इस लोभ से बचना आसान नहीं होता है।'

इस सुन्दर, सुगढ़, सौम्य और मीठी बोली वाली युवती से जल्द ही मेघानी ने शादी कर ली। अंग्रेज़ी भाषा में जब काजल बोलती तो कोई कह नहीं सकता कि यह कोई क्रूर अपराधिनी है।

काजल और दीपक एक दिन चुपचाप नवी मुंबई के वाशी इलाके के एक फ्लैट में रहने चले गये। जल्द ही यह सपना पूरा हो गया, मधुमास बीत गया, उसे एक अन्य बारबाला के साथ कुछ हथियार लाने बिहार जाना था। इस बार काम सौंपा था मंचेकर के सेनापति पैट्रिक फर्नांडिस उर्फ़ पेट्टी ने। दुर्भाग्य की छाया काजल पर पड़ चुकी थी। 1999 में ही मेघानी को ठाणे पुलिस ने एक मुठभेड़ में मार गिराया।

अब काजल के पास कोई और चारा न बचा। वह पेट्टी के साथ काम करने लगी। पेट्टी के लिए ये ख़ूबसूरत बला दिल बहलाने के साधन से बढ़ कर 'काम करने के लिए बेहद सुरक्षित साथी' का दर्ज़ा रखती थी। उसने काजल को रक्तपिपासा के घिनौने खेल में शामिल कर लिया। पेट्टी ने शिकारों को काजल के जरिए फँसा कर सुविधाजनक स्थल पर बुलाना और मारना शुरू किया। इससे वह लोगों की निगाह में नहीं आता और पुलिस को कोई सुराग नहीं मिलता।

एक वरिष्ठ अधिकारी बताते हैं, 'इनका साथ बड़ा कारगर रहा। वह लड़की विरोधी गिरोह के तीन सदस्यों को फँसा कर ठाणे या घाटकोपर के एकान्त स्थलों पर लाने में कामयाब रही, जहाँ पेट्टी ने उन्हें आसानी से मौत के घाट उतार दिया।' एक अधिकारी बताता है कि अपना शिकार काजल किसी बार में फाँसती थी। वह ऐसा अभिनय करती कि उनके प्यार में पागल है, विश्वास हासिल करती, किसी एकान्त-अज्ञात स्थल पर बुलाती जहाँ पेट्टी नामक यमदूत पहले से मौजूद होता। उसका साथ रीतू तथा सीमा देती थीं। ठाणे व कल्याण इलाके में वे बिल्डरों की सूचनाएँ जमा करके पेट्टी को देती ताकि हफ्तावसूली की जा सके। इसके लिए वे बिल्डरों के पास खरीददार बन कर कई बार जातीं और सूचनाएँ जमा करती थीं।

मीनाक्षी

पैट्रिक फर्नांडिज उर्फ़ पेट्टी की रखैल कहलाने वाली यह युवती पहले मुंबई मनपा के एक इंजीनियर की पत्नी और दो बच्चों की माँ बतायी जाती है। वह भी गिरोह के लिए सूचनाएँ जुटाने और हथियार लाने-ले जाने का काम गरोह सदस्यों व शूटरों के लिए करती थी।

रीतू

मंचेकर गिरोह के लिए काम करती रही है। नेपाल व चीन सीमा पर जाकर हथियारों के सौदागरों से गिरोह के बढ़िया किस्म के अस्त्र-शस्त्र खरीद कर लाती थी। वह या तो हथियारों को अपनी जाँघों के बीच बाँध कर लाती थी या 5 किलो वाले घी के डिब्बों में पोलीथीन में पैक करके छुपा कर लाती थी। इसके कारण कोई उस पर कभी शक नहीं कर पाता था। एक बार वह गिरफ़्तार हो गयी और हथियार तस्करी के मामले में उसे सज़ा हो गयी है।

लक्ष्मी मंचेकर

सुरेश मंचेकर की 72 वर्षीय माँ लक्ष्मी मंचेकर को अक्टूबर 2001 के दूसरे सप्ताह में डोंबीवली के एक बिल्डर से हफ्ते के लिए धमकियाँ देने के आरोप में पुलिस ने डोंबीवली के विष्णुनगर इलाके से पकड़ा। आरोप था कि 1998 में जमानत भंग कर फरार सुरेश की अनुपस्थिति में गिरोह का संचालन लक्ष्मी के हाथों में था। उसका गिरोह शिवड़ी, ठाणे से कल्याण तक फैला है। उक्त बिल्डर से 10 लाख नकद व एक फ्लैट माँगा था। पहली किश्त के 3 लाख रुपये 5 अगस्त 2001 को लिए लेकिन मामला तब बिगड़ा जब बाकी रकम चुकाने में बिल्टर असफल रहा। उसने पुलिस को सूचना दी और लक्ष्मी पकड़ी गयी।

22 मार्च 2002 को परेल में महेन्द्र परशुराम-खानविलकर को गोली मारी गयी। इस मामले में पुलिस ने सुपारी हत्यारे अमोल शंकर विचारे को गिरफ़्तार करने पर यह आश्चर्यजनक तथ्य पता चला कि गिरोह की कमान लक्ष्मी के हाथों में है। भिवंडी-ठाणे हफ्तावसूली विरोधी दस्ते ने लक्ष्मी मंचेकर को परेल विलेज क्षेत्र में मई 2002 के दूसरे सप्ताह में फिर गिरफ़्तार करके तहलका मचा दिया।

लक्ष्मी से पूछताछ में मिली सूचना पर भोईवाड़ा थाने ने दो शूटरों, शशिकान्त महादेव बिरजे तथा दत्ताराम पवार को गिरफ़्तार किया। ठाणे पुलिस अंबरनाथ में छापा मार कर गिरोह के सदस्यों और क्रूर हत्यारों शैलेष राममूर्ति तिवारी (25), जयप्रकाश हरीराम पाल (26) और ईजाद ख़ान जमील ख़ान (25) को हथियारों समेत धर दबोचा।

जीतू उर्फ़ मंजुला

मंचेकर गिरोह में जीतू उर्फ़ मंजुला काम करती थी। गिरोह के मेघानी को जब पुलिस ने मार गिराया तो उसकी पत्नी काजल पुलिस से बदला लेने पर आमादा हो गयी। अफ़सरों की हत्या का षड्यन्त्र रचा। वह अपने मकसद में कामयाब न हो पायी क्योंकि गिरोह ने पुलिस पर हमला कर मौत के परवाने पर हस्ताक्षर करने से इनकार कर दिया।

विजया उत्तरेकर

कल्याण के हफ्ताविरोधी दस्ते के तत्कालीन वरिष्ठ निरीक्षक कैलाश डावखरे ने मंचेकर गिरोह के सदस्य प्रकाश उत्तरेकर की माँ विजया उत्तरेकर को हफ्ताखोरी में पकड़ा। एक बिल्डर को गिरोह से धमकी थी कि 25 लाख रुपये और एक फ्लैट विजया को नहीं सौंपा तो उसकी हत्या कर दी जायेगी। पुलिस का कहना है कि विजया गिरोह के लिए हफ्ता इकट्ठा करने का काम काफ़ी समय से कर रही थी।

श्रीमती अमीना अब्दुल रजाक शेख़ उर्फ़ अमीना बी

वृद्ध महिलाओं द्वारा गिरोहों की मदद का यह इकलौता मामला नहीं है। एजाज पठान के भांजे अनवर की माँ गिरोह में 'सामान वाली दादी' नाम से मशहूर है। उसका काम हत्यारों को वारदात स्थल तक हथियार पहुँचाना और काम होने के बाद हथियारों को सुरक्षित अड्डे तक लाना था। नाती-पोतों सहित बुरके में लिपटी यह 'दादी अम्मा' एक झोले में खाने-पीने का सामान और कपड़े भरे रहती, उसमें हथियार होते। वारदात स्थल के करीब एक स्थान पर दादी अम्मा खड़ी रहती। कपड़े में लिपटे हथियार हमलावर दस्ते को सौंपती, वहीं बच्चों सहित इन्तज़ार करती, हथियार वापस आने पर ट्रेन से और स्थान को चल देती। शक की कोई गुंज़ाइश ही नहीं।

पुलिस ने एजाज पठान के भतीजे अनवर नूर मोहम्मद शेख़ और अली बुदेश के सेनापति इमरान नसीर शेख़ उर्फ़ मेहँदी उर्फ़ दिलावर उर्फ़ हुसैन को गिरफ़्तार कर यह चौंकाने वाली बात खोली थी कि उनके साथ यह महिला भी काम करती है। अनवर और इमरान जब गिरफ़्तार हुए, तब महज़ 25 साल की उम्र के थे। पुलिस ने इनसे नकद 1.30 लाख रुपये और 9 मिमी की एक पिस्तौल, 32 और 38 कैलीबर के 6 रिवाल्वर और 120 गोलियाँ बरामद किये। हफ्तावसूली विरोधी दस्ते (पश्चिम क्षेत्र) ने गिरोह के डोंगरी निवासी अनवर, घाटकोपर निवासी गुंडे इमरान के अलावा यूनुस फकीर मोहम्मद शेख़ उर्फ़ यूनुस बिल्डर उर्फ़ हकीम को दोपहर 12.30 बजे कांदिवली स्थित होटल शिवम् सुन्दरम् से पकड़ा।

पूछताछ के बाद मुजामिल मोहम्मद शेख़ और श्रीमती अमीना अब्दुल रजाक शेख़ (65) को पकड़ा। अमीना से पुलिस ने 2.12 लाख रुपये के ज़ेवर और नकद 1.30 लाख रुपये बरामद किये। पुलिस मानती है कि अमीना से मिले जेवरात-नकदी लूट और हफ्तावसूली के हो सकते हैं। उसकी सहायता के कारण ही गिरोह सदस्यों को पकड़ा नहीं जा सका। गुंडों ने काम ख़त्म कर अमीना को हथियार वापस दिये ताकि भागते वक्त वे पकड़े भी जायें तो हथियार बरामद न हों। हथियारों समेत गिरफ़्तारी न होने पर उनके ख़िलाफ़ मामला काफ़ी कमज़ोर हो जाता है।

हसीना पारकार उर्फ़ हसीना आपा

दाऊद इब्राहिम की यह बहन माँडवली के चक्कर में ऐसी गिरफ़्तार हुई कि उसके लिए मुसीबत खड़ी हो गयी। हसीना के बारे में यह कहा जाता है कि वह दाऊद के आभामंडल और दबदबे का इस्तेमाल कर खासी माया समेट चुकी थी। उसके पास डी-कम्पनी की बड़ी रकमें भी आती थीं, जिन्हें वह या तो हवाला के जरिए दाऊद के पास दुबई या पाकिस्तान भेजती थी, या फिर ये रकम इमारतों या सम्पत्तियों की खरीद में निवेश कर देती थी। हसीना आपा को पुलिस ने गिरफ़्तार किया लेकिन वह अपने उच्चपदस्थ सम्पर्कों के जरिए तुरन्त जमानत पाने में कामयाब रही। 2014 में उसकी दिल का दौरा पड़ने से मौत हो गयी।

फातिमा

फातिमा भी छोटा शकील के लिए काम करने वाली एक महिला है। वह भी बाकी महिला अपराधियों की तरह हर दिन शकील को फ़ोन करती थी। मुंब्रा निवासी इस महिला को पुलिस ने सन् 2000 में गिरफ़्तार किया था। उसका पूरा का पूरा खानदान शकील के लिए ही काम करता रहा है।

मोनिका मोरिस

ज़ोरदार अंग्रेज़ी बोलने वाली यह लड़की भी अपने प्रेमी के चक्कर में फ़र्जी नोट वितरण सिंडिकेट में जा फँसी थी। उसे भी मोका के तहत पुलिस ने मार्च 2001 में गिरफ़्तार किया था। उसके गिरोह के पास से 60 लाख रुपये की नकली भारतीय करेंसी बरामद हुई थी। वह पहली बार इस मामले में गिरफ़्तार हुई थी।

पुलिस अधिकारी बताते हैं कि जब उसे गिरफ़्तार किया, तब वह गर्भवती थी और पुलिस से बच कर कहीं भागते रहना और छुपना उसके लिए नामुमकिन था। उसे भी गिरफ़्तार करके भायखला महिला जेल में रखा था। उसने अदालत में मानवीय आधार पर जमानत के लिए अर्जी दी। अर्जी में लिखा कि उसे बच्चा

होने वाला है, अतः जमानत दी जाये। अदालत ने उसे भरोसा करके जमानत तो दे दी, उसने बच्चा भी पैदा कर लिया, लेकिन जैसे ही वह चलने फिरने के क़ाबिल हुई, वह बच्चे समेत ऐसा ग़ायब हुई कि पुलिस अधिकारी उसे खोजते ही रह गये।

शमीम मिर्ज़ा आरिफ बेग़ उर्फ़ मिसेज पॉल

शमीम मिर्ज़ा आरिफ बेग़ उर्फ़ मिसेज पॉल और प्रीति गायकवाड़ की गिरफ्तारियाँ लोगों को चौंका गयीं। इसने साबित किया कि गिरोहों में महिलाओं का प्रतिनिधित्व बढ़ रहा है। शमीम को पुलिस ने मोका के तहत हिरासत में लिया। वह शकील के लिए काम करती थी और आर्थिक पक्ष सँभालती थी। उसका पति आरिफ़ मिर्जा तो दाऊद गिरोह के सुपारी हत्यारे फ़िरोज कोंकणी का खास साथी था। वह पकड़ा गया था तो शमीम भी अँधियाले संसार में जा उतरी। शकील के लिए जमा होने वाली हफ्ते की रकम का एक हिस्सा शमीम तक पहुँचता था। शकील के निर्देश पर शूटरों तथा प्यादों को पैसे बाँटती थी।

शमीम से शकील की अश्लील प्रेमवार्ता पुलिस ने रिकॉर्ड की, उसे एक समाचार-पत्र ने छाप दिया, अँधियाले संसार के विश्वास पर चलने वाले कारोबार में हंगामा खड़ा हो गया। मोहम्मद अली रोड की मोची गली निवासी शमीम को पुलिस ने मोका के तहत गिरफ़्तार किया था। अदालत में जब उसके सम्बन्ध शकील से स्थापित करने की बारी आयी तो पुलिस ने पूरी बेशर्मी से खुलेआम वे टेप बजा दिये जिनमें शकील-शमीम संवाद थे। सभी हैरान रह गये। एक आवाज़ जो शकील की थी—'तुमको मिलने को दिल चाहता है।' इस पर जबाव शमीम का, 'मैं भी आपको बहुत चाहती हूँ। आपकी मेहरबानी से ही तो हम हैं।'

शमीम-शकील चर्चा अख़बारों में छपने से डी-कम्पनी में भारी खलबली मची, गुंडों को लगा कि उनके परिवारों पर उनके ही सरगना नज़र डालने लगे हैं।

हुआ कुछ ऐसा था कि शमीम के पति आरिफ मिर्ज़ा को आजन्म कारावास की सज़ा जेजे अस्पताल से शूटर फ़िरोज कोंकणी को फरार करवाने के दौरान एक पुलिस कमांडो की हत्या के आरोप में हुई थी। जब यह शकील-शमीम वार्ता चल रही थी, आरिफ कोल्हापुर जेल में एड़ियाँ रगड़ रहा था। इधर शमीम अकेली पड़ गयी, उसने कभी कोई काम तो किया न था, घर ख़र्च भी मुश्किल होने लगा। जब उसने पैसों के लिए शकील से सम्पर्क किया तो उसने कुछ 'काम' बता दिये। वे काम निपटा दिये तो सिलसिला शुरू हो गया। शमीम को जेल में शकील के साथियों को डिब्बे व अन्य सामान भेजने, पैसे बाँटने, वकीलों की व्यवस्था, शूटरों को हथियार पहुँचाने जैसे बेहद ज़रूरी कामों में लगा रखा था। वह बुरका डाले चुपचाप ऐसे पचासों काम करती

रहती, पुलिस को हवा भी नहीं लगती।

20 मार्च 2002 को गिरफ़्तार शमीम छठी महिला साबित हुई, जिस पर पुलिस ने मोका के तहत कार्रवाई की थी। सितम्बर 2002 तक कुल 221 अपराधियों पर महाराष्ट्र राज्य में मोका के तहत कार्रवाई की गयी थी। पुलिस अधिकारी ही कहते हैं कि शमीम पकड़ी न जाती अगर फ़ोन पर शकील से चर्चा न करती। नाजिम रिजवी की गिरफ़्तारी के बाद भरत शाह ने भी शकील से फ़ोन पर बातचीत बन्द कर दी थी। शमीम ने लेकिन यह सावधानी नहीं बरती। पुलिस द्वारा फ़ोन टेप करने की बात शकील को भी पता चल चुकी थी। शकील ने सबसे कहा कि अब वे ई-मेल से सम्पर्क में रहें। शमीम ने ई-मेल से भी अपने बॉस से सन्देश देने-लेने शुरू कर दिये थे। वह फ़ोन पर बदस्तूर बात भी करती रही। यही उसके लिए परेशानी का सबब बन गया।

बेहद सुन्दर दिखने वाली शमीम 5 साल जेल के अन्दर ही सड़ती रही। उसके दो बच्चे और माता-पिता इतने समय तक बेसहारा ही जिये।

प्रीती गायकवाड़

शकील के प्यादे राजू गायकवाड़ की बीवी प्रीती से एक विदेशी रिवाल्वर और 40 गोलियाँ पुलिस ने बरामद की थीं।

फातिमा दाऊद मर्चेंट

महिलाओं का इस्तेमाल आज से ही माफिया नहीं कर रहा। 1992 में जेजे हत्याकांड में डी-कम्पनी ने महिलाओं का इस्तेमाल किया। गवली गिरोह के शैलेष हलदणकर और विपिन शेरे जेजे अस्पताल के किस वार्ड के किस बिस्तर पर हैं, उनके इर्दगिर्द सुरक्षा घेरा, वहाँ आने-जाने के रास्तों जैसी कई महत्त्वपूर्ण सूचनाएँ कुछ अज्ञात बुरकाधारी महिलाओं ने जुटायी थीं। हमलावरों को हथियारों की आपूर्ति दो महिलाओं ने की थी।

इन रहस्यमयी महिलाओं के बारे में पुलिस ने ख़ूब सुना लेकिन पता न चला कि वे कौन हैं। यह कहा जाता है कि उनमें से एक फातिमा दाऊद मर्चेण्ट थी। 12 अगस्त 1997 को गुलशन हत्याकांड के लिए हथियार फातिमा दाऊद मर्चेंट (50) ने पहुँचाये। उसने हमलावरों की विदेश फरारी के लिए पासपोर्ट तैयार करवाये थे।

मोहसीना सुलेमान शिवानी

30 मार्च 1999 को पुलिस ने डी-कम्पनी के लिए काम करने वाली गिरोहबाज

मोहसीना सुलेमान शिवानी को डैनी टोनी मैक्सीन (28), सुनील नारायण शिंदे (29), अमर नरेश नायकर (19) और सुनील पांडुरंग गायकवाड़ (20) समेत गिरफ़्तार किया। शकील से जुड़ी मोहसीना पर पुलिस ने आरोप लगाया कि भ्रष्टाचार निरोधक समिति की सदस्य होने की बात कर बड़े व्यापारियों और बिल्डरों द्वारा कारोबारी गड़बड़ियों को उजागर करने की धमकियाँ देकर 15 से 25 हज़ार रुपये तक वसूलती थी। सुतार गली, जवेरी बाज़ार के एक व्यापारी ने पुलिस में शिकायत की कि मोहसीना उससे पैसे माँग रही है। पुलिस ने मोहसीना को पकड़ा तो पता चला कि इस तरह कुछ ही महीनों में उसने लाखों रुपये जमा किये थे।

जमीला अजीज और निलोफर शेख़

13 जून 2002 को मुंबई पुलिस की अपराध शाखा की इकाई-एक ने दाऊद गिरोह के नकली मुद्रा तस्करी कमान प्रमुख के चार साथियों को मोहम्मद अली रोड स्थित एशियन लॉज के 111 नम्बर कमरे में छापा मार कर गिरफ़्तार किया और 12 लाख रुपये के नकली नोट ज़ब्त किये।

इस मामले में जमीला अजीज (27) और निलोफर शेख़ (31) नामक दो महिलाएँ भी गिरफ़्तार की गयीं जो आफताब बटकी के लिए नकली मुद्रा बाज़ार में चलाने का काम करती थीं। पुलिस ने बताया कि जमीला का पति सिराज तो बटकी का 'इंडिया आपरेशंस मैनेजर' है। वह दुबई में रह कर काम करता है। दो अन्य आरोपियों के नाम मोहम्मद शेख़ और नफीस सिद्दिकी हैं।

नसरीन अनवर हुसैन शेख़

23 दिसम्बर 1999 को डोंगरी इलाके में स्थित होटल दिल्ली दरबार के सामने नाना कम्पनी के एक गुंडे को मारने के लिए आये शकील के चार गुंडों ने एक निर्दोष युवक की गलत शिनाख्त में हत्या कर दी। हत्याकांड में शामिल शकील के सात गुंडों को मुंबई पुलिस की अपराध शाखा के अधिकारियों ने गिरफ़्तार किया जिनमें एक युवती कुमारी नसरीन अनवर हुसैन शेख़ (31) भी थी।

अपराध शाखा के तत्कालीन प्रभारी डी. शिवानन्दन ने कहा कि नसरीन का इस्तेमाल पुलिस की आँखों में धूल झोंकने के लिहाज से हुआ। उसके साथ घूमने पर लोगों को यह लगेगा कि हत्यारे तो परिवार वालों के साथ घूम रहे हैं। राधेश्याम के बारे में उन्होंने बताया कि बिहार के सहरसा ज़िले में रहने वाला यह युवक 1998 में रईस कश्मीरी हत्याकांड का आरोपी भी है। नसरीन को ऐसे कामों में हमेशा गिरोह इस्तेमाल करता था। उसको अन्य गुंडों के साथ पकड़ने में इसलिए सफलता मिली क्योंकि एक स्थानीय गुंडे से खासी सूचनाएँ हासिल

हुई थीं। वह नसरीन को भी जानता था।

सपना हितेश मोरे

16 अप्रैल 1998 को कुलाबा के एक व्यापारी से हफ्तावसूली के लिए आयी युवती सपना हितेश मोरे को कुलाबा पुलिस ने गिरफ़्तार किया। वह कुलाबा के आदतन अपराधी बंगेश धर्मराज कोली (26) की बहन है। बंगेश ने एसडीएस शाप सेंटर के मालिक को हर माह 6,000 रुपये हफ्ते के लिए धमकियाँ देता था। बंगेश ने कहा था कि हफ्ते की रकम हर महीने उसकी बहन ले जायेगी। अगर पैसा नहीं दिया तो वह उसे मार देगा।

मुमताज बाबू शेख़

29 जनवरी की दोपहर 3.45 बजे रमज़ान बन्दोबस्त के दौरान एंटाप हिल थाने का गश्ती दस्ता कोकरी डिपो के पास से गुज़रा। तभी मिलाप आइसक्रीम के मालिक पांडी आती नाडर ने अधिकारियों को इशारे से बुलाया और दुकान में बैठे दो पुरुषों तथा एक महिला के बारे में बताया कि ये शामा भाई मुरुगेश के नाम पर धमकियाँ देकर 2 लाख रुपये हफ्ता माँग रहे हैं। उन्हें पुलिस ने गिरफ़्तार कर लिया।

पूछताछ में पता चला कि नेपाली युवक का नाम दीपक नयनदीप थापा, राजेश थेवर और मुमताज बाबू शेख़ हैं। वे हफ्ते की पहली किश्त के 20 हज़ार रुपये लेने आये थे। थापा को वडाला पुलिस ने 1997 में हत्या के एक मामले में पहले भी पकड़ा था। मुमताज उसके साथ हफ्तावसूली करती है।

नसीम फखरुद्दीन उर्फ़ नेहा

नसीम फखरुद्दीन उर्फ़ नेहा का छोटा शकील से जुड़ाव है। वह शकील के लिए सूचनाएँ जुटाने और सामान पहुँचाने का काम करती थी।

शबनम शेख़

शबनम शेख़ को भी छोटा शकील हेतु काम करने के लिए पुलिस गिरफ़्तार कर चुकी है। उस पर शकील के लिए कई तरह के काम करने के आरोप पुलिस ने लगाये हैं।

तबस्सुम

वह मालाड के कुरार विलेज इलाके की एक बड़ी ही प्रभावशाली समाजसेवी महिला थी। किसी भी मसले को सुलझाने में उसे खासी महारत हासिल थी।

उसे खासतौर पर सम्पत्ति विवाद निपटाने का विशेषज्ञ माना जाता था। छोटे से बड़े तक हर वज़न और क़द के लोगों से उसका गहन परिचय जो था। यह बात सभी मानते हैं कि इस महिला ने जो भी काम हाथ में लिया वह निश्चित तौर पर पूरा होता था।

एक दिन इस सम्माननीय महिला के घर को अपराध शाखा की गाड़ियों व अफ़सरों ने घेर लिया। उन्होंने इस महिला को घर के अन्दर जाकर दबोचा और चूड़ियों से सजे हाथों में हथकड़ियाँ और सज़ा दीं। यह देख कर सारे पड़ोसी सन्न रह गये, उसके चाहने वाले दंग रह गये, उन्हें समझ में नहीं आया कि यह हो क्या रहा है।

जब झूठ की धुन्ध छँटी और सच्चाई का सूरज चमका तो सबको पता चला कि उनकी समाजसेविका तबस्सुम ताई का असली चेहरा और कारोबार क्या था। वह तो दरअसल गिरोह सरगना छोटा शकील के लिए काम करती थी। पुलिस का दावा है कि वह फिरोज कोंकणी के साथी आरिफ लकड़ावाला की प्रेमिका है।

पुलिस अधिकारी कहते है कि उसकी बेटी 'नगमा' के प्रति छोटा शकील आकर्षित था। नगमा काफ़ी सुन्दर व आकर्षक बतायी जाती है। पुलिस अधिकारी बताते हैं कि नगमा दुबई होते हुए पाकिस्तान गयी थी और शकील से मिल चुकी है। पुलिस का दावा है कि तबस्सुम हर दिन शकील से फ़ोन पर बातचीत करती थी और उसे न केवल गिरोह के कारनामों की जानकारियाँ देती थी बल्कि पुलिस व प्रशासनिक अधिकारियों और राजनीतिज्ञों से सम्बन्धित तथ्य व समाचार भी देती थी।

पुलिस ने उसे भी मोका के तहत गिरफ़्तार किया था। कई पुलिस वाले उसके गहरे सम्पर्क में थे। वरिष्ठ पुलिस अधिकारियों ने तबस्सुम से सम्पर्क में रहने वाले तमाम अधिकारियों के तबादले मुंबई के बाहर कर दिये थे ताकि वे उसे मदद न कर सकें।

शकील की साथिन तबस्सुम (38) को मोका के तहत 17 जनवरी 2002 को सज़ा सुनाई गयी। वह दूसरी अपराधिन रही है, जिसे मोका में देश की किसी अदालत ने सज़ा सुनाई। जज एपी भांगले ने 5 साल की कड़ी कैद की सज़ा दी थी। साथ ही 5 लाख रुपये जुर्माना लगाया था।

तबस्सुम की गिरफ़्तारी किसी सामान्य मामले में न थी। अन्धेरी के एक चीनी रेस्तरां मालिक अजीज मलिक की हत्या का प्रयास करने वाली अपराधी टोली में वह शामिल थी। उसके साथियों के नाम अजीत चव्हाण, सुनील भंडवाले, राधेश्याम जुनवाला, राजेश कटोच और रमेश शेट्टी हैं। इनको भी अदालत ने वही सज़ा सुनाई जो तबस्सुम की थी। अजीत भी तबस्सुम की टोली में था।

उसे अदालत ने 5 लाख रुपये जुर्माना और 7 साल की कड़ी कैद की सज़ा दी।

अक्का

यह युवती हेमन्त पुजारी गिरोह की मैनेजर थी। वह मंगलूर की रहने वाली थी और गलती से अपराध जगत में आ गयी। उसे यूनिट 11 के पीआई धर्माधिकारी ने गिरफ़्तार किया था।

पद्‌मा रवि पुजारी

रवि पुजारी की पत्नी को यूनिट 11 ने ही गिरफ़्तार किया था। वह मूलतः सिख है। रवि पुजारी के सम्पर्क में वह स्कूल के दिनों से ही थी। वह चूँकि मुंबई के एक बेहतरीन कान्वेंट स्कूल से शिक्षित थी, धाराप्रवाह अंग्रेज़ी भी बोलती है। उसका बड़ा ही प्रभावशाली व्यक्तित्व होने के कारण कोई उस पर जल्दी शक भी नहीं कर सकता है कि वह अपराध जगत में सक्रिय होगी। सन् 2006 में जब पुलिस ने सुजाता निखालजे को गिरफ़्तार किया तो रवि पुजारी की पत्नी पद्‌मा भी भूमिगत हो गयी। पुलिस को पता ही नहीं चल सका कि वह देश में ही थी या विदेश चली गयी थी।

अन्धेरी की शेर-ए-पंजाब कालोनी में पद्‌मा कभी रहती थी। अक्टूबर 2005 में इं. प्रदीप शर्मा की कांदिवली क्राइम ब्रांच ने पद्‌मा को फ़र्जी दस्तावेज़ के जरिए 1995 में पासपोर्ट बनाने के मामले में गिरफ़्तार किया था। इसी पासपोर्ट के आधार पर बच्चों के भी पासपोर्ट बनवाये। उन्हें साथ लेकर वह कई दफा रवि पुजारी से मिलने विदेश यात्रा करती रही है। कई सप्ताह तक उसे पुलिस हिरासत में रहना पड़ा लेकिन जमानत पर रिहा हो गयी।

रिहाई के बाद पद्‌मा अन्धेरी घर लौटी लेकिन सुजाता की गिरफ़्तारी होते ही वह ग़ायब हो गयी। पद्‌मा का पासपोर्ट अपराध शाखा में जमा है इसलिए अधिकारी कहते हैं कि वह विदेश तो जा नहीं पायेगी। लेकिन मुखबिरों का कहना है कि वह दक्षिण भारत से नये नाम और पहचान के साथ अगर पासपोर्ट हासिल करके देश के बाहर चली जाती है तो किसी को कुछ पता नहीं चलेगा।

रेशमा एजाज लकड़ावाला

एजाज लकड़ावाला की पत्नी रेशमा को गिरोह के कामकाज में सक्रिय बताया जाता है। मुंबई पुलिस के इं. शिवाजीराव कोलेकर के मुताबिक़ नकली पासपोर्ट का इस्तेमाल कर रेशमा भी एजाज से मिलने के लिए सपरिवार बैंकॉक जा चुकी है। उनके मुताबिक़ यह काम शाहिद महबूब मर्चेंट नामक एक विदेशी

मुद्रा कारोबारी ने करवाया था। उसे पुलिस ने गिरफ़्तार किया तो पता चला कि शाहिद ने अपनी पत्नी के पासपोर्ट पर लगा उसका फ़ोटो हटा कर रेशमा का लगा दिया था, अपने बेटे आबिद का नाम पासपोर्ट पर बदल कर आबिदा कर दिया ताकि रेशमा की बेटी भी आसानी से विदेश यात्रा कर सकें।

शबाना अयूब मेमन

वह अयूब मेमन की पत्नी है जो डी-कम्पनी के लिए काम करता है। उसे भी पुलिस ने पति की आपराधिक गतिवधियों में शामिल माना है। 93 बमकांड मामले में उसके पास पूर्व सूचना होने पर भी पुलिस को इत्तेला न करने और सैकड़ों लोगों की हत्या, सैकड़ों के घायल होने और सैकड़ों करोड़ रुपयों के नुक़सान के लिए उसे भी जिम्मेदार मानते हुए पुलिस ने उसे भी भगोड़ा घोषित किया। वह भी अपने पति के साथ ही दुबई चली गयी थी, बाद में जब वह कराची गया तो उसके साथ वहीं चली गयी। अब वह सपरिवार कराची में ही रहती है। उसके ख़िलाफ़ भी भारत सरकार ने इनामी राशि घोषित कर रखी है तथा इंटरपोल का रेड कॉर्नर नोटिस भी जारी है।

शबाना शमीम शेख़

दाऊद गिरोह के लिए हथियारों की आपूर्ति करने वाली 22 वर्षीया युवती शबाना शमीम शेख़ को अपराध शाखा ने 27 अप्रैल 1999 को नागपाड़ा के महाराष्ट्र कॉलेज के पास से गिरफ़्तार किया। उससे पुलिस ने कुछ ज़िन्दा गोलियाँ बरामद कीं। पूछताछ में पता चला कि वह इमरान सुलेमान लोरेकर उर्फ़ राजू के लिए काम करती है। राजू को दाऊद के एक करीबी सिपहसालार का खास आदमी बताया जाता है। पुलिस ने शबाना से अख़बार के एक टुकड़े में रखी दो गोलियाँ बरामद कीं, जो प्लास्टिक की थैली में रखी थीं। पुलिस का मानना था कि गोलियाँ सम्भवतः बतौर नमूना किसी के पास भेजी जा रही थीं।

सिंगापुर की 'आपा'

सिंगापुर में डी-कम्पनी की एक 'पाइंट मैन' है, जो 'आपा' नाम से पहचानी जाती है। मिर्ज़ा बेग इसके लगातार सम्पर्क में रहा था। बताते हैं कि मौत के कुछ अर्सा पहले भी मिर्ज़ा ने आपा से बात की थी। यह आपा डी-कम्पनी के लिए सिंगापुर से नशे की आपूर्ति व आवाजाही देखती है। मुंबई पुलिस के एक अधिकारी इतनी बातें तो बताते हैं लेकिन महिला का सही व पूरा नाम बताने से इनकार कर देते हैं। वे कहते हैं, 'हमारे मुखबिरों और जासूसों की उस पर

नज़र है। जब वह हमारे जाल में आने लायक दूरी पर होगी, उसके बाद नाम क्या, तस्वीरें देंगे। हमें कोई उज्र नहीं।'

रोमिला थापा

ओशीवरा पुलिस ने भांडुप की शिवसेना पार्षद रोमिला थापा और उनकी ननद सीता टीकाराम मुखिजा को हफ्ताखोरी के आरोप में भांडुप से गिरफ़्तार किया था। रोमिला शिवसेना के पूर्व पार्षद स्वर्गीय खीम बहादुर थापा उर्फ़ केटी भाई की पत्नी हैं। तत्कालीन महापौर निर्मला सावन्त प्रभावलकर ने इस गिरफ़्तारी के एक ही दिन पहले पत्रकारों से बातचीत में दावा किया था कि बम्बई का एक भी पार्षद अपराधी नहीं है। उनके अनुसार सारे पार्षद भोले-भाले और नेक इनसान हैं। और पुलिस ने महापौर की टिप्पणी के दूसरे दिन ही उन्हें झूठा साबित कर दिया था।

तत्कालीन पुलिस उपायुक्त रजनीश सेठ के मुताबिक़ ओशीवरा के 36 वर्षीय कारोबारी जगदीश मदनलाल गुप्ता ने शिकायत की थी कि चार-पाँच अज्ञात व्यक्तियों ने उनसे पाँच लाख रुपये बतौर हफ्ता माँगे थे। उन्होंने रोमिला थापा और उनकी ननद के नाम से गुप्ता को धमकाया था। उन्होंने अगले दिन 10 हज़ार रुपये की वसूली भी की।

तत्कालीन पुलिस सहायक आयुक्त अनिल तलपदे के मुताबिक़ श्री गुप्ता से एक व्यक्ति ने ख़ुद को रोमिला थापा का भाई बता कर बाद में सम्पर्क किया। उसने बकाया रकम न देने पर 'देख लेने' की धमकी दी। रोमिला थापा मनपा उपचुनावों में शिवसेना उम्मीदवार को हरा कर जीती थीं। वे बाद में शिवसेना में शामिल हो गयीं। खीम बहादुर थापा की हत्या के कारण खाली हुई सीट से रोमिला खड़ी हुई थीं। केटी माफिया सरगना दाऊद का खास आदमी था।

स्वाती बंड : कुमार पिल्लै की प्रेमिका

गिरोहबाज कुमार पिल्लै की मार्च 2016 में सिंगापुर में गिरफ़्तारी जिस एक व्यक्ति के लिए खुशी का पैगाम लाई है, वह कोई और नहीं एक महिला है। इसका नाम है स्वाती बंड। वह कुमार पिल्लै की पुरानी प्रेमिका है। वह कुमार पिल्लै का 1989 से इन्तज़ार कर रही है, जब वह लाल सिंह चौहान हत्याकांड के बाद हांगकांग भाग गया था। नेवीनगर अस्पताल में नर्स माँ की बेटी स्वाती ने कुमार पिल्लै से 80 के दशक के आरम्भ में ही जुड़ गयी थी।

स्वाती को मुंबई पुलिस की अपराध शाखा की इकाई 3 के अधिकारियों ने 24 दिसम्बर 2009 को गिरफ्तार किया था। उसके साथ विजय सावन्त और सागर पेरेकर भी पकड़े गये थे। दोनों नेवी नगर के निवासी हैं। तीनों को नेवी नगर

से पुलिस ने गिरफ़्तार किया था। ये लोग मिल कर बिल्डरों और व्यापारियों से हफ्तावसूली करते थे।

स्वाती के इशारे पर गिरोह के गुंडे संजीत कृष्णा शेट्टी उर्फ लफड़ा शेट्टी, महेश बाबाजी कलिंगन, उमेश पुजारी, सन्तोष शिन्दे भी काम करते रहे हैं, जिन्हें पुलिस पहले ही गिरफ़्तार कर चुकी थी। इन्होंने कांजुर मार्ग, विक्रोली में एक बिल्डर को हफ्ते के लिए धमकाया था, फिर गोलीबारी की थी।

गिरोह के लिए किस गुंडे को कहाँ और कैसे रकम दी जानी है, स्वाती ही तय करती थी। मामले की पीआई दिनेश कदम जाँच कर रहे थे। अदालत में जब उसे पुलिस ने पेश किया तो 23 नवम्बर तक पुलिस हिरासत में रखने के आदेश मिले थे।

हबीबा खान

एक और महिला अपराधी का जन्म मुंबई के काले संसार में हुआ। यह घटना अक्टूबर 2015 के आख़िरी सप्ताह में घटी। नाना कम्पनी के सिपहसालार डीके राव की एक मुँहबोली बहन 51 वर्षीया हबीबा हुसैन खान भी पुलिस की गिरफ्त में आयी। कारण था स्वामी नामक एक बिल्डर को जान से मारने की धमकियाँ देना और उससे हफ्तावसूली करने की कोशिश। ठाणे जिले के बदलापुर में रहने वाले एक बिल्डर को तीन करोड़ रुपये की माँग करने के कारण हबीबा और उसके साथी विक्रान्त प्रकाश जाधव उर्फ़ विकी उर्फ़ राजू (27) को ठाणे पुलिस की अपराध शाखा इकाई-4 के अधिकारियों ने धर दबोचा।

पुलिस अधिकारियों ने बताया कि तलोजा जेल में बन्द डीके राव का नाम लेकर व्यापारियों, बिल्डरों, उद्योगपतियों और कारोबारियों को हत्या की धमकी देने और हफ्तावसूली करने का काम उसकी यह कथित मुँहबोली बहन हबीबा पिछले कुछ समय से कर रही थी। कहा जाता है कि कुछ समय से डीके ने नाना कम्पनी छोड़ दी और अपना गिरोह बना कर हफ्तावसूली कर रहा है।

15 जुलाई 2015 को बदलापुर के बिल्डर को डीके राव के नाम पर हफ्ते की पहली माँग का फ़ोन आया था। मामले की शिकायत मिली तो इलाके के एसीपी नागेश लोहार, वरिष्ठ पुलिस इं. संजय साबले के साथ इं. अजय कांबले ने शिरगाँव में पहले तो विकी को एक पिस्टल और दो गोलियों के साथ पकड़ा।

पूछताछ में विकी ने बताया कि तिलकनगर, चेम्बूर निवासी हबीबा इन दिनों डीके कम्पनी का संचालन कर रही है। इसके आधार पर पुलिस ने हबीबा को

भी जा दबोचा। एसीपी नागेश लोहार के मुताबिक हबीबा और डीके धारावी में बचपन से ही रहते आये हैं। वहीं दोनों साथ ही पले-बढ़े। हबीबा को डीके ने बहन माना हुआ है। हबीबा ने तिलक नगर में एक दफ्तर भी बना रखा है, जहाँ वह इमारत निर्माण का काम करना दिखाती है। यहीं से हबीबा हफ्तावसूली करती थी। इस सिलसिले में ठाणे अपराध शाखा के अधिकारियों ने जेल में बन्द डीके को पूछताछ के लिए हिरासत में भी लिया था।

पुलिस अधिकारियों के मुताबिक हबीबा अपने दफ़्तर में बिल्डरों और ज़मीन मालिकों, झोपड़ा या फ्लैट मालिकों के बीच विवादों की मांडवली का काम भी डीके राव के नाम पर करती थी। वह मामले सुलझाने के लिए बिल्डरों से मोटी रकम भी वसूलती थी।

मादकता की मूर्ति ममता कुलकर्णी

1993 में आयी सुपरहिट फ़िल्म 'आशिक आवारा' की नायिका ममता ने फ़िल्मी कॅरियर की शुरुआत तमिल फ़िल्म 'ननबरगल' से की थी। उनका जन्म 20 अप्रैल 1972 को मुंबई में हुआ था। 1992 में फ़िल्म 'तिरंगा' से उन्होंने हिन्दी फ़िल्मोद्योग में क़दम रखा था। 'आशिक़ आवारा' से ममता हिन्दी फ़िल्मों की सितारा बन गयी थीं। इसके लिए उन्हें फ़िल्मफेयर न्यू फेस अवार्ड भी मिला था। इसके बाद 'वक्त हमारा है', 'क्रान्तिवीर', 'करण अर्जुन', 'बाजी' फ़िल्मों में भी उन्होंने काम किया। राजकुमार सन्तोषी की फ़िल्म 'घातक' का एक मादक गीत भी उन पर फ़िल्माया गया था।

उन दिनों चर्चा आम थी कि राजकुमार सन्तोषी ने ममता को फ़िल्म 'चाइना गेट' में नायिका बनाया था लेकिन दोनों में मनमुटाव होने के बाद ममता को फ़िल्म से निकाल दिया। यह ख़बर भी उड़ी कि एक गिरोहबाज के बीच-बचाव करने के बाद ममता को श्री सन्तोषी ने फ़िल्म में फिर लिया। फ़िल्म असफल रही तो ममता ने राजकुमार सन्तोषी के ख़िलाफ़ काफ़ी बातें कही थीं।

जब वे फिल्मों में थीं, मादकता का पर्यायवाची शब्द ममता ही था। उनकी मादक अदाओं पर देश के तमाम पुरुष निछावर हुए जाते थे। उनमें विक्की का नाम भी शुमार था। दक्षिण भारतीय फ़िल्मों में जो जलवा ममता ने दिखाया, उनके रूप के पुजारियों और भक्तो ने ममता के मन्दिर बनाने की जिद ठान ली। इसका खासा विरोध भी हुआ था।

एक फ़िल्मी पत्रिका के कवर पेज पर पूर्ण नग्न फ़ोटो का छपना भी ममता के लिए खासी परेशानियाँ लेकर आया था। कहते हैं कि इस फ़ोटो के शाया

होते ही उन्हें डी-कम्पनी से फ़ोन आने लगे थे। एक बार तो डी-कम्पनी के कुछ प्यादों ने मिल कर छोटी बहन के साथ में उनका अपहरण करने की असफल कोशिश भी की थी।

ममता लमबे समय से रुपहले परदे से गायब हैं। वे आख़िरी बार 2001 में फ़िल्म 'छुपा रुस्तम' में दिखी थीं। तब संजय कपूर के साथ उनकी जोड़ी लोगों ने काफ़ी पसन्द की थी। इसके बावजूद उन्हें फ़िल्में मिलनी बन्द हो गयी थीं। ममता अचानक फ़िल्मी दावतों के अलावा चर्चाओं से भी नदारद हो चलीं। वे मुंबई में दिखनी बन्द हो गयीं तो खोजबीन से पता चला कि वे दुबई जा बसी हैं। फ़िल्मोद्योग में उन दिनों चर्चा आम थी कि ममता मानसिक रूप से परेशान थीं और मनोचिकित्सक से इलाज भी करवा रही थीं।

कहते तो यह भी हैं कि जब फ़िल्मों से ममता की बिदाई हो गयी तो एक एनआरआई से विवाह कर अमरीका जा बसी थीं लेकिन कुछ अरसे में शादी टूट गयी। इसका कारण यह बताया जाता है कि विक्की से रिश्तों की जानकारी मिलने पर ममता के पति ने उससे सम्बन्ध विच्छेद करने में भलाई समझी थी।

एक तरफ ममता का कैरियर डांवाडोल हो चला था, दूसरी तरफ नशा तस्कर विजयगिरि आनन्दगिरि गोस्वामी उर्फ़ विक्की गोस्वामी के साथ दुबई में खेल होने वाला था। दुबई में विक्की को मेंड्रेक्स बनाने का कारखाना चलाने और तस्करी करने के आरोप में पुलिस ने आठ महीने लम्बे चले अभियान के बाद 1997 में रंगे हाथों गिरफ़्तार किया था। विक्की को 11.5 टन मैंड्रेक्स तस्करी के आरोप में पकड़ा था। खाड़ी देशों के कड़े कानूनों के कारण उसे होनी फाँसी थी लेकिन इस्लाम कबूलने के कारण उम्र कैद हुई। इसके बाद अच्छे चालचलन के नाम पर दाऊद ने अपने ऊँचे सम्बन्धों के जरिये विक्की को आठ सालों में ही जेल से बाहर करवा दिया।

कहते हैं कि विक्की के जेल में रहते ममता ने उसका पूरा साथ दिया। उसे न केवल क़ानूनी लड़ाई में मदद की बल्कि दुबई में तमाम सम्पत्ति-कारोबार का भी पूरी तरह ख़याल रखा। इसके कारण ममता और विक्की इतने करीब आ गये कि सन् 2012 में उन्होंने शादी का फैसला किया था। बताते हैं जेल में रहते ही विक्की ने ममता से निकाह किया। विक्की का दुबई में होटल कारोबार है, जिसका संचालन ममता ही करती रही है।

इसके बाद विक्की और ममता ने शादी की तथा दुबई में रहने लगे। यह ख़बर कुछ अरसा पहले शाया हुई कि ममता ने गुजरात के सबसे बड़े नशा तस्कर विक्की गोस्वामी से शादी की है। मुंबईया हिन्दी फ़िल्मों की हसीन

तारिका ममता कुलकर्णी के बारे में ख़बर आम रही कि वे विक्की को दुबई में नशा तस्करी के आरोपों से बचाने के लिए न केवल उसे मुस्लिम बना चुकी हैं बल्कि उसका साथ देने और शादी करने के लिए ख़ुद भी इस्लाम कबूल कर लिया था। सुना तो यह भी जाता है कि ममता ने इस्लाम अपनाने के बाद पारिवारिक नाम 'कुलकर्णी' हटा कर 'खान' जोड़ लिया। इसकी पुष्टि न विक्की का अहमदाबाद निवासी परिवार करता है, न ममता का मुंबई निवासी परिवार इस बारे में कोई बात करता है। विक्की से दुबई में शादी रचा कर ममता पूरी दुनिया घूम रही हैं।

विक्की 15 नवम्बर 2012 को दुबई जेल से रिहा हुआ था। दुबई जेल से छूटने के बाद विक्की और ममता दिसम्बर 2012 में भारत आये थे। यहीं से दोनों कीनिया गये थे। यह जानकारी मिली थी कि ममता पति विक्की के साथ कीनिया गयी थी।

सन् 2014 में वह कीनिया पुलिस की हिरासत में थी। विक्की और उसके तीन साथियों के खिलाफ़ अमरीकी सरकार ने नशा तस्करी के एक मामले में सूचना जारी की थी। यह बात और है कि इस मामले में कीनिया सरकार और पुलिस निर्णय नहीं ले पा रही थी कि ममता का नशा गिरोह से सम्बन्ध है या नहीं। इस मामले की गहन जाँच के बाद उन्हें कीनिया पुलिस ने पाक-साफ़ घोषित कर दिया और देश से बाहर जाने दिया। उस समय विक्की पूरी ताक़त से कोशिश कर रहा था कि किसी हाल में ममता के खिलाफ़ पुलिस आरोप दर्ज़ न करे ताकि वो बाहर रह कर मुक़दमा लड़ सके और बचाव कर सके। तब यह ख़बर भी उड़ी थी कि विक्की की गिरफ़्तारी के पीछे दाऊद का हाथ था। दाऊद ने उसे इसलिए गिरफ़्तार करवाया क्योंकि वह राजन से जुड़ गया था।

इस गिरफ़्तारी के बाद कीनिया में कुछ पत्रकारों से बात करते हुए ममता ने कहा था कि वे मुंबई की ममता कुलकर्णी नहीं, आयशा बेगम हैं। उन्होंने दावा किया कि ममता से शक्ल मिलने के कारण लोग धोखा खा जाते हैं। यही नहीं, उन्होंने यह भी कहा कि विक्की उनका पति नहीं बल्कि सहजीवी मित्र यानी लिव-इन पार्टनर है।

उस दौरान ममता ने सभी आरोपों से इनकार किया। ममता ने विकी के बारे में कुछ पत्रकारों से बात की और बताया कि विकी के बारे में तमाम ख़बरें गलत हैं। ममता ने कहा कि बक्ताशा आकाशा अब्दुल्लाह असल में इस समस्या के लिए ज़िम्मेदार है। ममता ने कहा उन्होंने शादी नहीं की है। वह विक्की के साथ लिव-इन रिलेशन में है। ममता के मुताबिक उनके दो बच्चे होने की बात भी गलत है।

ममता ने पत्रकारों से बातचीत में यह भी बताया कि जब वह मुंबई में रहती थी, उसी दौरान विक्की ने फ़ोन करके उससे मिलने की इच्छा जताई थी। गिरफ़्तारी के दो साल बाद दुबई से ममता के पास किसी का फ़ोन आया था कि विक्की ने उससे मिलने के लिए खाना-पीना छोड़ दिया है। इसके बाद ही ममता ने दुबई जाकर मिलना तय किया था। ममता के मुताबिक दुबई जाकर विक्की से मिलने पर उन्हें महसूस हुआ था कि वह गलत नहीं है। ममता ने तभी तय किया था कि वे विक्की को जेल से रिहा करवा कर ही दम लेंगी।

ममता कुलकर्णी और विक्की गोस्वामी अब लन्दन में रहते हैं। वहाँ एक बड़े शानदार महलनुमा बंगले में उनका आशियाना है।

और वे 12 वकील महिलाएँ

अपराधियों और गैंगस्टरों की 12 पत्नियाँ यह पवित्र पेशा अपना चुकी हैं। अजय मिश्रा और एडवर्ड उर्फ़ एडू की पत्नियाँ बोरीवली कोर्ट में वकालत कर रही हैं। इनके नाम और अन्य जानकारियाँ देने से मेरे मुखबिर ने यह कहते हुए इनकार कर दिया कि इससे उन महिलाओं की न केवल सुरक्षा ख़तरे में पड़ जायेगी। इसके अलावा उनका सुखद संसार फिर से 'स्याह सायों के संसार' में तब्दील हो जायेगा। यह ग्रन्थ रचना ही मकसद होता तो सम्भवतः उनके बारे में कुछ और तरीकों से जानकारियाँ जुटाने की कोशिश करता, लेकिन नहीं... यहीं इति।

बारबालाओं का साथ

मुंबई के लेडीज डांस बार अगर न होते तो क्या होता? इस सवाल का जवाब एक पुलिस अधिकारी की निगाह में, 'मुंबई में अपराधों का ग्राफ इतना नहीं बढ़ता।' लेकिन बीयर बारों की साकियाँ और नर्तकियाँ कहती हैं, 'बार न होते तो मुंबई में सभ्य समाज की महिलाओं का जीना दूभर हो जाता।' जो भी तर्क अपने पक्ष में रखे जायें, सच तो यह है कि इन बारों की रोशनी के पीछे एक अँधियाली दुनिया और भी है, जहाँ अपराध पनपते हैं, अपराधी पनाह लेते हैं। इन बीयर बारों से जितना हफ्ता अपराधियों को मिलता है, वह मुंबई के समग्र विकास के लिए काफ़ी होगा। ऐसे में यह कहना ठीक है कि बीयर बार भी अपराधियों के संरक्षण स्थल से कम नहीं। उनमें काम करने वाली बारबालाओं का जीवन भी इन अपराधियों के इर्दगिर्द ही घूमता है।

कलुषित संसार

'ऐ, ऐईसा क्या देख रहा है रे तू? क्या बिच्चार है रे तेरा?'

ऐसे हमले पर हड़बड़ाना लाजमी था। घाटकोपर के उस लेडीज बार में रात ढाई बजे एक 'सम्पर्क' के साथ बैठा कुछ सूचनाएँ हासिल करने की कोशिश में था। रात पूरे शबाब पर थी, चारों तरफ़ पानी की तरह शराब बह रही थी, पतझड़ से नोट बरस रहे थे। मादक रोशनी में कान फाड़ फ़िल्मी गानों पर बेढंगे तरीके से कूल्हे और वक्षस्थल हिलाती लड़कियाँ बार मालिकों के शब्दों में 'सांस्कृतिक नृत्य' पेश कर रही थीं।

एक लड़की को कई बार भरपूर नज़रों से देख और पहचानने की कोशिश कर रहा था। कहीं तो उसे देखा था... कहाँ और कब... याद नहीं आ रहा था। इस हमले से और गड़बड़ा गया। वह ठीक मेरे सिर पर खड़ी थी।

'आपको कहीं देखा है।'

'तो क्या, तेरे जैसे लोग तो हर डांस बार में मूं मारते हैं, किदर देका होंगा मेरे कूं।'

'क्या बकती है... चुप कर... जानती नहीं साब कौन हैं... मूं में आ रेला ए, बक रेली ए।' मेरे सम्पर्क ने लड़की को हड़काया।

'तो मेरे कूं क्या?' वह अभी भी लापरवाही से बोली।

'मुझे तो है।' अब मैं बोला।

'क्या मतलब?'

'आप वही हैं न जो 'कम्पनी' के लिए काम करती हैं। सामान पहुँचाने और काम होने के बाद सामान लेकर वारदात स्थल से ग़ायब होती हैं। आपको पुलिस ने अरेस्ट किया था। इतनी जल्दी बाहर कैसे आ गयीं?'

यह बात सुन कर लड़की बुरी तरह घबरा गयी।

'कौन है ये आदमी?'

'प्रेसवाले हैं।' मेरे साथी ने कहा 'तेरे को इसलिए चुप रहने को बोला। अब देख पहचान लिया न।'

'क्या आप थोड़ी देर यहाँ बैठ सकती हैं?' लड़की जाने को हुई तो उसे रोका।

'नईं साब। तुमेरे साथ मेरे कूं किसी ने देक लिया तो जान ले लेंगा। मेरे कूं लफड़ा नहीं मंगता।'

'तो ठीक है, मैं ग्रीन रूम में आता हूँ।'

'नईं साब, उदर और भी लड़कियाँ हैं।'

'तो मैं दूसरे खाली कमरे में मिलता हूँ।'

मैं अपने सम्पर्क सूत्र से बोला–

'ज़रा बार मालिक से बात कीजिए, मैं इससे बात करना चाहता हूँ।'

'पर मेंई नहीं चाहती।'

'लेकिन मैं चाहता हूँ। आप निश्चिन्त रहें, बार मालिक से बात करता हूँ, वे इनकार नहीं करेंगे।'

बार मालिक ने एक शर्त पर हामी भर दी कि उसके नाम और बार के मामले में गोपनीयता बरतेंगे। मैं इसके लिए तो पहले से तैयार था। एक कमरे में उससे लम्बी बातचीत हुई। उसके बताने से यही स्थापित हुआ कि बारबालाओं का रुपहला संसार किस कदर कलुषित हो चुका है। वे भले ही दुनिया जहान का दर्द दिल में समेटे किसी तरह जीवन जीती हैं लेकिन जबसे उनकी ज़िन्दगी में माफिया के क़दम पड़े, परेशानियाँ हज़ारों गुना बढ़ गयी हैं।

जो रानी (नाम परिवर्तित) ने बताया उसका लब्बोलुबाब था कि महज 14 बरस की उम्र में वह बारबाला बन गयी। माँ और मामा ने मिल कर कुछ इंजेक्शन दिये, जिनसे उसका 'यौवन' महज 12 साल की उमर में 'निखर' गया था। परिवार उत्तर प्रदेश के बेड़नी समुदाय से था, जिसमें घर चलाने का जिम्मा घर की जवान बेटियों का होता है। कुछ महीने 'प्रशिक्षण' चला। फिर 'काम' पर लग गयी।

बार में काम के दौरान एक दिन बड़ा ही सुन्दर-सजीला युवक उसे मिला। पहली नज़र में ही वह तो लड़के पर मोहित हो गयी। उसे क्या पता था कि वो डी-कम्पनी का एक 'भाई' है। जिस तरह पैसे ख़र्च करते और अपने पर निछावर होते उसे देखा, समझी यही 'प्यार' है। कुछ दिनों में 'प्यार का मुलम्मा' उतरा। एक दिन लड़के ने एक बैग दिया, कहा कि अन्धेरी में बताये स्थान पर मिले। रानी नियत समय पर वहाँ पहुँची। लड़के ने बैग लिया और कहीं चला गया। थोड़ी देर बाद लौटा। दोनों एक होटल में जा बैठे और बढ़िया खाने का आदेश दिया। खाना-पीना ख़त्म करने में उन्होंने कोई जल्दी नहीं दिखाई।

लगभग दो घंटे बाद एक लड़का वहाँ पहुँचा, बैग उसके पास था। लड़के ने बैग लिया और रानी को थमा कर कहा कि रात को बार में आकर लेगा। दो महीनों तक लड़का नहीं आया। उत्सुक रानी ने बैग खोला तो दो पिस्तौलें और सौ-सौ के नोटों की 5 गड्डियाँ देख उसकी आँखें फटी की फटी रह गयीं। उसने तुरन्त लड़के को तलाशा लेकिन वो न मिला। बैग को लेकर रानी की हालत ख़राब होने लगी, अन्देशा होने लगा कि वो परेशानी में फँसने जा रही है। एक दिन लड़का रानी के सामने खड़ा था। रानी उसे अलग ले गयी और बैग में रखे 'सामान' के बारे में पूछा तो लड़के ने शान्त स्वर में बताया कि 'सामान' बड़े

काम का है और 'माल' काम की 'पेमेंट' है। रानी ने पूछा कि काम क्या है तो लड़के ने बताया—'सुपारी।'

यह सुन कर रानी बड़ी घबराई, लड़के को यह सब करने से मना करने लगी तो वो ग़ुस्से से उबल पड़ा और बोला कि अधिक भाषण दिया तो वहीं ढेर कर देगा। रानी से लड़के ने साफ़ कहा कि अगर उसका साथ न दिया तो जब भी पकड़ा गया, पुलिस को उसका नाम भी बतायेगा। 'मरती क्या न करती' रानी को उसका साथ आगे भी देना पड़ा। उसके बाद वह कम से कम आधा दर्जन वारदात स्थलों तक बैग लेकर गयी। एक बार गिरफ़्तार भी हुई। उसने तुरन्त इलाका बदला, अपने लिए नया बार खोजा, परिवार को दूसरे स्थान पर भेजा। अब उसे कुछ सुकून है। ऐसे में मैंने उसके लिए नया ख़तरा पैदा कर दिया।

उसे भली प्रकार समझा कर विदा हुआ कि पूरी गोपनीयता बरतेंगे, उसकी जानकारी बाहर नहीं जायेगी। पखवाड़े भर बाद ही उस डांस बार का फेरा रानी से मिलने की गरज से लगाया। वह नये रैनबसेरे की तलाश में उड़ चुकी थी। उस सम्पर्क को तलाशा तो खोजबीन के बाद उसने बताया कि रानी मुंबई छोड़ गयी है। किसी और शहर का नाचघर आबाद कर रही है। क्या फ़र्क़ पड़ता है। ऐसी लड़कियों की कोई कमी नहीं मुंबई में... और अब तो ये पुणे से लेकर कोलकाता तक कहीं भी पायी जाती हैं।

मुंबई में ऐसी तमाम बारबालाएँ हो चुकी हैं, जिनके पास कई-कई लाख रुपये मूल्य की शानदार विदेशी कारें होती थीं। उनकी सजधज और जलवा किसी फ़िल्मी अभिनेत्री से रत्ती भर भी कम नहीं होता था।

स्टाम्प पेपर घोटालों के सूत्रधार अब्दुल करीम तेलगी के बारे में तो यह जगजाहिर तथ्य है कि उसने 'टोपाज' बार में एक रात में ही एक करोड़ रुपये बारबालाओं पर उड़ा दिये थे। इस बियर बार में सदा से ही मुंबई अंडरवर्ल्ड के तमाम छोटे-बड़े गुंडों का जमावड़ा लगा रहता था।

वरली के 'कार्निवल', ग्रांट रोड के 'टोपाज', माटुंगा के 'तन्दूर', अन्धेरी के 'नाइट लवर', चेंबूर के 'लक्ष्मी पंजाब', दादर के 'बेवॉच' और 'करिश्मा', कुलाबा के 'ब्ल्यू नाइल', जुहू के 'दीपा बार' में जो बारबालाएँ पायी जाती थीं, उनके बारे में कुछ कहा नहीं जा सकता। हर लड़की ऐसी कि उसके चक्कर में ख़ूनखराबा हो जाये तो छोटी बात थी।

रोशनी में थिरकती प्रेत छाया

सच तो यह है कि बारबालाओं के रंगरोगन से पुते रोशनी में चमकते चेहरों के पीछे बड़ा अँधियारा है। मुंबई में बारबाला होने के क्या मायने हैं, वह एक बारबाला ही जान सकती है। एक बारबाला के बहाने उस ज़िन्दगी की असलियत को देखें, जिसमें रात होते ही रंगीनी भर जाती है लेकिन असलियत में उनका जीवन कितना अँधियारा है। लगभग फुट भर ऊँचे, काँच से बने और नीचे से चमकती-दमकती रोशनी वाले फ़र्श पर अजीब से कपड़ों में लिपटी लड़कियाँ बेढंगे ढंग से नाच रही हैं। तेज़ आवाज़ में फ़िल्मी गीत बजता है और वे जबरन लहर-लहर कर नाचती हैं।

लड़कों के एक समूह को एक बारबाला ने अपना निशाना बना रखा था। ये लड़के उस पर लगातार 50 और 100 के नोट लुटा रहे हैं, लड़की नोट देख हँसते-मुस्कुराते-बलखाते-लहराते उनकी ओर जाती, नोट बड़ी अदा से लेती, लड़के के गालों को उसी नोट से सहला कर बायें हाथ में थामे नोटों के बंडल में नये नोट को शुमार कर लेती, फिर उसी तरह सरगोशियाँ करने लगती है। एक लड़का उन लड़कियों के साथ नाचने लगता है। वह लड़की एक-दो बार उसकी कमर से टकरा कर नाचती है तो लड़का निहाल हो जाता है।

वहाँ का माहौल देख कर कोई नहीं कह सकता था कि बस पौ फटे पहले कोई 3 बजे मायानगरी मुंबई के चेंबूर इलाके में कहीं राग रंग की ऐसी महफिल सजी होगी। वह लड़की कौन है, कोई नहीं जानता, उन लड़कों और लड़की के बीच रिश्ता भी इसी रात की सियाही में घुल कर यहीं ख़त्म हो जायेगा। लेकिन हर बार ऐसा नहीं होता, दीवाने पीछे पड़ जाते हैं... फिर शुरू होती है कोई कहानी जो किसी अपराध को जन्म देती है।

मुंबई के एक कांग्रेसी सांसद का छोटा भाई एक विवाहित बारबाला का दीवाना हो गया। उसकी दीवानगी इस क़दर बढ़ी कि बारबाला पर विवाह के लिए जबरदस्ती करने लगा। बारबाला जबरिया सौदे के लिए कतई तैयार न थी। वह ग़रीब लेकिन मेहनतकश पति के साथ ख़ुश थी। वह इस 'छोटे भाई' को लाख समझाती रही कि जिसे वह प्यार मान रहा है, वह पैसे वसूलने का व्यावसायिक तरीका है, वह उससे प्यार नहीं करती। लड़का मानने को तैयार न था। युवती के पीछे वह पड़ा रहा।

इस बारबाला ने जब साफ़ शब्दों में इनकार किया तो लड़के ने भयंकर कांड कर डाला। एक रात घर में बारबाला के अकेले पति पर दो साथियों समेत लड़के ने तलवारों से हमला किया। उस पर चार दर्जन से अधिक वार कर फरार हो

गये। किस्मत को कोसती बारबाला पति के जीवन को बचाने की लिए दर-दर की ठोकरें खाती रही लेकिन अपने दीवाने प्रेमी की मदद लेने नहीं गयी। पति बच गया और बारबाला उसे लेकर कहीं गुमनाम जगह पर चली गयी। दीवाना लड़का अपने कद्दावर, बाहुबली ताकतवर सांसद भाई के कारण जेल जाने से बच गया।

ट्रेसी की ट्रेजेडी

एक बारबाला का नाम ट्रेसी है। बार-बार... न जाने कितनी बार... फरेबी पुरुषों के जाल में फँस कर उलझी... गिरी... हर बार वह खुश होकर उस पुरुष के साथ गृहस्थ जीवन के सपने देखते हुए बार की रंगीन रातों को तिलांजलि देकर निकली... लेकिन चन्द दिनों की गृहस्थी के बाद फिर काली रात में रंगीन मद्यबाला बना कर नेत्र सुख के शौक़ीनों की बिरादरी में पाँव की थाप देने आ पहुँची। अब शादी का ख़्वाब देखना भी पसन्द नहीं करती है। वह 'धन्धे' में खुश है, 'पगार' दो हज़ार रुपये लेकिन कहीं अधिक टिप रोज़ाना पाती है। दो बच्चे हैं जिनको वह 'अपनी कमाई' से पाल रही है। बेटी को डॉक्टर और बेटे को कम्प्यूटर इंजीनियर बनाने का सपना देखने वाली ट्रेसी बच्चों को अच्छे स्कूलों में पढ़ा रही है।

हर मर्द को एक जैसा 'वासना का पुजारी' मानने वाली ट्रेसी पूछती है, 'ऐसा क्यों होता कि लड़कियाँ लोक को जुलुम झेलना पड़ता? सोसायटी में सेफ्टी बोल के टाइम लिमिट करता था। हम लोग साढ़े आठ बजे के बाद बार में काम नहीं करेंगा तो खाएंगा क्या? ये कोई बोलने का बात हुआ क्या? साढ़े आठ का टाइम होने पर कईसा चलता? आदमी लोग फ्रेश होकर नौ बजे के बाद बार में आता। बार तो रात 12 के बाद में भरता। बाद में आयेला नेता लोक समझा, हमारा मोर्चा फिट रहा, नईं तो बार में काम करने वाला 40-50 हज़ार चोकरी किदर जाता?'

वह बताती है कि किस तरह माफिया से जुड़े एक व्यक्ति ने 'काम' करने के लिए पटाने की बहुत कोशिश की लेकिन बार-बार उसे गच्चा देती रही। काफ़ी समय तक वह आदमी पीछे पड़ा रहा तो एक दिन चुपचाप बार बदल लिया। वह बताती है, 'वो एकदम डेंजर लोक है साब। उनकूं आदमी का जान का कोई फिकर नईं, वो एकदम किसी कूं खल्लास कर सकता। मेंईं ऐसा कैसा कर सकता है? मेरा भी बच्चा है। ना बाबा ना।'

अँधेरी सुरंग में

ऐसी न जाने कितनी दास्तान बारों के अन्दर-बाहर बिखरी हैं। कसैले लफ़्ज़ों वाले बोल इन लड़कियों के जीवन का अभिन्न हिस्सा हैं। न जाने कितनी 'ट्रेसी' मुंबई की सुनसान गलियों में देर रात घरों की ओर लौटती हैं, उनको कभी कोई

गलत निगाह से नहीं देखता। बारबालाएँ क्या कम पढ़ी-लिखी होती हैं? क्या वे इनसान नहीं? क्या वे पथभ्रष्ट नायिकाएँ हैं? इनका जवाब है, 'कतई नहीं।' ऐसी बारबालाएँ भी मिलेंगी जो बीए या एम.एससी. हैं। उनमें इन्सानियत का तत्व कथित सामाजिक जीवों से कुछ अधिक ही मिलता है।

यह आरोप आम है कि जरायम पेशा लोगों के लिए इस दुमिया के दरवाज़े सदा खुले रहते हैं। आखिर क्यों न हो, वे अपनी अवैध कमाई का बड़ा हिस्सा इसी प्रकार समाज को वापस करते हैं। आसानी से हाथ आयी दौलत लुटाने में किसी को दुख नहीं होता। फिर बार मालिकों और बारबालाओं को यह धन लेने में अफ़सोस क्यों हो? एक बारबाला 'मोनिका' कहती है, 'पैसे का कोई जात-धरम नहीं है साब। आज मेरे पास है तो मेरा है, कल किसी अमीर के पास है तो उसका, परसों किसी साधु के पास गया, तो उसका। अमीर का पैसा ले जाओ तो हाय-हाय करेगा, साधु का ले जाओ तो बोलेगा भी नहीं। मेरे पास एक बात कहने को है, पैसा किधर से आये, अपने को मतलब नहीं।'

एक आरोप और भी लगता है कि बार के अँधेरों में मुंबई माफिया से सम्बन्धित न जाने कितने राज दफ़न हैं। गिरोह युद्ध के क्रूर और बेरहम कत्लेआम से उड़े रक्त के छींटे भी बार की दीवारों से बारबालाओं के चमकते-दमकते कपड़ों पर भी उड़ते रहे हैं। क्या वे ख़ुद यह करना चाहती हैं? क्या वे ख़ुद इस्तेमाल होना चाहती हैं? बहुत से सवाल हैं जो बेहद नुकीले हैं और भीतर तक कहीं भेदते हैं। लेकिन मानवता का तकाजा है कि संविधान ने रोज़ी-रोटी कमाने का बुनियादी अधिकार बारबालाओं को भी तो दिया है। उसे कैसे ख़ारिज किया जा सकता है?

बारों के चमक-दमक भरे माहौल में ऊपर से सजी-धजी और लिपी-पुती मद्यजीवाओं के पास सब कुछ है, परिवार है, सपने हैं, उमंगें हैं, दुख-दर्द का एहसास करने वाला एक अदद हृदय है, लेकिन उनके जीवन में उजड़े यथार्थ भी हैं, टूटे ख़्वाबों के महल, उदास जीवन, ध्वस्त रातों के सन्नाटे में चीखते उल्लू हैं, सन्नाटे में डर बुनते साये भी हैं। ऐसे में उनका पक्ष लेकर कुछ कहना बहुतेरों को नाराज़ कर जाये लेकिन पुरुष को जन्म देने वाली स्त्री के सपने इस रुपहले संसार में बेहद धीमी मौत मरते हैं।

कौन हैं बारबालाएँ?

यह एक ऐसा सवाल है जिसका निश्चित जवाब नहीं। वक्त या हसद की मारी कोई भी लड़की बारबाला बन सकती है। एक पुलिस अधिकारी बताते हैं कि बारबालाओं में सबसे अधिक प्रतिशत उन लड़कियों का है जो गरीबी की मार

से तंग आकर इस धन्धे में आती हैं। वे मन से नहीं चाहतीं कि बारबाला बन कर लोगों के सामने नाचें। कई बार पारिवारिक परिस्थितियाँ ऐसी बन जाती हैं कि मजबूरन उन्हें यह सब करना पड़ता है।

बारबालाएँ बताती हैं कि बार मालिक भी कम नहीं होते। हर बार नयी-नयी लड़कियों को नाचने के लिए लाना उनकी मजबूरी है। सिर्फ़ ग्राहकों के लिए ही नहीं बल्कि अपने बाहुबली आकाओं की रातें रंगीन करना भी उनका मकसद है। जब माफिया का संरक्षण वे लेते हैं तो उनकी माँग पूरी करना भी मजबूरी है। एक ऐसी मजबूरी जो वे ख़ुद पर ओढ़ते हैं। इसी के चलते वे बारबालाओं का शोषण करते-करवाते हैं।

एक पुलिस अधिकारी ने बताया, 'मैं एक ऐसी लड़की को जानता हूँ जो पढ़ाई-लिखाई में अव्वल थी। पढ़ने का इस क़दर शौक़ कि कुछ भी करने को तैयार थी। पिता की मौत हो चुकी थी, माँ अकेले दम पढ़ाने-पालने-पोसने की स्थिति में नहीं, ऊपर से चार भाई-बहन। लड़की ने छात्रवृत्ति के लिए बहुत कोशिश की लेकिन असफल रही। ऐसे में मालाड की एक बारबाला से मिली और बिन्दू (नाम परिवर्तित) भी धन्धे में चली आयी।'

वे बताते हैं कि लड़की पैसे कमाने का भूत एक बार सवार हुआ तो कभी उसके काँधे से नहीं उतरा। पहले अपनी सहेली के घर जाकर पढ़ाई करने के बहाने से देर रात तक बाहर रह लेती थी जब उसका परीक्षाफल आया तो पता चला कि जिस 'शिक्षा मरीचिका' के चलते वह 'धन मरीचिका' में फँसी थी, अब उसके लिए दोनों परेशानी बन गये हैं। एक बार इस कुचक्र में फँसी तो अन्दर धँसती चली गयी। अन्ततः वह पूरी तरह बारबाला बन गयी, पढ़ाई एक तरफ़ ही रह गयी।

यह भी देखा गया है कि फ़िल्मों में जाने की ज़िद में जो लड़कियाँ मुंबई आती हैं, उनका एक हिस्सा वेश्यावृत्ति में झोंक दिया जाता है, एक बड़ा हिस्सा बारबाला बनता है। ये लड़कियाँ सपने पूरे होने की आस में, फ़िल्मों में छोटी-मोटी भूमिका पाने के लिए दिन में संघर्ष करती हैं, रात में उनकी दुनिया में फिर रंगीन रोशनी और शराब से महकते जिस्म होते हैं। ये लड़कियाँ वहाँ एक और संघर्ष जीती हैं।

क्या करती हैं बारबालाएँ?

बारबालाओं का जीवन बिल्कुल साफ-सुथरा नहीं होता। वे बारों में नाचने और शराब परोसने के काम से अलहदा भी कुछ न कुछ करती हैं, जिससे जीवन हमेशा उथल-पुथल रहता है। शारीरिक और भावनात्मक रूप से बार-बार छली जाने से बारबालाएँ लोगों को छलना गलत नहीं समझतीं। किसी की जेब काटना, पैसा

कमाने का एक जरिया भर है। ये जेबतराशी और ठगी, उनका शगल ही नहीं, मजबूरी भी है। आखिरकार उन्हें माफिया में पैठे साथियों का कहा भी पूरा करना है। वे क्या-क्या करती हैं?

तन की तिजारत

बारबालाएँ अधिक कमाई के चक्कर में तन की तिजारत भी करती हैं, बस उनकी कीमत अदा करने वाला होना चाहिए। आमतौर पर बारबालाएँ, हर ग्राहक के लिए उपलब्ध नहीं होतीं। वे काफ़ी समय तक 'ग्राहकों' पर नज़र रखती हैं, पूरा भरोसा होने पर ही 'धन्धा बढ़ाती' हैं। धन्धे में सबसे बड़ा हिस्सा माफिया का है। माफिया सदस्य न केवल उनको ख़ुद इस्तेमाल करते हैं, सरकारी अधिकारियों-कर्मचारियों को खुश करने के लिए भी परोसते हैं।

ठगी

देवी (नाम परिवर्तित) ने बताया कि उसने अब तक कम से कम पाँच बड़े धन्ना सेठों को मूर्ख बनाया है। उसके पास उनके आपत्तिजनक फोटोग्राफ्स की धमकी देकर बड़ी रकमें ऐंठी हैं। देवी बताती है कि जब ये सेठ बार में आते थे तो हमेशा उस पर पैसे लुटाते थे। जब उनका मन देवी से उतर गया तो वह कमाई कम होने के कारण परेशान हो गयी। उसे यह समझ में आ गया कि जब तक जवानी है तब तक हर नये फूल पर बैठने वाले ये भँवरे उसकी जैसी कमसिन कलियों पर मंडराते रहेंगे। जब ये धनवान लोग उसी बार में किसी और लड़की पर पैसा लुटाने लगे तो देवी को लगा कि उनसे अब कमायी करनी चाहिए।

देवी ने उनके साथ काफ़ी समय तक तन का सौदा भी किया था। जब उसे लगा कि अब ये उसके पास आने से रहे तो देवी को एक बार में ही जिबह करने में कोई बुराई नहीं लगी। कुछ ऐसे धुँधले फोटोग्राफ्स उनके हाथों में उसने रखे जिनमें कोई ठीक से पहचान भी नहीं आता। यह काम सिखाने वाला एक 'भाई' था। भाई ने यह काम करने का तरीका समझाया, कैमरा लेकर दिया, फ़ोटो खींचने का इन्तज़ाम किया, सेठों से 'डीलिंग' का तरीका बताया। वह बताती है कि भाई के पास हफ्ते की बढ़िया कमाई आती थी जब पुलिस हाथ धोकर पीछे पड़ी तो उसने देवी को मोहरा बना कर कमाई शुरू की थी।

मुखबिरी

बारबालाएँ अक्सर विरोधी गिरोहों के बारे में अपने गिरोह को सूचनाएँ देती हैं। कौन विरोधी सरगना या गुंडा कब बार में आता है, किस बारबाला से टाँका फिट

है, लड़की को लेकर कहाँ जाता है, कौन-सी कार है, कहाँ रहता है, जैसी ज़रूरी सूचनाएँ गिरोहों के पास पहुँचती हैं तो विरोधियों से निपटना आसान हो जाता है। ऐसे में बारबालाओं की मुखबिरी बड़ी कारगर साबित होती है।

पुलिस के लिए भी बारबालाएँ मुखबिरी करती हैं। बारबालाएँ पुलिस को ऐसे अपराधियों की सूचना मुहैया करवाती हैं जो फरार हों या किसी खास मामले में उनकी तलाश हो। बारबालाएँ ऐसे लोगों की भी पुलिस को सूचना देती हैं जो सामान्य ग्राहकों जैसे नहीं होते हैं, जो बार में बेतहाशा पैसा लुटाते हैं। यदि कोई बारबाला पर सोने के गहने वगैरह लुटा दे तो उसकी सूचना पुलिस तक जानी पक्की है। अमूमन चोरी, लूट और डकैती के मामले बारबालाओं की मुखबिरी से ख़ूब सुलझते रहे हैं। काफ़ी सारे गिरोहबाज भी बारबालाओं की मुखबिरी के कारण ही पकड़े गये हैं।

अपराधियों का साथ

अपराधियों का साथ बारबालाएँ हर तरह से देती हैं। कभी वे अपराधियों के साथ पारिवारिक व्यक्ति दिखाने भर के लिए आती-जाती हैं। बड़ा अपराध कर भाग रहे अपराधी के साथ कार या ट्रेन में खासतौर पर जाती हैं। हथियार किसी खास अपराधी तक पहुँचाने या वापस भी लाती हैं। इससे उनको खासी कमाई होती है।

हफ्तावसूली

बार में आने वाले मालदार ग्राहकों की तमाम जानकारी निकाल कर गिरोहों को देना भी बारबालाओं का प्रिय शगल है। जो हफ्तावसूली ग्राहक से होती है, उसका अच्छा हिस्सा उनकी जेब में भी आता है। इस तरह के मामलों में पहले कई बारबालाएँ गिरफ़्तार हो चुकी हैं।

मैटर बजाना

पुरानी-चालाक किस्म की बारबालाएँ पैसों के लिए सम्पर्कों का इस्तेमाल कर लोगों की परेशानियाँ दूर करने का काम भी करती हैं। कोई किसी क़ानूनी पचड़े में फँसा है या किसी गुंडे ने हफ्तावसूली के लिए या सम्पत्ति-हफ्ते के लिए धमकियाँ दी हैं, ऐसे मामलों में परिचित पुलिस अफ़सरों या गुंडों के जरिए मामला पटाने का काम भी बारबालाएँ करती हैं और मोटी रक़में पीटती हैं।

स्टेज शो

देश-विदेश में होने वाले स्टेज शो में नाचने के लिए भी बारबालाओं का ख़ूब इस्तेमाल होता है। स्टेज शो माफिया के लिए या उनके पैसों से होते हैं। दुबई

और खाड़ी देशों में डी-कम्पनी के सदस्य बारबालाओं को बुला कर स्टेज शो करवाते और खासी कमाई करते हैं। अच्छा नाचने वाली ख़ूबसूरत पैसों के लिए तन की तिजारत में न झिझकने वाली बारबालाओं की विदेशी स्टेज शो में खासी माँग होती है। बारबालाओं को खाड़ी देशों में डांस ग्रुप, आर्केस्ट्रा, बैंड और स्टेज शो ग्रुप्स के नाम पर ले जाने वाले कई दलाल हैं। नाच के दौरान जिन अनिवासी भारतीयों या शेखों-अरबी नागरिकों को जो लड़की पसन्द आती है, होटल के कमरों में उस व्यक्ति का दिल बहलाने अकेले भेजी जाती है।

यह काम करने वाली बारबालाएँ जाने के पहले एकमुश्त 30 से 50 हज़ार रुपये इस भरोसे के साथ लेती हैं कि वे 15 से 30 दिनों का टूर करके लौटेंगी तो उनको एक से दो लाख रुपये अतिरिक्त मिलेंगे। इस रकम में वह पैसा भी जुड़ा है जो ग्राहकों के साथ 'कमरे' में जाने पर आता है। ग्राहकों को 'खुश' करने पर मिली रकम का 30 या 40 फ़ीसदी हिस्सा ही बारबालाओं को मिलता है। यह भी आश्वासन मिलता है कि 'ग्राहक' जो टिप या उपहार देंगे, उसी के होंगे। जब लड़कियाँ खाड़ी देशों में पहुँचती हैं तो उन्हें भेड़-बकरियों की तरह रखते हैं। उनसे दोयम दर्ज़े का व्यवहार होता है। मुंबई में उनको जो सब्जबाग दिखाए जाते हैं, उनके ठीक विपरीत माहौल होता है।

स्टेज शो संचालक और कर्ताधर्ता गिरोहबाजों के लोग होते हैं। लड़कियों को गिरोहबाजों की 'सेवा' मुफ्त करनी पड़ती है। उनके पासपोर्ट-वीज़ा पहले ही शो संचालकों के क़ब्जे में होते हैं। विरोध करने वाली को भारी यातनाएँ दी जाती हैं। उसे मुंबई में परिवार को जान से ख़त्म करने और मुँह पर एसिड फेंकने की धमकी दी जाती है। सकुशल मुंबई पहुँचने की आस में लड़कियाँ चुपचाप 'काम' करती हैं।

चेंबूर के एक मशहूर बीयर बार में काफ़ी समय से नाच रही ज्योतिका अनुभव सुनाती है, 'बान्द्रा का एक शो आर्गनाइजर मुझे दो लाख के कांट्रेक्ट पर दुबई ले गया। एक फाइव स्टार होटल में उसका ठेका है। साल में छह से आठ शो वहाँ लगाता है। होटल के मालिकों में एक मुंबई का गैंगस्टर भी है। उसके तमाम गुंडे और छोकरे शो में भरे होते हैं। लड़कियों को देखते ही वो ऐसे उछलते हैं जैसे पहली बार लड़की देखी है। वे लड़की को अपने साथ ले जाने को हर वक्त तैयार होते हैं। कइयों ने मेरे साथ बहुत बुरा सलूक किया। मैं वहाँ से दो महीने बाद लौटी तो ज़िन्दगी का सबसे ख़राब वक्त भोग चुकी थी। जो 35 हज़ार रुपया आर्गनाइजर ने मेरे को दिया, मुंबई लौटने के बाद और 20 हज़ार मेरे हाथों में रख कर बोला कि शो में घाटा हो गया, इतना ही मिलेगा।'

ज्योतिका बताती है कि पहले वह उसके सामने रोई-गिड़गिड़ाई कि इतनी

कम रकम देकर न टरकाये, उसे बहुत परेशानी होगी। दो महीने में वह बार में नाच कर इससे कहीं अधिक कमाती, ऊपर से जो कुछ वहाँ हुआ, वह सब भी नहीं भोगना पड़ता। वह नहीं माना। वह है, '...फिर अपोजिट गैंग वाले 'भाई' को बोल के फ़ोन करवाया। वह मेरे को हूलपट्टी (धमकियाँ) करने लगा। ये बात मैंने भाई को बोली तो वो आके मेरे पाँव पे पड़ गया, बोला कि आगे से मेरा धन्धा ख़राब करने का लाइन चालू कर दिया है। वह बाकी पैसा देके जाता है लेकिन मेरे को छोड़ेंगा नईं। मैं भी मानने वाली नईं, पूरा पैसा वसूल के मानी। मेरे को 50 हज़ार रुपया कम सही लेकिन पैसा मिला।'

अरबियों की जीनत

बारबालाओं के संसार में सबसे अधिक पैसों की बरसात करने वाले कोई होते थे खाड़ी देशों से आने वाले अरबी शेख़। उनकी सेवा में मालिक से लेकर सफाईकर्मी तक बार का तमाम अमला उमड़ पड़ता था। बारबालाओं में भी होड़ मच जाती थी कि कौन उसे सबसे अच्छी तरह रिझा लेती है। वे बार में तो उन पर लाखों रुपये लुटाते ही थे, गर्म गश्त के शौक़ीन होने के कारण अपने साथ पंचतारा होटल में उस रात की रक्कासा बनाने के एवज़ में भी दो या पाँच लाख रुपये की रकम चुका देते थे।

हथियार तस्करी में बारबालाएँ

1989 के जुलाई महीने में ठाणे पुलिस ने सुरेश मंचेकर गिरोह से जुड़े पुलिस जवान सुनील विनायक बालित (बक्कल नम्बर 5507) को बरखास्त कर गिरफ़्तार किया था। वह दो बारबालाओं मनीषा और हेमा के साथ मिलकर न केवल पुलिस अधिकारियों और दस्तो के आने-जाने की सूचनाएँ गिरोहों को पहुँचाता था बल्कि मध्यप्रदेश, राजस्थान, उत्तर प्रदेश, बिहार राज्यों से हथियार लाता भी था। इस काम में उसकी मदद कल्याण की एक बारबाला करती थी। मई 1998 में चारों हथियारों की खेप लेने मध्यप्रदेश गये। लौटते समय कार का हादसा हुआ। बारबाला और एक गिरोहबाज मौके पर ही मारे गये। सुनील को हल्की चौटें लगी थीं। इस मामले में जो बारबाला मरी थी, उसके लिए रोने वाला भी कोई न था।

बारबालाओं के चक्कर में छापे नकली नोट

मई 2013 में ये ख़बर भी बड़ी आम हुई कि बार्क के एक वैज्ञानिक ने तो डांस बार में बारबालाओं पर ख़र्च करने के चक्कर में ख़ुद ही नकली भारतीय करेंसी छापनी शुरू कर दी थी। वह भी एक बारबाला के इश्क में ऐसा गिरफ़्तार हुआ

कि हर वक्त बस उसी के डांस बार के चक्कर लगाने लगा। उसे एक तरह से नशा हो गया कि डांस बार में लड़कियों पर पैसा लुटाये। इस सिलसिले में उसका पूरा वेतन ख़र्च होने लगा। पैसे कम पड़ने लगे तो बारबालाओं को अपने पास तक बुलाने और उनके हाथ थामने के लिए ही उसने एक नायाब तरीका निकाला। उसने नकली नोट छापने शुरू कर दिये। बारबालाएँ भी काफ़ी दिनों तक उसके नकली नोटों के चक्कर में फँसती रहीं। एक दिन वह ख़ुद ही फँस गया।

ख़तरनाक बारबाला ज्योति

ऐसी सैकड़ों लड़कियाँ हैं, जिनका जीवन माफिया के चक्कर में पड़ कर पूरी तरह से बरबाद हो चुका है। उनमें एक नाम बड़ा बदनाम है। आफताब अंसारी नामक एक ऐसा ख़तरनाक गिरोहबाज और आतंकियों का मददगार हुआ है, जिसका साथ मुंबई की एक बारबाला ने ही दिया था। वह भी एक बेहद ख़तरनाक लेकिन महीन साजिश की बुनावट को अमली जामा पहनाने में।

खादिम शूज के मालिक पार्थ प्रतिम रायबर्मन का अपहरण इस ख़तरनाक गिरोहबाज ने किया। मुंबई की बारबाला ज्योति ने उसकी खासी मदद की। इस अपहरण से पाँच करोड़ रुपये की भारी भरकम फिरौती की वसूली हुई थी। इस रकम में से दो करोड़ रुपये कोलकाता स्थित अमेरिकन सेंटर पर आतंकी हमले में भी हुआ था। ज्योति इस मामले में गिरफ़्तार भी हुई और उसे सज़ा भी हुई।

तरन्नुम और तनिष्क

मुंबई का कुख्यात दीपा बार में एक बारबाला होती थी, जिसकी आमदनी करोड़ों में जा पहुँची। वो बेहद सुन्दर थी। ख़ूबसूरत थी। दिमाग़ की भी उतनी ही तेज़ थी। उसने न केवल अमीरों को फँसाया बल्कि देश के सबसे बड़े क्रिकेट खिलाड़ियों को अपने रूपजाल में ऐसे फँसाया कि उसके चक्कर में वे खेल से भी गद्दारी करने से नहीं चूके। उन्होंने इस बारबाला के चक्कर में कई मैचों में फिक्सिंग की। इस करोड़पति बारबाला को लोग तरन्नुम के नाम से पहचानते हैं। मैच फिक्सिंग के चक्कर में एक दफा गिरफ़्तार भी हुई।

तरन्नुम के सम्बन्ध डी-कम्पनी के कुछ बड़े सरमायादारों से भी होने का दावा मुंबई पुलिस की अपराध शाखा करती रही। उन दिनों बड़े चर्चे थे कि क्रिकेट सट्टेबाजी में गिरफ़्तार इस लड़की के स्याह सायों का साथ कई संदिग्ध कारनामों में रहा है। सात बँगला इलाके की निवासी तरन्नुम के घर पर छापा मारा तो एक करोड़ रुपये की नकदी भी पुलिस ने बरामद की थी, जिसका कोई हिसाब वह नहीं दे पायी थी।

तरन्नुम तो ठीक है, ये तनिष्क क्या बला है? यह नाम है उस बँगले का

जिसकी कीमत तब के बाज़ार भाव के हिसाब से 87 लाख रुपये बतायी जाती थी। मुंबई के उपनगर अन्धेरी में एक म्हाडा कॉलोनी में बना यह बंगला आज कई करोड़ रुपये की कीमत रखता है। इस बंगले पर मालिकाना हक तरन्नुम का बताया जाता है। इस तरन्नुम की डायरी ने दर्जनों ऐसे नाम और नम्बर उगले थे कि कई धन्ना सेठों और सुप्रसिद्ध व्यक्तियों की जान हलक में आ फँसी थी। उनके साथ भी मुंबई के अँधियाले संसार के सम्बन्धों पर जाँच मुंबई पुलिस की अपराध शाखा ने की थी।

सूचनाओं से कमाये लाखों

सन् 2013 में ही एक बारबाला ने जब 30 लाख रुपये देकर एक शानदार फ्लैट खरीदने की कोशिश की तो अपराध शाखा के अधिकारियों को उनके मुखबिरों से इसकी भनक लगी। उन्होंने बारबाला को धर दबोचा और पूछताछ की। उसके पासपोर्ट से पता चला कि वह एक साल में 40 बार विदेश यात्रा कर चुकी है। पूछताछ में पता चला कि उसे कुछ सूचनाएँ देने के एवज में एक गिरोह विशेष ने खासी रकम दी।

55 लाख की ठगी

बारबालाओं की ठगी का एक बड़ा शानदार नमूना है। नवम्बर 2011 में नाशिक के एक व्यापारी उमेश मूंदड़ा ने मुंबई डीबी मार्ग पुलिस थाने में शिकायत दर्ज़ करवाई कि निशा उर्फ़ बाबूलाल राज और उसकी सगी बहन वर्षा राज ने मिल कर न केवल उससे 40 लाख रुपये की ठगी की बल्कि पैसे वापस माँगने पर उसे धमकियाँ देकर 15 लाख रुपये और भी वसूल लिए।

तत्कालीन वरिष्ठ पुलिस इंस्पेक्टर अजीत सुर्वे के मुताबिक़ इन बारबाला बहनों से उमेश मूंदड़ा की दोस्ती नौ सालों से थी, जो कि ग्रांट रोड में मिनर्वा जंक्शन पर स्थित जंक्शन बार में काम करती थीं। यहीं दोनों बहनें नाचती थीं। यहीं उनकी पहली बार मुलाक़ात 2004 में हुई थी। निशा और वर्षा ने रिश्तेदारों की शादी में जाने के लिए ज़ेवरात खरीदने की ख़ातिर 5.5 लाख रुपये उधार लिए। मीरा रोड की गीता हाइट्स इमारत में 1015 फुट का फ्लैट खरीदने के नाम पर 10.65 लाख रुपये नकद लिए। मई 2011 में जब उमेश ने पैसे वापस माँगे तो निशा-वर्षा ने उन्हें धमकाना शुरू कर दिया और 15 लाख रुपये माँगे। उमेश ने इस पर पुलिस में शिकायत की तो दोनों बहनें और निशा का पति मनीष सिंह व उसकी बहन बिंदिया सिंह फरार हो गये।

कि घुँघरू टूट गये...

14 अगस्त 2005 में मुंबई में तमाम 1250 बारबालाओं के अड्डों यानी कि डांस बार पर ताला जड़ गया। इस दिन महाराष्ट्र सरकार ने एक अधिनियम पारित कर सभी बारों के लाइसेंस रद्द कर दिये। तकरीबन 1 लाख बारबालाएँ बेरोजगार हो गयीं। लगभग 50 हज़ार पुरुष भी इसके कारण बेरोजगार हुए क्योंकि वे बतौर बेयरे और सुरक्षा रक्षक इन बारों में काम करते थे। इसके कारण टैक्सी और रिक्शा के कारोबार पर भी भारी असर पड़ा था। सरकार को लगभग तीन हज़ार करोड़ रुपये सालाना के करों का नुक़सान हुआ।

सबसे बड़ा नुक़सान हुआ मुंबई माफिया का। उनके छुपने के शानदार अड्डे बन्द हो गये। शिकारों को लाकर बन्द करने के अड्डों पर ताला लग गया। लोगों से मिलने के बेहतरीन अड्डे अब सुरक्षित नहीं रह गये। मौज-मज़े के ठिकाने पर ताला लग गया। लड़कियों के पास लाकर हथियार और हफ्ते की रकम छुपाने का संरजाम ख़त्म हो गया। इन स्थानों पर बारबालाओं के साथ ही अपने लिए कुरियर और सूचनाएँ जुटाने वाले बेयरों की पूरी फ़ौज ही ख़त्म हो गयी।

जुलाई 2013 में लम्बी लड़ाई के बाद आखिरकार बार वालों को एक सफलता हासिल हुई। देश की सबसे बड़ी अदालत ने महाराष्ट्र सरकार द्वारा डांस बार पर पाबन्दी को गलत करार दिया। सर्वोच्च अदालत ने इस पाबन्दी को रद्द कर दिया लेकिन महाराष्ट्र सरकार ने ठान ली कि बार चालू नहीं होने देगी। इस फ़ैसले के बावजूद उसने एक क़ानून पारित करने का सिलसिला शुरू कर दिया।

महाराष्ट्र के तत्कालीन गृहमन्त्री आरआर पाटिल की ज़िद थी कि मुंबई के सरमायादारों के ठिकानों के रूप में बदनाम डांस बार फिर शुरू नहीं होने देंगे। उन्होंने आशंका जताई कि अगर डांस बार में फिर घुँघरुओं की छमछम गूँजने लगी तो मुंबई की सड़कों पर फिर से पिस्तौलों की गोलियों से उपजी धाँय-धाँय भी शुरू हो जायेगी। उनकी जिद थी कि बार तो शुरू नहीं होने देंगे।

इसके बावजूद बार मालिकों ने सरकार के सामने बार लाईसेंस के लिए आवेदन देने शुरू कर दिये तो उन्हें लटकाना शुरू कर दिया। पुलिस ने किसी को अनापत्ति प्रमाण पत्र नहीं दिया। जब राज्य का गृह मंत्री बोल रहा है तो कैसे वे अपनी मनमर्जी दिखा सकते थे। बार मालिकों ने बहुत कोशिश की तो उनके लिए ऐसे नियम बना दिये कि कोई भी बार चल ही नहीं सकता।

सत्ता बदली। भारतीय जनता पार्टी की सरकार राज्य में बनी। उसने तय किया कि डांस बार को लाईसेंस नहीं दिये जायेंगे। जब बार मालिकों ने दबाव बनाया तो ऐसे नियम रख दिये कि बारों का चलना ही सम्भव न रहे। जो 40

नियम थोपे गये, उनमें से एक यह भी था कि हर बार के डांस फ्लोर का सीधा प्रसारण और रिकॉर्डिंग पुलिस थानों में होगा। यह ऐसा नियम था, जिसे लेकर सभी को आपत्ति थी। अब बार मालिकों के संगठन ने फिर सुप्रीम कोर्ट का दरवाज़ा खटखटाया।

मार्च 2016 में सुप्रीम कोर्ट ने राज्य सरकार को लताड़ लगाई और 15 दिनों में सभी आवेदनकर्ता बार मालिकों को बार लाईसेंस देने के आदेश दिये। अब राज्य सरकार कुछ नहीं कर सकती थी। 14 मार्च तक चार बार मालिकों को लाईसेंस मिल भी गये। राज्य सरकार लेकिन अभी भी अड़ी हुई है। वह सुप्रीम कोर्ट के आदेश के सामने बार बन्द करने के लिए एक क़ानून पारित करवाने की कोशिश में लगी रही। अगर ऐसा हो जाता है तो हज़ारों बारबालाओं के सपने फिर चूर-चूर होने में देर नहीं लगेगी।

डांस बार–आंकड़े

– 1,250 डांस बार पूरे महाराष्ट्र में, बार गर्ल्स एसोसिएशन की अध्यक्ष वर्षा काले के मुताबिक़ मुंबई में 1,000 और पूरे राज्य में 250 डांस बार थे, लेकिन बार ओनर्स एसोसिएशन के अध्यक्ष मंजीत सिंह सेठी के मुताबिक़ मुंबई में 650 डांस बार थे, राज्य के अन्य हिस्सों में 600 डांस बार थे।

– सूत्रों के मुताबिक़ अवैध रूप से चलने वाले बीयर बारों की संख्या मुंबई में ही लगभग 2,000 थी।

– पूरे महाराष्ट्र में 300 डांस बार पूरी तरह से बन्द होने की बात कही जाती है।

– मुंबई में 50 पूरी तरह बन्द हो चुके, 250 में लेडीज सर्विस भी बन्द की जा चुकी है।

– महाराष्ट्र में 1.70 लाख लोगों के रोजगार पर असर पड़ा है। इनमें लगभग 75 हज़ार बारबालाएँ व नर्तकियाँ हैं।

– रिक्शा-टैक्सी चालकों को भारी नुक़सान का सामना करना पड़ा है। रात में अन्धेरी से दहिसर तक बारबालाओं को रिक्शे में ले जाने के लिए प्रति लड़की रिक्शा चालक 150 से 200 रुपये तक वसूलते थे। टैक्सी चालक बान्द्रा से मीरा रोड तक के लिए 250 रुपये और दक्षिण मुंबई से मीरा रोड तक की दूरी के लिए 400 से 500 रुपये प्रति लड़की से वसूलते थे। ऐसे ढेरों टैक्सी-रिक्शा चालक थे, जो कि सिर्फ़ रात में बारबालाओं के लिए ही वाहन निकालते थे और एक ही फेरा लगाते थे। काम ख़त्म

कर वे घर जा सो रहते थे।

- दर्जियों व ब्यूटी पार्लरों के कामकाज और सौन्दर्य प्रसाधनों की बिक्री पर भी खासा असर पड़ा है। यह आँकड़ा करोड़ों में जाता है।
- बीयर बार बन्द होने से एक साल में ही लगभग 100 करोड़ रुपये का नुक़सान सरकार को हुआ था। यह दावा मंजीत सिंह करते हैं।
- बार बन्द होने के कारण बारबालाएँ अपने गृहनगर तो गयीं ही, वे मध्यप्रदेश, उत्तर प्रदेश, बिहार, राजस्थान, पश्चिम बंगाल, आन्ध्रप्रदेश, गुजरात, पंजाब, हरियाणा, उत्तराखण्ड के अलावा महाराष्ट्र के ग्रामीण इलाकों में भी फैल गयीं। वर्षा काले के मुताबिक़ मुंबई से 20 फ़ीसदी, मंजीत सिंह के मुताबिक़ 30 फ़ीसदी बारबालाएँ पलायन कर गयीं।
- इन लड़कियों का बड़ा हिस्सा खाड़ी देशों में भी गया। वहाँ होटलों में बतौर नर्तकी काम कर रही हैं।
- बारबालाओं को देश के कई हिस्सों में वेश्यावृत्ति करते हुए गिरफ़्तार किया जा चुका है।

महाराष्ट्र में डांस बारों के आंकड़े (18 अगस्त 2006 तक)

स्थान	कुल बार	बन्द हुए
महाराष्ट्र	1,250	300 (मुंबई समेत)
मुंबई	1,000	50
ठाणे जिला	150	50
सोलापुर	14	12
पुणे नगर	11	10
सांगली-सतारा हाईवे	9	9
पुणे हाईवे	8	5
औरंगाबाद	11	4
नाशिक	6	4
नागपुर	6	3
उमरगा	5	1 (लाइसेंस समस्या से)
कोल्हापुर	4	3
उस्मानाबाद	4	3
लातूर	3	...
नगर	2	...

बमबाजों पर बरसा कहर

खुद को देशभक्त साबित करने और लोगों की सहानुभूति हासिल करने के लिए छोटा राजन ने सबसे आसान रास्ता चुना। एक पत्थर से दो चिड़िया मारने का यह तरीका बड़ा कारगर साबित हुआ। उसने ऐलान किया कि बमकांड में शामिल हर आरोपी को वह चुन-चुन कर मारेगा। बकौल राजन तमाम बमकांड आरोपी देशद्रोही हैं, और वह सबको सज़ा देगा। उसने कई आरोपियों की हत्या करवाई। पुलिस के लिए बमकांड आरोपियों की हत्या सिरदर्द बन गयी। राजन न रुका तो बदले में शकील ने दिसम्बर 92, मार्च 93 दंगों के आरोपियों की हत्या का ऐलान कर दिया। अब भी राजन थमा नहीं और अभियान जारी रखा। वह छह से अधिक बमकांड आरोपियों की हत्या कर चुका है।

आगे क्या होएंगा?

आर्थर रोड जेल में वह दोपहर के खाने का वक्त था। उस दिन कैंटीन में सभी साथ बैठे खाना खा रहे थे। वहीं कुछ आरोपी बाहर खड़े दिखे। वे बतिया रहे थे।

'ये नाना पागल हो गया है क्या?'

'क्यों?'

'और क्या, जबरन मार रेला है अपुन लोगों कूं।'

'तो क्या, ये गैंगवार है न भाई।'

'ये क्या गैंगवार है? अपुन का गैंग से क्या लेना-देना?'

'उसकूँ लगता कि अपुन डी-कम्पनी के लिए काम किया न।'

'क्या भाई... ये लोक के बीच अपुन पिस रेला है भाई।'

'मैं तो बेल के लिए एप्लीकेशन किया था, अबी केंसिल किया।'

'कायकूं?'

'तो क्या? बाहर जाके मरने का है क्या?'

'क्या तू भी फट्टू लोगों का माफिक बात करता है यार। कोई ऐसेच आके मारेंगा थोड़े।'

'नईं यार, अपुन को रिस्क नईं लेने का एकदम। थोड़ा दिन और इदर (हाथ से जेल की दीवार की ओर इशारा करता है) रहने का। उसके बाद सोचेंगा।'

'तब क्या वो छोड़ देंगा तेरे कूं?'

'नई, वो बात नईं है...'

'तो?'

'तब तक वो थोड़ा ठंडा पड़ जाएँगा। उसके बाद देखेगा।'

'चल टैम ख़त्म हो रेला ए। कुछ खाने का ए क्या?'

'नई यार अपना तो भूक ही मर गयेला है। तू खा, मैं अन्दर जाके बैठता है।'

एक अन्दर चला जाता है, दूसरा बाहर रह जाता है। उसे मैं पकड़ लेता हूँ।

'क्या बात हो रही थी भाई?'

'क्या बात करेंगा भाय, तुम लोक उसकूँ कुछ बोलता कायकूं नईं?'

'किसे?'

'नाना कूं।'

'क्या बोलें?'

'कायकूं हमारे लोगों का जान का पीछू पड़ेला ए? हम क्या किया?'

'उससे हमारा क्या वास्ता जो हम बात करें?'

'तो कौन करेंगा? तुम लोक उसका इतना बड़ा-बड़ा इंटरवू लेके छापता है

अपना अख़बार में। उसकूँ लगता एकदम फिट काम कर रेला है। क्या भाय, तुम लोक उसकूँ जबरन भाव देता है।'

'क्या भाव दिया?'

'वो कितने ब्लास्ट वालों को मारा, तुम लोक उसका बड़ा-बड़ा न्यूज नहीं बनाके छापा?'

'छापते हैं, वह भी तो ख़बर है।'

'नई छापने का, ऐईसे में सबकूं डर लगता है। हमारा फेमेली वाला सब लोक एकदम घबरा गया।'

'क्यों? कल राजन कहेगा कि बमकांड आरोपियों की तकलीफों पर मत लिखो तो क्या लिखना बन्द कर दें?'

'वो क्या है...'

'अपनी पर आयी तो ठीक नहीं लगा न? जब आपकी तकलीफों के बारे में अख़बारों में लिखा और जेल में स्थितियाँ ठीक हो गयीं, तब किसी ने विरोध नहीं किया, किसी ने एक बार आकर नहीं कहा कि अख़बार ने अच्छा काम किया, कोई धन्यवाद देने नहीं आया। देखिए पत्रकार का काम किसी का पक्ष लेना नहीं, ख़बर लिखना है। जो दिखा, पता चला, किसी ने बताया, उसके तथ्य जाँचे, ख़बर बनायी, छाप दी। अब राजन मारकाट मचाए या दाऊद, हमें क्या?'

'हाँ, भाई तुम्हेरे कूं क्या, तुमकूं थोड़े मारता है वो, तुमकूं क्या...'

पीछे सन्नाटा बुनता इनसान छोड़ कर वह सिर हिलाता, बड़बड़ाता चला गया। मैं कुछ देर तक उसका भय याद करता और गुनता वहीं खड़ा रहा। सोचता रहा कि इनसानी फितरत भी क्या चीज़ है? जब बमों से सैकड़ों की जानें लीं, तब कोई शिकवा न था। अब मलाल क्यों? खैर, जान जाने का डर सभी को होता है। अभी वे आरोपी हैं। उन्हें जो सज़ा अदालत दे, वही उनके लिए सही है, किसी और को कतई हक नहीं कि अपने तईं किसी को 'सज़ा' सुनाए। वह चला गया... पीछे डर का भयावह खालीपन बिखराता हुआ। उसके बाद बमकांड सुनवाई में बिल्कुल मन न लगा।

एक और चुनौती

राजन ने बमकांड आरोपियों को मारने की जो चुनौती पुलिस और प्रतिद्वन्द्वी दाऊद को दी, उस पर अभी लम्बे समय तक अड़ा रहा। उसने कई बमकांड आरोपियों को मार गिराया। माजिद की हत्या से आँकड़ा बढ़ कर 8 तक जा पहुँचा। निशानेबाजों से गलती नहीं होती तो अन्धेरी के ओशिवारा इलाके में एक और आरोपी को मार गिराते। गलत पहचान के कारण एक निर्दोष युवक मारा गया। कल तक जो आरोपी जमानत पाने के लिए कुछ भी कर रहे थे, ख़ुद

को आर्थर रोड जेल में सुरक्षित पाते रहे हैं। राजन की हत्या मुहिम से तमाम आरोपियों में आतंक छाया रहा। राजन और दाऊद में रक्तरंजित परोक्ष युद्ध की दास्तान में अनेक अध्याय जुड़ते रहे।

राजन ज़िद पर कायम रहा। खार थाने से पाँच मिनट की दूरी पर मोहम्मद मुस्तफा जिन्द्रान को गोली मारी गयी। उसने बमकांड में इस्तेमाल आरडीएक्स मुंबई पहुँचाया था। उसने दाऊद के गुंडे येड़ा याकूब से ठाणे के नागला बन्दर से आरडीएक्स हासिल किया था। 29 जून 1998 की सुबह 9.30 बजे जिन्द्रान खार (प) में स्वामी विवेकानन्द मार्ग पर अपने दोस्त किरण गोवर्धन पांडे (20) सहित अपने बीमार पिता के लिए भोजन का डिब्बा लेकर लीलावती अस्पताल की ओर जा रहा था। वे रीगल ऑटो स्टोर के सामने बातचीत में मशगूल थे। उसी समय दो युवक आये और पास से गोलियाँ चलाईं। जिन्द्रान को गोलियाँ लगीं। यह देख किरण भागा। हमलावर गुंडों को लगा कि किरण भी जिन्द्रान के साथ था। उसे मारने के लिए गुंडों ने पीछा किया। किरण एक गैरेज जया ऑटोमोबाइल्स में सफेद मारुति और काली फिएट कारों के बीच छुपा। कुछ तो हड़बड़ी और कुछ फ़र्श पर बिखरे तेल के कारण किरण फिसला तो गुंडों ने आकर किरण को गोली मार दी। वह न केवल निर्दोष मारा गया बल्कि पूरे परिवार के लिए एक भयावह शून्य छोड़ गया। जिन्द्रान का घर उसके निवास से अधिक दूर न था। जिन्द्रान बमकांड का आरोपी क्रमांक 45 था। वह जमानत पर छूटने के बाद सम्पत्ति कारोबार में ख़ुद को स्थापित कर चुका था।

जिन्द्रान की हत्या के पहले भी बमकांड आरोपियों को गोली मारी गयी। राजन ने कहा कि बमकांड आरोपियों को इसलिए गोली मारी जायेगी क्योंकि वे दाऊद से जुड़े हैं—और देशद्रोही हैं। राजन ने इसके लिए बमकांड आरोपियों की पूरी सूची तैयार कर सूचनाएँ जुटायीं।

राजन के गुंडों ने 20 अप्रैल 1998 को सलीम कुर्ला को मारा। वह बमकांड का एक प्रमुख आरोपी था। डी-कम्पनी का यह फ़ौजदार हफ्तावसूली और हत्याएँ करने में माहिर था। अन्धेरी में वीरा देसाई रोड स्थित बेलव्यू नर्सिंग होम में वह इलाज के लिए भर्ती था। उस पर 3 युवकों ने दिनदहाड़े अस्पताल में घुस कर गोलियाँ दागीं और मौक़े पर ढेर कर दिया। सलीम के साथी आरिफ केबलवाला को भी गुंडे वहीं मार गये। आरिफ के कार चालक इम्तियाज़ ख़ान को हत्यारे इसलिए गोली मार गये क्योंकि वह चश्मदीद गवाह था। सलीम के हमलावर आज तक पुलिस गिरफ्त से बाहर हैं।

बमकांड आरोपियों की हत्या के मामले पर शकील ने राजन के ख़िलाफ़ हमले तेज़ करने की बात कही लेकिन कुछ कर नहीं पाया। राजन ने शकील

की यह चेतावनी नज़रअन्दाज़ कर आरोपियों पर हमले जारी रखे। इसके कारण मुंबई में गिरोहों के बीच खूनी संघर्ष के आसार बने रहे। अधिकारी कहते हैं कि बमकांड आरोपियों को सुरक्षा नहीं दी जा सकती। उनके लिहाज से अपराधियों को संरक्षण देने का कोई प्रावधान नहीं है।

एक पुलिस अधिकारी ने नाम न छापने की शर्त पर कहते हैं कि गिरोहों के बीच आपसी मारकाट में अगर बमकांड आरोपी मरते हैं तो पुलिस क्या कर सकती है। वे कहते हैं, 'बमकांड को लेकर पुलिस को ख़राब व्यवहार, सुविधाएँ न देने जैसे कई कारण गढ़ कर आरोपियों ने अदालत में अनेक बार घसीटा। उन्हें पंचतारा सुविधाएँ चाहिए।' वे दावा करते हैं कि पुलिस ने आरोपियों से बड़ी नर्मी से सलूक किया लेकिन अदालत से जब तक आदेश नहीं मिलते, वे किसी आरोपी को सुरक्षा नहीं देने की स्थिति में थे।

उस दौर में पुलिस अधिकारी मानते थे कि बमबाजों की हत्याओं के कारण दाऊद-राजन में मारकाट और बढ़ेगी। गिरोहों के खात्मे हेतु आपसी मारकाट का फ़ायदा उठाने के मूड में अधिकारी दिखते रहे हैं।

राजन गिरोह के हमलों से बुरी तरह नाराज शकील ने कहा कि बम कांड आरोपी डी-कम्पनी से ताल्लुकात नहीं रखते। उनको मारने से डी-कम्पनी का कोई नुक़सान नहीं है। शकील ने कहा कि बमकांड आरोपी निर्दोष हैं और उन्हें मारने वालों के ख़िलाफ़ वह भी हथियार उठाएगा। शकील ने धमकी दी कि राजन के ख़िलाफ़ पुलिस और सरकार कड़ी कार्रवाई नहीं करेगी तो वह राजनीतिक दबाव डालने के लिए देश के बड़े उद्योगपतियों और व्यापारियों की हत्या करेगा। यह पूछने पर कि निरपराध लोगों की हत्या से राजन क्यों बमकांड आरोपियों की हत्याएँ रोकेगा? शकील ने कहा, 'इससे केन्द्र पर उद्योग जगत का तगड़ा दबाव पड़ेगा। इसके बाद मजबूरन राज्य सरकार द्वारा मुंबई पुलिस पर राजन गिरोह के खात्मे के लिए दबाव डालना होगा।' शकील की इस धमकी को नज़रअन्दाज़ कर राजन ने माजिद को मार कर साफ़ कर दिया कि वह डी-कम्पनी के पीछे पड़ा रहेगा।

25 दिसम्बर 1999 को दोपहर 1.21 बजे बमकांड आरोपी नूर मोहम्मद ख़ान (45) की गोली मार कर हत्या का प्रयास हुआ। खार की पाँचवीं रोड पर एक दुकान में काम कर रहे नूर पर पैदल पहुँचे 3 लोगों ने गोलियाँ बरसाईं और भाग गये। उसके पैर, पेट और कमर में तीन गोलियाँ लगीं। ख़ान को भाभा अस्पताल में इलाज हुआ और वह पूरी तरह ठीक हो गया। तीनों हमलावरों के बारे में आज तक कोई जानकारी नहीं मिली।

तत्कालीन पुलिस उपायुक्त केएल प्रसाद (ज़ोन 6) का कहना था कि आरोपियों

के पीछे राजन के गुंडे पड़े हैं। आरोपियों को सुरक्षा के बारे में ख़ुद सोचना होगा। पुलिस सरकारी नीति से बँधी है, कुछ करने की स्थिति में नहीं है।

बमकांड आरोपियों में हमलों से गहरी बेचैनी बन गयी। अपनी रिहाई के लिए कल तक तो वे कोई भी रकम ख़र्च करने को तैयार थे। बड़े से बड़े वकील कर रहे थे। अदालत में क़ानूनी दाँव-पेंच लड़ा रहे थे, हरचन्द कोशिश करते रहे ताकि जमानत मिल जाय। एक वक्त ऐसा आ गया कि बमकांड आरोपियों ने जेल में ही रहना ठीक समझा। वे खुदा का शुक्र मना रहे थे कि उन तक राजन की पहुँच नहीं। इतना ही नहीं, जो आरोपी जमानत पर बाहर थे, वे चाहते थे कि किसी तरह उनकी जान की रक्षा हो। जब तक मुक़दमा चल रहा है, उन्हें मुंबई में रहना ही था। मौत अगर राजन की ओर से भेजी गयी तो जवाब देने के लिए उनके पास कोई साधन न था।

मारा गया माजिद भी

2 मार्च 2000 को बान्द्रा में राजन के गुंडों की गोलियों के हुए शिकार एमके बिल्डर के भागीदार और मुंबई बमकांड के एक प्रमुख आरोपी माजिद ख़ान की हत्या दो माह पहले ही होनी थी। तब उसके पीछे लगे राजन के 5 गुंडों को अपराध शाखा की इकाई 10 के दस्ते ने मार गिराया और उसकी जान बच गयी। नाना कम्पनी के जिन 5 गुंडों को मुठभेड़ में पुलिस ने दादर (प) मारा, उनमें राजन का सिपहसालार और हत्यारा डीके राव बच गया। राजन मानता था कि माजिद की सूचना पर ये मुठभेड़ हुई। तबसे राजन उसके पीछे था। जब राजन के गुंडों ने माजिद खान को गोलियाँ मारी, तब टाडा अदालत ने उसे पुलिस सुरक्षा मुहैया करवाने सम्बन्धी अर्जी विचाराधीन थी। जहाँ माजिद की हत्या हुई, वहीं 1984 से उसका दफ्तर था। उसने जान बख्शने के लिए 50 लाख रुपये राजन को दिये थे। राजन ने और पैसा माँगा तो माजिद ने असमर्थता ज़ाहिर कर दी। इस कारण राजन ने धमकियाँ दीं।

जब इस बारे में ज़ोन 6 के तत्कालीन पुलिस उपायुक्त केएल प्रसाद से पूछा कि माजिद पर हमले की जानकारी पुलिस को थी और धमकियाँ मिलने के बारे में भी सबको पता था फिर क्यों सुरक्षा नहीं दी? उन्होंने कहा, 'राज्य सरकार की नीति है कि अपराध में लिप्त किसी व्यक्ति को सुरक्षा नहीं दी जाती है। पुलिस का काम जनता की सुरक्षा करना है, अपराधियों की नहीं। माजिद जमानत पर था। अगर डर था कि उसे गोली मार दी जायेगी तो उसे जमानत रद्द करवा कर वापस जेल चले जाना था।'

माजिद पर बमकांड हेतु लाये गोला-बारूद को सुरक्षित स्थान पर रखवाने का

आरोप था। दाऊद के गुंडे और बमकांड आरोपी मोहम्मद जिन्द्रान ने माजिद से कुछ सामान रखने के लिए सुरक्षित जगह पूछी तो उसने अपने झोपड़े में 'माल' रखवाया था।

एक सूत्र के मुताबिक़ जिस कार में आरडीएक्स गया था, वह माजिद की थी। माजिद से यह कार उसके छोटे भाई याकूब ख़ान उर्फ़ येड़ा याकूब ने ली थी। माजिद ने टाडा अदालत को दिये बयान में कहा था कि उसे पता न था कि क्या सामान कार में ले जाना था और झोपड़े में क्या रखा गया। बान्द्रा के पूर्वी और पश्चिमी इलाके में फैले बेहरामपाड़ा और नवपाड़ा इलाके में माजिद के लगभग दो हज़ार अवैध कमरे हैं। इसमें रहने वाले लोग किरायेदार हैं। इस किराये से माजिद को हर माह लाखों रुपयों की आय थी। माजिद ने बान्द्रा से दहिसर तक कई इमारतें तामीर कीं। आरोप है कि उसने विवादास्पद ज़मीनें हथिया कर इमारतें बनायी थीं।

अय्यूब पटेल बच गया

बमकांड आरोपी अय्यूब पटेल पर जोगेश्वरी में नाना कम्पनी के प्यादों ने जानलेवा हमला किया। अय्यूब को गोलियाँ लगीं, इलाज से ठीक हो गया, हमले में बच गया, लेकिन जान बचाने के लिए दर-दर भटकता रहा, उसे कहीं से मदद न मिली। यहाँ तक कि डी-कम्पनी भी उसके लिए बहुत कुछ नहीं कर सकी।

गफलत में निर्दोष की मौत

बमकांड आरोपियों को ख़त्म करने की योजना में राजन के शूटरों ने 14 मई 1998 को भारी गलती की। उन्होंने दो माह पहले ही विवाहित, तैयार वस्त्रों के कारोबारी और निर्यात व्यवस्था में जुटे युवक शेख़ मोहम्मद शेख़ शब्बीर को गलती से मार दिया। ओशिवरा के मिल्लत नगर में हत्यारों ने सलीम टोंक को मारने के चक्कर में यह हत्या की। टोंक और शेख़ की काली मारुति एस्टीम कारें बिल्कुल एक जैसी थीं। हत्यारों को लगा कि काली कार में सलीम निकला है। ओशिवरा पुलिस ने हत्या का मामला दर्ज़ किया लेकिन वह काग़ज़ों में दब कर रह गया।

यह सम्भावना भी बहुत है कि सलीम को पहले ही यह पता चल चुका होगा कि राजन के गुंडे उसकी हत्या करना चाहते हैं। इसी के चलते उसने पुलिस सुरक्षा माँगी लेकिन टाडा आरोपी होने से यह माँग स्वीकार न हुई। हत्या की साजिश तो बनी लेकिन राजन गिरोह के पास न तो सलीम का फोटो था, न ही उनके पास काले रंग की उस मारुति एनयेक्स कार का नम्बर था, जिससे कि सलीम को ही निशाना बना सकते थे। इसके बावजूद नाना कम्पनी के सिपहसालारों और प्यादों ने तय किया कि यह काम करेंगे। काले रंग की मारुति एस्टीम एलएक्स कार पर

हमला होता है, उसमें सलीम के बदले शेख़ मारा जाता है। इस हत्या के कारण नाना कम्पनी पर खासा दबाव पड़ा और न केवल माफिया बल्कि उन खुफिया एजेंसियों के बीच भी वज़न कम हुआ, जिनके लिए वह गाहेबगाहे काम करता था।

12 मार्च 1993 के बमकांड के आरोपियों पर हमले और हत्याओं का सिलसिला अधिक समय तक न चल सका। राजन पर बैंकॉक में हुए हमले के बाद वह इस हालत में न बचा कि बमकांड आरोपियों पर हमले जारी रख सके। और उसका यह अभियान पूरी तरह से ठप्प हो गया।

बमबाजों के लिए जंग के आसार

बमकांड आरोपियों को लेकर राजन व दाऊद गिरोह में ख़ूनी लड़ाई के आसार तक बन चले थे। इस बार मामला मुंबई बमकांड के उन आरोपियों को लेकर था, जिनकी हत्याएँ करने में छोटा राजन लगा हुआ था। उसने एक तरह से नयी जंग का आरम्भ कर दिया था।

महानगर में गिरोह युद्ध के बादल छाने लगे क्योंकि राजन गिरोह मुंबई बमकांड के आरोपियों की लगातार हत्याएँ करने पर आमादा था। इसका विरोध करने के लिए डी-कम्पनी ने भी कुछ न कुछ करने का मन बनाया। डी-कम्पनी की ओर से यह मोर्चा सँभाला था छोटा शकील ने। बमकांड आरोपियों को मौत से बचाव और बदले के लिए ख़ूनी जवाबी कार्रवाई की योजना बनी थी।

बमकांड आरोपियों को राजन गिरोह ने हत्या की खुले तौर पर धमकियाँ दी थीं। आर्थर रोड जेल परिसर में बनी विशेष अदालत में जारी मुक़दमे के दौरान एक बमकांड आरोपी से जब बात की तो वह बुरी तरह घबरा गया कि ये कैसा सवाल उससे पूछा जा रहा है। वह पहले तो बात करने के लिए तैयार ही न हुआ। जब उसे यह आश्वासन उसकी ही वकील ने दिया कि उनकी शिनाख्त गोपनीय रखी जायेगी, तब जाकर कहीं उसने बात की।

इस बमकांड आरोपी ने बताया कि छोटा राजन ने तो ख़ुद भी फ़ोन करके कई आरोपियों को धमकियाँ दीं, जिनमें वह भी एक है। वह हत्या करने की सीधी धमकियाँ देता है, वह इन पर खरा भी उतर रहा है। हमारी तो दुर्गत हो गयी। न हम घर के रहे न घाट के। पुलिस हमारी सुरक्षा नहीं करती, डी-कम्पनी की तरफ़ से सुरक्षा का कुछ इन्तज़ाम हो नहीं सकता। ऐसे में अदालत आने-जाने के दौरान ही कभी भी नाना कम्पनी के गुंडे घात लगा सकते हैं। उनके पास कोई असलाह बारूद तो होता नहीं है, न ही कोई हथियारबन्द अंगरक्षक होता है, जिससे वे बचाव कर सकें। जब यह पूछा कि वे किसी सुरक्षा एजेंसी से हथियारबन्द गार्ड क्यों नहीं लेते हैं तो उसने कहा कि एजेंसियों को भी जब पता चलता है कि हम बमकांड

आरोपी हैं तो वे हमें सुरक्षा के लिए हथियारबन्द आदमी नहीं देते हैं।

राजन गिरोह की धमकियों से बमकांड आरोपियों में दहशत का आलम छाया रहा। डी-कम्पनी ने इससे निपटने की तैयारी की। शकील को तो मौक़ा चाहिए था कि वह राजन गिरोह से आरपार की लड़ाई कर सके। उसने न केवल नाना कम्पनी के गुंडों की हत्या के लिए उनकी सूची बनायी, बल्कि उनके वित्त पोषकों से लेकर सम्बन्धियों तक की सूचनाएँ जुटायीं। उनकी हत्या के लिए संहारक दस्ते तैनात कर दिये थे। यह बात और है कि किसी कारणवश शकील की यह योजना परवान नहीं चढ़ी। यह आज भी रहस्य ही है कि क्यों छोटा शकील ने छोटा राजन के ख़िलाफ़ यह मौक़ा हाथ से गँवा दिया था, यह तय है कि किसी नामालूम कारण से ही रक्तपात का एक और भयावह दौर शुरू न हो सका।

मारे गये बमबाज

वाजिद ख़ान वली ख़ान मोहम्मद ख़ान : 2 मार्च 1998 को एमके बिल्डर्स का भागीदार और बमकांड आरोपी निजामुद्दीन ख़ान का यह मित्र बान्द्रा स्थित पहेलवी होटल के पास मारा गया। उसका साथी अकरम रफी मोहम्मद गाजी भी गोलीबारी में मारा गया।

बिस्मिल्लाह ख़ान उर्फ़ सलीम कुर्ला : 21 अप्रैल 1998 को अन्धेरी की वीरा देसाई रोड पर स्थित बेलव्यू नर्सिंग होम में गोलियों की बौछार में अपने दोस्त आसिफ मुस्तफा ख़ान उर्फ़ आरिफ केबलवाला के साथ दम तोड़ गया। कार चालक को गोली मार दी ताकि वह गवाही न दे सके।

सलीम कासिम रहमतुल्लाह उर्फ़ सलीम पासपोर्ट : भेंडी बाज़ार में ठीक घर के बाहर सलीम पासपोर्ट को राजन के गुंडों ने मारा।

मोहम्मद मुस्तफा जिन्द्रान : 29 जून 1998 को खार में मारा गया। उसका मित्र किरण पांडे भी शिकार बना।

नूर ख़ान : 25 दिसम्बर 1999 को नूर ख़ान भी गोलियों से छलनी कर दिया गया।

माजिद ख़ान : 1 मार्च 1999 को माजिद को बान्द्रा में हत्यारों ने दिनदहाड़े गोलियों से भून कर रख दिया।

हनीफ कड़ावाला : 7 फरवरी 2001 को बान्द्रा स्थित दफ्तर में बैठे हनीफ कड़ावाला को कुछ युवकों ने मौत के घाट उतार दिया।

अकबर ख़ान अबू सामा उर्फ़ लाला : 3 अप्रैल 2001 की सुबह डोंगरी स्थित एसवीपी रोड पर एसटीडी बूथ के पास खड़े अकबर (25) की एक युवक ने गोली मार कर हत्या की।

शिवसैनिकों का शिकार

शिवसेना और माफिया के बीच अजब खींचातानी और रहस्यमय सम्बन्ध रहे हैं। अब तक मुंबई में जितने राजनेता मारे गये, उनमें सर्वाधिक शिवसेना के हैं। पुलिस कहती है कि शिवसेना के तीखे हिन्दूवादी तेवरों के अलावा भी कुछ ऐसा है, जो उसके सदस्यों और नेताओं की हत्याएँ करने के लिए माफिया को उकसाता है। 'मुस्लिम माफिया के ख़िलाफ़ हिन्दू माफिया' खड़ा करने वाली शिवसेना को अन्ततः अपनी ही आस्तीन में पाले साँप ने डंसा। इसने यह सत्य पूर्णतः प्रतिपादित किया कि अपराधी सदा अपराधी रहता है, वह हिन्दू या मुसलमान नहीं होता, लाल या हरे परचम तले काम नहीं करता, विचारों से अधिक स्वार्थ के साथ चलता है। यही कारण है कि शिवसेना शाखा या विभाग प्रमुखों, नगरसेवकों, विधायकों और शिवसेना प्रमुख के करीबी मित्रों की हत्याएँ भी माफिया ने कीं। कइयों की हत्या के कारण तुरन्त सामने आ गये, कई के रहस्य कायम हैं।

शिवसेना पर संकट

'विवेक भाई से बात करनी है।'

'बोलिए...'

'विवेक अग्रवाल से बात करनी है...'

'बोल रहा हूँ...'

'मैं शकील बोल रहा हूँ...'

'कहिए...'

'पहचाना नहीं क्या?'

'आपकी आवाज़ कोई कैसे भूल सकता है? कहिए कैसे याद किया?'

'क्या है कि आजकल वो नाना बहुत कूद रहा है।'

'क्या हो गया अब?'

शकील का दफ़्तर में फ़ोन आना आश्चर्यजनक बिल्कुल न था। वह कभी भी, किसी भी अख़बार के दफ़्तर में फ़ोन पर बात करने वालों में रहा है। उसका फ़ोन आने का मतलब है, कोई बढ़िया समाचार। जब वह राजन को लेकर बुरी तरह नाराज़गी ज़ाहिर कर रहा था, मैं चौकन्ना हो गया। कुछ बात बनेगी–

'उसने माजिद पर गोलियाँ चलाईं... उसे मारा...'

'हाँ, पुलिस कहती तो ऐसा ही है...'

'उसी ने करवाया है... मैं बोलता हूँ... बहुत गलत है ये...'

'इसमें गलत क्या है?'

'गलत ये है कि वो बेकसूर था...'

'ये आप कैसे कह सकते हैं?'

'मैं कह रहा हूँ न... देख लेना सारे ब्लास्ट वाले एकदम मज़े से कोर्ट के बाहर आयेंगे...'

'इतने विश्वास से कैसे कह रहे हैं आप?'

'है मुझे विश्वास... तब देखना मैं नाना को भी ठीक करूँगा...'

'भी से क्या मतलब है आपका?'

'और भी कुछ लोग हैं...'

'मसलन...'

'नहीं, वो अभी नहीं बता सकता... लेकिन एक बात तय है कि मैं भी कुछ करूँगा...'

'क्या करेंगे आप?'

'अगर नाना ने ब्लास्ट वालों पर हमला बन्द नहीं किया तो मैं बहुत बुरा करूँगा...'

‘क्या?’

‘मैं शिवसेना वालों को मारूँगा, उन सभी का गेम बजा दूँगा जिनके नाम श्रीकृष्णा कमीशन में हैं, मुंबई के टॉप बिजनेसमैन और इंडस्ट्रियलिस्ट को मारूँगा...’

मेरे होश फाख्ता हो गये। एक गिरोहबाज ऐसा कहे तो ये कोरी धमकी नहीं हो सकती। वह भी ऐसे वक्त में जब वह चोटिल हो। बड़ा बवाल हो सकता है इस सिलसिले के शुरू होने से।

‘आप ऐसा नहीं करेंगे?’

‘क्यों नहीं करूँगा?’

‘उन निर्दोषों को क्यों मारेंगे?’

‘श्रीकृष्णा कमीशन वाले कैसे निर्दोष हो गये?’

‘लेकिन व्यापारियों और उद्योगपतियों ने आपका क्या बिगाड़ा है?’

‘कुछ नहीं...’

‘तो उन्हें मारने का क्या मतलब?’

‘उनको मारूँगा तो सब मिल कर सरकार पर दबाव डालेंगे और सरकार नाना को बोलेगी।’

‘सरकार कैसे बोलेगी? उनका क्या लेना-देना नाना से?’

‘अरे वो इस सरकार के करीब जाने के लिए ही ये कर रहा है... उसे सही तरीके से जवाब देना ज़रूरी है।’

‘लेकिन निर्दोष...’

‘जिनको मैं मारूँगा वो निर्दोष नहीं होंगे... वे ऐसे होंगे जो शिवसेना के साथ काम करते हैं, उनको पैसा देते हैं या उनके लिए कुछ करते हैं...’

‘लेकिन यह गलत है।’

‘गैंगवार में कुछ गलत नहीं होता। वो हमारा एक आदमी मारेगा तो हम उसके दो मारेंगे।’

ये ख़बर अगले दिन अख़बार के पहले सफे पर शाया हुई। ख़ूब हंगामा मचा लेकिन किसी ने गम्भीरता से नहीं लिया। राजन ने भी। पुलिस ने भी। शिवसैनिकों ने भी। शकील धमकी पर खरा उतरा। उसने शिवसेना के एक-दो लोगों को मारा नहीं कि पूरे महानगर में आतंक छा गया।

शिवसैनिकों का सफाया

16 जनवरी 1998...

शिवसैनिक मनोहर सखाराम झिंगारे को गोलियों से भूना

पुलिस के मुताबिक़ सुबह एसएस राव मार्ग पर सम्मान सैलून के सामने शिवसेना कार्यकर्ता मनोहर (45) पर 3 युवकों ने करीब से 8 गोलियाँ चलाईं। 6 मनोहर को लगीं। हमलावर फिएट कार में भाग गये। वह हत्यास्थल से 30 मीटर दूर स्थित प्रभंजन इमारत में रहता था। वह शिवसेना विभाग प्रमुख दगडू सकपाल का करीबी था।

तत्कालीन संयुक्त पुलिस आयुक्त (अपराध) रणजीत सिंह शर्मा के मुताबिक़ 38 कैलीबर की रिवाल्वर का इस्तेमाल करने वाले हत्यारों का गवली गिरोह से जुड़ाव है। पुलिस यह भी कहती रही कि हत्यारे असल में श्री सकपाल को मारने आये थे। उन्हें न पाकर मनोहर को मार दिया। कुछ अधिकारी बताते हैं कि मनोहर को मंचेकर गिरोह ने मारा होगा क्योंकि इस गिरोह से श्री सकपाल की पुरानी रंजिश थी। मनोहर को मारने के पीछे कारदार गैरेज की हफ्तावसूली कारण भी बताया। इस गैरेज से हफ्तावसूली के सिलसिले में 10 लोगों की हत्या हो चुकी है। मनोहर ने यहाँ मंचेकर का वर्चस्व तोड़ ख़ुद हफ्तावसूली शुरू की थी। क़ारदार गैरेज के पास बने 200 से अधिक अनधिकृत मकानों से हफ्तावसूली को लेकर विवाद रहा है। यहाँ से लगभग तीन लाख रुपये महीना हफ्ता इकट्ठा होता है, जो मंचेकर गिरोह वसूलता था। इसी पर क़ब्जे को लेकर दोनों पक्षों में तलवारें खिंची हुई थीं।

एक अधिकारी ने नाम न छापने की शर्त पर बताया कि शिवसेना के लिए पूरे इलाके से मनोहर भारी 'चन्दा' जमा करता था। शिवसेना में सकपाल की स्थिति बेहद मज़बूत बनी थी तो वह मनोहर के कारण। शिवसेना को मिलने वाली रकम का सारा श्रेय उन्हें ही जाता था।

18 फ़रवरी 1998...

पूर्व शाखा प्रमुख सुभाष पुंडलिक डांबरे की हत्या

परेल शाखा के पूर्व प्रमुख सुभाष (40) की एक अज्ञात व्यक्ति ने धारदार हथियार से गोद कर हत्या की। शव परेल के भोइवाड़ा इलाके की बीआईटी चाल के करीब स्थित विठ्ठल चव्हाण रोड पर साईं मन्दिर के पास दोपहर 3.30 बजे मिला। प्रत्यक्षदर्शियों के मुताबिक़ एक व्यक्ति सुभाष से मिलने आया। सुभाष पर उसने चॉपर से वार किये

और भाग गया। सुभाष के शिवसेना विधायक विट्ठल चव्हाण से अच्छे सम्बन्ध थे, जिनकी हत्या 1992 में परेल में हुई थी। पुलिस के मुताबिक़ उसका गवली गिरोह से झगड़ा था। पुलिस के मुताबिक़ असामाजिक कार्यों में लिप्त होने से सुभाष की काफ़ी दुश्मनी थी। उसके ख़िलाफ़ मारपीट के चार मामले दर्ज़ थे।

10 मार्च 1998...

केदारी भाई रेडेकर का गेम

करी रोड पर शिवसेना नगरसेवक (वार्ड 52) रेडेकर (52) पर 7.35 बजे तब गोलियाँ चलीं, जब वे कामगार अघाड़ी कार्यालय के बाहर नीली मारुति वैन की खिड़कियाँ बन्द कर रहे थे। उनके गिरते ही हमलावर भाग निकले। मौक़े पर ही उनकी मौत हो गयी। सिर व छाती पर छह गोलियाँ लगीं। पहली बार शिवसेना के टिकट से नगरसेवक बने श्री रेडेकर हर दिन कामगार अघाड़ी कार्यालय में रात 8 से 10 बजे तक बैठते थे। आज वे ख़ुद कार चला रहे थे। कार चालक पास बैठा था। जैसे ही गोलियाँ चलीं, कार चालक झुक गया। उसे गोली नहीं लगी। उसने पुलिस को बताया कि नीचे झुकने से वो न देख सका कि हमलावर कितने और कैसे थे। पुलिस के मुताबिक़ रेडेकर का आपराधिक इतिहास न था। अमर नाईक (मुठभेड़ में मृत) के भाई अश्विन की पत्नी और शिवसेना उम्मीदवार नीता नाईक (मृत) के लिए रेडेकर ने मनपा चुनाव में प्रचार किया था।

18 मार्च 1998...

सलीम बड़गूजर की मौत

शाम 7.30 बजे कमाठीपुरा इलाके (वार्ड 22) के शाखा प्रमुख मोहम्मद सलीम बड़गूजर उर्फ़ कांट्रेक्टर (38) स्कूटर से मौलाना शौकत अली रोड पर जा रहा था। नेत्र अस्पताल के सामने स्कूटर पर आये दो युवकों ने कई गोलियाँ दागीं। बड़गूजर गिर पड़ा। सिर व आँख के पास एक-एक गोली लगीं। सलीम के गिरते ही हमलावर स्कूटर छोड़ पैदल भाग लिए। नागपाड़ा पुलिस ने हत्या का मामला दर्ज़ कर छानबीन की। बताया गया कि सम्पत्ति विवाद के चलते हत्या हुई है। गोलीबारी में एक राहगीर भी घायल हुआ। पुलिस का कहना था कि सलीम पहले शकील के लिए काम करता था। हत्या से कुछ समय पहले शिवसेना में शामिल हुआ था। शकील खफ़ा था कि सलीम ने गिरोह छोड़ कर शिवसेना का हाथ क्यों थाम लिया। सबक सिखाने के लिए सलीम की हत्या करवा दी।

15 अप्रैल 1999...

महादेव खांडेलकर मारे गये

बोरीवली (पू) में राजेन्द्र नगर पुलिस चौकी के सामने आज रात दो अज्ञात व्यक्तियों ने शाखा 148 के प्रमुख खांडेलकर (48) को गोली मार दी। खांडेलकर पुलिस चौकी के सामने से पैदल जा रहा था कि दो युवक आये, गोलियाँ दाग कर भाग गये। उसकी मौक़े पर ही मौत हो गयी। एक राहगीर राजू नायर को भी गोलियाँ लगीं। शिवसेना की श्रमिक कामगार सेना के नेता महादेव के बारे में पुलिस रिकार्ड बताता है कि वे अवैध चाल बबवाते थे। उनकी हत्या मजदूर विवादों और अवैध चाल निर्माण के फसादों के चलते होने की सम्भावनाओं से ज़ाहिर है कि उनके जैसे लोग हर वक्त उधार की साँस पर रहते हैं। उनकी हत्या में डी-कम्पनी के सिपहसालार शकील का हाथ माना गया। उनका किसी पुलिस थाने में आपराधिक रिकार्ड न था। नलसाज महादेव बोरीवली के रायडोंगरी इलाके में बैठी चालों के निर्माण में लगा था।

9 दिसम्बर 1999...

विवेक केलकर की हत्या

अन्धेरी इलाके में गोलीबारी के शिकार शिवसेना शाखा प्रमुख विवेक गजानन केलकर (35) की सुबह अस्पताल में मौत हो गयी। केबल नेटवर्क मालिक केलकर को 4 गोलियाँ लगीं। सिर में लगी गोली हिन्दुजा अस्पताल के चिकित्सकों ने निकालीं लेकिन तीन गोलियाँ बाद में ऑपरेशन से निकलीं। हमले से खस्ताहाल केलकर को बचाने की कोशिशें सुबह सवा 11 बजे ख़त्म हो गयीं।

अपराध शाखा की इकाई 6 ने मोहम्मद शकील अब्दुल लतीफ शेख़, राजेश कटोच उर्फ़ पिंकी, सुनिल भेड़वाई उर्फ़ राजेन्द्र उर्फ़ सचिन्द्र उर्फ़ राहुल, राधेश्याम चुनवाल उर्फ़ विनोद, विष्णु कुमावत और रमेश शेट्टी उर्फ़ अण्णा उर्फ़ तंबी को धर दबोचा। इनमें से तीन मध्यप्रदेश से थे।

पुलिस ने दावा किया कि विवेक केलकर ने एमआईडीसी इलाके में क्रास रोड नम्बर दो स्थित एक भूखंड पर जबरन क़ब्जा किया था। उस पर विवेक ने कई कमरे और झोपड़े बना कर बेचे थे। आसपास कुछ बिल्डर बड़ी निर्माण परियोजनाएँ चला रहे थे। उन्होंने कई बार केलकर से कहा कि झोपड़पट्टी न खड़ी करे लेकिन वो न माना। बिल्डरों को अपने निर्माण बेचने में परेशानी होने लगी। पुलिस ने बताया कि केलकर की गिरोह सरगना काशी पासी से दुश्मनी भी थी। उससे हफ्ताखोरी और सम्पत्ति को लेकर विवाद दुश्मनी में बदल गया

था। पासी के लोग भी विवेक की जान के दुश्मन थे। केबल नेटवर्क में उसकी अन्य नेटवर्क मालिकों से रंजिश काफ़ी गहरा चली थी। एमआईडीसी 'इन मुंबई' केबल नेटवर्क का इलाका था। वह केबल के धन्धे में दादागिरी से पाइंट लेने और दूसरों के केबल काट कर कारोबार ख़राब करने की तकनीक अपना रहा था।

मध्य 2000...

शाखाप्रमुख शिवाजी चव्हाण की हत्या

छोटा शकील की सुपारी पर मध्य 2000 शिवसेना शाखा प्रमुख शिवाजी चव्हाण की गोरेगाँव में डी-कम्पनी के कुछ प्यादों ने हत्या की। शिवाजी की हत्या करने वाले 3 गुंडों को मुलुंड में 24 मार्च 2001 को इं. दया नायक के दस्ते ने मार गिराया। रात 9.30 बजे रिक्शे से उतरे राजेश पांडे (26), विपिन मिश्रा (27) और जावेद (24) के हमले के जवाब में गोली चला कर मारने का दावा पुलिस ने किया। उनसे 3 विदेशी रिवाल्वर भी मिले। तीनों अजीत सावन्त नामक जत्थेदार के नीचे थे। वे जेल में मिले थे। मुठभेड़ से पहले उन्होंने शकील से कई बार मोबाइल से सम्पर्क किया था।

24 सितम्बर 2000...

शिवसैनिक रमाकान्त राजाराम हटकर को गोलियों से भूना

रात 8 बजे विलेपार्ले में शिवसेना दफ्तर में घुस कर रमाकान्त (61) को शकील के प्यादों ने गोलियों से भूना। ये गुंडे एक पूर्व नगरसेवक तथा शाखा प्रमुख की हत्या के इरादे से आये थे। वो न मिला तो रमाकान्त को लुढ़का गये। हत्याकांड के प्रमुख आरोपी विवेक काम्बले को 28 सितम्बर 2000 को विलेपार्ले में मुठभेड़ में पुलिस ने मार दिया।

ये तो कुछ क़िस्से हैं। ऐसे मामलों की मुंबई के आपराधिक इतिहास में भरमार है। शिवसेना नेताओं और कार्यकर्ताओं के ख़िलाफ़ न केवल आपसी रंजिश के चलते बन्दूकें और तलवारें खिंचती रहीं बल्कि माफिया ने भी उन्हें मारा है। कई बार मामला सिर्फ़ सुपारी हत्या का रहा, कई बार आपसी दुश्मनी, कई बार गिरोहों की आपसी रंजिश, कई बार बदले के लिए शिवसेना समर्थकों की हत्याएँ हुईं।

अब तक जितने राजनीतिक दलों के नेताओं, पदाधिकारियों और कार्यकर्ताओं पर हमले हुए या हत्याएँ हुईं, उनमें सर्वाधिक शिवसेना से थे। रिपब्लिकन पार्टी ऑफ इंडिया के एक कार्यकर्ता किशोर जेटले की कांदीवली (प) में अतुल टावर्स के बाहर दाऊद गिरोह के गुंडों ने हत्या की, बिल्डर व

भाजपा नेता अजय मिश्रा की मालाड में घर के अन्दर घुस कर गोली मारी गयी, सपा से जुड़े बिल्डर परवेज़ मोहम्मद अख्तर तथा उनके दोस्त मोहम्मद इब्राहिम पर मुंब्रा-कौसा में गोलियाँ चलीं, मुंबई सपा अध्यक्ष अबू आसिम आजमी पर कुलाबा में जानलेवा हमला हुआ। इन हत्याओं-हमलों के अलावा किसी और राजनीतिक दल के समर्थकों पर गिरोहबाजों का कहर अगर टूटा, किसी एक दल विशेष को बुरी तरह क्षति पहुँची, तो वह शिवसेना है। शिवसैनिकों पर गिरोहबाजों का कहर जारी रहा है।

शिवसेना नगरसेवक और पूर्व महापौर मिलिन्द वैद्य पर एक हमले में तीन शिवसैनिक मारे गये, पाँच घायल हुए। मिलिन्द वैद्य पर 17 दिसम्बर 1998 के हमले के बाद भी उन्होंने सावधानी नहीं बरती। इसी का नतीजा है कि उनके तीन साथी शिवसैनिक, विलास गोपीनाथ आकरे (40), मिलिन्द गुणवन्त चौधरी (25) और दीपक आकरे की मौत 4 मार्च 1998 की रात गोलीबारी में हुई। छह घायलों में से तीन, मिलिन्द वैद्य, कृष्ण चौधरी और विनय राव आकरे का इलाज काफ़ी समय तक चला। डॉक्टरों ने तीन घायलों बाबू काशीनाथ मंगेला, मुरुगन वेलू पंडित थेवर और नितिन नारायण मेहर को इलाज के बाद घर जाने दिया।

1998 में छह शिवसैनिकों की हत्या हुई। पुलिस मानती है कि शिवसेना के उन पदाधिकारियों-नेताओं को सदा सावधानी बरतनी चाहिए, जिन पर दंगे करवाने या हिन्दुओं का पक्ष लेने के आरोप लगे या लगते रहे। दो हमलों के शिकार बने मिलिन्द वैद्य, शकील द्वारा प्रतिशोधात्मक कार्रवाई के सबसे सटीक उदाहरण हैं। दो बार हमलों में जीवित बचे वैद्य हर बार बुरी तरह घायल हुए, जान जाते-जाते बची। उन्हें पुलिस ने 'जेड' श्रेणी सुरक्षा दी। माहिम में दोनों हमलों के तमाम आरोपी या तो पकड़े गये, या मुठभेड़ों में मारे गये। शकील ने वैद्य को निशाना बनाया तो सिर्फ़ इसलिए क्योंकि राजन द्वारा बमकांड आरोपियों की हत्या जारी थी। हत्या का प्रयास इसलिए भी हुआ क्योंकि ज़मीनों और आसपास की दुकानों से जुड़े विवादों पर कुछ स्थानीय युवकों से उनकी तनातनी थी। ये युवक डी-कम्पनी के थे।

शिवसेना नगरसेवक महादेव सुर्वे उर्फ़ बबन हत्याकांड के आरोपी मुजाहिद सैयद शेख़ उर्फ़ राजू को विशेष जज एपी भांगले ने 20 अक्टूबर 2001 को आजीवन कारावास की सज़ा दी। उसके 4 साथियों, इक़बाल अबू बकर शेख़, आसिफ शफी सैयद, असलम सुल्तान, अली फजल और शुमुन अब्दुल कजाक दासरकर को सबूतों के अभाव में बरी कर दिया। बबन के साथी शिवकुमार

बजाज भी इस हमले में मारे गये थे।

शिवसेना के पूर्व शाखा प्रमुख मनोहर चव्हाण की हत्या 21 जुलाई 1998 को हुई। उसे गुंडों ने चाकुओं से गोद कर मार गिराया। कहते हैं कि मनोहर को गिरोहबाजों से दुश्मनी मोल लेने का नतीजा भुगतना पड़ा था। शिवसेना कार्यकर्ता सुधाकर लोणे की हत्या भायखला में गुंडों ने दिनदहाड़े गोलियाँ मार कर की। हफ्तावसूली को लेकर हुए विवाद में सुधाकर लोणे की हत्या हुई बताते हैं।

लालबाग में गोलियाँ खाने वाला मनोहर पहला नहीं। पहले मंचेकर गिरोह ने शाखा प्रमुख विनायक वाबले को 1992 में मारा था। कारदार गैरेज की हफ्तावसूली पर बप्पा नायर, गुंडल्या, बिर्जु बन्धु भी मारे गये। लोग कहते हैं कि मनोहर शिवसेना छोड़ गवली की पार्टी एबीएस में शामिल होने वाला था। इस कारण भी उसकी हत्या के अन्देशे में पुलिस ने गवली के मुख्यालय दगड़ी चाल को घेर कर छापा मारा लेकिन कुछ हासिल न हुआ।

1998 के पहले पाँच साल तक, शिवसेना से जुड़े लोगों की हत्या का दौर थमे रहने के बाद, हत्याओं का सिलसिला फिर शुरू हुआ। जनवरी से मार्च 1998 तक पाँच शिवसैनिक मारे गये जबकि 1992-93 के दो वर्षों में चार शिवसेना नेता व कार्यकर्ता गोलियों का शिकार बने। 1993 से 1997 के पाँच सालों तक गिरोहबाजों ने शिवसैनिकों पर बन्दूकें न तानीं लेकिन गुंडों और गिरोहों ने फिर उन्हें निशाना बनाया। कहा गया कि 1998 में चार शिवसैनिकों की हत्या गवली ने इसलिए करवाई क्योंकि उसके कई गुंडों व सिपहसालारों को पुलिस ने मुठभेड़ में मारा। वह शिवसैनिकों को मार कर बदला ले रहा था। इससे डरे कई कार्यकर्ताओं ने पुलिस सुरक्षा की गुहार लगाई। मनोहर झिंगारे की हत्या कर गवली गिरोह ने बदले का खाता खोला था।

सन् 1992 में विधायक विट्ठल चव्हाण की हत्या गुरु साटम ने की थी। इसी साल भांडुप के शिवसेना से नगरसेवक बने खीम बहादुर थापा की भांडुप में हत्या हुई। उसे डी-कम्पनी ने गोलियों से भूना था। भांडुप के इस रॉबिन हुड का शिवसेना में होते हुए डी-कम्पनी का सिपहसालार बने रहना भी ताज्जुब की बात थी। 1993 में शिवसेना के नगरसेवक रमेश मोरे की हत्या बान्द्रा में हुई। इसके बाद ही शिवसैनिकों पर हमले बन्द हुए थे।

एक पुलिस अधिकारी के मुताबिक़ शिवसैनिकों पर हमले बढ़ने का कारण बमकांड आरोपियों की राजन द्वारा की हत्याएँ रहा है। बमकांड आरोपी बिल्डर माजिद ख़ान की हत्या के बाद शिवसेना पदाधिकारियों को अधिक सावधानी बरतने के लिए पुलिस ने निर्देश दिये। पुलिस के मुताबिक़ शकील

के सुपारी हत्यारे और हमले कर सकते थे। अधिकारियों ने कहा कि बदले की कार्रवाई के लिए डी-कम्पनी ने हिन्दू छवि के नेताओं और कार्यकर्ताओं पर हमले किये। मस्जिद से लाउडस्पीकर उतरवाने और सड़कों पर नमाज़ का विरोध करने वालों के लिए भी ख़तरा बन चला था। राजन और दाऊद के बीच जारी जंग में कब फिर शिवसैनिक बन्दूकों के दहाने पर आ पहुँचेंगे, कुछ कहा नहीं जा सकता था।

शिवसैनकों पर हमलों की समीक्षा के लिए जब वरिष्ठ पुलिस अधिकारियों से चर्चा की जाती, सारे ख़ामोश हो जाते। उस वक्त सत्ताधारी दल शिवसेना के कार्यकर्ताओं और नेताओं पर जारी हमलों के बारे में अगर वे कुछ बोलते भी तो इसी शर्त पर कि नाम न छापें। एक अधिकारी कहते हैं, 'पहले से शिवसेना कार्यकर्ताओं और नेताओं की छवि ऐसी है कि उनके ख़िलाफ़ गिरोहबाजों के हाथ उठते रहे हैं। शिवसेना को आक्रामक नीति के अलावा भी कुछ करना होगा अन्यथा हमले जारी रहेंगे। पुलिस भी उनके लिए कुछ करने में इसलिए सक्षम नहीं क्योंकि हर शिवसैनिक, पदाधिकारी या नेता को सुरक्षा देना सम्भव नहीं।'

19 दिसम्बर 1999 की शाम 7.30 बजे दक्षिण मुंबई इलाके के भुलेश्वर में मलाबार हिल (शाखा क्र. 13) के पूर्व प्रमुख और शराब दुकान मालिक किशोर परशुराम पाश्ते को मोटर साइकिल पर आये दो गुंडों ने करीब से तब 9 गोलियाँ मारीं, जब वे जय हिन्द एस्टेट इमारत के पास खड़े थे। इमारत में उनका दफ्तर है। उनकी मौके पर ही मौत हो गयी। कहा गया कि गोलीबारी में नाईक गिरोह के गुंडे चिकना बाबू का हाथ था। किशोर का किसी से लेन-देन पर विवाद था। पुलिस के मुताबिक़ किशोर के ख़िलाफ़ हफ्तावसूली के मामले दर्ज़ थे। सूत्रों के मुताबिक़ उसने आठ-दस दुकानदारों को हफ्ते के लिए धमकाया था।

12 अप्रैल 2001 को शाखा प्रमुख रामचन्द्र आगले की हत्या हुई। यह भी उसी कड़ी का हिस्सा है, जिसमें हर साल महाराष्ट्र के बजट सत्र में एक शिवसैनिक की हत्या ज़रूर होती है। शकील हमेशा महाराष्ट्र विधानसभा के बजट सत्र को शिवसैनिकों की हत्या करने का समय चुनता है ताकि विधानसभा में हंगामा हो और उसका मकसद हल हो सके। आगले की हत्या से शिवसैनिकों में बुरी तरह भय छा गया। आगले की हत्या में शामिल शकील के 2 सुपारी हत्यारों, विजय सूबेदार चतुर्वेदी और राजेश तुलसीदास चौहान को अगस्त 2001 के दूसरे सप्ताह में मुलुंड कालोनी में पुलिस ने पकड़ा। शुक्रवार को वे पकड़े गये थे लेकिन उसके एक दिन पहले ही गुरुवार को उनके दो साथियों को पुलिस ने मार गिराया था। पुलिस ने बताया कि बड़ी रकम के लालच में

आगले की हत्या की थी।

दिंडोशी शाखा प्रमुख शिवाजी चव्हाण, बोरीवली शाखा प्रमुख विजय खांडेकर, अन्धेरी शाखा प्रमुख विकास पाटिल, मालवणी शाखा प्रमुख बबन सुर्वे, शिवसेना नगरसेविका अनिता बागवे के पति और शाखा प्रमुख श्री बागवे को शकील ने गोलियों का निशाना बनाया। साकीनाका से शिवसेना नगरसेवक साहेबराव कानूराव भिनताड़े रासुका में गिरफ़्तार होकर जेल यात्रा कर चुका था। जेल में बन्द इस नेता पर हफ्ताखोरी, दंगा, हत्या के प्रयास सरीखे कई मामले थे। उन पर दर्ज़ हफ्ताखोरी के मामलों की सूची पुलिस नहीं बताती क्योंकि जिनसे हफ्ता माँगा, उनके नाम प्रकाशित होने से जान ख़तरे में पड़ सकती है। हफ्ताखोरी जैसे कुछ गम्भीर मामलों में शिवसेना के कुछ नगरसेवक पकड़े जा चुके हैं। इनमें कुछ प्रमुख नाम अन्धेरी के सीता राय दलवी, विलेपार्ले के प्रताप वेदक, भांडुप की रोमिला थापा हैं।

सवाल सुरक्षा का

शिवसैनिकों, नेताओं और समर्थकों पर लगातार हमले हुए हैं, उनके ख़िलाफ़ हमलों और हत्याओं के मामले दर्ज़ हुए हैं, उसके बावजूद उन्हें हमेशा सुरक्षा मिली। अपराधियों को सुरक्षा देने के सवाल पर जब अदालतों ने पूरी तरह रोक लगा दी तो भी अपराधी छवि वाले शिवसेना नेताओं और कार्यकर्ताओं ने सुरक्षा हासिल करने के लिए जी-जान एक की। इस पर सरकार और पुलिस में बुरी तरह ठनी।

यह मई 2000 की बात है। अपराधी छवि वाले शिवसेना नेताओं-नगरसेवकों को सुरक्षा देने के मामले में राज्य सरकार और मुंबई पुलिस में भारी तनातनी हुई। अधिकारियों ने पुराने मामलों का हवाला देकर सरकार से कहा कि शिवसेना नेता और नगरसेवकों को सुरक्षा के फ़ैसले पर गौर करे। अधिकारियों ने कई शिवसेना नेताओं और नगरसेवकों को सशस्त्र अंगरक्षक देने से साफ़ इनकार किया। ऐसे शिवसैनिकों की संख्या पाँच दर्जन से अधिक थी। अप्रैल माह में तीन शिवसेना नेताओं की हत्याओं से पूरे राज्य के शिवसेना नेताओं में भय का वातावरण छा गया था। जिन शिवसेना नेताओं को सुरक्षा देने का निर्णय न हो सका या सुरक्षा से पुलिस ने हाथ ऊँचे किये, उन्होंने निजी हथियारबन्द अंगरक्षकों की व्यवस्था की।

मुंबई पुलिस ने मई 2000 तक 100 शिवसेना नगरसेवकों और नेताओं को सशस्त्र सुरक्षा दी। इसके विपरीत मुंबई में कुल 20 विधायकों, 107 नगरसेवकों, 221 शाखा प्रमुखों, 20 विभाग प्रमुखों और 40 उप विभाग प्रमुखों को सुरक्षा की

दरकार थी। कुल 408 शिवसेना नेताओं में लगभग सभी विधायकों को अंगरक्षक पहले ही दे रखे थे। इस मामले से चढ़े राजनीतिक तपमान में हाथ झुलसने के भय से वरिष्ठ अधिकारी मुँह सिले रहे। एक वरिष्ठ अधिकारी ने नाम न छापने की शर्त पर कहा, 'विशेष शाखा में वीआईपी सुरक्षा के लिए कुल ढाई हज़ार पुलिसकर्मी हैं। इसका बड़ा हिस्सा मुंबई निवासी सांसदों, विधायकों और महत्त्वपूर्ण लोगों की सुरक्षा में लगा है। गिरोहबाजों से धमकियाँ पाने वाले उद्योगपतियों और व्यापारियों को भी सुरक्षा देनी होती है। ऐसे में 400 से अधिक शिवसेना नेताओं और कार्यकर्ताओं को लम्बे समय तक सुरक्षा देना सम्भव नहीं।'

एक अधिकारी अपराधी रिकार्ड वाले नेताओं को सुरक्षा देने का मुद्दा खड़ा कर सवाल उठाते हैं, 'अगर ये सुरक्षा का दुरुपयोग करने लगें तो सरकार क्या करेगी?' इस अधिकारी का मानना है कि सुरक्षा के लिए सलाहकार और आकलन समिति जो तय करे, उसे ध्यान में रखना चाहिए। सरकार को या तो इसमें टाँग नहीं अड़ानी चाहिए, या पर्याप्त संख्या में हथियारबन्द कांस्टेबल और अधिकारी मुहैया करवाने चाहिए। वे कहते हैं कि कई शिवसेना नेताओं और नगरसेवकों, जिन्हें जान का ख़तरा है, और पुलिस ने सुरक्षा देने का मन बनाया था, ने अंगरक्षक लेने से मना कर दिया। उनकी नीयत पर शक करते हुए अधिकारी ने कहा, 'एक तरफ़ तो उनके वरिष्ठ नेता सारी दुनिया में सुरक्षा न देने पर परेशान करने वाले बयान देते हैं, दूसरी तरफ़ सुरक्षा लेने से इनकार करते हैं। क्यों? इसका सीधा-सा मतलब है कि उन्हें अपनी कारगुजारियों की कलई खुलने का भय सताता है।'

शिवसेना नेता सुरक्षा के तहत हथियारबन्द अंगरक्षक उपलब्ध करवाने पर ख़र्च का बिल देने से भी नाराज़गी ज़ाहिर करते हैं। अधिकारियों का कहना है कि गिरोहबाजों से धमकियाँ मिलने वाले निर्दोष व्यापारियों और उद्योगपतियों को जब निश्चित रकम पर सुरक्षा दी जाती है तो शिवसेना नेताओं-नगरसेवकों को नियम से बाहर कैसे रखें? लगातार हत्याओं से शिवसेना नेताओं में असुरक्षा की भावना घर कर गयी। वे या तो भूमिगत हो गये या शहर के बाहर निकल जाते हैं। कईयों ने हथियारबन्द सुरक्षा रक्षकों का सहारा लिया। अधिकारियों का दावा है कि किसी शिवसैनिक की हत्या में आज तक राजनीतिक कारण सामने नहीं आया है। उनके मुताबिक़ मारे गये शिवसेना नेताओं पर आपराधिक, निजी या व्यापारिक कारणों से हमले हुए हैं।

श्रीकान्त सरमलकर की हत्या का प्रयास 80 के दशक के मध्य में हुआ था। इस हमले ने पूरी मुंबई की दहला कर रख दिया था। किसी शिवसेना नेता की

हत्या होना, मुंबई को अमन-शान्ति के लिए बेहद घातक साबित हो सकता है। सरमलकर पर हमला ठीक मनपा मुख्यालय के मुख्यद्वार के सामने हुआ। उन्हें कई बार गोली मारी गयी। वे भाग्य प्रबल होने से बच गये लेकिन जिस्म पर गोलियों के निशान आज भी मौजूद हैं।

ऐसे ही कुछ दाग आज शिवसेना के भगवा बाने पर भी लगे हैं। उन्हें धोने की कोशिश कभी कामयाब हो भी सकेगी या नहीं, कहा नहीं जा सकता। शिवसैनिकों की हत्याएँ होने का सिलसिला आज भी जारी है। फ़र्क़ इतना है कि छोटा शकील नले अपनी तलवार म्यान कर ली है। अब वे राजनीतिक, आर्थिक, कारोबारी, पारिवारिक या किसी अन्य कारण से मारे जा रहे हैं।

छुरे से एके छप्पन

अब माफिया पुरानी फ़िल्मों का चाकू चलाते गुंडों जैसा नहीं रहा। आज माफिया के पास ऐसे मारक, संहारक और तेज़ हथियारों का जख़ीरा है कि पुलिस और खुफिया एजेंसियाँ भी उनके सामने पानी भरते हैं। पुलिस दावा भले करे कि उसके पास बेहतर हथियार हैं, सच ये है कि गिरोहों से बेहतर, अत्याधुनिक और स्वचालित हथियार उनके पास होना अभी भी स्वप्न है। माफिया रामपुरी चाकू से एके 56 और नौ मिमी की ग्लॉक पिस्तौलों तक का इस्तेमाल कर रहा है। उनके सामने पुराने ज़माने की 303 मस्कट रायफल या नौ मिमी कार्बाइन रखना हाथी से चींटी की भिड़ंत करवाने जैसा है। इन हथियारों का इस्तेमाल अब तक मुंबई पुलिस अधिकारियों या कर्मचारियों पर गिरोहों ने भले न किया हो लेकिन अपने शिकारों और विरोधियों पर तो करते ही हैं।

इनाम कम क्यों?

वह दिन 21 अगस्त 1998 था। मुंबई पुलिस की अपराध शाखा के एक इंस्पेक्टर की बड़ी हर्षित आवाज़ टेलीफ़ोन पर सुनाई दी–

'विवेक अगरवाल हैं क्या?'

'हाँ जनाब बोलिए।'

'मालवणी से एकदम बढ़िया पिस्टल पकड़ कर लाये हैं, न्यूज बनानी है?'

'कैसा हथियार है?' ज़ाहिर है उत्सुकता जागनी थी।

'तीनों पिस्टल हैं...नाइन एमएम...स्टार...पाक मेड...डी-कम्पनी का माल है...'

'कहाँ है आप?'

'क्राइम ब्रांच...'

'पहुँचता हूँ पाँच मिनट में।'

सम्बन्ध विच्छेद कर जब अधिकारियों तक पहुँचा तो पता चला कि बेहद अच्छी हालत में, कहा जाये कि बिल्कुल नये हथियार लाने वाले दोनों लड़कों को देख कर लगा कि वे भी हथियारों जितने ही नये हैं। जो रामकहानी सुनी, वह कुछ और ही क़िस्सा बयाँ कर रही थी।

ये हथियार ज़ब्त किये हैं, वह तो ठीक है लेकिन उत्साह का जो महासागर अधिकारियों की आवाज़ में उछाल खा रहा था, उसके पीछे कारण कुछ और लग रहा था। वे तो हर सप्ताह या पखवाड़े ऐसी ज़ब्तियाँ करते हैं। अब क्यों खुशी से इस कदर फूले नहीं समाते हैं? ज़रूर कोई बात होगी जो वे बता नहीं रहे।

थोड़ा-सा कुरेदा तो कहानी निकली कि उन्हें अब हथियार बरामदगी पर अधिक इनाम मिलेगा। कल तक हथियारों की ज़ब्ती पर जो चिन्दी सी रकम मिलती थी, अब कई गुना बढ़ कर मिलने वाली है। इसी सम्भावना से वे खिले-खिले और फूले-फूले थे। अधिकारियों ने बताया कि पहले किसी विदेशी हथियार की ज़ब्ती पर पुलिसकर्मियों को मात्र डेढ़ हज़ार रुपये इनाम मिलता था। यह रकम बढ़ा कर तत्कालीन संयुक्त पुलिस आयुक्त (अपराध) डी शिवानन्दन ने 5 हज़ार रुपये की, अब वही 20 हज़ार हो गयी है।

श्री शिवानन्दन ने राज्य सरकार को एक प्रस्ताव भेजा, जिसमें लिखा था कि विदेशी हथियार बरामद करने वाले पुलिसकर्मियों को 20 हज़ार रुपये तक इनाम देना चाहिए, जो स्वीकृत हो गया। प्रस्ताव का मकसद पुलिस उपायुक्त स्तर के अधिकारियों को भी हथियार बरामदगी पर बड़ी रकम ईनाम देने का अधिकार दिलाना था। डीआईजी स्तर के अधिकारियों को अधिकार है कि वे अच्छा कार्य करने वाले पुलिसकर्मियों को 20 हज़ार तक का इनाम दे सकते हैं। इसी के

तहत श्री शिवानन्दन ने अधीनस्थ पुलिसकर्मियों को हथियार बरामदगी पर 5 हज़ार रुपये इनाम देना शुरू किया था जिससे हथियार जब्तियाँ तेज़ी से बढ़ी थीं।

एक अधिकारी के मुताबिक़ हथियार ज़ब्ती पर पुरस्कार बढ़ाते ही बरामदगी का ग्राफ़ आसमान छूने लगा। पहले देशी-विदेशी हथियारों की बरामदगी पर 500 से 800 रुपये पुरस्कार में मिलते थे। अधिक पुरस्कार से पुलिसकर्मियों के लिए अपने मुखबिरों को अधिक पैसा देना सम्भव हो गया। हथियार बरामदगी में बढ़िया काम कर चुके अपराध शाखा के एक इंस्पेक्टर ने बताया, 'सूचना के लिए ख़बरियों को कुछ न कुछ देना ही होता है। पहले पैसे नहीं होते थे। अब इतना होता है कि ख़बरी को दे सकें। इसके कारण सूचना प्रवाह बढ़ा है।' इस इंस्पेक्टर के मुताबिक़ मालाड के मालवणी इलाके में बड़ी संख्या में हथियार उतरते हैं। वे कहते हैं, 'यहाँ झोपड़पट्टियों में हथियारों की संख्या चूल्हों से कहीं अधिक होगी।'

उच्चाधिकारियों को आशा बन गयी कि इसके कारण विदेशी हथियारों की बरामदगी का सिलसिला तेज़ हो जायेगा। 1 जनवरी, 98 से 16 अगस्त, 98 तक के आँकड़ों की तुलना 1997 के इसी वक्त के आँकड़ों से करने पर पता चलता है कि हथियार ज़ब्ती की दर बढ़िया रही। 1997 में अवैध हथियार के 143 मामले दर्ज़ हुए जबकि 1998 में अगस्त तक ही 183 मामले दर्ज़ हो गये। 1997 में कुल 216 लोग पकड़े गये थे, उसके मुकाबले 1998 में 260 लोग पकड़े गये। 1997 के 169 के मुकाबले 1998 में 205 हथियार बरामद हुए। इनमें 1997 में 94 देशी कट्टे, 18 देशी पिस्तौलें, 8 बन्दूकें और रायफलें, 3 स्वचालित हथियार बरामद हुए। इसके मुकाबले 1998 में 121 देशी कट्टे, 20 देशी पिस्तौलें, 27 विदेशी रिवाल्वर, 30 विदेशी पिस्तौलें, 5 बन्दूकें और रायफलें, दो स्वचलित हथियार बरामद हुए। लेकिन इनकी तुलना सन् 2004 या 2014 से करेंगे तो आज के आंकड़े उनके सामने कहीं नहीं ठहरेंगे।

सारी जानकारी बटोरने के बाद उस अधिकारी से पूछा—

'क्या करोगे इतना पैसा बटोर कर? वेतन तो मिलता है सरकार से, फिर इनाम की दरकार क्यों?'

'क्या बात करते हैं आप भी, हथियार लाने वालों को पकड़ना क्या चोर पकड़ने जैसा है?'

'तो?'

'जो हथियार बेचता है, वो ख़ुद भी उसे चलाना जानता है। उसका इस्तेमाल करने से भी नहीं हिचकता। क्या हमारी जान इतनी सस्ती समझते हैं आप?'

'बात जान की कहाँ है... सिद्धान्त की है।'

'तो फिर कस्टम्स या डीआरआई के लोगों को सोना, चाँदी, ड्रग्स या स्मगलिंग का माल पकड़ने पर 10 से 20 परसेंट का इनाम क्यों?'

यहीं आकर लाजवाब हो गया... ख़बर पूरी हो चुकी थी, सो चल दिया।

लेकिन ख़बर पूरी कहाँ हुई थी? मन में हलचल सी मच गयी कि पता करें, कौन सा गिरोह कैसे हथियार इस्तेमाल करता है? ये हथियार इतनी मात्रा में आते कहाँ से और किस कीमत पर हैं? देश में हथियार कारखाने सीमित हैं और वे बढ़िया हथियार भी नहीं बनाते, तो इतनी मात्रा में बेहतरीन हथियारों की आपूर्ति लगातार मुंबई के गिरोह युद्ध में कैसे होती है? जैसे-जैसे खोजबीन करता गया, स्याह संसार में मानो कई-कई अचरज अभी भी मेरा इन्तज़ार कर रहे थे।

छुरे से एके छप्पन तक

मुंबई माफिया कैसे पनपा, बड़ा हुआ और आज कैसे 'कम्पनी' बना, वह एक अलग ही कहानी है लेकिन उसके हथियारों की दास्तान भी बड़ी विचित्र है। कैसे-कैसे हथियारों का इस्तेमाल इस दुनिया ने नहीं किया। रामपुरी से शुरू हुआ हथियारों का सफ़र एके 57 और दस्ती बमों तक आ पहुँचा है। मध्यप्रदेश के सिकलीगरों द्वारा बनाये एक गोली दागने वाले कच्चे देसी कट्टों से फाइबर ग्लास निर्मित ग्लॉक और ऊजी पिस्तौलों तक, न जाने कितने ही ऐसे हथियार आते और इस्तेमाल होते रहे हैं। हथियारों का इस्तेमाल एक या अधिक लोगों की हत्या के हिसाब से होता है।

60 के दशक से पहले अपराध जगत का कोई नामोनिशान मुंबई में न था। यहाँ कुछ पठान थे, कुछ साहूकारी करते थे, कुछ विशाल शरीर और शक्ति के बूते थोड़ी छीना-झपटी। तब अपराध कर्म संगठित स्वरूप में न था। पठानों की दादागिरी चलती थी और वे हाथों को ही 'हथियार' समझते थे। उनसे निपटने में जब स्थानीय अपराधियों को तकलीफ होने लगी तो अपने बचाव और पठानी कद्दावर गुंडों से बदला लेने के लिए वे चाकू रखने लगे।

जब अपराधियों ने मुंबई में नया संसार बसाना शुरू किया तो कई तरह की समस्याएँ मायानगरी को झेलनी पड़ीं। पहले कभी किसी 'दादा' का छोटा-सा मवालियों का दस्ता हुआ तो बड़ी बात होती थी। ये दादा एक इलाके में सल्तनत कायम रखते थे। वहाँ आतंक स्थापित करने का उनका साधन ऐसे गरीब लोग थे जिनके सामने समस्याओं के पहाड़ थे परन्तु जूझने के साधन नहीं। ऐसे लोगों के लिए ये दादा 'देवदूत' सरीखे थे। ये दादा अपने इलाके में लड़कियों और महिलाओं की बड़ी इज़्ज़त करते थे। उनके इलाके में न वे ख़ुद महिलाओं की

ओर आँख उठा कर देखते, न किसी और का आँख उठाना पसन्द करते थे। यदि कोई इलाके में ऐसी हरकत करता तो उस रोड रोमियो की जम कर पिटाई होती। यही कारण था कि तब दादाओं की 'डर' से अधिक 'इज़्ज़त' थी।

उस वक्त भी इलाके में दूसरे दादा का प्रवेश किसी को रास नहीं आता था। इसका असर यह हुआ कि इलाकों में घुसपैठ को लेकर तनाव पैदा होने लगे। कभी-कभार उनके सहयोगियों और साथियों का दूसरे इलाके के दादाओं से विवाद या फसाद हो गया तो वे अपने-अपने सरँगना या दादा के पास जाते। दोनों दादा साथ मिल-बैठते और निर्णय लेते कि गलती किसने की। जो गलती करता, माफी माँगता या सज़ा का हकदार बनता। यदि दोनों दादा अपने साथियों का सत्य स्वीकार करने पर अड़ जाते तो संघर्ष निश्चित हो जाता। इस लड़ाई का ख़ूनी होना भी बड़ी बात न थी। लड़ाई भी हाथों से होने से रही। इसके लिए तब सबसे सहज उपलब्ध हथियार लाठियों, बल्लम, साइकिल की चेन, पाइपों का इस्तेमाल होता।

मामला बहुत गम्भीर हो तो ही तलवार जैसा हथियार बाहर आता। किसी इलाके में तलवार चल जाती तो उस इलाके के नाम से ही लोग डरने-थर्राने लगते। जिस गुंडे के लोग तलवार का प्रयोग करते, उसके नाम की सनसनी समाज में फैल जाती, लोग उससे भय खाने लगते। उस दौर की सबसे बढ़िया बात थी कि दादा भले ही आपस में कितनी भी मारकाट मचाएँ, आपस में हिसाब-किताब किसी भी स्तर पर चुकाएँ, आपस में कितना ही ख़ून बहाएँ, समाज को कष्ट नहीं देते थे। उनके हाथों किसी निरपराध को तकलीफ नहीं होती थी।

60 का दशक बीतते-बीतते समाज में वे तमाम आवश्यक बुराइयाँ आ चलीं, जिनसे पश्चिमी समाज पहले ही त्रस्त था। जुआ, अवैध शराब, फ़िल्म टिकट कालाबाज़ारी जैसे काम शुरू हुए और बाकायदा गिरोहों की स्थापना होने लगी। लेकिन इन गिरोहों का ऐसा वजूद न था जैसा आज है। इसके बावजूद उन सरगनाओं ने अपने गिरोह में ऐसे लड़कों की भर्ती शुरू की जो कहे मुताबिक़ काम करें, इशारे पर जान देने को तैयार रहें और जो कहें, उसमें बिना आगा-पीछा सोचे कूद पड़ें।

उस दौर में कोई छोकरा अपने खीसे में रामपुरी चाकू रख कर घूमता तो उसे बेहद ख़तरनाक मानते थे। यदि ऐसा व्यक्ति पकड़ा जाता तो पुलिस उसके ख़िलाफ़ कड़ी कार्रवाई करती। उस दौर में मोहम्मद पानवाला, आदम कश्मीरी, चिकना जानी, आदम जानी, बड़ा जानी, इब्राहिम, शम्शुद्दीन पहलवान, बोरकर दादा का बड़ा नाम था। उनके अलावा 'कानपुरी गिरोह वाले' और 'इलाहाबाद

गिरोह वाले' भी थे, जो शहरों के नाम पर स्थापित हुए। इनके बीच कभी-कभी मारकाट होती जिसमें धारदार हथियारों का प्रयोग होता था। कहा जाता है कि एक बार एक लड़की के साथ किसी मनचले ने छेड़खानी की। उसे मोहम्मद पानवाला ने देख लिया। वह इलाके में शोहदों की हरकत नापसन्द करता था। उसने लड़के को समझाने की कोशिश की लेकिन वह अकड़फूं निकला। यह बात पानवाला को अखर गयी। उसने कमर से लगा रामपुरी निकाला और चन्द मिनटों में मनचले की मुंडी सड़क पर धूल चाटने लगी।

देसी कट्टे की ठाँय

70 के दशक में देसी कट्टे ने अपराध जगत में घुसपैठ की। अब तक तो आमने-सामने की लड़ाइयों का दौर था लेकिन शारीरिक गठन के मामले में कमजोर लोगों में जब ताकत का नशा छाने लगा तो ऐसे हथियारों की ज़रूरत पड़ी कि वे दुश्मन पर दूर से कारगर हमला करें और काम आसानी से पट जाये। ऐसे में देसी कट्टे से बढ़िया और क्या हो सकता था? तब रिवाल्वर हासिल करना चाँद पर जा पहुँचने से कठिन बात थी।

मध्यप्रदेश, उत्तर प्रदेश और बिहार के छोटे-छोटे गाँवों में बनते हैं ये कट्टे 250 से 800 रुपये की कीमत पर सहज उपलब्ध हैं। 12 बोर के कारतूस से 7.62 कैलीबर की गोलियों वाले कट्टे बनते हैं। वे ऐसे लोहे से बनते हैं जो दो-चार गोलियाँ चलाने लायक शक्ति भी नहीं रखते। कई बार ये कट्टे वक्त पर चलते नहीं, जाम हो जाते हैं। कई बार इनकी नाल फट जाती है। इनमें बिहार और उत्तर प्रदेश के कट्टे खराब तो मध्यप्रदेश में सिकलीगरों द्वारा बनाये कट्टे अच्छे माने जाते हैं।

अब तक काले संसार पर तस्करों का राज कायम होने लगा। करीम लाला, हाजी मस्तान, यूसुफ पटेल, वरदा दादा ने अपने-अपने इलाकों में पैठ बना ली। मध्य मुंबई में करीम, हाजी और पटेल का दबदबा था तो माटुंगा इलाके पर वरदराजन मुदलियार का। वरदा के पास ऐसे दबंग लड़कों का दस्ता था जो एक इशारे पर मरने-मारने को तैयार हो जाता था। उनके जरिए वरदा ने धारावी, एंटाप हिल से चेंबूर इलाके तक क़ब्जा किया। अब तक सुपारी हत्यारों के हाथों में टेलिस्कोपिक रायफलें आ चुकी थीं, जिनसे निशाना साधना न केवल आसान था, शिकार के 'लुढ़कने' की पक्की गारंटी होती थी।

चकरी की धमक

कुछ आगे बढ़ते ही वक्त आया कोबरा गैंग, गोल्डन गैंग, कम्पनी सरकार, बापट

गैंग का। इस ज़माने में सन मिल गली में रहने वाले बाब्या खोपड़े का 'गोल्डन गैंग' पर अधिकार था तो भायखला के बाबू रेशिम की 'कम्पनी सरकार' का बड़ा नाम था। चिंचपोकली स्टेशन के करीब अमर नाईक ने अपने गिरोह की स्थापना की। गिरगाँव इलाके में दशरथ रहाणे ने 'बापट गिरोह' के जरिए राज करना शुरू किया। पाकमोड़िया स्ट्रीट पर दाऊद इब्राहिम का गिरोह भी काम शुरू कर चुका था। इसी दौर में मुंबई माफिया, संगठित सेना की तरह एक गिरोह में आबद्ध हो काम करने लगा। अब गिरोह युद्ध में और अच्छे हथियारों की ज़रूरत महसूस हुई तो मामला विदेश निर्मित बढ़िया किस्म के 6 या 7 चैम्बर वाली चकरी या रिवाल्वर तक जा पहुँचा।

अब तक बड़े भाई के रूप में देखे जाने वाले आतंक के पर्याय शब्द 'दादा' का लोप होने लगा था। समाज में आतंक के झंडाबरदारों के लिए नया नाम पैदा हो चुका था। जो बाहुबल से समाज में जी रहा था, वह 'भाई' कहलाने लगा। अब यूसुफ, करीम, वरदा और हाजी के बीच मारकाट मची। यह पहला गिरोह युद्ध था जिसमें पचासों लाशें गिरीं। इसका फायदा दाऊद ने उठाया। दाऊद के साथ सबसे ख़तरनाक भिड़ंत करीम लाला के पट्ठों की हुई। स्याह संसार पर क़ब्जे को लेकर भड़के युद्ध की आग में पूरा धन्धा भस्म होने लगा। दाऊद के भाई शब्बीर की हत्या हुई तो जलजला आ गया। रिवाल्वरों से उगली आग ने शब्बीर के शरीर को नष्ट कर दिया लेकिन नफरत और बदले की ऐसी आँधी पैदा कर गयी कि लोगों को जान के लाले पड़ने लगे।

दाऊद ने बदला लेने के लिए एक संहारक हथियार हासिल करने पर बल दिया और स्टेनगन हासिल कीं। उसका पहला इस्तेमाल करीम लाला के भांजे समद ख़ान पर हुआ। गिरगाँव में समद की लाश जब गिरी तो पता चला कि कल का छुटभैया गुंडा दाऊद 'बड़ा भाई' बन गया है। इसी समय करीम लाला के एक और भाँजे अमीरजादा की स्वचालित हथियारों के जरिए हत्या हुई। उसके बाद तो लाशें गिरने की झड़ी लग गयी।

बमबाजी का आरम्भ

बाबू रेशिम भी उन दिनों बड़ा भाई हो चला था। उसने शक्ति बढ़ाने के लिए मुंबई के सर्वहारा वर्ग के सबसे सबल प्रतिनिधि कपड़ा मिल मज़दूरों के बीच मसीहाई छवि का निर्माण किया और यूनियन नेता बन गया। कंजारी गिरोह से उसका विवाद रक्तरंजित हो चला। कंजारी गिरोह के विजय उतकर ने सात रस्ता थाने के लॉकअप में रेशिम पर बम से हमला किया। यह पहला मौक़ा था जब

अपराध जगत में आपसी रंजिश के चलते आग का दरिया बहाने और शरीरों के चीथड़े बिखराने वाले संहारक दस्ती बम का प्रयोग हुआ। एक बम का इस्तेमाल हवालात का ताला तोड़ने के लिए हुआ। उसके बाद हत्यारा दस्ता पुलिस सुरक्षा में सो रहे रेशिम पर गोलियों की बरसात करने जा पहुँचा। उसकी मौत हो गयी और अपने साथ हत्यारों के जीवन में मौत का विकट तूफान लेकर आयी। इसके बाद कम्पनी सरकार के तिजोरी की ताली आ पहुँची रमा नाईक के हाथों में।

इस दौरान दाऊद ने बिखरे गिरोहों को एकत्रित कर अपने लिए काम करने को मनाना शुरू किया। जो मान गया उसे पैसे और बढ़िया हथियार दिये। पहले-पहल सारा मामला दोस्ती के रूप में सामने आया। कइयों को दाऊद का खेल समझ में नहीं आया कि आखिरकार जो दोस्ती का हाथ बढ़ा रहा है, वह है कौन और उसका असली इरादा क्या है? रक्तपात से आजिज गुंडों और गिरोहबाजों ने दोस्ती का बढ़ा हाथ थाम लिया। जो नहीं माना गोलियों का शिकार बना। इस चक्कर में जितनी गोलियाँ चलीं, उससे एक छोटा-मोटा युद्ध जीता जा सकता था। इतनी गोलियाँ चलती भी क्यों नहीं। आखिरकार 640 वर्ग किलोमीटर इलाके में विस्तारित उर्वर और कमाई भूमि पर क़ब्जे का संघर्ष जो था।

रमा नाईक ने विद्रोह किया। उसे पुलिस ने मुठभेड़ में मार गिराया! कहते हैं यह मुठभेड़ दाऊद द्वारा प्रायोजित थी। रमा से यह सब जा पहुँचा अरुण गवली के हाथों में। गवली ने रेशिम की मौत का बदला लेने की ठानी। उसने कांजुर मार्ग के गुंडे अशोक जोशी से हाथ मिलाया। अब शुरू हुआ दाऊद के ख़िलाफ़ रक्तपात का एक और सिलसिला। दाऊद को शान्त करने के लिए उसके सबसे प्रमुख सिपहसालार, यूँ कहें तो तत्कालीन सेनापति, सतीश राजे को जेजे अस्पताल चौराहे पर गोलियों से भून दिया।

झाड़ू की तड़तड़

दाऊद ने इसका बदला लेने की ठानी। उसने हर उस व्यक्ति को मारने के लिए और अधिक संहारक हथियार लाने की सोची, जिसने उसके ख़िलाफ़ हथियार उठाए। ऐसा हथियार जो विरोधी को हथियार निकालने का मौक़ा न दे। गुस्से से भरे दाऊद ने एक माह बाद ही पलट कर वार किया। अब तक उसके पास चीन निर्मित महासंहारक क्लाश्निकोव (एके-47) बन्दूकें आ चुकी थीं। गिरोहों में इसे तब झाड़ू कहा जाता था।

एके-47 का पहला प्रयोग अशोक जोशी पर हुआ। हमले में जोशी, श्यामसुन्दर नायर, करुणाकर हेगड़े समेत कुल पाँच लोग हलाक हुए। इसके कारण दाऊद

का नाम सबसे ऊपर आ गया। सभी विरोधियों को एक स्थान पर 'साफ़' करने के कारण एके-47 का नामकरण 'झाड़ू' कर दिया तो अचरज कैसा? इसके बाद जेजे हत्याकांड में सुभाष सिंह ठाकुर और साथियों ने एके-47 का भरपूर इस्तेमाल किया। भाजपा के मुंबई कोषाध्यक्ष रामदास नायक, बिल्डर ओमप्रकाश कुकरेजा समेत ऐसे कितने ही लोग थे, जिनकी हत्या इसी महासंहारक हथियार से हुई।

दाऊद ने अब तक हथियारों के मामले में बढ़त बनाये रखी है। उसने जो सबसे ख़तरनाक हथियार इस्तेमाल किया, वह किसी गिरोह विशेष के ख़िलाफ़ नहीं, आम हिन्दुस्तानियों को निशाना बनाने और जात-बिरादरी को यह भरोसा दिलाने की कसरत थी कि उनकी रक्षा या बदले के लिए भी कुछ लोग मौजूद हैं। 12 मार्च 1993 को 12 स्थानों पर हुए 13 भयानक बम विस्फोटों में सबसे संहारक रसायनों में से एक आरडीएक्स का प्रयोग हुआ। आईएसआई ने दाऊद को बड़ी मात्रा में आरडीएक्स, एके-47, एके-56, 9 मिमी स्टार पिस्तौलें, लाखों गोलियाँ और दस्ती बमों के जख़ीरे मुफ्त मुहैया करवाये थे। ये जख़ीरे आज भी देश के अलग-अलग हिस्सों में बिखरे पड़े हैं।

पुलिस से अच्छे हथियार

मुंबई में हथियारों की चाहत है तो उसे हासिल करना बड़ी परेशानी नहीं होगी। मुंबई के पश्चिमी उपनगर कांदिवली के मालवणी इलाके में हर किस्म के बेहतरीन हथियार आसानी से मिल जाते हैं। हथियारों की ख़रीद-फरोख़्त के साकीनाका, नालासोपारा, नागपाड़ा, डोंगरी, धारावी, मुंब्रा और तलोजा मुख्य केन्द्र हैं। यहाँ कुछ हथियार विक्रेता हैं जिनसे गिरोहबाज और सुपारी हत्यारे सम्पर्क कर पसन्दीदा हथियार सही कीमत पर हासिल कर सकते हैं।

1999 में जब मुंबई पुलिस ने बड़ी मात्रा में हथियारों का जख़ीरा बरामद किया, उसके बाद मुंबई के भूमिगत संसार में एक नया ट्रेंड शुरू हुआ। यह था 'किराये' पर हथियारों की आपूर्ति। इसके लिए हथियारों के सौदागर से पुराने सम्बन्ध या पूरी कीमत अदा करना होता है। काम ख़त्म होने के बाद किराया काट कर बाकी पैसा वापस। हथियार समेत शूटर पकड़ा गया या हथियार गुम हो जाये तो पूरा पैसा ज़ब्त।

मुंबई माफिया के असलाह ख़ज़ाने में पाकिस्तान और अफ़ग़ानिस्तान निर्मित स्टार पिस्तौलें, जर्मनी, जापान, स्वीडन, फ्रांस निर्मित 38, 42, 45 या 48 कैलीबर की पिस्तौलें और रिवाल्वरों के जख़ीरे हैं। चीन निर्मित एके-47 और 56 भी बहुतायत से हैं। भारत निर्मित 9 मिमी की स्टेनगनें हैं जो सिर्फ़ भारतीय सेना,

पुलिस और अन्य सुरक्षा एजेंसियों द्वारा इस्तेमाल होती हैं। पाक-अफगान निर्मित 9 मिमी स्टार पिस्तौलें तो डी-कम्पनी में बड़ी लोकप्रिय हैं। आईएसआई के बाद इसे पाने का दूसरा बड़ा स्रोत उत्तर प्रदेश और बिहार हैं। नेपाल से लगी खुली सीमाओं से यहाँ हथियार पहुँचना कोई परेशानी पैदा नहीं करता।

एक बार शकील के सुपारी हत्यारों कसना तेमय्या शेट्टी और मोहम्मद इकबाल मोहम्मद मंसूरी से पुलिस को स्टार पिस्तौल और दो मैगजीनें मिली थीं।

शकील का सुपारी हत्यारा सैयद मुजाकिर मुदास्सिर हुसैन उर्फ़ मुन्ना झिंगाडा (27) ब्राजील निर्मित फोर्गेस टौरोस जैसी स्वचालित पिस्तौल इस्तेमाल करता था जो अपराध जगत में 'मिनी कार्बाइन' नाम से जाना जाता है। इसकी 'फायर पॉवर' इतनी तेज़ और शक्तिशाली है कि यह भारत जैसे देश में आमतौर पर दिखाई ही नहीं देता। कारण यह है कि इसका इस्तेमाल कोई भी सरकारी एजेंसी नहीं करती और इसे लाइसेंस पर भी नहीं रखा जा सकता।

नाईक गिरोह के पाँच गुंडों, शिवड़ी का निवासी विनायक गायकवाड उर्फ़ विन्नी, विनायक गायकवाड (23), रामदास परशुराम रहाणे उर्फ़ रामू (24), विश्वास नारायण पाटिल (22) और किरण अशोक साल्वी (24), से चीन निर्मित नौ कैलीबर की दो नोर्निक पिस्तौलें बरामद हुईं। ये भी आमतौर पर माफिया में इस्तेमाल होने वाला हथियार नहीं है।

राजन गिरोह का हत्यारा और 13 हत्याओं का आरोपी संजय शंकर वाडकर उर्फ़ संजय घाटी अमरीका निर्मित 32 कैलीबर की 'हैलिंग्टन एंड रिचर्डसन' रिवाल्वर का प्रयोग करता रहा। इसकी दो ख़ूबियाँ हैं। पहली—इसकी नाल ख़ूब लम्बी है जिससे सटीक निशाना साध सकते हैं; दूसरी—इसका ट्रिगर दो हिस्सों में काम करता है, पहली बार में यह आधा खिंचता है जिससे गोली नाल में चली जाती है, इसके बाद निशाना ठीक से साध कर ट्रिगर दबाने पर चूक नहीं होती। वाई (सतारा जिला) इलाके के मूल निवासी इस सुपारी हत्यारे से बरामद रिवाल्वर का इस्तेमाल चार हत्याओं में हुआ था।

कभी सेना के मोटर ट्रांसपोर्ट कोर में थ्री-टन चलाने वाला भरत नेपाली 9 मिमी कार्बाइन का महारथी था। सेना में वाहन चालकों को कार्बाइन चलाने का प्रशिक्षण देते हैं ताकि छोटे आकार का हथियार रखने में परेशानी पैदा न करे, ज़रूरत पड़ने पर तेज़ी से इस्तेमाल में आये। इस छोटे लेकिन अचूक व संहारक हथियार में वे तमाम ख़ूबियाँ हैं, जिसके कारण आज भी सेना से इसे हटाया नहीं है। ये बात और है कि उससे भी कहीं बेहतर व संहारक हथियार, एके-47 या 56 या डीआरडीओ निर्मित 5.59 मिमी असॉल्ट रायफलें सेना में आ चुकी हैं।

आमद पड़ोसी मुल्कों से

मुंबई माफिया को कश्मीरी और खालिस्तानी आतंकियों के अलावा पूर्वी बागी व अतिरेकी दलों से भी हथियार मिलते हैं। उत्तर प्रदेश, बिहार, राजस्थान, मध्यप्रदेश के असलाह फरोशों के हाथों से 'सामान' बड़ी मात्रा में हत्यारों के हाथों में पहुँचते हैं। आईएसआई के नेपाल नेटवर्क का इस्तेमाल माफिया तक हथियार पहुँचाने में होता है।

हथियार आपूर्ति का एक जरिया श्रीलंकाई आतंकी संगठन लिट्टे भी है। खुफिया अधिकारी बताते हैं कि श्रीलंका के जरिए भी मुंबई तक हथियारों की पहुँच होती है। राज्य खुफिया पुलिस के एक वरिष्ठ अधिकारी कहते हैं, 'हमें पता है कि ऐसा होता है और कौन यह काम कर रहे हैं लेकिन दुर्भाग्य कि आज तक ऐसी कोई खेप पकड़ी नहीं जा सकी। लिट्टे भी मुंबई माफिया से जुड़ी है और वे हथियारों तथा नशे की तस्करी करते हैं।' वे दावा करते हैं कि उनके विभाग को इस 'चैनल' की पुख्ता जानकारी है लेकिन यह बड़ा मुश्किल है कि उन्हें पकड़ा जा सके।

अफगान फ्रंटियर से भी माफिया तक हथियार पहुँचते हैं, जहाँ हथियार सब्ज़ी मंडियों में बिकते आलू-टमाटरों की तरह आसानी से उपलब्ध हैं। पाकिस्तान से हथियार राजस्थान सीमा पार कर या कराची बन्दरगाह से गुजरात अथवा महाराष्ट्र के तटवर्ती क्षेत्रों पर तेज़ गति की नौकाओं व जहाज़ों में भर कर भेजे जाते हैं। गुजरात के भुज, कच्छ और भरूच इलाकों पर डी-कम्पनी का खासा दबदबा और नियन्त्रण है, इससे उसके लिए हथियारों के जखीरे यहाँ से सिर्फ़ डी-कम्पनी के लिए पहुँचते हैं।

नेपाल की खुली सीमा से हथियारों की तस्करी भारतीय खुफिया और क़ानून पालन एजेंसियों के लिए सबसे बड़ा सिरदर्द है। आईबी के एक अधिकारी बताते हैं, 'नेपाल अवैध हथियारों की एक बड़ी मंडी है। भारत-नेपाल सीमा खुली होने, पर्याप्त सुरक्षा व्यवस्था का अभाव, गरीबी, सुरक्षा एवं गुप्तचर एजेंसियों में तालमेल का अभाव जैसे कारण हथियारों की खुली आमद की रोकथाम को असफल कर देते हैं। हमें पता है कि नेपाल सीमा से किसी किस्म का ख़तरा नहीं है कि कोई हमारी सरहदों पर हमला कर देगा लेकिन जो छुपा हमला रात-दिन हो रहा है उससे बचाव का कोई जरिया फिलहाल नहीं है।'

इस अधिकारी का कहना है कि मुंबई में चीन, जर्मनी, फ्रांस, स्वीडन के हथियारों की पहुँच नेपाल बजरिए होती है। पूर्णिया, किशनगंज, मधुबनी, सुरसंद, बीरगंज जैसे पचीसियों शहर और कस्बे हैं, जहाँ हथियार नेपाल से पहुँचते हैं।

ये भारत के अन्य हिस्सों में हथियार पहुँचने के 'ट्रांजिट पाइंट' हैं। सीवान, गोपालगंज, मुजफ़्फ़रपुर, समस्तीपुर, खगड़िया जैसे स्थानों पर खुलेआम हथियारों की बिक्री होती है और स्थानीय पुलिस इस अवैध कारोबार पर अंकुश लगाने में असफल साबित हुई है। यहीं से हथियारों के जख़ीरे मुंबई की ओर मुँह करते हैं।

इस अधिकारी ने बताया, 'नेपाल से हथियारों के सौदागर और तस्कर हथियारों को सीमान्त निवासी महिलाओं के सिर पर लदे जलावन लकड़ियों के गट्ठरों में छुपा कर भेजते हैं। चूँकि कैरियर महिलाएँ हैं इसलिए पुलिस या कस्टम्स अधिकारी शक नहीं करते। भारतीय सीमा के अन्दर आकर महिलाएँ 'माल' ट्रक में लाद देती हैं। लकड़ियों समेत हथियार लखनऊ या पटना तक सुरक्षित जा पहुँचते हैं। इसके बाद उनका मुंबई पहुँचना तो बस वक्त की बात होती है।' यह अधिकारी बताता है, 'मुजफ़्फ़रपुर (बिहार) तो नेपाल के जरिए हथियारों की सप्लाई का काफ़ी पुराना केन्द्र है।'

मुंबई के कस्टम्स अधिकारी कहते हैं कि नेपाल की सीमा खुली से यह सम्भव नहीं कि हर आने-जाने वाले को पकड़-पकड़ कर चैक किया जा सके। हथियारों की आमद धान के पानी भरे फिसलते खेतों, पहाड़ियों, नदियों और नालों के जरिए होती है। वहाँ हर जगह कस्टम्स अधिकारियों की तैनाती सम्भव नहीं।

कुछ समय पहले गौहाटी नेशनलिस्ट सोशलिस्ट काऊंसिल ऑफ नागालैंड के एक बड़े नेता को पुलिस ने गिरफ़्तार किया था। उसने पुलिस को बताया कि वह भारत के अन्य हिस्सों के हथियार सौदागरों और तस्करों को भी हथियार बेचा करता था। उसने मुंबई गिरोहों के साथ अपने सम्बन्धों की बात भी बतायी थी।

चार सौ रुपये में हथियार

आप एक हथियार चाहते हैं जो अवैध रूप से आपको हासिल हो सके? कोई ज़रूरत नहीं कि आपके पास लाखों रुपये हों या बड़ा सम्पर्क हो। हथियारों के अवैध बाज़ार से आप बेहतरीन अस्त्र हासिल कर सकते हैं। रामपुरी चाकू ही नहीं, संहारक एके-56 और 9 मिमी की ग्लॉक हासिल करना भी सपना नहीं। करना इतना है कि इस काले कारोबार के लालची आदमियों की पैसों की हवस शान्त कर दें जो धारावी, पठानवाड़ी (मालाड) या मालवणी (कांदिवली) की झोपड़पट्टियों में दुकानें सजाए बैठे हैं। आपकी जेब में बस 400 से लेकर 5 लाख रुपये होने चाहिए।

बिना बटन का रामपुरी चाकू 50 से 75 रुपये में उपलब्ध है। 100 से 200 रुपये में खटकेदार रामपुरी मिल सकता है। चॉपर की कीमत भी लगभग इतनी

ही है लेकिन तलवारों की कीमत आकार, वज़न और लोहे की गुणवत्ता के हिसाब से तीन से चार गुनी तक हो सकती है।

आग्नेयास्त्रों की श्रेणी में, एक गोली वाला देसी कट्टा मात्र डेढ़ से 2 हज़ार रुपये में उपलब्ध है। 5 से 7 गोलियों वाला देसी रिवाल्वर 5 से 10 हज़ार रुपये में, फैक्टरी निर्मित भारतीय रिवाल्वर की 25 से 35 हज़ार में, विदेशी रिवाल्वर सवा से डेढ़ लाख रुपये में मिलते हैं। पाक या अफगान निर्मित स्टार पिस्तौलें अथवा जर्मनी, जापान, स्वीडन, फ्रांस में निर्मित, 32, 35, 38, 42 या 48 कैलीबर की पिस्तौलों तक भी पहुँच सम्भव है। मुंबई माफिया, स्वचालित और अर्धस्वचालित, दोनों किस्म के हथियारों का प्रयोग करता है। भारतीय फैक्ट्री निर्मित पिस्टल डेढ़ से दो लाख में तो विदेशी की कीमत कम्पनी और काम के हिसाब से ढाई से 4 लाख के बीच होती है।

एके-47 की कीमत 4 से 5 लाख रुपये होती है तो एके-56 की कीमत 10 से 20 फ़ीसदी अतिरिक्त होती है। स्टेनगन भी इतनी ही कीमत पर मिलेगी। भारत निर्मित स्टेनगन का इस्तेमाल मुंबई माफिया कम ही करती है। आमतौर पर उप्र और बिहार के सरगना ये हथियार रखते हैं। मुंबई माफिया के पास 36 एचई हेंडग्रेनेड भी हैं लेकिन वे बाज़ार में ख़रीद-फरोख़्त के लिए उपलब्ध नहीं। ये फिलहाल सिर्फ़ डी-कम्पनी के पास ही हैं। गोलियाँ हथियारों के बाज़ार में बहुतायत से उपलब्ध हैं। सभी किस्म की गोलियाँ 25 से 75 रुपये प्रति नग की दर से बाज़ार में मौजूद हैं।

12 मार्च 1993 के बमकांड हेतु लाई सैकड़ों एके रायफलें, 36 एचई दस्ती बम और आरडीएक्स के जख़ीरे अलग-अलग ठिकानों पर छुपे हैं। ज़रूरत पड़ने पर ये जखीरे बाहर आते हैं। इसी हथियार खज़ाने की एके-47 और 56 रायफलों का इस्तेमाल शिवसेना नेता मिलिन्द वैद्य पर दो बार हुए हमलों में हुआ था। इसका एक बड़ा हिस्सा मध्यप्रदेश के इन्दौर और उज्जैन ज़िलों के छोटे-छोटे गाँवों में छुपा है। जब भी मुंबई में ज़रूरत होती है, वहाँ से 'सामान' पहुँचाया जाता है।

महीदपुर : डी-कम्पनी का शस्त्रागार

धार्मिक नगरी उज्जैन से 40 किलोमीटर दूर...महीदपुर...एक छोटा-सा कस्बा...सन् 1995 में अचानक देश भर की निगाहों में आ गया...वजह? मुंबई माफिया दाऊद की ज़हरीली जड़ों का यहाँ पहुँचना...फिर तार-तार हो दुनिया के सामने उजागर हो जाना। इस कस्बे में बरामद स्वचालित एवं अत्याधुनिक हथियार पहली बार लोगों ने देखे किसी को सहसा अपनी आँखों पर विश्वास

न हुआ। अभी तक ऐसे हथियार उन्होंने फ़िल्मों में देखे थे, या अख़बारों में प्रकाशित किसी तस्वीर में।

यह मामला महीपुर थाने में आईपीसी की धारा 122 और 123 तथा हथियार कानून की धारा 25 व 27 के तहत दर्ज किया था। कुछ समय तक तो मामले की जाँच स्थानीय पुलिस ने की थी। लेकिन बाद में यह सीबीआई के पास चला गया था।

इस कस्बे के फकीर मोहल्ला में पप्पू रहता है तो उसका भाई शमीम माता-पिता समेत जमालपुरा में। दोनों भाई ट्रक चालक थे। वे अगस्त '94 के बाद से लोगों को दिखाई नहीं दिये जबकि कई अजनबी सूरतें कस्बे में शान्तिप्रिय लोगों से बार-बार सवाल पूछती दिखतीं—'पप्पू आया क्या? शमीम दिखा क्या?' लोग थे कि परेशान, क्या बताएँ? कौन हैं ये अजनबी शक्लें, जो हिन्दी बोलती हैं तो साफ़ लगता है कि गुजराती भाषी हैं। वे नहीं जानते थे कि ये गुजरात पुलिस की अपराध शाखा के अधिकारी हैं और डी-कम्पनी के एक गुंडे की सूचनाओं के आधार पर सुरागरसानी में लगे हैं।

जून '95 के अन्तिम सप्ताह अचानक पुलिसकर्मियों के चेहरे खिल उठे। बेखबर पप्पू उर्फ़ इम्तियाज़ अल्लाह ख़ान गाँव लौटा। उसे पकड़ने के लिए अहमदाबाद पुलिस अपराध शाखा के इंस्पेक्टर एमडी भट्ट कई साथियों समेत महीदपुर में डेरा डाले थे। अपनी ख़बर उन्होंने महीदपुर पुलिस को भी नहीं दी। 8 जुलाई 1995 को पप्पू हाथ लगा। श्री भट्ट सीधे जा पहुँचे उज्जैन पुलिस अधीक्षक विजय सिंह के कोठी इलाके में स्थित दफ्तर और परिचय व ज़रूरत बताते हुए सहायता माँगी। उन्हें यही बताया कि पप्पू दंगे का आरोपी है जबकि असलियत छुपा ली। 9 जुलाई को पप्पू के घर छापा मारा। पप्पू को पता चल गया कि पुलिस आयी है। एक पलँग के नीचे अनाज की खाली बोरियों के ढेर के पीछे छिपा लेकिन बच न सका।

पप्पू को स्थानीय अदालत में पेश कर ट्रांजिट रिमांड पर ले, जाँच दल अहमदाबाद पहुँचा और अदालत में पेश किया। अदालत ने 25 दिन की पुलिस हिरासत दे दी। जाँच दल ने अपने हथकंडों का प्रयोग पप्पू पर शुरू किया तो 15 दिनों में उसने सब उगल दिया। मालव अंचल में हथियारों की फ़सल बोने वाली डी-कम्पनी का जाल सामने आ गया। अब श्री भट्ट पप्पू को साथ ले हथियारों की बरामदगी व अन्य आरोपियों की गिरफ़्तारी के लिए महीदपुर लौटे लेकिन उज्जैन व महीदपुर पुलिस से अभी भी असलियत छिपाये रखी।

25 जुलाई 1995 को महीदपुर में शमीम को धर दबोचा। शमीम पठान ने हाल-दुहाई मचाई तो उज्जैन पुलिस को मामला संगीन लगा। उन्होंने पूछताछ की

तो असलियत खुली। अब उन्होंने मामला दर्ज़ कर छानबीन शुरू की। शमीम ने बताया कि इन्दौर में महमूद ख़ान के फार्म हाउस पर हथियार हैं। उज्जैन पुलिस का विशेष जाँच दल इन्दौर पुलिस के साथ खंडवा मार्ग स्थित आरआर ख़ान टैंकर कम्पनी के भागीदार और रतलाम के पार्षद (नगरसेवक) आरआर ख़ान के छोटे भाई महमूद ख़ान का दुमंजिला आलीशान फार्म हाऊस किसी ज़मींदार की कोठी सरीखे फार्म हाऊस में तलाशी लेने जा पहुँचा। पुलिस ने यहाँ से 9 एमएम की अत्याधुनिक स्वचालित अमरीका निर्मित 'यूएस 30' कार्बाइन और 100 ज़िन्दा गोलियाँ व खाली खोके बरामद किये।

यह फैलते ही पूरे प्रदेश में सनसनी फैल गयी। एक प्रतिष्ठित धनकुबेर के घर से अवैध हथियार मिलने की घटना से हड़कम्प मच गया। पुलिस ने वहाँ से एक डायरी ज़ब्त की जिसमें प्रदेश भर के प्रभावशाली व प्रतिष्ठित राजनीतिकों व धनिकों के नाम, पते तथा टेलीफ़ोन नम्बर थे। एक पत्र भी मिला जो शरीफ ख़ान ने महमूद को लिखा था। पुलिस को पता चला कि यह शरीफ ख़ान डी-कम्पनी का कुख्यात सुपारी हत्यारा है, जिसे 'छोटा दाऊद' कहते हैं, तो चौंकने की बारी उनकी थी। महमूद भूमिगत हो गया। 30 जुलाई 1995 को वह इन्दौर के ट्रांसपोर्ट नगर स्थित निवास से पकड़ा गया।

महमूद ने पूछताछ में बताया कि जुलाई 1994 में अहमदाबाद से 37 चीनी एसॉल्ट रायफलों का जख़ीरा महीदपुर आया था। इसमें एक कार्बाइन थी जो बरामद हो चुकी थी। एके-56 व 47 रायफलें अभी भी वहीं थीं। ये हथियार गुजरात के सरगना अब्दुल लतीफ ने सुरक्षित रखने के लिए मालव माटी में पहुँचाए थे। इसे अब्दुल के सहयोगियों आबिद ख़ान उर्फ़ छोटा दाऊद तथा सरदार प्रीतम सिंह काका ने अंजाम दिया।

राजस्थान के नौगाँव इलाके का मूल निवासी आबिद घोंसला गाँव (घटिया तहसील, उज्जैन जिला) में रहता था और बाबू पठान के ट्रक पर क्लीनर था। ट्रक में काम करते डी-कम्पनी के सम्पर्क में आया और अपराध के दलदल में जा धँसा। धीरे-धीरे हत्याएँ कर ख़ासा नाम कमाया और नशा तस्करी करने लगा। कुछ अरसे बाद उसे अब्दुल लतीफ के पास भेजा गया ताकि सही इस्तेमाल हो सके। उसके बारे में स्थानीय पुलिस को पता न था कि एक क्लीनर आज का इतना बड़ा सुपारी हत्यारा लस्कर बन चुका है। ट्रक कारोबारी उदयपुर निवासी प्रीतम सिंह नशा तस्करी में लिप्त है।

बाद में घोंसला से उज्जैन पुलिस ने बाबू खाँ पठान को पकड़ा और 38 विदेशी गोलियाँ बरामद कीं। बाबू के कई ट्रक हैं जो मुंबई माल लाते-ले जाते थे।

बाबू खाँ नशा तस्करी से जुड़ा था इसीलिए उसके कई ड्राइवर-क्लीनर भी इसी धन्धे में थे। घोंसला व तराना पुलिस में बाबू खाँ का लम्बा-चौड़ा आपराधिक इतिहास है। पुलिस ख़बरी बाबू खाँ डी-कम्पनी का हिस्सा था। उसी ने आदिब को गिरोह में भर्ती किया। बाबू ने भोपाल के करीबी शहर सिहोर में सुल्तान के पास बेल्जियम निर्मित रिवाल्वर होने की सूचना दी।

29 जुलाई की रात सिहोर व उज्जैन पुलिस ने मोहम्मद सुल्तान के पल्टन एरिया स्थित घर पर छापा मारा और छत के पंखे की उल्टी कटोरी में रखी पिस्तौल व 15 गोलियाँ बरामद किये। उसने बताया कि यह रिवाल्वर 1986 के दंगों के बाद तराना के जलील मियाँ से 6,500 रु. में खरीदा था। शमीम के मुताबिक़ पप्पू ने पैसों की कमी के चलते अपनी कार्बाइन महमूद को 70 हज़ार रुपये में बेची। इसमें बरिक ख़ान नामक बिचौलिए को दलाली में 10 हज़ार रुपये मिले। वह इन्दौर में पकड़ा गया। जाँच के दौरान पुलिस ने जावरा (मन्दसौर ज़िला) निवासी और छोटा दाऊद के स्थानीय नशा एजेंट पेपा पहलवान को नागदा में पकड़ा। उससे 9 मिमी की विदेशी पिस्तौल तथा 130 गोलियाँ बरामद हुईं। आबिद हमेशा पेपा के घर जाता था। वह करोड़ों की नशा बिक्री व तस्करी आबिद हेतु कर चुका था।

पुलिस ने दर्जन भर से अधिक लोगों को पकड़ा लेकिन हथियार तस्करी में सबको सज़ा होना सम्भव नहीं। जलील और सोहराब नामक दो मोहरे फरार हो गये। इलाके में हथियार लाने की असली वजह बताने में तमाम आरोपी असफल रहे लेकिन ये पता चला कि इन्दौर, नागदा, शाजापुर, धार, देवास, महीदपुर, सिहोर, मन्दसौर इलाके में 'माल' भेजा गया।

शमीम के मुताबिक़ 37 एके की एक खेप जुलाई 1994 में पप्पू के साथ अहमदाबाद से ट्रक (क्रमांक एमओयू 686) में महीदपुर तक लाया था। गुजरात पुलिस ने दावा किया कि हथियारों का बड़ा जख़ीरा अब्दुल लतीफ के पास जनवरी 1993 में भड़के जातीय दंगों के लिए दरियापुर (अहमदाबाद) पहुँचा था। इसका कुछ हिस्सा पप्पू को मिला। इसके 15 राकेट लांचर व 53 एके 47 राइफलें अहमदाबाद से बरामद हुईं। जख़ीरे का कुछ हिस्सा उदयपुर, कोटा, चितौड़गढ़, जैसलमेर इलाकों में भी पहुँचा। यह करने वाला सरदार पुलिस से बच गया, शक है कि वह पाकिस्तान भाग गया।

डी-कम्पनी के पाक से आये हथियार ज़ब्त

12 जनवरी 1998 को अपराध शाखा-छह ने डी-कम्पनी के गुंडे इक़बाल हसन स्प्रिंगवाला को जेजे अस्पताल के पास सैफ जुबली एस्टेट में पाकड़ीवाला इमारत

से हथियार आपूर्ति करने के आरोप में रंगे हाथों पकड़ा, जिससे 38 कैलीबर की एक रिवाल्वर और छह गोलियाँ बरामद हुए। उसके दो साथी पहले ही पकड़े जा चुके थे। पुलिस ने दाऊद गिरोह से जुड़े मोहन दीन झा व अमीर ख़ान अय्यूब ख़ान को सात जनवरी को पकड़ा था। इनसे भी दो रिवाल्वर मिले थे। पूछताछ से पता चला कि इक़बाल के पास भी हथियार पड़े हैं।

पूछताछ में पता चला कि तीनों दाऊद गिरोह को हथियारों की आपूर्ति करते हैं। उन्होंने कई गुंडों को बढ़िया किस्म के हथियारों की आपूर्ति की है। उन्होंने बताया कि ये हथियार भी गिरोहबाजों को देने थे। जिनके लिए हथियार लाये थे, उनके नाम पुलिस ने उजागर नहीं किये।

ये हथियार पाक सीमा पार कर भारत आये थे। 15 जनवरी 1997 को डी-कम्पनी के सिपहसालार हाजी पप्पू ख़ान से गुजरात में हथियारों का एक जख़ीरा समुद्री मार्ग से उतारा था, ये बरामद हुए हथियार भी उसी का हिस्सा थे। यह जख़ीरा आईएसआई ने भारत भेजा था।

हथियार तस्करी में पुलिस वाले

1998 का जुलाई महीना। ठाणे पुलिस ने सुरेश मंचेकर गिरोह से जुड़े पुलिस जवान सुनील विनायक बालित (बक्कल नम्बर 5507) को न केवल बरर्खास्त कर दिया। उसे हथियार तस्करी में गिरफ़्तार कर मुक़दमा भी चलाया। कलवा इलाके के खारीगाँव से मंचेकर गिरोह के चार गुंडों प्रकाश शंकर उत्तेकर, प्रकाश वसन्त राजपूत, दत्ताराम पवार, सन्तोष म्हात्रे गिरफ़्तार हुए। उनसे कांस्टेबल सुनील के बारे में पता चला। वह मध्यप्रदेश, राजस्थान, उत्तर प्रदेश, बिहार से हथियार खरीदता था। उसकी मदद दो बारबालाएँ करती थीं। उनके साथ मंचेकर गिरोह के कुछ सदस्य थे।

मई 1998 में वे हथियारों की खेप लेने मध्यप्रदेश गये। लौटते समय कार का हादसा हुआ। एक बारबाला और एक कांस्टेबल मौक़े पर मारे गये। सुनील को चोटें आयीं। वरिष्ठ अधिकारियों को पता चला तो सुनील को ठाणे नियन्त्रण कक्ष में भेज दिया। कुछ समय बाद सबूत इकट्ठे कर सुनील को गिरफ़्तार कर लिया।

सतारा के कांस्टेबल प्रकाश राजपूत उर्फ़ पक्या को 17 जून '98 को ठाणे अपराध शाखा ने मंचेकर गिरोह के लिए काम करने के आरोप में गिरफ़्तार किया था। उसने बयान में बताया कि मंचेकर के लिए काम करने के लिए उसे 1997 में पुलिसकर्मी मधु मोरे ने कहा था। वह गिरोह को हथियार देता था।

मई 1998 में पक्या, मोरे तथा 2 अन्य कांस्टेबल सुनील नीरपुते तथा सुनील

बालित उर्फ़ कमांडो हथियार खरीदने मध्यप्रदेश गये थे। इनके साथ दो बारबलाएँ मनीषा और हेमा थीं। सभी मध्यप्रदेश के औद्योगिक नगर देवास तक टेंपो में गये और 50 लाख रुपये के हथियार खरीदकर वापस लौटे। वापसी में भयानक हादसे में नीरपुते मौक़े पर ही मारा गया। बालित घायल हुआ। उसे कल्याण मनपा अस्पताल में, राजपूत को मुलुंड अस्पताल में भर्ती किया। कुछ समय बाद मोरे को इं. कैलाश डाबकर, एसआई सचिन वझे और राजू जाधव के दस्ते ने मुठभेड़ में मार गिराया।

एक वरिष्ठ अधिकारी के मुताबिक़ सुरेश मंचेकर इसलिए कांस्टेबल का इस्तेमाल हथियार खरीद हेतु करता रहा क्योंकि उनके पकड़े जाने की सम्भावना काफी कम थी। पुलिसकर्मी होने के नाते उन्हें हथियारों का अच्छा ज्ञान होगा। वे सही 'सामान' खरीदेंगे। इसके लिए वह कांस्टेबलों को ज़रूरत से ज्यादा पैसा देता था।

राजन के पास लिट्टे के हथियार

अप्रैल '98 में यह ख़बर आम हो चली कि दाऊद के ख़िलाफ़ लड़ाई की तैयारी में राजन ने अत्याधुनिक और स्वचालित हथियार खरीदने के लिए श्रीलंका के आतंकी गिरोह लिबरेशन ऑफ तमिल टाइगर्स इलम (लिट्टे) से हाथ मिलाया था। उन दिनों बरामद हुए हथियारों के जख़ीरों के श्रीलंका से दक्षिण भारतीय राज्यों में होते हुए थल मार्ग से उत्तर प्रदेश पहुँचने के बाद महाराष्ट्र के शहर रायगढ़ से होते मुंबई पहुँचने की ख़बर भी गर्म थी।

21 अप्रैल को हथियारों का एक जख़ीरा टाटा सिएरा कार में ले जाते दो युवकों को सायन से पुलिस ने गिरफ़्तार किया। इसके बाद पुलिस ने राजन गिरोह के गुंडे पीटर जान डीसूजा (32) को एंटाप हिल से गिरफ़्तार किया। उससे दो एके-56 रायफल, 50 गोलियाँ, तीन खाली मैगजीन मिलीं।

एक सप्ताह में ही छोटा राजन गिरोह से जो हथियार बरामद हुए, उनमें एक स्टेनगन, 38 कैलीबर की एक रिवाल्वर, 126 गोलियाँ, 31 खाली खोके, छह मैगजीनें थीं। हथियार तस्करी के सिलसिले में कुल तीन युवक गिरफ़्तार हुए।

खुफिया अधिकारियों का कहना है कि भारत में अमूमन केरल से होकर अन्य स्थानों की ओर हथियार पहुँचते हैं। दूसरा रास्ता आन्ध्रप्रदेश के नक्सली आतंकी संगठन 'पीपुल्स वार ग्रुप' का है। इसके पास लिट्टे से हथियार पहुँचते हैं। वे आगे तस्करी करते हैं। इसके एवज़ में उन्हें मोटी रकम मिलती है। खुफिया एजेंसियों के मुताबिक़ स्वचालित हथियार भारत पहुँचाने के लिए तस्करों का स्वर्ग तमिलनाडु

के तटवर्ती इलाके हैं। हथियारों की खेप तमिलनाडु से आन्ध्रप्रदेश जाती हैं।

लिट्टे से अत्याधुनिक स्वचालित हथियारों की खेप पहले दाऊद गिरोह ने भी हासिल की हैं। उनमें क्लाश्नीकोव संहारक रायफलों के साथ बड़ी मात्रा में पिस्तौलें, गोलियाँ और आरडीएक्स जैसे प्लास्टिक विस्फोटक भी थे। अब राजन की लिट्टे से हथियार पाने की रणनीति से साफ़ था कि पैसों के लिए भारतीय अपराधी गिरोहों को हथियार देने से इस आतंकी गिरोह को कोई गुरेज नहीं रह गया था। श्रीलंका से हथियार आने की जानकारियाँ मुंबई पुलिस को गिरफ़्तार गुंडों से मिली थीं। उनके बताये मार्गों और हथियारों पर मिले निशानों से यह जानकारी मिली कि ऐसे हथियार खास तौर पर लिट्टे द्वारा इस्तेमाल होते रहे हैं।

हथियारों की कमी से निपटने के लिए राजन नेपाल का रास्ता पहले से अख्तियार करता आया है। वहाँ से हथियार सड़क मार्ग से उत्तर प्रदेश होकर मुंबई पहुँचते रहे हैं। दाऊद गिरोह के लिए नेपाल की राजधानी काठमांडु में सुरक्षित ठिकाने, हथियार, धन और वाहनों के व्यवस्थापक मिर्ज़ा दिलशाद बेग की हत्या के बाद नेपाल फिर राजन के लिए खुल गया था। हथियार तस्करी बढ़ने से वहाँ सुरक्षा व्यवस्था काफ़ी तगड़ी हो गयी और नये मार्ग की तलाश ज़रूरी हो गया। इस बार उसने जो हथियार मँगाये, उन्हें आन्ध्रप्रदेश से पहले उत्तर प्रदेश के इलाहाबाद भेजा, फिर रायगढ़ पहुँचाए थे।

पुलिस अधिकारियों का मानना है कि राजन की दाऊद गिरोह से बढ़ चली दुश्मनी से निपटने के लिए हथियार लाने तो शुरू कर दिये लेकिन उनका उपयोग करने के लिए अच्छे निशानचियों का गहरा अभाव वह झेल रहा है।

पूर्व महापौर मिलिन्द वैद्य पर हमले में एके-56 रायफल का इस्तेमाल हुआ था। अधिकारियों का मानना है कि राजन ने भी ऐसे हथियारों से हमलों की योजना बनायी थी। पुलिस मुख्यालय में जब तत्कालीन पुलिस उपायुक्त (अपराध) परमबीर सिंह से पूछा कि क्या राजन कुछ बड़े लोगों की हत्या का इरादा रखता है तो उन्होंने कहा, 'इस दिशा में छानबीन हो रही है लेकिन फिलहाल कुछ कहा नहीं जा सकता। हथियार मिलने का मतलब यह नहीं है कि तुरन्त उनका इस्तेमाल होने वाला था। कई बार ये गिरोहबाज पहले अच्छी किस्म के हथियार लाकर रखते हैं ताकि वक्त पर उनका इस्तेमाल कर सकें।'

एजाज पठान के पास लिट्टे के हथियार

राजस्थान के पोकरण गाँव में विस्फोटकों और हथियारों का बड़ा जख़ीरा असल में मुंबई में विस्फोट करने के लिए न होकर श्रीलंकाई आतंकवादी समूह लिबरेशन

ऑफ तमिल टाइगर्स इलम (लिट्टे) से हासिल हुआ था ताकि अयोध्या के इर्दगिर्द बन रहे राम मन्दिर के स्तम्भ और हिस्से नष्ट किये जा सकें। यह काम एजाज पठान करने वाला था। ये हथियार पहुँचाने की जिम्मेदारी मोहम्मद कुंजू मोहिउद्दीन को गिरोह ने सौंपी थी। कुंजू को पता न था कि उसके सामान में विस्फोटक और हथियार भरे थे। उसे सामान पोकरण से सामान उठाने के लिए एजाज पठान के गुर्गों ने कहा था। उसे यहाँ से आगे माल ले जाना था। रास्ते में उससे गोला-बारूद कोई और लेने वाला था। मोहम्मद कुंजू मोहिउद्दीन को अपराध शाखा के अधिकारी 30 जुलाई 98 की सुबह मुंबई लाये और अदालत में पेश किया।

सूत्रों के मुताबिक़ हथियार का जख़ीरा एजाज ने लिट्टे से मँगाया था। पूरा माल कोलम्बो से आया था, जहाँ तमाम किस्म का हथियार व गोला-बारूद आसानी से उपलब्ध है। कुंजू से बरामद विस्फोटकों और उनसे बम बनाने का तमाम सामान व उपकरण एजाज के लिए आये थे। पिस्तौलें, रिवाल्वर और एके-47 जैसे छोटे हथियार मुंबई के गिरोह विशेष हेतु भेजे थे।

एजाज ने दाऊद का साथ छोड़ दिया था, वह ख़ुद ही हथियारों की तस्करी में मुब्तिला हो गया था। उन दिनों वह कराची के बदले बहरीन में रह कर काम करता था। बताते हैं कि गिरोहबाज आलमजेब का यह चचेरा भाई पैसों के लिए हथियारों की आपूर्ति भी करने लगा था। 70 के दशक के अन्त में करीम लाला और दाऊद गिरोह के बीच जारी गिरोह युद्ध के दौरान जेल काट चुके इस गिरोहबाज ने पूरे मामले से ख़ुद को अलग रखा था। उसके बाद जब दाऊद गिरोह ने अपराध जगत पर क़ब्ज़ा कर लिया तो वह भी उनसे मेलजोल रखने और साथ काम करने लगा था।

एक सूत्र के मुताबिक़ कुंजू को यही बताया था कि उसे यार्न पहुँचाना है। एजाज ने यह सामान एक व्यक्ति को सौंपने के लिए कहा था। पोकरण से सामान लेकर जोधपुर जाना था। यहाँ नवाब ख़ान यह गोला-बारूद हासिल करता और इधर-उधर बाँट देता।

यार्न समझ कर आराम से हथियारों का जख़ीरा लिए पोकरण में टहलता रहा। पुलिसकर्मियों को उसकी बढ़ी हुई दाढ़ी और हुलिया को देख कर शक हुआ। उन्होंने कुंजू को पकड़ा और तलाशी ली तो विस्फोटक व हथियार निकले। आधा ट्रक भर कर विस्फोटक और असलहे देख राजस्थान पुलिस सकते में आ गयी। उन्होंने पूछताछ की तो मुंबई के गिरोहबाज के नाम सामने आये। 13 जुलाई के गिरफ़्तार कुंजू की कुछ दिनों बाद मुंबई पुलिस को सूचना दी।

सूत्रों के मुताबिक़ विस्फोटक मद्रास से जोधपुर जाने थे। एजाज ने रास्ता

बदला तो ट्रांसपोर्ट कम्पनी की गलती से पूरा माल पोकरण पहुँच गया। पूरे मामले की देखरेख कर रहे गिरोहबाज दिलावर ख़ान ने माल लेने कुंजू को भेजा और उसे जोधपर जाने के लिए कहा। योजना का चरम बिन्दु यह था कि ट्रक लेकर जोधपुर निकले कुंजू की रास्ते में ही हत्या कर माल हथियाना था ताकि कोई सबूत या गवाह न रह जाये। हत्या कर माल हथियाने का काम नवाब ख़ान को मिला था।

कुंजू पकड़ा गया, तब नवाब ख़ान भी एक जिप्सी में कुछ दूरी पर मौजूद था। उसने देखा कि पुलिस ने ट्रक की तलाशी ली है तो वह पोकरण से बाहर चला गया। उसकी जीप में भी काफ़ी हथियार थे। ये 20 पिस्तौलें, पाँच राकेट लांचर और पाँच एके-47 क्लाश्निकोव रायफलें थीं। पिस्तौलें 32 और नौ कैलीबर की चीन निर्मित थीं। राकेट लांचर भी चीनी थे।

पता चला कि मुंबई ले जाने के लिए दो एके-47, पाँच दर्जन प्लास्टिक हथगोले और 50 पिस्तौलें और रिवाल्वर थीं। इसका इस्तेमाल फ़िल्मी हस्तियों को डराने और मारने के लिए होना था।

पुलिस ने कुंजू पर बिल्डर प्रदीप भँवरलाल जैन की हत्या का मामला भी लगाया था। पुलिस के मुताबिक़ कुंजू से पोकरण में 63 किलोग्राम काला आरडीएक्स विस्फोटक, 31 किलोग्राम आला दर्ज़े का आरडीएक्स, 23 रिवाल्वर, 38 कैलीबर की 11 गोलियाँ, प्लास्टिक के 20 हथगोलों के अलावा ढेरों डिटोनेटर, फ्यूज वायर, वायरलैस चार्जर, प्रिंटिंग सेट बरामद हुए थे।

इस मामले में कुछ गम्भीर किस्म की चूक दिखाई देती हैं। यदि एजाज पठान से ये असलाह बरामद हुआ था तो यह सम्भव नहीं है कि वह किसी किस्म की आतंकी गतिविधियों या राम मन्दिर के बन रहे ढाँचे नष्ट करने में इस्तेमाल करता। जो व्यक्ति मुंबई में 93 बमकांड करने के लिए अपने ही सरगना का विरोध कर सकता है, वह ये काम करेगा, इसमें कुछ शक है। जो हो, हथियार और विस्फोटक तो आये थे। यह आज भी रहस्य है कि वे असल में किसने और क्यों मँगाये थे।

हथियारों का अकाल

1999 के अक्टूबर माह तक अपराध जगत में हथियारों का भारी अकाल पड़ा। उन दिनों हथियार पाने के लिए गिरोहबाज बड़ी से बड़ी कीमत अदा करने को तैयार थे। इस मामले में शकील सबसे अधिक बेसब्री दिखा रहा था। इस अकाल का कारण मुंबई पुलिस द्वारा बड़ी मात्रा में ज़ब्ती थी। गिरोहबाज आमतौर पर

एके-47 या 56, 9 मिमी स्टार पिस्तौल, 32 या 38 एमएम की 6 या 7 चैंबरों वाली विदेशी रिवाल्वरों चाहते हैं। उनकी कोशिश होती है कि हथियार नये और बिना इस्तेमाल किये हों। मुंबई माफिया ने देशी कट्टे का इस्तेमाल बन्द कर दिया क्योंकि ये 'अविश्वसनीय' होते हैं। तत्कालीन संयुक्त पुलिस आयुक्त (अपराध) डी. शिवानन्दन के मुताबिक़ शकील ने जो हथियार मुंबई मँगाये, उनकी ज़ब्ती से गिरोह को बड़ा झटका लगा। उनके मुताबिक़ 1998 में मुंबई पुलिस ने 300 से अधिक हथियार ज़ब्त किये। एक अन्य सूत्र के मुताबिक़ कारगिल युद्ध के कारण सीमावर्ती इलाकों में चौकसी कड़ी होने से भी हथियारों की आमद आसान नहीं रही थी।

1999 के प्रारम्भ में हथियार ख़रीद-फरोख़्त में मुंबई के पश्चिमी उपनगर खार में एक हत्या हुई। अली बुदेश के गुंडों ने उत्तर प्रदेश के एक गुंडे को मारने के लिए अपने निशानेबाज भेजे लेकिन वह मरा नहीं, उसके पिता की मौत हो गयी। सूत्रों के मुताबिक़ इस गुंडे ने अली को 50 लाख के हथियारों की आपूर्ति का ठेका लिया था। उसे अली के लिए 9 मिमी की 56 पिस्तौलें लानी थीं। काम नहीं हुआ। हथियार मुंबई पहुँचे नहीं। वह गुंडा डी-कम्पनी में शामिल हो गया। अली ने उसे मार गिराने के आदेश दे दिये थे। अली भी उन दिनों हथियारों की कमी का सामना कर रहा था।

पुलिस सूत्रों के मुताबिक़ उसी दौर में कई ख़तरनाक गुंडों को गिरफ़्तार किया तो हथियारों की बरामदगी नहीं हुई। पुलिस का मानना है कि गुंडे इसलिए हथियार साथ लेकर नहीं चलते क्योंकि पकड़े जाने पर मोका जैसे कड़े क़ानून में गिरफ़्तारी का भय रहता है। अपराध जगत सूत्रों के मुताबिक़ कमी के चलते हथियारों के भावों में भारी इजाफ़ा हुआ। 32 या 38 कैलीबर का एक अच्छा विदेशी रिवाल्वर 1999 से पहले तक एक लाख में मिलता था, वही अब डेढ़ से दो लाख और 9 मिमी की जो पिस्तौल दो लाख की थी, वही तीन लाख से ऊपर की हो गयीं। देशी रिवाल्वरों की कीमत में भी 50 से 70 फ़ीसदी तक का उछाल आया। एक सूत्र के मुताबिक़ पाकिस्तान में जहाँ एक एके-47 या 56 रायफल मात्र 8 हज़ार रुपये में मिलती है, मुंबई में उसकी कीमत साढ़े 3 से 5 लाख रुपये तक हो जाती है।

मंचेकर का हथियार आपूर्तिकर्ता गिरफ़्तार

4 नवम्बर 1999 को मंचेकर गिरोह को हथियार देने वाले कुलविंदर सिंह को अपराध शाखा की इकाई 10 के अधिकारियों ने गिरफ़्तार किया था। उसकी तलाश मुंबई के कई पुलिस थानों को थी ही, मीरा रोड पुलिस भी उसे लम्बे अर्से

से तलाश रही थी। पुलिस के मुताबिक़ वह मंचेकर गिरोह को हथियार आपूर्ति करता रहा है।

हथियार भी किराये पर

मार्च 1999 तक हालात ऐसे बन चले थे कि व्यापार जगत की तरह ही इन दिनों अपराध जगत भी मुद्रा संकट से जूझ रहा था। इसी का नतीजा रहा कि गुंडों ने अब हत्या या डकैतियाँ करने के लिए हथियार किराये पर लेने शुरू कर दिये। कुछ समय से अपराध जगत में यह नयी फितरत देखी जा रही थी कि हथियार किराये पर लिए, काम किया और वापस दे दिया। किराये के गुंडों के बाद शुरू हो गया किराये के हथियारों का कारोबार भी।

कल तक होता ये था कि लोग किसी सुपारी हत्यारे को किराये पर लेकर हत्या करवा लेते थे। जब गिरोहों में उथल-पुथल शुरू हुई, तो सुपारी हत्यारों का कारोबार भी ख़राब हुआ। उन्हें पैसे कम मिलने लगे तो हथियार खरीदने के मामले में भी मोहताज होने लगे।

इन दिनों मुंबई की काली दुनिया में हथियारों की आपूर्ति में आयी कमी के पीछे कई कारण बने। पहला ये कि विदेशों से आने वाले हथियारों में कमी आयी। दूसरा कारण है कि पंजाब और कश्मीर में आतंकवादी गतिविधियों में आयी कमी के कारण हथियारों की आमद भी कम हो गयी। इसके कारण मुंबई में भी अच्छे लेकिन सस्ती दरों पर हथियार पहुँचने बन्द हो गये थे। तीसरा यह कि आर्थिक मन्दी की चपेट में आने से गिरोहों के पास भी अच्छे हथियार खरीदने लायक पैसे नहीं रह गये। चौथा यह कि नये छोकरों (अपराध जगत में नये आये गुंडों के लिए प्रयुक्त शब्द) के हाथों में हथियार दिये जो उन्होंने गलती से कहीं गिरा दिये या पुलिस के हत्थे चढ़ गये। पाँचवाँ यह कि पुलिस अधिकारियों ने हथियार ज़ब्ती पर विशेष ध्यान दिया क्योंकि उन्हें विदेशी हथियारों की ज़ब्ती पर अधिक पैसा मिलने लगा।

हथियारों को किराये पर लेने की प्रवृत्ति के चलते मुंबई के अन्धेरी दुनिया में नये किस्म का समीकरण बना है। पुलिस के लिए भी इसमें एक परेशानी खड़ी हो गयी। किराये के हथियार से कोई गुंडा किसी की हत्या करता है लेकिन जब यह हथियार दूसरा गुंडा किराये पर ले और पुलिस के हत्थे चढ़ जाये तो पुलिस मानती है कि इसी ने पिछली हत्याएँ भी की होंगी। इस कारण असली अपराधी हमेशा-हमेशा के लिए गुमनामी की धुन्ध में खोया रह जाता।

मालाड के आपराधिक मामलों में सबसे कुख्यात इलाकों में से एक, मालवणी में

किराये के हथियार प्रचुरता से उपलब्ध हैं। इस इलाके में एक सामानवाला भाई (हथियार बेचने वाले के लिए अपराध जगत में प्रयुक्त शब्द) आरिफ भाई है। वह देशी कट्टे से विदेशी रिवाल्वरों और पिस्तौलों तक कोई भी हथियार किराये पर उपलब्ध करवाने की क्षमता रखता था। उस पर पुलिस की कभी नज़र नहीं पड़ी।

भिवंडी के सिराज का नाम अपराध जगत में ख़ूब चलता है। वह भी किराये पर हथियार उपलब्ध करवाता रहा है। वह नये हथियार बेचता भी रहा है। तब वह किराये पर हथियार देने के धन्धे में काफ़ी कमाई कर रहा था। उसे जानने वाले एक सूत्र का कहना है कि हथियार बेचने की बजाय किराये पर देने का धन्धा सिराज भाई के लिए काफ़ी बढ़िया हो गया था।

किराये के हथियारों की आपूर्ति गोरेगाँव (पू) में स्थित फ़िल्मसिटी रोड से भी होती रही है। यहाँ जकरिया नामक आदमी इस काम में लगा था। वह उत्तर प्रदेश से 'सामान' लाता रहा है। इसी तरह कमाठीपुरी की सातवीं गली में इब्राहिम भाई किराये पर या विकत (बेचने के लिए) सामान पहुँचाता था। उसका धन्धा बाद में चौपट हो गया क्योंकि उसी ने पुलिस को सामान ले जाने वालों की टिप (सूचनाएँ) देनी शुरू कर दीं। जो व्यक्ति उससे हथियार लेकर जाता था, उसके बारे में पुलिस को सूचना देकर गिरफ़्तार करवाता था। अपराध जगत में जैसे ही उसके बारे में यह ख़बर फैली, उसका धन्धा ख़त्म हो गया।

मुंबई सेंट्रल रेलवे स्टेशन के पास चौदह-चाल नामक स्थान में दीदी नामधारी औरत भी यही काम करती रही है। इस दीदी का असली नाम पुष्पा है, जो एक गुंडे कुन्दन दूबे की रखैल बतायी जाती है। भायंदर (पू) की एक उम्रदराज महिला आंटी भी हथियार किराये का कारोबार करती रही है। कहते हैं कि वह एक पुलिस अधिकारी की रखैल है और हथियारों के इस खेल में पुलिस अधिकारी का संरक्षण भी उसे हासिल रहा है।

इन दिनों अपराध जगत में दो से पाँच हज़ार में हथियार उपलब्ध हो रहे थे। किसी भी किस्म के देशी हथियार चाहने पर हाथों-हाथ मिल जाते थे। इनमें एक गोली वाला देशी कट्टा भी है, तो 38 या 45 कैलीबर की छह या सात गोलियाँ भरने वाली रिवाल्वरें भी हैं। किराये पर लेते समय देशी हथियारों में यह देखा जाता है कि वे कितने पुराने हैं और उनमें कोई गड़बड़ी तो नहीं है। इसी के आधार पर किराया तय होता है।

किराये पर विदेशी सामान लेना हो तो कम से कम सात-आठ दिन पहले बताना पड़ता था। 10 से 15 हज़ार रुपये में नौ मिमी स्टार या माऊजर पिस्तौलें मिल जाती थीं। खास किस्म का हथियार चाहने पर गुंडे अपने खास हथियार विक्रेताओं और

आपूर्तिकर्ताओं से फरमाईश करते थे। वे ही यह काम करवा पाते थे।

आपके ज़हन में ये सवाल ज़रूर उठेगा कि किसी गुंडे से कोई हथियार गुम हो जाये तो उस गुंडे का क्या होता है? इसका एक ही जवाब है कि सामान गुमाया तो उस गुंडे की खैर नहीं। हथियार बेचने वाले अपने सम्पर्क के गुंडों के जरिए हथियार गुमाने वाले के पीछे पड़ जाते। उसकी बुरी गत बना देते। उससे हथियार का पूरा पैसा भरवाया जाता।

किराये पर हथियार मुहैया करवाने वाले उन्हीं गुंडों को हथियार देते जो पुराने पहचान के हों, या किसी वाकिफकार के जरिए उन तक पहुँचे हों। हथियार किराये की पूरी रकम गुंडों से पहले ही वसूली जाती थी। वे इसमें कोई जोखिम नहीं उठाते। अमूमन किराये पर हथियार देने के लिए कोई सुरक्षा राशि नहीं ली जाती है, इसलिए हथियार वापसी पर पैसे भी वापस नहीं मिलते।

वरिष्ठ पुलिस अधिकारियों के मुताबिक़ ऐसा कोई भी मामला अभी तक तो सामने नहीं आया है जिसमें किराये के हथियारों से हत्या की गयी हो या गुंडे को किराये के हथियार के साथ पकड़ा गया हो। इसके उलट अपराध शाखा के एक अधिकारी ने बताया कि इस तरह की गतिविधि अपराध जगत में चल तो रही है लेकिन अभी तक यह बात रिकॉर्ड पर इसलिए नहीं आ सकी है क्योंकि हथियार के साथ पकड़े गये गुंडे इस बारे में मुँह नहीं खोलते हैं। एक बार अगर वे बता दें कि किस हथियार विक्रेता से उन्होंने हथियार किराये पर हासिल किया है तो अगली बार उन्हें कहीं से भी हथियार नहीं मिल सकेगा। लेकिन कुछ समय बाद ही पुलिस अधिकारियों का यह भरम भी टूट गया।

नाना कम्पनी को किराये पर असलाह

मुंबई पुलिस की कांदिवली अपराध शाखा इकाई के अधिकारियों ने जुलाई 2014 के तीसरे सप्ताह में उत्तर प्रदेश के निवासी नागेन्द्र साहनी को गिरफ़्तार किया, जिसके बारे में बताया कि वह राजन गिरोह के गुंडों और डकैतों को किराये पर हथियार देता था। कई मामलों में तो वह ख़ुद भी गोलीबारी की घटनाओं में शरीक होता रहा है। इं. नितिन विचारे के मुताबिक़ नागेन्द्र कई सालों से मुंबई में ही रहता था और उससे एक कट्टा और 12 बोर के तीन कारतूस, देशी पिस्तौल व छह गोलियाँ मिले हैं।

अशरफ : डी का हथियार तस्कर

जुलाई 2001 में यह जानकारी सामने आयी कि मुंबई व गुजरात से डी-कम्पनी के लिए हथियारों की आपूर्ति आन्ध्रप्रदेश का सफेदपोश अपराधी और नया

रंगरूट मोहम्मद अशरफ कर रहा है। अशरफ को यह काम डी-कम्पनी ने इसलिए दिया क्योंकि देश भर की पुलिस व खुफिया एजेंसियों में उसका कोई रिकार्ड नहीं है। वह काफ़ी चतुर, शिक्षित और काम बेहद गोपनीय रूप से करता है। उसकी भेजी हथियारों की कोई खेप आज तक पकड़ी नहीं गयी है। मुख्य रूप से आईएसआई के हथियारों की तस्करी करने वाले अशरफ के साथ बड़ा गिरोह है।

चम्बल के हथियार मुंबई में

राजन गिरोह को मध्यप्रदेश से भी हथियारों की आपूर्ति होती है। विलेपार्ले के जूहू इलाके से ऐसे एक गिरोह और उनके स्थानीय सम्पर्क को मुंबई पुलिस ने पकड़ा तथा 10 रिवाल्वर ज़ब्त किये। उ.प्र. क्षेत्र के तत्कालीन अतिरिक्त पुलिस आयुक्त राकेश मारिया के मुताबिक़ मध्यप्रदेश के मुरैना ज़िले के निवासी बॉबी ज्वालाप्रसाद सोनी और बबलू गजधर शर्मा को होटल पामग्रोव (जूहू) के सामने मयूर बँगले से पकड़ा। उनके मुताबिक़ तीनों युवक पंजाब मेल से मुंबई पहुँचे थे।

मुखबिर ने सांताक्रुज के तत्कालीन वरिष्ठ पुलिस इंस्पेक्टर अरविन्द महाडिक को यह सूचना दी। पुलिस ने लगातार 8 दिनों तक जूहू चौपाटी पर निगाहबीनी की और उन्हें पकड़ा। गिरोह के सदस्यों ने स्वीकार किया कि मध्यप्रदेश के मुरैना, चम्बल और जावरा इलाकों में वे गम्भीर अपराध कर चुके हैं। इनसे बढ़िया किस्म के 10 रिवाल्वर मिले जो मध्यप्रदेश में अवैध रूप से बने थे। 32 कैलीबर की कारखाने में निर्मित 14 गोलियाँ मिलीं। आठवीं उत्तीर्ण बॉबी मध्यप्रदेश के ज़िला मुरैना, राजस्व विभाग में तहसीलदार का पुत्र है। साथियों समेत बॉबी मुंबई के ट्रांबे, चीता कैंप, सेक्टर बी, बी लाइन के कमरा नम्बर 10 में रहता था। उसके साथी बबलू और विनोद कला व शारीरिक प्रशिक्षण के स्नातक हैं। बबलू के पिता एक सेवानिवृत्त बैंक प्रबन्धक और विनोद के पिता मुरैना के मार्केटिंग फेडरेशन में कार्यरत हैं।

कांग्रेसी बेचे हथियार

गोरेगाँव स्थित मारु सॉफ्ट के मालिक यतीन मारु की दिसम्बर 2001 में हत्या हालाँकि विवाहेतर प्रेम प्रसंग के कारण हुई लेकिन जाँच ने अजब दास्तान पेश की। हत्या के लिए हथियार देने वाला कांदिवली के चारकोप सेक्टर-3 में ओम को-ऑपरेटिव सोसायटी के शानदार दुमंज़िला बँगले का स्वामी और ख़ुद को बिल्डर बताने वाला लाल ख़ान अमीर शाही (42) कांग्रेस के उत्तर-पश्चिम ज़िले का महासचिव निकला। अपराध शाखा ने जब उसके घर छापा मारा तो गोरखपुर

से प्राप्त एक हथियार लाइसेंस व 32 कैलीबर का रिवाल्वर बरामद हुआ। उसे पहले पुलिस संरक्षण भी हासिल था।

पुलिस ने दावा किया कि लाल ख़ान के वरिष्ठ कांग्रेसी नेताओं से घनिष्ठ सम्बन्ध थे और वह राजन के लिए काम करता था। राजन के दिल्ली से मुंबई हथियार लाने का काम वह करता था। यहाँ हथियार अपने पास रखता, ज़रूरत पर शूटरों को बाँटता। वह राजन से बात करने के लिए मुंबई के बाहर किसी पीसीओ का प्रयोग करता था। मारु की हत्या के लिए लाल ख़ान ने सुपारी हत्यारे प्रभु चौहान को 32 कैलीबर का अमरीका निर्मित स्मिथ एंड वेसन रिवाल्वर उपलब्ध किया था। मारु की सुपारी राजू ने लाल ख़ान को दी थी। उसने राजन के एक सुपारी हत्यारे को 'काम बजाने' के लिए तैयार किया। मज़ेदार बात यह है कि उसने सुरक्षा पाने के लिए पुलिस में अर्जी देते समय कहा था कि राजन से धमकियाँ मिल रही हैं। लाल ख़ान के आतंकियों से सम्बन्ध होने की सूचना भी अपराध शाखा को मिली थी।

हल्द्वानी के हथियार

सन् 2001 के जून माह के अन्त में यह बात सामने आयी कि 11 जून को हुई मिड डे अख़बार के अपराध संवाददाता जेडे की हत्या में हत्यारों और हथियारों की आपूर्ति हल्द्वानी और काठगोदाम इलाकों से हुई थी। यह जानकारी मिली तो मुंबई पुलिस के लिए परेशानी खड़ी हो गयी, उत्तराखंड पुलिस के लिए नयी समस्या बन गयी और खुफिया एजेंसियों के अधिकारियों की नींद हराम हो गयी। इस मामले में प्रकाश पांडे उर्फ़ पीपी उर्फ़ बंटी पांडे के खास गुर्गे टनकपुर निवासी गणेश उर्फ़ हनी का नाम सामने आया था। हनी के बारे में यह बात खुल चुकी है कि वह पहले भी छोटा राजन को हथियार देता रहा है। इस मामले से दहले पुलिस अधिकारियों ने हल्द्वानी की तरफ़ दौड़ लगायी। तत्कालीन एसएसपी मोहन सिंह बनग्याल हल्द्वानी जा पहुँचे। पुलिस के कई दस्तों ने काठगोदाम और हल्द्वानी के आसपास के तमाम उन इलाकों में खोजबीन और दबिश शुरू कर दी, जहाँ-जहाँ हनी और बंटी के गुर्गे रहते थे।

उत्तराखंड पुलिस सूत्रों का कहना है कि हनी का छोटा राजन के गुर्गों को हथियार मुहैया करवाने तक ही भूमिका निश्चित नहीं थी। वह तो उन्हें हथियार चलाने का प्रशिक्षण देने के लिए भी पहाड़ी इलाकों में बुलाता था। इसके अलावा नेपाल और उत्तराखंड में राजन के फरार गुंडों को पनाह भी दिलाता रहा है।

मुंबई पुलिस की अपराध शाखा ने दावा किया कि राजन के इशारे पर सुपारी

हत्यारे सतीश कालिया को असलाह देने में टनकपुर के गिरोहबाज गणेश उर्फ़ हनी का नाम सामने आया है। 2006 में मुंबई सत्र अदालत के बाहर दो पुलिस मुखबिरों के काला घोड़ा हत्याकांड में भी इसी हनी ने हथियार दिये थे। इसके बाद चंपावत पुलिस ने हनी को टनकपुर स्थित घर से पकड़ने की कोशिश की तो उसने गोलीबारी कर दी थी। तबीयत ख़राब होने के नाम पर हनी ने जमानत हासिल कर ली और भूमिगत हो गया। उसके बाद भी वह राजन गिरोह के लिए काम करता रहा।

सूत्रों के मुताबिक़ नेपाल में राजन के इशारे पर डी-कम्पनी के नेपाल प्रभारी और राजनेता मिर्ज़ा दिलशाद बेग की हत्या के लिए हनी द्वारा हथियार मुहैया करवाने की जानकारी सामने आयी थी। दिलशाद की हत्या राजन और उसके गठबन्धन वालों ने इसलिए की थी ताकि डी-कम्पनी का दबदबा नेपाल में कम हो जाये।

जेएनपीटी हथियार तस्करी कांड

2005 के फ़रवरी माह में मुंबई के जवाहरलाल नेहरू बन्दरगाह (जेएनपीटी) में हथियारों का बड़ा जख़ीरा बरामद हुआ, जिसने पूरे देश की खुफिया एजेंसियों और पुलिस अधिकारियों को दहला कर रख दिया था। ग्रीस के ड्रमों में बड़े सलीके से एक्स-रे फ़िल्मों में लपेट कर मलेशिया से भारत भेजा ये हथियारों का जख़ीरा मुखबिरी के चलते पकड़ में आया था। जेएनपीटी के मेटल डिटेक्टर पर भरोसा करते तो, यह सम्भव ही नहीं था कि इनकी पकड़ हो पाती। सबसे बड़ा कारण तो यही है कि ये डिटेक्टर अर्धतरल सामान जैसे ग्रीस, मक्खन, गोंद। एक्स-रे फ़िल्मों में लिपटी कोई भी धातु का सामान किसी डिटेक्टर में सिर्फ़ ऐसा ही दिखता है, गोया काला धब्बा हो। उसमें पिस्तौल या रिवाल्वर का अक्स नहीं उभरता है। यह जानकारी राजन के सिपहसालार भरत नेपाली को मुकुन्द पटेल ने दी थी, जिसका उसने फ़ायदा उठाने की पूरी कोशिश की।

तत्कालीन अपराध शाखा उपायुक्त धनंजय कमलाकर के मुताबिक़ मुकुन्द ने रेडियोग्राफी, मेटालर्जी और अल्ट्रासोनिक में डिप्लोमा किया है। उसे पता है कि एक्स-रे फ़िल्मों के कारण सामान नहीं दिखेगा। एक्स-रे फ़िल्मों से रखे हथियार ग्रीस के ड्रमों में रखे होने से स्कैनर में कुछ भी नहीं दिखा। अपराध शाखा अधिकारियों को जब अपने मुखबिर से यह पता चला तो ग्रीस आयातक यशवन्त देवले को पकड़ा। मलेशिया से ग्रीस आयात का लाइसेंस 'सुदर्शन एग्रोबॉयटिक' नामक कम्पनी के तहत लिया था। जहाज़ एमवी मिमित्सा पर लद कर ये कंटेनर गोदी तक पहुँचे थे। समुद्र शिपिंग कम्पनी के नाम से ये खेप आयी थी। ट्रांस इंडिया लिमिटेड के गोदाम में ये कंटेनर रखे थे।

इस मामले में पुलिस ने भरत नेपाली को वांछित आरोपी करार दिया। मुकुन्द पटेल व मधु कोटियाटिल को हथियारों की तस्करी का आरोपी करार दिया। ये वही मधु हैं, जिसके जहाज़ एमटी ट्रस्ट का इस्तेमाल जनवरी 2003 में दुबई के इंडियन क्लब में शरद शेट्टी की हत्या के बाद हत्यारों को शारजाह से पुर्तगाल भगाने के लिए होना था। उसके जहाज़ से ही ये हत्यारे गिरफ़्तार हुए थे। इनमें से एक करण सिंह था, जो नाना कम्पनी के सिपहसालार बालू डोकरे का कार चालक था। मधु भी बालू डोकरे का खास था।

जखीरे लाने का मकसद

पुलिस अधिकारियों ने एक सन्देह यह भी ज़ाहिर किया कि ये हथियार सम्भवतः नक्सल गिरोह के लिए तस्करी के जरिए राजन ने भेजे थे। पुलिस अधिकारियों ने दावा किया कि राजन ने पिछले कुछ समय में नक्सलवादियों से हथियारों की आपूर्ति के लिए सम्बन्ध बनाये थे।

एक मकसद यह भी बताया कि छोटा राजन ने बैंकॉक में जानलेवा हमले का बदला डी-कम्पनी से लेने की तैयारी शुरू की थी। वह चाहता था कि डी-कम्पनी के उन तमाम लोगों को मुंबई और देश में ठिकाने लगाये, जो उसके लिए आसान निशाना बन सकते थे।

खुफिया सूत्रों के मुताबिक़ एक और मकसद यह भी सामने आया कि राजन ने इन हथियारों की बिक्री भारत में न कर नेपाल भेजने के लिए तस्करी की थी। यह माल भारत में आने के बाद सड़क मार्ग से थोड़े-थोड़े कर नेपाल भेजे जा सकते थे। वहाँ हथियार माओवादी संगठनों को देने थे।

हत्याएँ

ये भी कहा जाता है कि 16 अक्टूबर 2006 को काला घोड़ा इलाके में सत्र अदालत परिसर के ठीक बाहर सड़क पर पुलिस मुखबिर अमजद ख़ान और उसके साथी हिमांशु चौधरी की दिनदहाड़े गोली मार कर हुई हत्या के पीछे जेएनपीटी में आयी राजन की हथियार खेप की ज़ब्ती है।

पुलिस अधिकारियों ने दावा किया कि जेएनपीटी हथियार कांड से जुड़े कालाघोड़ा हत्याकांड के हत्यारों को बचाने के लिए एजाज पठान से भी एक चाल चली थी। एजाज ने एक ख़त अमजद ख़ान को भेजा था, जिसके आधार पर पुलिस ने हत्यारों की गिरफ़्तारी की थी। यह पत्र अमजद के परिवार ने पुलिस को दिया था। हत्या के कुछ दिनों पहले यह ख़त अमजद को मिला था। यह सलीम के नाम पर था कि वो अमजद से वे एक लाख डॉलर वसूले, जो उसने

कुछ समय पहले अमजद को उधार दिये थे।

बता दें कि सलीम भी अमजद का करीबी दोस्त था। एजाज ने लिखा था कि अमजद द्वारा रकम वापस नहीं करने पर उसे काफ़ी ग़ुस्सा आ रहा है। खत में लिखा था कि मैं किसी को छेड़ता नहीं हूँ, पर जो मुझे छेड़ता है, मैं उसको छोड़ता नहीं हूँ। मैं दुनिया का पैसा वसूल करके देता हूँ। सलीम तू जानता है। और इसने मेरे साथ चीटिंग किया।

ख़त के मजमून के मुताबिक़ रकम बटन (मैंड्रेक्स) की तस्करी के लिए अमजद ने लिया था। अमजद ने पहले तो छह लाख रुपये चुकाए भी लेकिन बाद में पैसे देने बन्द कर दिये थे। वह लगभग साढ़े चार सालों से बाकी रकम नहीं दे रहा था। पुलिस अधिकारियों ने ये भी दावा किया कि ये रकम भी एजाज ने अपनी दुबई निवासी बहन से उधार लेकर अमजद को दी थी क्योंकि ख़त में लिखा था—मेरी साली की शादी होने वाली है, और मैं वो रकम वापस नहीं कर पा रहा हूँ, जिसके कारण मैं काफ़ी असहाय महसूस कर रहा हूँ। उसको बोल कि दस-दस हज़ार मुझे जेल में भेजा करे। मेरा अन्दर नाम और इज़्ज़त है। तू जानता है कि मैं बहुत खुद्दार हूँ। किसी से मदद नहीं लेता हूँ। मैंने बहुत तकलीफ उठाई है।

इस ख़त के आधार पर पुलिस ने एजाज के तीन साथियों को गिरफ़्तार कर लिया, जिसमें एक भांजा अब्दुल वहाब भी था। 10 दिसम्बर को डीएन नगर पुलिस थाने के अधिकारियों ने नाना कम्पनी के चार सुपारी हत्यारों को उत्तर प्रदेश से धर दबोचा। उन्होंने अपने बयान में कहा कि हत्या उन्होंने ही की थी, जिन्हें पहले गिरफ़्तार किया है, उन्हें वे जानते नहीं हैं। इनसे नौ मिमी की एक पिस्तौल भी मिली थी, जिसकी बेलेस्टिक रिपोर्ट में साफ़ जानकारी आयी कि अमजद पर चली गोलियाँ भी इसी हथियार की थीं। अब तक ख़त के आधार पर जाँच कर रही पुलिस भौचक्की रह गयी।

शरद शेट्टी की हत्या का कारण यह बताया जाता है कि उसने सन् 2000 में बैंकॉक में राजन के रसोइये अशोक पोटला को अपने साथ मिलाने और राजन के खुफिया अड्डे की जानकारी हासिल करने के लिए लालच दिये थे। अशोक की सूचनाओं पर ही रोहित वर्मा के बैंकॉक वाले फ्लैट की जानकारी छोटा शकील को मिल पायी थी। मौक़ा देख कर गोलीबारी की, जिसमें राजन बुरी तरह घायल भले हो गया, मरा नहीं था। इस हमले में उसका सेनापति रोहित वर्मा समेत दो लोग मरे थे। रशीद मलाबारी, गुरप्रीत सिंह भुल्लर और मुन्ना झिंगाड़ा ने लगभग आधा दर्जन सुपारी हत्यारों का बड़ा ख़तरनाक दस्ता तैयार किया था। इसी ने राजन और रोहित पर गोलीबारी की थी।

जेएनपीटी हथियार कांड में एक और बड़ी ख़तरनाक और नृशंस हत्या मुंबई में हुई थी। यह सन्देश था उन तमाम मुखबिरों को, उन सभी बागियों को, उन बन्दों को जो नाना कम्पनी की मुखालफत के बारे में विचार भी कर रहे थे। छोटा राजन गिरोह के लिए कल तक काम करने वाले और पुलिस के कथित मुखबिर नरसिंह मोदी उर्फ़ नरसय्या मामा उर्फ़ लंगड्या की 26 अक्टूबर 2006 को हुई हत्या के पीछे भी एक कहानी है। सूत्रों के मुताबिक़ जेएनपीटी गोदी में राजन के तस्करी के हथियारों का जख़ीरा पकड़वाने का शक भी उस पर था। इसके कारण नाना कम्पनी के गुंडों और नरसय्या मामा के बीच कहासुनी होने लगी थी। नरसय्या मामा ने गिरोह के लोगों से सम्बन्ध ही ख़त्म कर दिये थे। उसे पता नहीं था कि इस तरह सम्बन्ध ख़त्म कर देने से काले प्रेतों का कोप उसे झेलना पड़ेगा, और वे एक दिन उसके जीवन से ही सम्बन्ध समाप्त कर देंगे।

एक दिन अचानक सूमो कार में आये चार सुपारी हत्यारों ने चॉपर और लाठियों से नरसय्या मामा की कार पर हमला कर दिया। वह बुरी तरह घायल हुआ। उसे ठाणे के एक अस्पताल पहुँचाया लेकिन वहाँ उसकी मौत हो गयी। इस मामले में हत्यारे ग़ायब हो चुके थे।

चार सालों बाद 11 जून 2010 की रात सायन में वसन्त कोर्ट इमारत में बने न्यू नीलम रेस्तोरां एंड बार में हत्यारों के आने की सूचना एटीएस अधिकारियों को मिली। वहाँ जाल बिछाया। प्रेमसिंह लाल सिंह उर्फ़ प्रेम नेपाली और रमेश दयाभाई बाबरिया को 32 कैलीबर की रिवाल्वर और 315 कैलीबर की एक हैंडगन व चार गोलियों के साथ गिरफ़्तार किया। पुलिस ने दावा किया कि इन दोनों ने ही चॉपर से नरसय्या मामा पर वार किये थे। उनके ख़िलाफ़ सायन, नेहरू नगर, शिवड़ी इलाकों में कई गम्भीर आपराधिक मामले पहले से ही दर्ज़ थे।

ये हथियार बैंकॉक से आये थे। पुलिस अधिकारियों को सन्देह था कि क्वालालंपुर में बालू डोकरे की हत्या का भी इस हथियार कांड से कोई न कोई रिश्ता ज़रूर है। हथियार ज़ब्ती के 36 घंटों के अन्दर ही उसकी हत्या हज़ारों किलोमीटर दूर एक अनाम और सुनसान फॉर्महाऊस में इस तरह से होने की घटना का कोई तो रिश्ता इस मामले से भी होगा ही।

पूर्व अभ्यास और नाना कम्पनी

तत्कालीन संयुक्त पुलिस आयुक्त मीरा बोरवनकर ने यह भी दावा किया कि राजन गिरोह ने गोदी में हथियारों की सुरक्षित आमद और बाहर निकासी की तमाम जानकारियाँ न केवल पहले से बारीकी से जुटायी थीं, यहाँ पर पूरी कवायद पहले

से करके देखी थी। और यह काम सन् 2006 के फ़रवरी माह में हुआ था। तब छोटी मात्रा में हथियार पहुँचे थे। वे परखना चाहते थे कि क्या बड़े पैमाने पर भी हथियारों का जख़ीरा वे मुंबई में पहुँचा सकते थे? पहली खेप डीआईसी ट्रेडिंग (थाईलैंड) कम्पनी लि. ने सुदर्शन एग्रो-बायोटेक के नाम से भेजी थी। दूसरी खेप किसी और कम्पनी ने भेजी लेकिन उसी पुरानी कम्पनी के नाम पर ही भेजी थी। ये सामान बुक करने वाला ओंग नामक व्यक्ति सिंगापुर का निवासी है। उसने रकम का भुगतान नकद में किया था।

मुकुन्द 6 अप्रैल 2004 को बैंकॉक गया था, 23 अप्रैल को वापस लौटा था। पुलिस ने दावा किया कि वहाँ उसकी मुलाकात राजन के सिपहसालार भगवन्त सिंह कुँवर सिंह ठाकुर उर्फ़ भरत नेपाली से हुई थी। उनके बीच हथियारों की तस्करी के बारे में विस्तार से वहीं चर्चा हुई थी। दोनों ने नौ प्लास्टिक के बैग में ये तमाम हथियार रखे थे। पुलिस का दावा है कि मुकुन्द अपने सेल फ़ोन से भरत नेपाली समेत राजन गिरोह के कुछ और सदस्यों से बैंकॉक में बातें करता था। वह जिस नम्बर पर बात करता था, वह बैंकॉक में मिलेनियम टेक्नॉलॉजी लि. के नाम पर है, जिसने सुदर्शन एग्रो-बायोटेक को पहली खेप भेजी थी।

कुछ ज्वलन्त सवाल

इस मामले में डीआरआई और मुंबई पुलिस के बीच श्रेय लेने की होड़ भी खासी मची, जिसका अन्तिम नतीजा यही निकला कि जाँच आधी अधूरी हुई और कई महत्त्वपूर्ण सुराग या तो मिट गये, या नज़रअन्दाज़ हो गये।

कुल मिलाकर तीन गिरफ्तारियाँ ही हुईं। मुकुन्द कन्हैया लाल पटेल, जो कस्टम्स क्लिंगरिंग एजेंट था। यशवन्त येवले, जिसके नाम पर इम्पोर्ट लाइसेंस था। मधु कुट्टप्पन कोट्टीयातील उर्फ़ मधु कुट्टी, जो कि आयातक कम्पनी में नरसिंह मोदी उर्फ़ नरसय्या मामा उर्फ़ लंगड्या के साथ भागीदार था। तीनों आरोपियों का यही कहना था कि उन्होंने तो वह काम किया, जिसमें उनकी विशेषज्ञता है। उन्हें हथियारों के बारे में कुछ पता ही नहीं था। उन्हें तो ग्रीस के कंटेनर लाने और उतारने का काम मिला था।

मधु को कांदिवली के लता बार से इं. प्रदीप शर्मा ने गिरफ़्तार किया था। पुलिस ने दावा किया कि उसने ख़ुद ही बताया कि हथियार कहाँ रखे हैं, और 21 मई 2005 को छापा मार कर हथियारों की ज़ब्ती की। इसमें लेकिन एक पेंच है। गोदी का जो गेट पास बना है और जब पुलिस ने छापा मारा था, वह 20 मई 2005 का है। यह मधु की गिरफ़्तारी के एक दिन पहले का है। तो सच

क्या है? छापा पहले पड़ा या गिरफ़्तारी पहले हुई? मधु और यशवन्त का बयान है कि उन्हें 19 को पुलिस ने हिरासत में लिया था, न कि 21 मई को। तो सच क्या है? और फिर यशवन्त तो यह भी कहता है कि पुलिस ने हथियारों की ज़ब्ती 11 मई को डीआरआई ने की थी। तो सच क्या है? और हाँ, लता बार के मालिक ने पुलिस आयुक्त को एक पत्र लिख कर सूचित किया कि न उसके बार में पुलिस ने कोई छापामारी की थी, न उसके होटल से किसी को गिरफ़्तार किया गया था। सवाल ये उठता है कि मुकुन्द गिरफ़्तार कब और कहाँ से हुआ था?

तत्कालीन पुलिस आयुक्त ए.एन. रॉय के मुताबिक़ मुकुन्द पटेल के पास से भी एक पिस्तौल बरामद हुई थी। सवाल ये है कि इस पिस्तौल के बारे में कुछ भी पुलिस ने क्यों पता नहीं लगाया कि वह कैसे और क्यों मुकुन्द के पास आयी थी? पिस्तौल देने वाले कौन थे? इन लोगों को पुलिस ने क्यों नहीं पकड़ा?

इन हथियारों की कुल कीमत लगभग 1 करोड़ रुपये आँकी गयी। 27 कंटेनर में भरे औद्योगिक ग्रीस के 8 ड्रमों में हथियार होने की जानकारी मिली थी। इनमें से पाँच कंटेनर से कुल 34 वेब्ले स्कॉट, कोल्ट, स्मिथ एंड वेसन रिवाल्वर, तीन स्वचालित पिस्तौलें, एक साईलेंसर, 1,283 गोलियाँ और हथियार मिले थे। चौंकाने वाला एक तथ्य ये भी है कि इस खेप के तीन कंटेनर गोदी से ग़ायब थे। सवाल ये उठने लगे कि कहाँ गये ये कंटेनर? क्या उनमें भी हथियार थे? क्या ये हथियार बरामद हुए हथियारों से भी अधिक घातक और संख्या में उनसे कहीं अधिक थे? और सबसे बड़ा सवाल—ये तीन कंटेनर इतनी कड़ी सुरक्षा से ग़ायब कैसे हो गये?

किताब में हथियार

राजन गिरोह का वांछित सुपारी हत्यारा और निशानची विजय चन्द्रकान्त महाडिक को अपराध शाखा ने गिरफ़्तार किया और एक पिस्तौल व 4 गोलियाँ ज़ब्त किये। वरिष्ठ अधिकारियों ने दावा किया कि विजय अपना गिरोह बनाने का चक्कर चला रहा था, जिसके लिए नयी भर्ती शुरू कर चुका था।

घाटकोपर अपराध शाखा के तत्कालीन प्रभारी वरिष्ठ पुलिस इंस्पेक्टर वेंकट पाटील ने बताया था कि छोटा राजन के सबसे पुराने साथियों में से एक विजय है। वह कभी मधु कोटियन व सतीश कालिया के साथ था। 2004 में जब सतीश कालिया को इं. विजय सालसकर ने गिरफ़्तार किया तो विजय महाडिक भी उसी के साथ लपेटे में आ गया था। जेल से बाहर आकर नाना कम्पनी के कल्याण निवासी नन्दू शाह के साथ जुड़ गया। दोनों की अधिक दिनों तक नहीं निभ सकी। वह

विजय नीलेश पारडकर के साथ काम करने लगा। ठाणे के कोपरी शिवसेना के उप विभाग प्रमुख राजेश घोडके पर हुई गोलीबारी में नीलेश समेत छह गुंडे गिरफ़्तार हो गये। बाद में उसे जमानत मिल गयी। विजय इस मामले में वांछित रहा। विजय 2 सालों तक पुलिस से छुपने के लिए भिवंडी और पनवेल में रहा।

पुलिस अधिकारी बताते हैं कि विजय ने 2008 में तुर्भे स्थित फाइजर कम्पनी के मज़दूर नेता की हत्या की थी। उस पर सन् 2011 में खैरवाडी इलाके में हफ्तावसूली के लिए एक व्यक्ति को धमकाने का मामला भी दर्ज़ हुआ था। किताब में छिपा कर लाये 2 हथियारों की ज़ब्ती के मामले में गिरफ़्तार हुए संजय चौधरी को पकड़ा था, लेकिन उसका रहस्य दो साल बाद खुला कि हथियार विजय के थे।

बलूचिस्तान के हथियार

जुलाई 2007 के अन्तिम सप्ताह में यह ख़बर पूरी मुंबई के पुलिस वालों के होश उड़ा देती है कि गिरोह सरगना एजाज लकड़ावाला ने जिन चार सुपारी हत्यारों को फ़िल्मी गायक हिमेश रेशमिया और निर्माता निदेशक राजकुमार सन्तोषी की हत्या के लिए तैनात किया था, उनके पास मिले हथियार बलूचिस्तान से आये हैं। ऑस्ट्रेलिया और न्यूजीलैंड में ठिकाने बदल कर रहने वाले एजाज के चारों सुपारी हत्यारों को उत्तर प्रदेश एसटीएफ ने बाराबंकी ज़िले के थाना देवा इलाके से पकड़ा था। वे हथियार लेने ही पहुँचे थे।

ये सभी बाराबंकी स्थित प्रसिद्ध सूफ़ी सन्त देवा शरीफ मजार में काम की सफलता की दुआएँ माँग कर प्राथमिक विद्यालय हड़ोहरी तक पहुँचे ही थे कि एसटीएफ के दस्ते ने उन्हें चारों तरफ़ से घेर कर दबोच लिया और एक बड़ा हादसा टाल दिया। तत्कालीन पुलिस महानिदेशक विक्रमसिंह के मुताबिक़ इन हत्यारों ने लखनऊ के एक प्रमुख गुटखा कारोबारी के अपहरण करने की साजिश भी बना रखी थी। इनके नाम अनीस रेडियोवाला, नामदेव, मोहम्मद रहीम ख़ान व इशरत वारसी हैं। उनसे 32 कैलीबर की एक विदेशी पिस्तौल, 32 और 38 कैलीबर की दो विदेशी रिवाल्वर, एक देशी कट्टा, मोबाइल फ़ोन व क्वालिस कार (एमएच 04 बीक्यू 5429) के साथ पाँच हज़ार पाँच सौ रुपये नकदी मिले। ये सभी हथियार नॉर्थ-वेस्ट फ्रंटियर के प्रतिबन्धित हथियार थे।

एजाज ने राजकुमार सन्तोषी व हिमेश रेशमिया की हत्या के लिए हथियार लाने अनीस को भेजा था। अनीस ने पूछताछ में बताया कि जी टीवी पर प्रसारित कार्यक्रम 'सारेगामापा' में एक शूटर को प्रतियोगी के रूप में भेजते और वहीं

हिमेश को गोली मारी जाती। उनके भेजे बन्दे का चयन सारेगामापा के पहले हिस्से में ही नहीं हो सका, इसलिए साजिश वहीं ख़त्म हो गयी। अनीस ने आगे बताया कि एजाज ने उन्हें हथियार लाने उ.प्र. भेजा ताकि नामदेव मुंबई में राजकुमार सन्तोषी और हिमेश रेशमिया की चेहरापट्टी हत्यारों को कराता और मौक़ा पड़ने पर वे दोनों को ठोंक देते। सुपारी हत्यारों इमरान व सुहैल को ये हथियार मुंबई में देने थे।

अनीस ने बताया कि वह एजाज से एक साल से सम्पर्क में था। एजाज उसे मुंबई में काम करने के लिए हर महीने वेतन के रूप में 25 से 30 हज़ार रुपये देता है। उसके मुताबिक़ एजाज गिरोह के अन्य सदस्यों को इसी के जरिए देश एवं विदेश में रकम पहुँचाता था। मुंबई के परवेज लकड़ावाला से दो बार उसने पैसे लेकर एजाज को भेजे थे। बता दें कि मुंबई में परवेज़ लकड़ावाला का बेटा सुहैल अपहरण के बाद एक करोड़ की फिरौती देने पर रिहा हुआ था। इस अपहरण के आरोपी इमरान शफी रेडियोवाला को पुलिस ने मुठभेड़ में मार था। अनीस ने बताया कि सुहैल अपहरण कांड की रकम एजाज को हवाला से बैंकॉक भेजी थी।

डी-कम्पनी की गोलियाँ चोरी!

डी-कम्पनी की भले ही कितनी भी दहशत हो, दाऊद भले ही कितना बड़ा सरगना हो, छोटा शकील कितना बड़ा गिरोहबाज हो, कुछ ऐसे भी लोग हैं, जो इनकी नाक के नीचे से, इनका ही माल उड़ा ले जाते हैं। यह बात और है कि वे उसे पचाने का साहस नहीं कर पाते हैं। मई 2009 में ऐसा ही एक वाकया हुआ था। मुंबई पुलिस की अपराध शाखा ने 917 गोलियाँ का एक बड़ा जख़ीरा दक्षिण मुंबई के एक चोर से बरामद किया तो चकित रह गये। इतनी गोलियों का मतलब किसी बड़े गिरोह का असलाह-बारूद ही था। बता दें कि ये गोलियाँ दक्षिण मुंबई में दो टांकी इलाके में एक तेल कारखाने में छुपा कर रखी थीं। इस कारखाने से दाऊद इब्राहिम का पाकमोडिया स्ट्रीट वाला घर आधा किलोमीटर तथा शकील का टेमकर मोहल्ले का पुराना दफ्तर इतनी ही दूरी पर है।

जब जाँच हुई तो पता चला कि ये माल डी-कम्पनी के हथियारखाने से चुराया हुआ था। चोर एक मामूली सा आदमी मकसूद ख़ान था। मकसूद ने पुलिस को बताया कि ये गोलियाँ उसे दशक भर पहले से बन्द कारखाने में मिली थी। पुलिस अधिकारी कहते हैं कि वहाँ डी-कम्पनी के बन्दे ही हथियार छुपाते होंगे।

पुलिस अधिकारियों ने बताया कि मकसूद तो वहाँ से लोहे का कुछ कबाड़ चुराने के लिए गया था। जब उसे गोलियों का बक्सा मिला तो लगा कि इससे काफ़ी रकम बना सकता है। वह उन्हें बेचने निकला तो मुखबिरों ने तुरन्त उसका राज फ़ाश कर दिया। वह पुलिस के हत्थे चढ़ा तो 500 गोलियाँ देख कर पुलिस वाले भी चकरा गये। पूछताछ में उसने नल बाज़ार के एक सार्वजनिक शौचालय की छत पर छुपा कर रखी 417 गोलियाँ और बरामद करवा दीं।

हथियार वालों पर मोका

सन् 2010 के मार्च माह का तीसरा सप्ताह था, जब अपराध शाखा अधिकारियों ने गिरोह सरगना हेमन्त पुजारी के तीन गुर्गों को हथियारों की तस्करी के मामले में गिरफ़्तार कर मोका लगा दिया। तत्कालीन अपराध शाखा प्रभारी राकेश मारिया के मुताबिक़ दीनानाथ गुप्ता व गंगा प्रसाद चौधरी 26 फ़रवरी को पकड़े थे। उनके बताने पर 11 मार्च को अवधेश साहनी को बस्ती शहर, उत्तर प्रदेश से पकड़ा। अवधेश का काम हेमन्त पुजारी गिरोह के लिए उत्तर प्रदेश से हथियारों की आपूर्ति करना था। 17 मई 2008 को मुंबई में सदन गोस्वामी की हत्या में अवधेश के शरीक होने की जानकारी भी अपराध शाखा को मिली थी। सदन की हत्या हेमन्त ने इसलिए करवाई थी क्योंकि उसने हेमन्त को फ़ोन पर माँ की गाली दी थी। वह भी पहले हेमन्त पुजारी गिरोह का सदस्य था। नाराज हेमन्त ने सदन का पोटला करने का आदेश अवधेश को दिया, जिसे अवधेश ने मुस्तैदी से पूरा भी किया था।

हथियारों की नीलामी

फरवरी 2011 के पहले सप्ताह में तत्कालीन संयुक्त पुलिस आयुक्त हिमांशु राय ने बताया कि अपराध शाखा के अधिकारियों ने बिहार के एक हथियार आपूर्तिकर्ता मनोहर गुप्ता को गिरफ़्तार कर 16 देशी कट्टे बरामद किये हैं। उसका अपराधियों को हथियार बेचने का तरीका बड़ा अनूठा था। वह अपराधियों के बीच हथियार की नीलामी करता था। मनोहर नीलामी के लिए किसी गिरोह सरगना या सिपहसालार को नहीं रखता था बल्कि निचले स्तर के गुंडों को ही इसमें शामिल करता था।

छोटा राजन का हथियारवाला

फरवरी 2011 के पहले सप्ताह में फरीद तानशा के चचेरे भाई जुबेर अब्दुल हामिद जमादार को एक सूचना के आधार पर घाटकोपर से गिरफ़्तार कर चीन

निर्मित 38 कैलीबर की पिस्तौल और 56 गोलियाँ बरामद किये हैं। तत्कालीन संयुक्त पुलिस आयुक्त हिमांशु राय ने कहा कि जुबेर 1993 में दंगे फैलाने और हत्या मामले में जेल जा चुका था। उसी दौरान वह नाना कम्पनी के कुछ गुंडों के सम्पर्क में आया और उनके साथ काम करना शुरू कर दिया था।

राजन का हथियार आपूर्तिकर्ता पकड़ा

मई 2014 के पहले सप्ताह में छोटा राजन से जुड़े हथियार आपूर्तिकर्ता को उपनगर कांदिवली से गिरफ़्तार कर दो देशी पिस्तौलें और 5 गोलियाँ बरामद कीं। पुलिस के मुताबिक़ गुप्त सूचना के आधार पर शोभराज यादव उर्फ़ शंभू को पकड़ा, जो उपनगर भांडुप का निवासी है। पूछताछ में पता चला कि शंभू ने ठाणे के जौहरी की दुकान में घुस कर डकैती के चक्कर में गोलीबारी भी की थी, जिसके लिए ठाणे पुलिस उसे गिरफ़्तार कर चुकी थी। शंभू कुछ समय से राजन गिरोह से जुड़ गया था और पहले भी तीन पिस्तौलें देने के मामले में गिरफ़्तार हो चुका है।

कार्बाइन के कारनामे

अप्रैल 2014 के तीसरे सप्ताह में गिरोह सरगना रवि पुजारी के गुंडों के हाथों में फिर से 9 मिमी की क्लोज कॉबेट वैपन कार्बाइन पहुँचने की जानकारी मिलते ही अपराध शाखा में सन्नाटा खिंच गया। तुरन्त एक योजना बनी और ज़ाल बिछा कर बंटी पांडे के दो गुंडों दीपक पडवल और अमोल सावन्त को धर दबोचा। उनसे एक कार्बाइन के साथ एक पिस्तौल, एक मैगजीन और कुछ गोलियाँ भी बरामद हुए। रवि इस कार्बाइन से मुंबई में एक बड़ी हत्या करवाना चाहता था ताकि उसका मायानगरी मुंबई में वैसा ही आतंक फैल जाये, जैसा दाऊद, राजन और गवली का है। इस तरह वह जिसे फ़ोन करता, उससे मनचाहा हफ्ता वसूल सकता था।

अपराध शाखा प्रमुख सदानन्द दाते के मुताबिक़ दोनों गुंडे कमल सिंह के साथी हैं जो मंगलूर पुलिस और मुंबई अपराध शाखा के साझा अभियान में अप्रैल के पहले सप्ताह में गिरफ़्तार हुए थे। कांदिवली के एक क्लब में दीपक और अमोल बतौर बाउंसर काम करते थे। कमल भी हालाँकि बाउंसर ही था लेकिन उसे क्लब प्रबन्धन ने दोनों के ऊपर तैनात किया था। ये तीनों रात में बाउंसर बने रहते और दिन में संपत्ति कारोबार करते थे। इस चक्कर में उनके पास इलाके के काफ़ी सारे बिल्डरों से सम्पर्क बन गये। इन तीनों ने अब एक नया कारोबार शुरू दिया। बिल्डरों के बारे में तमाम जानकारियाँ और टेलीफ़ोन

नम्बर वे रवि पुजारी को मुहैया करवाने लगे। विदेश में बैठा रवि पुजारी इनके आधार पर बिल्डरों को धमका कर हफ्तावसूली करने लगा।

सूत्रों के मुताबिक़ कमल सिंह का पिता सन् 1989 में अशोक जोशी समेत पाँच लोगों की पनवेल में हत्या के मामले में गिरफ़्तार हो चुका है। कमल का पिता अदालत से बरी तो हो गया लेकिन गिरोहों की अन्धी सुरंग से कभी बाहर नहीं निकल पाया। उसके कारण ही बेटा कमल भी इस अन्धी सुरंग के रास्ते पर चल पड़ा। रवि पुजारी कमल सिंह और उसके पिता से सम्पर्क बनाये हुए था। 2012 में कमल की बहन की शादी में रवि ने उनकी पैसों से मदद की थी, जिसके बदले में कमल ने उसके लोगों को हथियार आपूर्ति शुरू कर दी थी।

दाऊद की शिप ब्रेकिंग क्यों

सैन्य खुफिया सूत्रों के मुताबिक़ दाऊद भारत में शिप ब्रेकिंग कारोबार में भी है लेकिन उसके पीछे सिर्फ़ इस कारोबार से धन कमाना ही मकसद नहीं है। खुफिया अधिकारियों के मुताबिक़ पुराने या हादसे में टूट चुके जहाज़ तोड़ने के लिए डी-कम्पनी के लोग खरीदते हैं। यह कारोबार वे नकद में करते हैं। इसके पीछे उनकी एक खास मंशा है। वे इन जहाज़ों के जरिए बड़ी मात्रा में हथियारों और गोला-बारूद की खेप बिना किसी की नज़र में आये भारत या किसी भी देश में पहुँचा सकते हैं। डी-कम्पनी का हथियार और गोला-बारूद खरीदने-बेचने का कारोबार खासा बढ़ चुका है। हथियारों और विस्फोटकों की बड़ी खेप ले जाने के लिए भी कबाड़ जहाज़ मुफीद हैं। इनकी कोई जाँच नहीं होती है। इसके कारण ये जहाज़ हथियारों की खेप पहुँचाने के लिए सुरक्षित माने जाते हैं।

हथियार ज़ब्ती का शतकवीर

हथियारों की ज़ब्ती के मामले में इंस्पेक्टर सुभाष कुबेर ने अकेले जो कारनामा कर दिखाया, वह न केवल काबिले तारीफ है बल्कि उनके निर्भय और सधे हुए काम को भी इंगित करता है। सोलापुर के मूल निवासी कसरत के शौक़ीन सुभाष कुबेर ने 1972 में पुलिस बल में शामिल होने का निर्णय लिया। वे पहले रेलवे पुलिस में गये। वहाँ कामकाज तो अच्छा किया लेकिन जब सिकन्दराबाद एक्सप्रेस में एक युवक को बम व रिवाल्वर के साथ गिरफ़्तार किया, उनकी बड़ी तारीफ हुई, उनकी गोपनीय सेवा रपट में भी इस सिलसिले में अच्छी टिपण्णी वरिष्ठ अधिकारियों ने दर्ज़ की तो उन्हें हथियार ज़ब्ती का चस्का लग गया। सुभाष कुबेर किसी भी पुलिस थाने में रहे हों, या अपराध शाखा में, उन्होंने हथियार

बरामदगी में विशेषज्ञता हासिल कर ली। अस्त्र विक्रेताओं या गुंडों से हथियार बरामद करने का उनका शौक परवान चढ़ रहा था। इस मुहिम के चलते अब तक वे 115 रिवाल्वर और पिस्तौल बरामद करवा चुके हैं। उनके नाम पर अब तक कुल 271 पुरस्कार घोषित हो चुके हैं।

मुंबई का अपराध जगत आज जिस मुकाम पर पहुँच चुका है, उससे एक बात साफ़ है कि विश्व के किसी भी कोने के हथियार यहाँ किसी भी हाल में पहुँच सकते हैं। और कीमत? मूल्य तो मायने ही नहीं रखता है। जब मामला सुपारी हत्या का हो तो दस लाख का भी हथियार, एक ही गोली चलने पर अपनी कीमत से सैकड़ों गुना फ़ायदा गिरोह को करवा देता है।

गिज्मो गैलरी

भारतीय पुलिस एवं माफिया एजेंसियों के लिए सम्भवतः सबसे बड़ा सिरदर्द है कि संचार व ज्ञान के नवीनतम साधनों व तकनीकों का इस्तेमाल उसके मूल उद्देश्य से अधिक अपराध में होना। अत्याधुनिक संचार साधनों के कारण पूरी पृथ्वी पर विस्तारित मानव 'विश्व ग्राम' या 'वसुधैव कुटुम्बकम' की अवधारणा के साथ साकार और संकुचित हो गया है। अपराधी हमेशा एक क़दम आगे रहते हैं। उन्हें धन की कमी नहीं, लिहाजा हर अत्याधुनिक साधन का प्रयोग वे अपना 'काम' बखूबी अंजाम देने के हेतु करते हैं।

भाई बात करेंगा!

'क्या भाई, आपको बड़े भाई का फ़ोन मिला क्या?'

'कौन बोल रहे हैं?'

'बड़े भाई के इदर से बोलता है भाई?'

'क्या नाम है आपका?'

'तुम्हेरा नाम विवेक भाई है?'

'हाँ। लेकिन अपना नाम भी तो बताओ यार।'

'भाई, अपुन बड़े भाई के इदर से बोलता है, तुम्हेरे कूं फ़ोन पर बात करने का है उसके साथ।'

'कौन बड़ा भाई?'

'शकील भाई...'

'वे कब से बड़े भाई हो गये?'

'क्यों भाई?'

'आपके गैंग में तो दाऊद बड़ा भाई है, शकील को कैसे इस नाम से पुकार रहे हो?'

'चलो वोई सई, अपुन को क्या, आपका बात हुआ क्या?'

'नहीं हुई।'

'तो अबी तोड़ी देर से करेंगा, तुम इदर फ़ोन पर ही रहना...'

'क्यों करनी है मुझसे बात?'

'पता नईं भाई, मेरे कूं तुम्हेरे छापेखाने का नम्बर निकाल के इदर बात करके टाइम फिक्स करके रकने कूं बोला, अबी बात करेंगा...'

शकील का फ़ोन वाकई कुछ देर में आया। बातचीत के बीच में कई बार लाइन कटने लगी, कारण पूछा तो बताया कि 'कान्फ्रेंसिंग हो रही है। किसी देश में कहीं कोई समस्या रही होगी। इसके कारण या सेटेलाइट कनेक्शन टूटने से बातचीत में व्यवधान आ रहा है।'

चर्चा के बाद एक मँजे हुए पुलिस अधिकारी से मिला। उसे तमाम जानकारी दी और पूछा—

'यह क्या चक्कर था?'

'ये गैंगस्टर और उनके लेफ्टिनेंट्स बड़े चालाक हैं। फ़ोन करने के लिए हमेशा किसी और देश का सहारा लेते हैं।'

'कैसे?'

'बड़ा आसान है। टेलीकान्फ्रेंसिंग तो बड़ा आसान काम है।'

'और?'

'उनकी टेलीफ़ोन लाइनें तीन-चार देशों में घूमते हुए आती हैं।'

'क्यों?'

'यदि कोई क़ानून-व्यवस्था एजेंसी उनका नम्बर जानना चाहे तो नाकामयाब रहती हैं। गुंडों की फ़ोन लाइन ट्रेस करने का काम किसी देश तक जाकर टूट जाता है।'

'तो क्या उनको पकड़ना बिल्कुल सम्भव नहीं?'

'सम्भव है लेकिन अच्छे साफ्टवेयर हमारे पास नहीं हैं। ऊपर से टेलीफ़ोन विभाग के नाकारेपन के कारण भी हमारी खासी फजीहत होती है।'

'इसका इलाज क्या है?'

'कुछ नहीं?'

'कैसे?'

'जब तक लालफीताशाही रहेगी, जब तक लालच रहेगा, जब तक आलस्य रहेगा, तब तक ये सब हमें झेलना ही पड़ेगा।'

उस अधिकारी से चर्चा में एक बात समझ में आयी कि मामला इतना सीधा नहीं है। एक बात साफ़ हो गयी कि माफिया के पास अत्याधुनिक साधनों एवं उपकरणों की भरमार है। वे उनका इस्तेमाल भी बखूबी करते हैं।

गिज्मो गैंग

चाहे वो इंटरनेट, ई-मेल व्यवस्था, मोबाइल फ़ोन और उसकी शॉर्ट मैसेजिंग सर्विस (एसएमएस), पेजर, सेटेलाइट फ़ोन, टेलीकान्फ्रेंसिंग सुविधा, अत्याधुनिक टेली-एक्सचेंज, माइक्रो रिकार्डर्स, ऊजी, वाल्दर या ग्लॉक पिस्तौलें, उनके मल्टीयूज साइलेंसर, लेज़र पाइंटर, टेलीस्कोपिक राइफल, आरडीएक्स या दस्ती बम, तीव्र गति वाहन या नावें, माफिया के पास तमाम साधन-संसाधन पहले आते हैं, पुलिस या खुफिया एजेंसियों के पास बाद में।

बैंकॉक से गिरफ़्तार हुए गिरोह सरगना सन्तोष शेट्टी को अत्याधुनिक तकनीक की बेहद महीन जानकारियाँ हैं। वह न केवल अपने आईफ़ोन के जरिए तमाम किस्म के काम सड़क पर चलते हुए कर लेता था, उसने अपने लैपटॉप में भी कुछ ऐसा सॉफ्टवेयर लगा रखे थे, जो आमतौर पर खुफिया एजेंसियाँ व सेना के खुफिया विभाग इस्तेमाल करते हैं।

इन सॉफ्टवेयर के जरिए वह किसी की जानकारी बड़े आराम से निकाल लेता था। वह पुलिस और खुफिया एजेंसियों से भी उनके जरिए बचाव करता था। उसके

पास अमरीका, रूस और भारत के बड़े ही मंजे हुए सॉफ्टवेयर इंजीनियरों और हैकरों का पूरा दस्ता था, जो कि उसके एक इशारे पर किसी की कोई भी जानकारी या किसी भी किस्म का खाता हैक कर जानकारियाँ चुरा कर दे सकते थे। सन्तोष बैंकॉक में गिरफ़्तार हुआ लेकिन पुलिस को उसके हैकर दस्ते के बारे में कोई जानकारी नहीं मिली क्योंकि वे सारे एक सॉफ्टवेयर कम्पनी में नौकरी करते हैं।

20 सितम्बर 2002 को अबू सालेम और मोनिका बेदी लिस्बन में गिरफ़्तार हुए तो उसके पीछे एक नहीं दो कारण थे। पहला तो यह कि अनीस ने भारतीय पुलिस अधिकारियों को उसके बारे में काफ़ी सारी सूचनाएँ दीं। यह भी बताया कि अबू फिलहाल मोनिका के साथ किस देश में है। यही नहीं उसके सेट फ़ोन या उपग्रह फ़ोन का नम्बर भी उपलब्ध करवा दिये। इस फ़ोन में लगी जीपीएस तकनीक का इस्तेमाल कर लिस्बन पुलिस ने यह पता कर लिया कि अबू कहाँ पर है। वह मोनिका के साथ गिरफ़्तार हो गया। जो सेट फ़ोन अबू ने सुविधा के लिए रखा था, वही उसके लिए बड़ी दुविधा बन कर सामने आया।

वर्ल्ड टेल

डी-कम्पनी के पास ऐसे दो रेडियो ट्रांसमीटर सेट होने की पुख़्ता जानकारी है जो दुनिया भर की तमाम वायरलेस फ्रीक्वेंसी ग्रहण करने की क्षमता रखते हैं। ट्रांजिस्टर के आकार का यह यन्त्र 'वर्ल्ड टेल' नाम से विश्व बाज़ार में उपलब्ध है। 30 हज़ार रुपये मूल्य का हैंडसेट इतना सक्षम है कि पुलिस समेत तमाम खुफिया एजेंसियों के वायरलैस सन्देश बीच में अपने 'मालिक' को सुना सकता है। एक ब्रीफकेस में इस हैंडसेट का ताकतवर डिस्क एंटिना रिसीवर एवं बूस्टर है। हैंडसेट को उससे जोड़ने पर पूरे विश्व भर के वायरलेस सन्देश सुन सकते हैं। डी-कम्पनी ने उनका प्रयोग 1995 के दंगों के दौरान किया। इससे पुलिस आवागमन की पूर्व सूचना उन तक पहुँचती रही।

मिनी टेलीफ़ोन एक्सचेंज

डी-कम्पनी ने जोगेश्वरी और जेजे मार्ग पर अपने मिनी टेलीफ़ोन एक्सचेंज स्थापित कर रखे हैं। यहाँ एक व्यक्ति दिन-रात डी-कम्पनी के प्यादों-फ़ौजदारों-सिपहसालारों को टेलीफ़ोन सेवा प्रदान करता है। उसका काम देश की कॉल विदेश देना और वहाँ की यहाँ पहुँचाना है। इस गोरखधन्धे में एमटीएनएल कर्मियों की मिलीभगत है। कुछ टेलीफ़ोन लाइनें अवैध मिनी टेली एक्सचेंज से जुड़ी होती हैं। ये नम्बर अधिकृत तौर पर एक्टिव नहीं होते। इनका बिल नहीं आता परन्तु एमटीएनएल

कर्मियों की जेब बढ़िया तरीके से गरम होती है।

टेली कान्फ्रेंस

टेली कान्फ्रेंस का इस्तेमाल गिरोहबाज ख़ूब करते हैं। मुंबई में बैठा गुंडा यदि पुलिस निगाहों से छुपना चाहे तो यह व्यवस्था बड़ी कारगर है। मुंबई से फ़ोन नेपाल होकर बांग्लादेश से दुबई जायेगी। वहाँ से यही कॉल बजरिए ऑस्ट्रेलिया, किसी अमरीकी शहर से मलेशिया होकर मुंबई पहुँचेगी। इस कवायद में भले पैसा ख़ूब ख़र्च हो जाये, गारंटी है कि उनको कोई पकड़ नहीं पायेगा। कोशिश की भी तो किसी एक देश तक ट्रेस करने वाले का लिंक टूटना तय है। फिर भी जाँच अधिकारी अगर प्रयास करते हैं तो काफ़ी वक्त लगता है, इतने में कॉल ख़त्म हो जाती है।

फैक्स

फैक्स का प्रयोग सिर्फ़ सन्देश भेजने-लेने में ही नहीं बल्कि शिकारों के फोटो व जानकारियाँ, हत्या की योजना से तस्करी सम्बन्धी सूचनाएँ भेजने में भी होता है। फैक्स कूट अर्थ या संकेत में होते हैं। फैक्स का प्रयोग हर 'कम्पनी' का 'पीआरओ' अपने 'बॉस' को अख़बारों में छपी ख़बरें भेजने के लिए दिन में 2 बार करता है। पीआरओ सुबह तमाम अख़बारों से पुलिस व गिरोहों की ख़बरों की कतरनें काट कर काग़ज़ पर चिपका कर जिरॉक्स करके फैक्स करता है। यही प्रक्रिया सान्ध्यकालीन अख़बारों के साथ दुहराई जाती है।

यह रहस्य तब खुला जब अपने अख़बार में छपी किसी ख़बर पर दोपहर या शाम को ही दुबई से किसी गिरोह सरगना का फ़ोन आ पहुँचता था। वे जानना चाहते थे उनके गिरोह के ख़िलाफ़ इस तरह क्यों लिखा है? या किसी हत्याकांड के असली शूटरों के नाम कैसे पहले ही छाप दिये? शूटरों का नाम पुलिस को पता चलने के पहले अख़बार में छपने से उस हत्याकांड विशेष को लेकर गिरोह मुश्किल में पड़ जाता है। सरगना हमेशा असली शूटर को फरार करते हैं, बदले में 'डमी शूटरों' के बारे में ख़बर फैलाते हैं, पुलिस उन्हें पकड़ती है, मुक़दमा चलाती है और सबूतों के अभाव में वे रिहा हो जाते हैं।

मोबाइल फ़ोन

मोबाइल फ़ोन का सबसे अच्छा इस्तेमाल करने का ठेका मानो माफिया को मिला है। पूरी दुनिया में वे कहीं रहें, एक मोबाइल नम्बर उनके पास ज़रूर होता है। उनका नेटवर्क 'मोबाइल तन्त्र' बना कर रखता है। प्री-पेड कॉर्ड तो मानों माफिया

की सहूलियत के लिए सेलफ़ोन कम्पनियों ने चालू किये हैं। हफ्तावसूली या हत्या का एक काम पूरा हुआ कि तमाम प्री-पेड कॉर्ड फेंक नये ले लेते हैं। जितने चाहें प्री-पेड कॉर्ड फ़र्जी पहचान पत्रों पर मिल जाते हैं। जब से एसएमएस शुरू हुआ, गिरोहबाजों के लिए और आसानी हो गयी। एक रुपये में उनका सन्देश बिना किसी सहायता दुनिया के किसी भी कोने में जा पहुँचता है। ऊपर से मज़ा ये कि इन सन्देशों को ठीक-ठीक समझना हरेक के लिए सम्भव नहीं।

अत्याधुनिक हथियारों के इस्तेमाल में माफिया कितना सतर्क, चौकन्ना, उत्सुक और आगे है, यह किसी से छुपा नहीं। **(देखें–माफिया के हथियार)**

माइक्रो रिकॉर्डर्स

माइक्रो रिकॉर्डर्स का इस्तेमाल भी माफिया करता है ताकि शत्रु-मित्र पूरी तरह निगाह रख सके। कहे गये शब्दों को जस का तस सुनने-सुनाने के लिए इनका इस्तेमाल होता है। मित्र वेश में छुपे शत्रु की पहचान के लिए माफिया इनका ख़ूब प्रयोग करता है। अब तक माइक्रो कैसेट रिकॉर्डर इस्तेमाल होते आये थे, नये ज़माने में पेन आकार के सवा से 22 घंटे तक अनवरत रिकॉर्डिंग करने वाले डिजिटल उपकरणों का माफिया के प्यादों-फ़ौजदारों-मुखबिरों इत्यादि की जेबों में मिलना आम हो चला है।

और सेटेलाइट फ़ोन?

इनका इस्तेमाल माफिया के लिए आवश्यक है। लगभग सभी माफिया सरदारों और सिपहसालारों के पास सेट-फ़ोन हैं। गवली को इनकी ज़रूरत नहीं क्योंकि वह मुंबई में है, सुभाष सिंह और अश्विन नाईक जेल में हैं, लिहाजा इस 'आवश्यक बुराई' से बचे हैं। राजन हमेशा सेट-फ़ोन रखता है। 2001 के पहले तक मलेशिया में अधिकांश वक्त मालवाही जहाज़ से मुंबई के आपराधिक साम्राज्य चलाने में लगातार 8 वर्षों तक उसे सेट-फ़ोन का ही सहारा रहा। आज भी वह एक सेट- फ़ोन का इस्तेमाल कर 'गुप्तवास' में है। अबू सालेम के पास तीन सेट-फ़ोन हैं, डी-कम्पनी में कई हैं।

सेटेलाइट फ़ोन दो तरह के होते हैं। सामान्य मोबाइल फ़ोन सरीखे काफ़ी महँगे सेट हैं। दूसरे लैपटॉप जैसे हैं, जिनमें एक एंटीना, एक टर्मिनल, एक माऊथपीस होता है। एंटीना को टर्मिनल से दूर रख कर संकेत ग्रहण करते हैं। वांछित नम्बर डॉयल करने पर सेट-फ़ोन से सबसे करीबी स्टेशन या सेटेलाइट तक सिग्नल जाते हैं, वहाँ से सिग्नल पूरी पृथ्वी के इर्दगिर्द फैले कृत्रिम उपग्रहों के जाल से होकर वांछित नम्बर तक जाते हैं। यह व्यवस्था 'एन्मार सेटेलाइट' कहलाती है इसीलिए

सेट-फ़ोन को लोग 'एन्मार सेटफ़ोन' भी कहते हैं। इनके भी सामान्य मोबाइल सरीखे सिम कार्ड होते हैं। भारत का सबसे करीबी सेट-फ़ोन स्टेशन दुबई में है।

सेट-फ़ोन के जरिए कॉल भारत में लगाई जा रही हैं, वे वीएसएनएल के जरिए आगे बढ़ती हैं। एक सामान्य सेट-फ़ोन की कीमत डेढ़ से 2 लाख रुपये तक है। प्रति मिनट बातचीत की दरें काफ़ी अधिक हैं और देश के आधार पर अलग-अलग होती हैं।

खुफिया एजेंसियों के लिए सेट-फ़ोन बड़ा सिरदर्द हैं। मुंबई माफिया में इसका इस्तेमाल बढ़ता जा रहा है। दक्षिण दिल्ली में सीबीआई व दिल्ली पुलिस विशेष प्रकोष्ठ के संयुक्त दस्ते ने बबलू श्रीवास्तव के सेनापति वीरेन्द्र पन्त उर्फ़ विनोद राठौर समेत 3 गुंडों को मुठभेड़ में मारा था। पुलिस को उनके पास से एक सेट-फ़ोन मिला तो सभी चकित रह गये। यह सेट-फ़ोन (00873762756020) वीरेन्द्र इस्तेमाल करता था। इसी के जरिए उसने यूएई निवासी कारोबारी तैखत सिद्दिक को कारोबार करने के बहाने फाँसा, फिर अपहरण कर 2 करोड़ की फिरौती माँगी। तैखत से बातचीत के लिए उसने विनोद राठौर नाम रखा था। सेट-फ़ोन का असली मालिक कोई और ही था जिसे खाड़ी देशों से खरीदा और बजरिए नेपाल, भारत पहुँचा था। सीबीआई के तत्कालीन संयुक्त निदेशक नीरज कुमार ने इस पर कहा था, 'दाऊद, राजन और सालेम के पास सेट-फ़ोन होने की सूचना हमारे पास है। अबू अपने ठिकाने छुपाने के लिए इसका इस्तेमाल करता है।'

ऐसा ही एक सेट-फ़ोन (00873761236596) अश्विन नाईक के गुंडे से बरामद हुआ था। इसे अश्विन ने अमरीका में खरीदा और दुबई में पंजीकृत करवाया था। दुबई की 'गैलरी' नामक सेवाप्रदाता कम्पनी से 16 जनवरी 1998 को चालू करवाया था।

वीडियो कान्फ्रेंसिंग से धमकियाँ

डी-कम्पनी ने हफ्तावसूली के लिए दुबई से वीडियो कान्फ्रेंसिंग पर धमकियाँ देने का काम सन् 2012 से शुरू किया था, जो पुलिस और इंटरपोल के दबाव बढ़ने के बाद वहाँ बन्द कर कीनिया से शुरू किया। बता दें कि मुंबई के कई बिल्डरों और कारोबारियों को दुबई से इंटरनेट कॉलिंग और इंटरनेट कॉन्फ्रेंसिंग से वसूली के लिए कम्पनी ने धमकाया था। मार्च 2012 में दुबई से कुछ बिल्डरों को वीडियो कॉन्फ्रेंसिंग से छोटा शकील ने मोटी रकम माँगी थी। रकम न देने पर हत्या करने की धमकियाँ दी थीं। इसकी सूचना खुफिया ब्यूरो ने मुंबई पुलिस को दी थी, जिस पर कार्रवाई करते हुए एटीएस मुंबई ने एक नामी बिल्डर समेत

कई अन्य बिल्डरों के बयान दर्ज़ किये थे। पुलिस सूत्रों के मुताबिक़ उसके बाद धमकी के फ़ोन कॉल कीनिया से आने लगे। कीनिया से इंटरनेट कॉलिंग और सेटेलाइट फ़ोन से डी-कम्पनी मुंबई में मौजूद गुर्गों से सम्पर्क में बनी हुई है। पूर्व आईपीएस वायपी सिंह का मानना है कि वीडियो कॉन्फ्रेंसिंग के जरिए बिल्डरों से सम्पर्क करने का एक बड़ा फायदा यही है कि ये देश किसी और राष्ट्र को किसी आतंकी या अपराधी की गिरफ़्तारी में मदद नहीं करते हैं। वे यह नहीं बताते हैं कि वीडियो कॉन्फ्रेंसिंग किस आईपी एड्रेस से हुई थी, जिसका सीधा फायदा अपराधियों या आतंकियों को मिलता है। यह कारण काफ़ी है, डी-कम्पनी के लिए कीनिया से कामकाज करने का।

ये तो शुरुआत है। जैसे-जैसे तकनीक बढ़ती-बदलती जायेंगी, गिरोह तुरन्त अपने काम की तकनीक हाथों-हाथ खरीदते रहेंगे। पैसों की कमी नहीं, उन्हें तो वह चाहिए जो उनके राज-रहस्यों को आवरण में बनाये रखें।

वेबसाइट का क्या?

शकील ने अपनी वेबसाइट के जरिए अक्टूबर 2001 में हमला किया तो सब चकित रह गये। शकील ने राजन का पता बताने या उसकी पुख़्ता सूचना देने पर एक लाख अमरीकी डॉलर इनाम रखा। इसका जवाब तुरन्त राजन की तरफ़ से आया। एक वेबसाइट पर 'राष्ट्रभक्त डॉन' की तरफ़ से 'अपील' की गयी कि तमाम राष्ट्रदोही बमकांड आरोपियों की हत्या करें, हर आरोपी के सिर की कीमत 10 लाख अमरीकी डॉलर रखी गयी। www.site.yahoo.com/saveindiafromisi नामक यह साइट मुक्त सर्वर पर थी।

राजन का सन्देश साफ़ था कि सभी हिन्दुओं को पाकजनित आतंकवाद का मुकाबला करने के लिए खुल कर सामने आना चाहिए। इसमें भारत के 7 सबसे बड़े शत्रुओं के नाम टाइगर मेमन, तौफिक जलियांवाला, दाऊद इब्राहिम, अनीस इब्राहिम, नूरा इब्राहिम, छोटा शकील उर्फ़ पाव टकल्या, शरद शेट्टी उर्फ़ शरद अण्णा दिये थे। साइट ने दावा किया कि इनमें से हरेक की मौत का जिम्मेदार बनने वाले को 10 लाख डॉलर घर बैठे मिलेंगे।

साइट के जरिए राजन कहता है, 'मैं बाहर रह कर इन ताकतों से निपट सकता हूँ, आप भारत के अन्दर इनसे निपटें। मेरा उद्देश्य 'हमारे भारत' की पाकिस्तानी आईएसआई के लिए काम कर रही राष्ट्र विघातक शक्तियों से रक्षा करना है।' यह वेबसाइट राजन पर बैंकॉक हमले के बाद आयी थी। राजन के

करीबी साथियों ने हालाँकि ऐसी साइट लाने से साफ़ इनकार किया। उनका कहना था कि 'एक पूर्व गिरोह सदस्य ने 'नाना' को बदनाम करने के लिए यह हथकंडा अपनाया है। अपना बदला लेने में हम सक्षम हैं। यह हरकत करने वाला बख्शा नहीं जायेगा।' पुलिस भी गिरोहों के बीच जारी इंटरनेट घमासान से अपरिचित न थी। इसी कारण तुरन्त राजन की वेबसाइट को बन्द करवाया गया।

ई-मेल

ई-मेल का इस्तेमाल गुंडे ख़ूब कर रहे हैं। न केवल सन्देशों का आदान-प्रदान बल्कि धमकियाँ देने का सिलसिला भी इनसे जारी है। ई-मेल के मामले में भले ही मुंबई माफिया उतना समृद्ध न हो लेकिन राजन, दाऊद समेत कई अपराधियों के ई-मेल पते खुफिया एजेंसियों में 'क्रैक' किये हैं। वे इन ई-मेल को हासिल करते और पढ़ते हैं। डी-कम्पनी के गुंडों ने दिल्ली के दो लोगों को हफ्ते के लिए ई-मेल से धमकियाँ भेजी थीं। एफबीआई द्वारा बनाये 'स्नीफर' सॉफ्टवेयर जैसी तकनीक से ई-मेल पर अंग्रेजी भाषा में भेजे जा रहे सन्देशों को आसानी से 'फिल्टर' किया जा सकता है लेकिन हिन्दी या उर्दू के शब्दों से भरी गड़बड़ी वाली मेल पकड़ना सम्भव नहीं हो पाया है। इस कमजोरी का लाभ माफिया उठा रहा है। यहाँ तक कि वे चैट रूम्स का भरपूर प्रयोग कर रहे हैं।

वीओआईपी...

अब गिरोह सरगना बड़े पैमाने पर वीओआईपी व कॉलिंग कार्डों का इस्तेमाल कर रहे हैं। इसका सबसे बड़ा फायदा यह है कि ये काफ़ी सस्ते होते हैं, आसानी से इस्तेमाल किये जा सकते हैं, और इनके जरिए कॉलर को ट्रेस करने में खुफिया एजेंसियों को नाकों चने चबाने पड़ते हैं।

चैट

चैट का सहारा भी मुंबई के अँधियाले संसार के सरमायादार ले रहे हैं। ये चैट ख़त्म होने पर तुरन्त उसे मिटा देते हैं। हर बार चैट के लिए एक नया ई-मेल खाता खोला जाता है। उस पर चैट होने के बाद ये दोनों खाते भी बन्द करवा देते हैं ताकि उनके पीछे की भी जानकारी या सबूत न छूटे। ऐसे सर्वर और वेबसाइट्स पर चैट किये जाते हैं, जो गोपनीय रूप से चैट की सुविधा प्रदान करते हैं। चीन, रूस और पाकिस्तान की कई वेबसाइट्स ऐसी हैं, जिनका इस्तेमाल मुंबई माफिया अपनी गोपनीय बातचीत के लिए करता है, क्योंकि इन पर चैट सुरक्षित नहीं रखी जा सकती है। इतना ही नहीं, ये चैट खुफिया एजेंसियों के स्नीफर सरीखे

सॉफ्टवेयर भी पकड़ नहीं पाते हैं क्योंकि वे इन्क्रिप्ट होती हैं।

सोशल मीडिया

कई किस्म की सोशल मीडिया का इस्तेमाल इन दिनों माफिया कर रहा है। इस पर बेनामी खाते बनाये हैं। उन पर जो फोटो भेजे या शेयर किये जाते हैं, उनमें असल में कोई न कोई सन्देश होता है। ये सन्देश भी कूट भाषा में होते हैं। चूँकि ये सन्देश फोटो में ही जब्ज हो चुके होते हैं, इसके कारण किसी खोजी सॉफ्टवेयर से उनके पकड़े जाने का कोई अन्देशा नहीं होता है।

मुफ्त ऑडियो और वीडियो कॉल

ऑडियो और वीडियो कॉल के लिए कई किस्म के मोबाइल एप्स और वेबसाइट्स इन दिनों उपलब्ध हैं। उनका इस्तेमाल गिरोहबाज धड़ल्ले से करते हैं क्योंकि उन पर होने वाली बातचीत का ब्यौरा अथवा रिकॉर्डिंग सम्भव नहीं होती है। वीबर जैसे एप्स के जरिए बातचीत करने में कोई समस्या नहीं आती है। उनके खातों को डीकोड करके बात करने वाले तक पहुँच पाना आसान काम नहीं होता है क्योंकि इसके लिए गिरोहबाज किसी और देश के सिम कार्ड का इस्तेमाल करते हैं। जाँच एवं खुफिया एजेंसियाँ जब उन्हें ट्रेक करने की कोशिश करती हैं तो एक बिन्दु पर पहुँच कर उनकी कोशिश नाकामयाब हो जाती है।

क्लाउड

क्लाउड तकनीक में भले ही सारे आंकड़े आम जनता के बीच आ जाते हों, सच तो यह है कि जिनके क्लाउड खाते होते हैं, वे यदि थोड़ी भी सावधानी बरतें तो उनकी जमा की हुई कोई भी जानकारी या आंकड़े कभी किसी के पास नहीं जा सकते हैं। यदि वे सामान्य भाषा में कुछ लिखें और उस पर दस्तावेज़ सुरक्षित कर दें, उसे कोई और खोल कर पढ़ ले, फिर मिटा दे, तो सारा मामला ही ख़त्म हो जाता है। इस तकनीक का भी सहारा कुछ माफिया सरगना ले रहे हैं।

चैट प्लेटफॉर्म

अब मुंबई के गिरोह चैट प्लेटफॉर्म का भी खूब इस्तेमाल कर रहे हैं। इसमें वॉट्सएप का खूब इस्तेमाल हो रहा है तो विभिन्न ऑनलाइन चैट का भी प्रयोग किया जा रहा है। वॉट्सएप का इस्तेमाल करने के लिए गिरोहबाज हमेशा किसी और राज्य या शहर का मोबाइल नम्बर इस्तेमाल करते हैं। विदेशों में बैठे गिरोह सरगना और उनके सिपहसालार या प्यादे, जिस देश में रहते हैं, उसका टेलीफ़ोन नम्बर इस्तेमाल नहीं करते हैं। वे किसी और देश के सेल नम्बर का इस्तेमाल

वॉट्सएप के लिए करते हैं। इसके कारण उनके किसी खुफिया अथवा जाँच एजेंसी की पकड़ में आने की सम्भावना न के बराबर रहती है।

3 मार्च 2016 को छोटा शकील के करीबी रिश्तेदार और डी-कम्पनी के सिपहसालार सलीम कुरैशी उर्फ़ सलीम फ्रूट की गिरफ़्तारी ने एक चौंकाने वाला तथ्य भी उजागर किया। पता चला कि सलीम की पत्नी ने छोटा शकील की पत्नी से वॉट्सएप पर चैट की थी। पुलिस अधिकारियों ने इस कोण से भी इस चैट की जाँच शुरू की थी कि कहीं इन महिलाओं के नम्बरों से तो शकील और सलीम में चैट नहीं हो रही थी। यह बताना सही होगा कि सलीम और शकील की पत्नियाँ सगी बहने हैं।

दाऊद गिरोह के बहुत सारे ऐसे गुंडे मुंबई में हैं, जो आज भी लगातार कराची में बैठे दाऊद और शकील से चैट एप्स के जरिए सम्पर्क में हैं। कुछ ऐसे चैट प्लेटफॉर्म हैं, जो भारत में अधिक प्रचलित नहीं हैं, जैसे वीचैट का इस्तेमाल भी किया जाता है। चीन या पाकिस्तान के चैट प्लेटफॉर्म का इस्तेमाल करने के पीछे यह भी तर्क है कि भारतीय पुलिस व खुफिया एजेंसियों को चीनी या पाक कम्पनियाँ बिल्कुल सहयोग नहीं करती हैं। कभी किसी गिरोहबाज की चैट प्लेटफॉर्म पर हुई बातचीत की जानकारी मिल जाये, तो भी ये कम्पनियाँ अधिकृत तौर पर सहयोग नहीं करती हैं।

ख़बरियों की ख़बर

क्यों कोई बनता है ख़बरी? क्यों ये ख़बरी जानलेवा सौदे करते हैं? क्यों ये गिरोहबाजों और गुंडों के तन्त्र को नेस्तनाबूद करने की कोशिश करते हैं? सवाल बेहद आसान है लेकिन जवाब बेहद कठिन है। ख़बरियों का संसार बड़ा विस्तृत है। उस विस्तार से अपने काम के नुक्ते चुनना भी आसान काम नहीं। ख़बरियों के संसार में झाँकने से पहले उनके बारे में जानकारी होना बेहद ज़रूरी है। ख़बरी कोई क्यों बनता है आखिरकार? ख़बरी बनने के पीछे असल कहानी क्या होती है? कोई ख़बरी बन कर क्या पाता है? ख़बरी बनने के बाद क्या करते हैं लोग? ख़बरी कैसे बनते हैं लोग? और भी ढेरों सवाल उठ रहे होंगे आपके मन में, सबके जवाब हैं आगे। सच तो यह है कि जिस तरह माफिया की 'कबड्डी' में 'खो-खो' की मिलावट है, उसमें ख़बरियों का खिलाड़ी बन कर उतरना ज़रूरी है। यहाँ मचे घमासान में अगर गिरोहों को ख़बरियों का साथ न मिले तो वे कुछ नहीं कर सकते, वैसे ही पुलिस या कस्टम्स या अन्य खुफिया एजेंसियों के लिए भी इन ख़बरियों का बड़ा महत्त्व होता है।

ख़बरियों के बीच

'हाँ, भाईजान?'

'आईए महाराज, बड़ी देर कर दी। कहाँ अटक गये थे?'

'वो क्या है भाईजान, इधर तीन पुलिस वाले खड़े थे। उसके कारण...'

'कहाँ पर?'

'यहीं...आपके पास ही। चाय पी रहे थे। उनके कारण मैं यहाँ नहीं आया। मैं तो आपसे भी पहले इधर आके खड़ा हूँ। वो तीन खाकी वाले आये तो हट गया।'

अन्धेरी (पू) के साकीनाका इलाके में एक छोटे से होटल में दोपहर को इन्तज़ार करते हुए आधे घंटे सूख जाने के बाद मन में निराशा होने लगी थी कि वह मुखबिर (ख़बरी या जीरो नम्बर) ग़ायब हो गया है। उसने मुझे ही मूर्ख बनाया है। पर वह अब आया। वह क्यों पुलिस वालों से बच रहा था? जवाब मिलता है–

'नहीं भाईजान, आप जानते नहीं इन पुलिस वालों को। सबके साथ दोस्ती ठीक नहीं होती। वो लोग मेरे को जानते हैं। अभी मेरे से बोलते कोई 'विकेट' दिलाओ। मैं ऐसा नहीं करता तो मेरे को ही 'उठा' लेते हैं। बहुत तंग करते हैं।'

'तो फिर क्यों करते हो ये सब?'

'अपना काम है साब। भाई लोग का काम है क्राइम करने का, पुलिस का काम है उन्हें पकड़ने का, 'काऊंटर' करने का, आप लोगों का काम है उनके ऊपर छापे में लिखने का, अपुन का काम है ख़बरी का।'

'और ख़तरा?'

'ख़तरा किस धन्धे में नहीं है भाईजान? आदमी होटल खोलता है, नहीं चला तो? कम्पनी लगाता है, काम नहीं बना तो? सोल्जर सरहद पर जाके लड़ता है, गोली लग गयी तो? आप भी तो जाते हो लोकल ट्रेन में, कभी हाथ सटक गया तो? ख़तरा किधर नहीं?'

'लेकिन ये तो सीधे आ बैल मुझे मार वाली बात है।'

'हाँ भाईजान, ये तो है। भाई लोगों का डर, ऊपर से पुलिस वालों का। किसी पर पूरा भरोसा नहीं कर सकते।'

'तो फिर क्यों करते हो यह सब?'

'करता हूँ भाईजान...फिर भी करता हूँ। और क्या मैं अकेला हूँ? मेरे छोकरों का भी ख़याल मेरे को ही रखना पड़ता है। उनका पेट है, फेमेली है।'

'आपके भी और साथी हैं?' अब मुझे ताज्जुब हुआ।

'और क्या। मेरे पास 100 से अधिक छोकरे हैं।'

'इसका मतलब तो यह हुआ कि आप भी कोई कम बड़े भाई नहीं।'

'अरे नहीं भाईजान, अपने को वो सब काम नहीं आता। पहले कोशिश किया था। अपने को रास नहीं आया वो। छोड़ दिया।'

'क्यों?'

'दिल नहीं मानता। किसी बेगुनाह को मारना अपने को रास नहीं आया।'

'तो क्या हुआ, सारे ही तो सुपारी किलर नहीं होते हैं। हफ्तावसूली करने वाले भी होते हैं, हथियार लाने वाले होते हैं, प्लानिंग करने वाले होते हैं, कितने ही काम हैं गिरोह में, कुछ भी कर लेते।'

'नहीं भाईजान, गैंग के किसी भी काम में आखिरकार किसी न किसी का ख़ून बहता ही है।'

यह है राजू (नाम परिवर्तित)। एक ख़बरी जो हमेशा माफिया और पुलिस की सटीक ख़बरों का अकूत ख़ज़ाना अपने 100 ग्राम के शरीर में रखे 10 ग्राम के दिमाग़ में छुपाए रहता है। उससे एक बार अचानक मुलाकात हो गयी। एक पुलिस अधिकारी के पास आया था। उसने कुछ सूचनाएँ दीं और जाने लगा। तभी अचानक पूछ बैठा कि मैं कौन हूँ। जब पता चला कि कलमनवीस हूँ तो बिना झिझके उसने कहा कि उनके काम-धन्धे के बारे में भी कुछ लिखूँ नहीं। मेरा आश्वासन भी उसके चेहरे पर विश्वास नहीं जगा पाया।

काफ़ी दिनों तक उसके बारे में लिखा एक शब्द उसने नहीं पाया तो एक दिन फ़ोन करके मुझसे मिलना चाहा। जब पहली बार मिला तो वह खुल गया। विश्वास भी जम गया। उसके बाद लगातार उसने अन्धेरी दुनिया के पचासों राज फाश किये। हर बार वह मुझे फ़ोन करता। अपना टेलीफ़ोन नम्बर भी कभी न दिया। जब मिलना होता तो ख़ुद जगह बताता, हर बार एक नयी जगह बुलाता। हर बार पूरी तरह सतर्क और संजीदा। आमतौर पर उसके साथ कुछ जवान लड़के भी होते थे जो उसके इर्दगिर्द घेरा सा बनाये दिखते। उसके कारण ही ख़बरियों के संसार के कई अनजाने पहलुओं पर रोशनी पड़ी।

ख़बरी कैसे-कैसे

क्यों कोई बनता है ख़बरी? क्यों ये ख़बरी ख़ुद के लिए जानलेवा सौदे करते हैं? क्यों ये गिरोहबाजों और गुंडों के तन्त्र को नेस्तनाबूद करने की कोशिश करते हैं? इन सवालों के जवाब कितने कठिन हैं। ख़बरियों के संसार में झाँकने से पहले उनके बारे में जानकारी होना बेहद ज़रूरी है। ख़बरी कोई क्यों बनता है आखिरकार? ख़बरी बनने के पीछे असल कहानी क्या होती है? कोई ख़बरी

बनकर क्या पाता है? ख़बरी बनने के बाद क्या करते हैं लोग? ख़बरी कैसे बना करते हैं लोग? यह भी पता होना चाहिए।

मुंबईया अपराध जगत में जिस तरह के ख़बरी सबसे अधिक पाये जाते हैं, वे व्यावसायिक ख़बरी होते हैं। ये लोग पैसों के लिए सूचनाओं का आदान-प्रदान करते हैं। यह भी कह सकते हैं कि ये ख़बरें बेचने का धन्धा करते हैं। किसी जमाने में ऐसे ख़बरियों की मौज थी। आज ऐसे ख़बरियों की आमदनी काफ़ी घट चुकी है। इस कारण भी इस श्रेणी के ख़बरियों की कमी दिखाई देती है।

इस श्रेणी के ख़बरियों में समाज के कमजोर तबके के लोग अधिक हैं। इनमें भी अशिक्षितों की संख्या काफ़ी अधिक है। मुस्लिम समुदाय के ख़बरी इस श्रेणी में सबसे अधिक होते हैं। इसका एक खास कारण यह है कि जो और किसी तरीके से रोजी-रोटी कमाने में सक्षम नहीं होते हैं, वे इस तरीके से पेट भरने का जुगाड़ करते हैं। ऐसे ख़बरी ताज़िन्दगी यही काम करते हैं। उनके लिए ख़बरी होना किसी भी रूप में ख़तरनाक नहीं होता। ये इस पेशे से इस कदर जुड़ जाते हैं कि इससे बाहर वे ख़ुद को सुरक्षित महसूस नहीं करते।

कुछ लोग किसी कारण विशेष से, किसी गिरोह विशेष या व्यक्ति विशेष से नाराजगी के कारण, उन्हें नेस्तनाबूद करने के इरादे से, उनके बारे में पुलिस या प्रतिद्वन्द्वी गिरोहों को सूचनाएँ देते हैं। ऐसे लोगों में समाज के किसी भी तबके के लोग हो सकते हैं। उनके लिए अपना खास मकसद पूरा होने के बाद ख़बरों की आपूर्ति करते रहना ज़रूरी नहीं होता है, तो वे इस काम से दूर भी हो जाते हैं। इस श्रेणी के ख़बरी अमूमन अपनी सुरक्षा और पहचान के मामले में बेहद सतर्क होते हैं। वे जिसे सूचनाएँ मुहैया करवाते हैं, उसके सामने कभी भी अपनी पहचान नहीं खोलते हैं।

गिरोहों के पास भी ख़बरियों का पूरा जाल होता है। यह असल में उनका जासूसी संगठन होता है। ये न केवल गिरोह के लिए ख़बरें व सूचनाएँ जुटाते हैं बल्कि विरोधी गिरोहों में गलत-सलत ख़बरें भी घुसाते हैं। इतना ही नहीं पुलिस को ख़बरें देकर विरोधी गिरोह के गुंडों की हत्या या गिरफ़्तार करवाने, उनके हथियार, नशा, धन ज़ब्त करवाने, अड्डों पर छापे पड़वाने जैसे महत्त्वपूर्ण काम भी अंजाम देते हैं।

यह काम करने वाले ख़बरी उन हालात में अपनी पहचान गुप्त रखते हैं, जब वे किसी अनजान या कम पहचान वाले पुलिस अधिकारी को सूचना देते हैं। जिन अधिकारियों से पुराने रिश्ते होते हैं, ये बेतकल्लुफी से मिलते-घूमते और खाते-पीते

हैं। उनके लिए विरोधी गिरोह की ख़बरें ज़रूरत होने पर भी लाकर देते हैं।

इस काम के लिए ख़बरियों को गिरोह अच्छी-खासी रकम देते हैं। उन्हें यह छूट दी जाती है कि अपने इलाके में थोड़ी बहुत हफ्तावसूली कर लें। मौके-बेमौके उन्हें पैसे भेजे जाते हैं। गिरोह के बड़े सरगना और सिपहसालार ख़बरियों को हमेशा सतर्क रखते हैं।

ख़बरियों की एक और बेहद गुप्त श्रेणी है। इसके बारे में बहुत कम लोगों को जानकारी है। ये ख़बरी पढ़े-लिखे और समझदार होते हैं। ये गिरोह के लिए एक प्रकार से जनसम्पर्क अधिकारियों जैसा काम करते हैं। इनके जरिए गिरोहबाज व उनके सिपहसालार अख़बारों में छपी ख़बरों पर निगाह रखते हैं। अपने ही नहीं, विरोधी गिरोह, व पुलिस के बारे में छप रहे समाचारों को हर दिन अपने आकाओं तक तुरन्त पहुँचाने की ज़िम्मेदारी ये निभाते हैं। हर गिरोह के पास एक ऐसा ख़बरी होता है जो ख़बरों की कतरनें रोजाना काटता है और दुनिया के अलग-अलग कोनों में बैठे आकाओं को बजरिए फैक्स भेजता है। वहाँ से इन ख़बरों पर और काम करने के लिए कहा जाता है तो अपने सहयोगियों के जरिए अधिक सूचनाएँ जुटाता है और आगे बढ़ाता है।

कुछ ख़बरी विशेष रूप से पुलिस के लिए काम करते हैं। उन्हें 'पुलिस ख़बरी' कहते हैं। ये ख़बरी पुलिसकर्मियों से जुड़े होते हैं। उन्हें अपने काम की उजरत भी इससे हासिल होती है। पुलिस के पास गोपनीय कोष होता है। इनमें से इन ख़बरियों को ख़बर के महत्त्व के हिसाब से पैसा मिलता है। यह रकम हज़ारों में हो सकती है और लाखों में भी। इस कोष का हिसाब-किताब नहीं रखा जाता। इसका सीधा नियन्त्रण पुलिस आयुक्त के हाथों में होता है। उपायुक्तों के कहने पर वे किसी भी सूचना के लिए ख़बरी को पैसे दे सकते हैं।

पुलिस के ख़बरी नशे और हथियार गोला-बारूद के जखीरे के आने-जाने की सूचनाओं पर हमेशा निगाह रखते हैं। इनकी ज़ब्ती से जो पुरस्कार राशि पुलिस को मिलती है, उसका एक हिस्सा ख़बरियों को भी मिलता है। पुरस्कार मिलने में काफ़ी समय लगता है इसलिए कई बार पुलिसकर्मी कहीं से व्यवस्था कर ख़बरियों का पेट तो भर ही देते हैं। कई बार ऐसा भी होता है कि अन्धेरी दुनिया से पदच्युत गुंडे व गिरोहबाज भी ख़बरी के धन्धे में उतर आते हैं। ये ऐसे मजबूर गुंडे या गिरोहबाज होते हैं जो उम्र या किसी और कारण से आपराधिक गतिविधियाँ करने में नाकाम हो जाते हैं। ऐसी हालात में पुलिस या अपने गिरोह के लिए ख़बरी बन जाते हैं। ऐसे ख़बरियों का अन्तिम वक्त काफ़ी परेशानियों और तकलीफ़ों में गुज़रता है।

मजबूर लोग, जैसे नशेड़ी, वेश्याएँ, उनके दलाल भी ख़बरी होते हैं। उनके कार्य विशेष से सम्बन्धित सूचनाएँ ही पुलिस को मिलती हैं। जब ज़रूरत हो पुलिस वाले इनका इस्तेमाल करते हैं। नशेड़ियों को पैसे की तंगी हमेशा बनी रहती है। उन्हें जब पैसे चाहिए होते हैं, वे किसी न किसी तरह पैसा हासिल करने की कोशिश करते हैं। कई बार ऐसा भी होता है कि उन्हें जानकारी होती है कि किस स्थान पर कितना माल किस नशा तस्कर का रखा है। वे उसमें से कुछ हिस्सा पकड़वाते हैं। इसके कारण जो थोड़ा पैसा मिलता है, लेकर तलब पूरी करते हैं। यह क्रम चलता रहता है और वे तलब पूरी करने का सामान लगातार किये रहते हैं।

कई बार लोग वक्ती तौर पर भी पुलिस या गिरोहों को ख़बरें देते हैं। उनका उद्देश्य इस जरिए पैसे कमाना नहीं होता। अपने किसी आदमी की हत्या से नाराज व्यक्ति भी पुलिस को ख़बर देकर गुंडों को पकड़वाने या मुठभेड़ में मरवाने का काम करता है। काम होते ही वे ख़बरीगिरी से किनारा कर लेते हैं।

ऐसा भी होता है कि अधिकारी अगर वक्त पर और रकम नहीं देते हैं, तो ख़बरी तुरन्त दूसरे अधिकारियों तक सूचनाएँ पहुँचाने में भी गुरेज नहीं करते। ये भी कई बार होता है कि रात की शराब और कबाब के लिए रकम हासिल करने के लिए भी अधिकारियों के पास आकर उन्हें कोई खास सूचना पर काम करने के बहाने से रकम ऐंठ कर गुल हो जाते हैं।

ख़बरियों का संसार बड़ा विचित्र है। इस संसार में कौन-कब-क्या रूप धरेगा, किसी को पता नहीं चलता। ख़बरियों के पेशे में हालात तेज़ी से बदलते हैं। कब-किस ख़बरी की मौत आ जाये, कोई कह नहीं सकता। ऐसे बहुत कम ख़बरी हुए हैं जो अपना पूरा जीवन जी पाये हों।

मानवीय विरुद्ध तकनीकी मुखबिरी

पुलिस अधिकारी कहते हैं कि अधिकांश आतंकी मामलों और वारदातों में तकनीक के सहारे काफ़ी सुराग हासिल हो जाते हैं लेकिन मानवीय मुखबिरी का अभी भी कोई तोड़ नहीं है। गिरोहबाजों के अपराधों के मामलों की जाँच में अब तकनीक का काफ़ी अधिक हाथ होने लगा है लेकिन ख़बरी की अहमियत आज भी बरकरार है। फ़ोन टेप या इंटरनेट की निगरानी से हासिल ख़बर काफ़ी सटीक और कारगर साबित होती हैं, कम खर्चीली होती हैं, गोपनीयता बरकरार रहती है।

उसके ठीक उलट जब अपराधियों की धरपकड़ करनी होती है तो मुखबिर

ही असल में काम आते हैं। वे अपराधियों के ठिकानों तक पहुँच कर बेहद सटीक और सही सूचनाएँ लाते हैं। अपराधियों की उनके अड्डों तक पहुँच कर शिनाख़्त तक करते हैं। कई बार तो यह भी हुआ है कि वे मौके पर अपराधियों द्वारा कोई शरारत करने पर उसका जवाब भी देते हैं। अपराधियों द्वारा पुलिस दल पर गोलीबारी करने की कोशिश करते हैं तो मुखबिर भी पुलिस के हथियार लेकर वक्त पड़ने पर उन्हें जवाब दे लेते हैं। बस यही फ़र्क़ है कि इन सेवाओं के बदले में अधिकारियों से वे न केवल मोटी रकम वसूलते हैं बल्कि सुरक्षा की गारंटी भी चाहते हैं।

पुलिस के लिए मजबूरी यह है कि सटोरियों और गर्म गोश्त के कारोबारियों तक पहुँचने के लिए कोई तकनीक काम नहीं आती है। उसके लिए तो मुखबिरों पर ही भरोसा करना पड़ता है।

हथियार, नकली नोट, नशा, रक्तचन्दन तस्करों के खेल खासे ख़तरनाक होते हैं। उन तक पहुँचने के लिए भी ख़बरियों के बिना काम नहीं चलता है।

ख़बरियों का बँटवारा

मुंबई पुलिस की अपराध शाखा और एटीएस के साथ ही साथ स्थानीय थानों के बीच ख़बरियों को हथियाने की होड़ सी जारी है। इसके कारण शरारती और चालाक किस्म के ख़बरियों की पौ-बारह हो गयी है लेकिन गम्भीर काम करने और नतीजे देने में उस्ताद मुखबिरों के लिए समस्या खड़ी हो गयी है। वरिष्ठ पुलिस अधिकारी अपने अधीनस्थ अधिकारियों पर दबाव डालते हैं कि वे अपने मुखबिरों से जो भी सूचनाएँ हासिल करें, उनके साथ साझा तो करें ही, मुखबिरों से भी उन्हें मिलाएँ। मुखबिर ऐसा करने से कतराते हैं। वे हर अधिकारी पर भरोसा नहीं करते हैं। ऐसे में वे सूचना तो अपने भरोसेमंद अधिकारी के साथ ही बाँटते हैं, जब किसी वरिष्ठ अधिकारी से मिलते हैं तो काफ़ी सतर्क हो जाते हैं। वे तब तक कोई काम नहीं देते हैं, जब तक उन्हें अधिकारी के बारे में अपने सूत्र से पुख़्ता जानकारी नहीं मिल जाती है। यदि उन्हें पता चल जाये कि वरिष्ठ अधिकारी काफ़ी भ्रष्ट है या कान और पेट का कच्चा है तो उससे दूर भाग निकलने में ही भलाई समझते हैं। भ्रष्ट पर भरोसा इसलिए नहीं करते कि चन्द चाँदी के सिक्कों के लिए वे उनका नाम बाहर बता सकते हैं, कान और पेट के कच्चों से दूर इसलिए क्योंकि वे सुनी सुनाई बातों पर भरोसा करके कुछ भी कर सकते हैं या शेखी बघारने के चक्कर में उनकी सूचनाएँ वक्त के पहले ही उजागर कर सकते हैं। इससे उनकी जान

पर भी ख़तरा बन सकता है। तगड़ी पिटाई होना तो तय ही होती है। बीच में तो दिल्ली अपराध शाखा में एक बड़ा मसला खड़ा हो गया था। वहाँ तो उच्चाधिकारियों ने तमाम मातहत से कहा कि वे अपने तमाम मुखबिरों की सूची तैयार करें, उनकी तमाम तफसील बनायें और मुख्यालय में जमा करें। ये एक लिखित आदेश था। यह देख कर हड़कम्प मच गया था। किसी अधिकारी ने ऐसी कोई सूचना देने में रुचि न दिखाई। सभी डर रहे थे कि इस तरह से उनके मुखबिरों की गोपनीयता ख़त्म हो जायेगी और ये ख़बरी, गिरोहों तथा आतंकियों के निशाने पर आ सकते हैं।

ख़बरियों ने छोड़ा पुलिस को

ख़बरियों का संसार है तो विचित्र, लेकिन ख़तरनाक भी कम नहीं। उसमें बसते हैं ऐसे जुनूनी लोग जो पैसे के लिए कुछ भी कर सकते हैं, किसी भी अपराधी गिरोह की ख़बर ला सकते हैं, किसी को भी गलत ख़बर देकर भ्रमित कर सकते हैं, किसी की जान बचा सकते हैं तो किसी की हत्या करवा सकते हैं...सुरक्षा एवं जाँच एजेंसियों के लिए ख़बरी बड़े महत्त्वपूर्ण होते हैं।

मुंबई का अपराध जगत सबसे ख़तरनाक और हत्यारा है। इस दुनिया के लोग जो करते हैं, वे इसके बारे में सब कुछ जानते हैं। यह नहीं है कि वे चमत्कारी या सिद्ध पुरुष हैं। उनके पास कोई चमत्कारी चिराग नहीं होता, जिसे रगड़ने पर निकलने वाले जिन्न से सारी ख़बर मिल जाये। ये 'जिन्नात' असली ज़िन्दगी के होते हैं, जिन्हें ख़बरी कहा जाता है। ये ख़बरी अब तक मुंबई पुलिस की खुफिया कमान के सबसे सबल, सतर्क और सजग साथी होते थे। अब इनका साथ कमज़ोर होता जा रहा है। क्यों ऐसे हालात बन रहे हैं? क्यों ख़बरी पुलिस से दूर हो रहे हैं?

पिछले कुछ समय से ख़बरियों के लिए मुंबई पुलिस वैसी दुधारू गाय न रही, जितनी पहले कभी थी। एक ख़बरी उस्मान (नाम परिवर्तित) ने बताया, 'मुंबई पुलिस में अब उतने ईमानदार अफ़सर नहीं रहे। पहले वे जितना पैसा देने की बात कहते थे, काम होने के बाद उतना देते थे। अब वो ज़माना नहीं रहा।'

उस्मान बताता है कि एक गुंडे को मारने के लिए अपराध शाखा के एक पुलिस इंस्पेक्टर ने उसका ठिकाना पूछा। उसने कहा कि ठिकाना बताने को वह तैयार है लेकिन एकमात्र शर्त यही है कि वहाँ मौजूद गुंडों को पकड़ने के बाद बचना नहीं चाहिए। 'अगर वो भाई (गुंडा) ज़िन्दा बच जाता है तो मेरी जान जाना निश्चित है।' उस्मान बेहद गुस्से और घृणा से कह रहा है, 'उस इंस्पेक्टर

ने मुझे भरोसा दिलाया कि जो मैं चाहता हूँ, वैसा ही करेगा। मैंने उसे पता बता दिया। उस भाई को इंस्पेक्टर ने पकड़ा, तोड़-पानी किया और घर जाने दिया मज़े में। अब मैं उस भाई से जान बचाता फिर रहा हूँ। जब भी उसको मौक़ा मिलेगा मेरा गेम बजा डालेगा वो।'

उस्मान बताता है कि कुछ अर्सा पहले पुलिस में एक उच्चाधिकारी के साथ कई 'गेम बजाए'। 'कई भाई लोकों की विकेट निकाली थी मैंने उस बड़े साब के साथ मिल कर।' वह बताता है, 'बड़ा साब, मेरे कूं एक काम बजाने पर लाख-डेढ़ लाख रुपया देता था। इनाम बहुत पाया मैंने उनके काम में। एके-47 और 56 भी दिलाया मैंने उन्हें बहुत सारा। उसको लेकर भी मेरे को अच्छा माल मिला था साब।'

'वह मजा नहीं रह गया साब। वो बड़ा साब लौट के आया है।' बड़े विश्वास के साथ वह आगे कहता है, 'आप देखना कैसे मैं सात-आठ विकेट निकालता हूँ उनके साथ में।' उस्मान बताता है कि इंस्पेक्टरों में पहले जैसी ईमानदारी नहीं होने के कारण ख़बरियों में घबराहट फैली हुई है। उस्मान कहता है कि गुंडों से पैसा लेकर उन्हें छोड़ने की बढ़ती प्रवृत्ति के कारण उसके जैसे लोगों की परेशानी बढ़ती जा रही है।

एक अन्य ख़बरी रोजर (नाम परिवर्तित) ने बताया कि पहले इंस्पेक्टर और उसके निचले स्तर के पुलिसकर्मी ख़बरियों के साथ अच्छा और दोस्ताना व्यवहार करते थे। ज़रूरत पड़ने पर हर तरह से मदद करते थे। पैसे ही नहीं, ज़रूरत पड़ने पर उन्हें गुंडों से बचाते थे। वह बताता है, 'एक बार मेरे पीछे डी-कम्पनी के भाई पड़ गये तो इंस्पेक्टर साब ने मेरे को मध्यप्रदेश में अपने एक दोस्त के पास रहने को भेजा। पैसे भी दिये।'

रोजर बेहद अफ़सोस से बताता है, 'अब ऐसा कोई नहीं करता। अब तो धारा ही उलटी हो गयी साब। तोड़ा हो गया हो अच्छे साब लोगों का। दो महीने पहले मेरे से एक काम कराया एक साब ने। मेरे कूं बोला कि 35 हज़ार रुपये देंगा। काम के पहले एक चवन्नी नहीं दिया, बाद में भी मेरे कूं खाली हाथ दिका दिया। अब बोलो साब ऐसे लोगों के लिए काम कैसे करने का? अपने भी लड़के लोक को पैसा देना माँगता है न? रोजर ने बताया कि गुंडे को उड़ाने के बाद इंस्पेक्टर को काफ़ी नाम और नांवा मिला।' वो बताता है, 'जिसको ठोंका, उसके पास दो-तीन भारी सामान मिला। सामान के लिए उसकूं इनाम मिला सरकार से। अपना हिस्सा भी खा गया वो।'

आज ख़बरियों में यह एक समान बात पायी जाती है कि वे पुलिस

अधिकारियों से बचने लगे हैं। उनका मानना है कि किसी पुलिस अधिकारी पर सहज विश्वास करने से उनकी जान ख़तरे में पड़ जाती है। रोजर बताता है कि एक बार गलती से किसी की ख़बर देने में चूक हो गयी थी। समय के हेर-फेर में हाथ से हथियारों की बड़ी ज़ब्ती होते-होते रह गयी। जिस इंस्पेक्टर को उसने टीप दी थी वह रात को शराब पीकर लौटा और उसकी ऐसी पिटाई कर डाली कि वह कई दिनों तक अपनी हड्डियों का सेंक करवाता रहा।

मुन्ना (नाम परिवर्तित) बताता है कि कई बार ऐसा भी होता है कि वे ख़बर देते हैं, लेकिन पुलिस विभाग से 'कोई' वह ख़बर गिरोहबाज को पहुँचा देता है। ऐसा होने से गिरोहबाज सँभल जाते हैं और वहाँ से सरक लेते हैं। इससे उनकी विश्वसनीयता पर फ़र्क़ पड़ता है। वह कहता है, 'ऐसी ही एक टिप मैंने नाना के एक छोकरे को पकड़वाने के लिए दी। पुलिस पार्टी जैसे ही चेंबूर रवाना हुई, किसी ने वहाँ टिप दे दी। जब तक पार्टी पहुँची, सब कुछ साफ़ हो चुका था।'

मुन्ना के अनुसार ख़बरियों के संसार में सबसे ख़तरनाक वे अधिकारी होते हैं जो पैसों के लिए कुछ भी करने को तैयार होते है। वह कहता है, 'मैं कई बार छोटे अफ़सरों के साथ बड़े काम किया। अब हिम्मत नहीं होती साब। पहले मैं उनके साथ काम पर भी जाता था। अब ऐसा नहीं करता। अब तो उनके साथ काम करने के लिए भी पाँच बार सोचना पड़ता है। कोई आगे से अकै पूछता है और अपने को मालुमात होता है तो बता देता है। वर्ना अपन भले, अपन का धन्धा भला।'

एक ख़बरी जिसके पास अपने ख़बरी छोकरों का नेटवर्क है, पहले पुलिस वालों के बीच काफ़ी काम करता था। अब उसका नाम काफ़ी ख़राब हो चुका है। पक्या (नाम परिवर्तित) की हरकतों के कारण पुलिस अधिकारी उससे बचने लगे हैं। वह लोगों को पुलिस के चंगुल में फँसा कर रकम ऐंठने का धन्धा करने लगा। जब उससे पूछा कि ऐसा क्यों करता है तो उसने बिल्कुल बुरा नहीं माना। बड़ी सहजता से बताता है, 'मेरे से पहले खाकी वालों ने खुप काम लिया, जब उनसे पईसा माँगा तो मेरे को चिड़ी का दाना के माफिक डाला। अबी बोलो, तुमीच बोलो, मेंई क्या करता?'

पक्या बताता है कि वह दक्षिण मुंबई से लेकर दहिसर-ठाणे तक हर स्थान पर अपना नेटवर्क बना रखता है। उसके मुताबिक़ किसी भी 'कम्पनी' की ख़बर उसे चन्द मिनटों में मिल जाती है। वह हत्या होने के चन्द मिनटों में यह बताने की योग्यता रखता है कि किसने और क्यों काम बजाया है। वह बताता है, 'इस

काम के लिए अपने को रोकड़ा भोत माँगता है। हर जिगो जाना माँगता है। इसके लिए छोकरा लोगों को पईसा देना होता है। गाड़ी-घोड़ा, दारू-रंडी सबके ऊपर पईसा लगाना मंगता है भाई। मेरे कूं पईसा नेईं दिया तो मेंई ऐईसा-वेईसा रास्ता लिया। क्या करेंगा नेईं तो?'

मुखबिरी में मौत

पुलिस और खुफिया एजेंसियों के आपसी झगड़ों के कारण तो मुखबिर मारे ही जाते हैं, उन्हें सुरक्षा न तो दी जाती है, न ही उन्हें नयी पहचान और नाम के साथ किसी और राज्य या देश में स्थापित करने की व्यवस्था की जाती है। ऐसे में कई मुखबिरों के नाम पुलिस विभाग से ही लीक होकर गिरोहों तक पहुँचे हैं। इसके बाद इन ख़बरियों को गिरोहों ने मार गिराया है। जो मुखबिर पहले मारे जा चुके हैं, उनके बारे में यह साफ़ है कि गिरोहों की पहुँच पुलिस व खुफिया एजेंसियों से न केवल अधिक है बल्कि उनका कोई खौफ भी अपराधी गिरोहों के मन में नहीं है। वे मुखबिरों को मार कर साफ़ सन्देश बाकी मुखबिरों को देते हैं कि अगर किसी और ने उनके गिरोह के बरख़िलाफ़ जाने की कोशिश की तो उसका भी यही हाल होगा।

पुलिस के लिए काम करने वाले ख़बरी तब अपनी पहचान गुप्त रखते हैं, जब वे किसी अनजान या कम पहचान वाले पुलिस अधिकारी को सूचना देते हैं। जिन अधिकारियों से पुराने रिश्ते होते हैं, ये बेतकल्लुफी से मिलते-घूमते और खाते-पीते हैं। उनके लिए विरोधी गिरोह की ख़बरें ज़रूरत होने पर भी लाकर देते हैं। ऐसे बहुतेरे मुखबिर हैं जो मारे गये हैं, कुछ ऐसे हैं जो बच भी गये हैं हमलों में।

सुवर्णा हत्याकांड रू दो को सजा

24 फरवरी 1994 को अमर पर जहाँगीर आर्ट गैलरी के सामने गोलीबारी हुई। इस हमले में अमर बुरी तरह घायल हुआ। उसे अस्पताल पहुँचाया, जहाँ इलाज के दौरान मौत हो गयी। उसके मृत्युपूर्व बयान के मुताबिक हमले में शामिल मिर्ची के तमाम साथियों, उनके अड्डों और कामकाज की जानकारी दी।

पुलिस के एक महत्त्वपूर्ण ख़बरी की हत्या को लेकर अदालत से जो फैसला आया, उसके कारण पुलिस विभाग की नाक कटने से बच गयी। अदालत ने अमर भास्कर सुवर्णा हत्याकांड में दो हमलावरों को आजन्म कारावास की सजा दी। दुनिया भर में नशे की खरीद-फरोख्त करने वाले इकबाल मिर्ची के ख़िलाफ़ पुलिस व सीबीआई को सूचनाएँ मुहैया करवाने वाले अमर की हत्या से तमाम जाँच एजेंसियों को नशे के ख़िलाफ़ जारी लड़ाई में भारी झटका लगा था। लन्दन

निवासी नशा तस्कर इकबाल मिर्ची ने 3.5 लाख रुपये की सुपारी देकर अमर की हत्या करवाई। वह पुलिस का खास ख़बरी था। यह बात और है कि इस हत्याकांड में नवम्बर 1998 में विशेष टाडा अदालत ने दो आरोपियों अब्दुल गफूर व आदम तूफानी को आजीवन जेल की सींखचों के पीछे चक्की पीसने के लिए मजबूर कर दिया।

कुलाबा निवासी अमर पहले लन्दन में मिर्ची के पास नौकरी करता था। पैसों के लेन-देन पर उसका मिर्ची से विवाद हो गया। यह झगड़ा इतना बढ़ा कि अमर मुंबई वापस आ गया। उसे मिर्ची के तमाम काले कारनामों की जानकारी थी। मिर्ची की हरकतों से जला-भुना अमर उसके नशीले तस्करी तन्त्र को छिन्न-भिन्न करने का इरादा रखता था। उसने तमाम जानकारी पुलिस और सीबीआई को देनी शुरू की। जाँच एजेंसियों ने मिर्ची के कई अड्डों पर छापे मारे और ढेरों माल बरामद करने में सफलता हासिल की।

पुलिस ने अदालत में अमर हत्याकांड में कुल 46 गवाह पेश किये। उनके सामने अमर का मृत्यु पूर्व बयान अदालत में सबसे अधिक महत्त्वपूर्ण साबित हुआ। मुंबई पुलिस की अपराध शाखा ने इकबाल मिर्ची व गुलाम हैदर मडिया (दोनों फरार) समेत कुल नौ आरोपियों के ख़िलाफ़ टाडा अदालत में आरोप पत्र दाखिल किया। इसका फैसला विशेष टाडा जज पीके चावरे ने दिया था। पुलिस विभाग में तहलका मचाने और गिरोह के ख़िलाफ़ कार्रवाई रोकने के उद्देश्य से इकबाल मिर्ची के इशारे पर हत्या करवाई गयी।

अजय मिश्रा को भून दिया

1996 में अजय मिश्रा नामक एक ख़बरी जो कांदिवली में रहता था, उसे छोटा शकील के लोगों ने गोलियों से भून कर रख दिया था। वह भी पुलिस का बड़ा मुखबिर था।

बटाटावाला : पुलिस का दोस्त गया

वह कस्टम्स अधिकारी था, बेहद रौबीले व्यक्तित्व का स्वामी, उसका मुखबिरों का जाल पूरे देश में फैला था, उसके पास वह हर सूचना चल कर आती थी जिसमें किसी अपराध होने का अन्देशा होता था। उसने अपनी छापामारी और तेजी से, भूमिगत संसार में खासा हड़कम्प मचा रखा था। गिरोहबाजों ने उसकी हत्या से पहले कस्टम्स से बरखास्त करवाया। फारुख बटाटावाला नामक इस पूर्व कस्टम्स अधिकारी की हत्या के पीछे की कहानी में कई पेंच हैं।

वह 1 मई 1998 की रात लगभग आठ बजे का वक्त था। जब बटाटावाला

भेंडी बाजार लौटे तो उनके साथ अजीज नामक एक दोस्त भी था। वे नाजनीन गारमेंट के बाहर खड़े बात करते रहे। रात लगभग 8.45 बजे एक यमाहा मोटर साइकिल पर सवार दो युवक पहुँचे। उनके नाम मंजूर और आसिफ थे। सवारों में से एक पिछली सीट से उतरा। वह मंजूर था। मंजूर ने अजीज से पूछा कि बटाटावाला कौन है? उन्होंने पास खड़े कद्दावर जिस्म के साढ़े छह फुट लम्बे बटाटावाला की ओर इशारा कर दिया। मंजूर वापस मोटर साइकिल पर सवार होकर चला गया।

लगभग 15 मिनट बाद एक मोटर साइकिल पर सवार दो युवक वहाँ फिर पहुँचे। एक युवक फिर बटाटावाला की ओर बढ़ा। इस युवक का नाम मंजूर था। वह फारुख के करीब आया। उसने पूछा की बटाटावाला कौन है? अजीज ने फिर फारुख की ओर इशारा कर दिया। मंजूर ने नौ मिमी की पिस्तौल निकाली और फारुख के सिर के पीछे से एक गोली चलाई। वह दौड़ता हुआ मोटर साइकिल पर जा बैठा। उसका साथी आसिफ मोटर साइकिल चालू रखे खड़ा था। मंजूर के बैठते ही चन्द क्षणों में यह बाइक भीड़ भरी सड़क में खो गयी।

जब फारुख को हमलावरों ने गोली मारी, तब उनकी पत्नी श्रीमती शबनम सामने खड़ी थीं। वे आसपास खड़े लोगों से मिन्नतें करती रह गयीं कि उनके शौहर को अस्पताल पहुँचा दें लेकिन किसी ने मदद का हाथ न बढ़ाया। किसी ने घायल फारुख बटाटावाला को अस्पताल पहुँचाने या उठाने की जहमत नहीं की। किसी तरह फारुख को चन्द कदमों दूर जेजे अस्पताल पहुँचाया लेकिन तब तक उनकी मौत हो चुकी थी।

कौन था यह फारुख बटाटावाला? एक ऐसा दीदादिलेर कस्टम्स अधिकारी जिसने दाऊद का जीना हराम कर दिया था। फारुख बटाटावाला ने सन् 1995 में दाऊद के एक गुंडे दिलावर मंसूरी को आत्मरक्षा में गोली मारी थी। यह बात और है कि मामला खासा तूल पकड़ गया। अदालत में उनकी दलील नहीं मानी गयी कि दिलावर ने हत्या के लिए जेब से पिस्तौल निकाली थी। दाऊद के पैसे ने ऐसा खेल खेला कि फारुख निलम्बित हो गये। उन्हें मुंबई पुलिस की अपराध शाखा ने गिरफ़्तार भी किया। नौ माह जेल में बिताने पड़े। बाद में वे जमानत पर रिहा हो गये।

फारुख का सूचना संजाल इतना मजबूत था कि नौकरी न रहने पर भी मुखबिरों ने उनसे मुँह नहीं मोड़ा। फारुख के मुखबिर सिर्फ़ उन्हें ही सूचनाएँ देते थे। वे जानते थे कि फारुख को दी सूचनाओं पर न केवल ठीक से काम होगा बल्कि उनका ईनाम बना, तो मिलेगा भी। उनके नाम कभी सतह पर नहीं आयेंगे,

जिससे वे गुंडों, तस्करों और गिरोहबाजों के कहर से बचे रहेंगे। एक पुलिस अधिकारी ने तब कहा था कि मुखबिर तन्त्र सफलतापूर्वक चला रहे फारुख की हत्या से मुंबई के सुरक्षा घेरे में एक बड़ा छेद हो गया।

मुखबिरी ने मारा जॉर्ज को

5 अगस्त 1998 को हुई जॉर्ज डायस उर्फ़ जो की हत्या के पीछे ख़बरियों के सबसे बड़े व्यावसायिक खतरे, 'हत्या अथवा हमला' ही था। इस धन्धे में पैसा बहुत है और ख़तरा भी। जॉर्ज को दोनों में से एक ही मिला। ख़तरा भी ऐसा कि उसकी जान न बची। अन्धेरी में जॉर्ज की गोली मार कर हत्या की गयी। उसकी हत्या के पीछे जो कारण सामने आया, वह भयावह तस्वीर पेश करता है। यूँ तो अपराध जगत का उसूल है, 'एक मारा जायेगा तो सारे मारे जायेंगे।' फिर भी पुलिस मुखबिरों के लिए सुरक्षा का इन्तज़ाम होने से वे कभी-कभी बेमौत मारे जाते हैं।

जॉर्ज भी पुलिस का मुखबिर था। उसे गिरोह के लोगों ने अन्धेरी में बुला कर मारा। यह बात नहीं है कि जॉर्ज दूध का धुला कोई सज्जन व्यक्ति था। जॉर्ज का पुराना आपराधिक रेकॉर्ड भी है। अन्धेरी दुनिया के सूत्रों का कहना है कि वह इसी दशक में गिरोह में हुई हलचल के कारण ठाकुर गिरोह के साथ हो गया था।

अपराध जगत सूत्रों का कहना है कि जॉर्ज ने मौत से कुछ दिनों पहले दाऊद के गुंडे शकील बोस से हाथ मिलाया। डी-कम्पनी का शकील बोस पुलिस का ख़बरी था। हमेशा मुसाफिर खाना में मिलने वाला शकील बोस गिरोह के लिए 'मामले सुलझाने' का काम करता है। उसे अँधियाले संसार में दाऊद का 'नम्बरकारी' कहते हैं। जब सुभाष को सब पता चला तो जॉर्ज को मारने का आदेश दे दिया।

सूत्रों के मुताबिक़ उत्तर प्रदेश के गिरोह सरगना बबलू श्रीवास्तव के दो गुंडे को पुलिस ने 1997 की जुलाई में गोली मारी। पुलिस ने उन्हें इस आरोप में मारा था कि वे एक बड़े व्यापारी का अपहरण करने मुंबई आये थे। मारे गये युवकों में से एक युवक दिल्ली में तैयार कपड़ों के कारखाने का मालिक था। पुलिस ने उसे भी गुंडों के साथ पकड़ा और मार गिराया। यह बाद में पता चला कि वह असल में एक व्यापारी था। कहते हैं कि पुलिस को इनकी टिप देने वाला जॉर्ज था।

ठाकुर गिरोह के कई गुंडों के बारे में जॉर्ज ने पुलिस और शकील बोस को

सूचनाएँ दी थीं। जॉर्ज के बारे में अधिकारियों ने यह न सोचा कि कभी न कभी तो उसके बारे में ठाकुर गिरोह को पता चल ही जायेगा। इस बारे में अधिकारियों ने कोई सावधानी नहीं बरती और अपने मुखबिर तन्त्र को डराने में गिरोहबाजों को कामयाब होने दिया। इस हत्या से पुलिस के मुखबिरों में भय फैल गया। यह साफ़ हो गया है कि पुलिस को मुखबिरों का टोटा क्यों पड़ने लगता है।

हुसैन वस्त्रा : माहिर मुखबिर

हुसैन वस्त्रा...हुसैन जफर शेख़ उर्फ़ हुसैन उस्त्रा...सुनने में ही यह नाम ऐसा लगता है कि अपराध जगत से जुड़े किसी व्यक्ति का होगा। सच तो यह है कि उसने मुंबई के 12 मार्च 1993 के शृंखलाबद्ध बमकांड के बारे में मुंबई पुलिस की छानबीन में खासी मदद की थी। वह न होता तो पुलिस को हज़ारों लोगों की हत्या करने वाले देशद्रोहियों को गिरफ़्तार करने में सफलता नहीं मिलती। उस्त्रा पुलिस का मुखबिर था। अपराध जगत में यह बात आम है कि उस्त्रा क़े मुहैया करवाई सूचनाओं के आधार पर पुलिस ने बमकांड के बीसियों आरोपियों को गिरफ़्तार किया था।

हुसैन उस्त्रा पर पहले भी पाँच बार जानलेवा हमले हुए थे। वह हमेशा अपनी सुरक्षा के लिए एक पिस्तौल साथ रखता था। उस दिन भी जेब में भरी हुई पिस्तौल थी। हमलावरों ने उसे इतना वक्त ही नहीं दिया कि पिस्तौल निकाल पाता। हमलावरों ने अचानक पीछे से हमला किया...बस पुलिस का एक और 'दोस्त' दुनिया छोड़ गया। 12 सितम्बर 1998 को आग्रीपाड़ा में शाम 6 बजे सिएलो कार से उतरते हुए एके-47 रायफल से 20 गोलियाँ दाग कर हुसैन वस्त्रा की हत्या की गयी।

पुलिस के मुताबिक़ उस्त्रा गिरोह सरगना खालिद पहलवान से जुड़ा था। दाऊद से भी उसके अच्छे सम्बन्ध थे। इसके बावजूद उस्त्रा की छोटा शकील से गहरी दुश्मनी थी। इस दुश्मनी की शुरुआत 1991 में हुई। इसी दुश्मनी का परिणाम है कि उस्त्रा ने पुलिस को सूचनाएँ देकर शकील के लगभग तीन दर्जन गुंडों को मुठभेड़ में मरवाया था। जब भी गवली गिरोह के गुंडों को हथियारों की ज़रूरत होती, वे उस्त्रा से सहायता लेते थे। शकील का प्रतिद्वन्द्वी राजन इससे बेहद खुश था कि उस्त्रा उसकी राह के काँटों को निकालता है।

भेंडी बाज़ार की बापू खोटे स्ट्रीट स्थित जांभली मोहल्ले के निवासी उस्त्रा ने कुछ पुलिस वरिष्ठ अधिकारियों से अच्छे सम्बन्ध बना रखे थे। इसी के चलते पुलिस ने उसे 32 कैलीबर की एक पिस्तौल का लाइसेंस भी मुहैया करवाया था।

हुसैन को वस्त्रा नाम 1994 में तब मिला था जब उसने विरोधी गिरोह के गुंडे को मारने के लिए नाई की दुकान से उस्तरा लेकर गला चीर दिया था।

लंगड़ा की किस्मत नहीं लेगड़ाई

माहिम में जिस पुलिस ख़बरी पर 12 दिसम्बर 1998 की शाम शकील के गुंडों ने गोलीबारी की, उसकी जान बच गयी। लेकिन अफ़सोस कि उसकी सलामती के लिए गुंडों से बहस करने आगे आये गोपाल (22) को गुंडे मार गये। उसका भाग्य इक़बाल लंगड़ा जितना प्रबल नहीं निकला। गोली लगने के बाद इक़बाल लंगड़ा को भाभा अस्पताल पहुँचाया। यहाँ उसका ऑपरेशन किया और वह खतरे के बाहर हो गया।

लंगड़ा 1992 से पुलिस के सबसे खास ख़बरियों में था। उसकी निशानदेही और ख़बरों के आधार पर पुलिस ने शकील गिरोह के कई गुंडों को मुठभेड़ में मारा था। इसके अलावा लंगड़ा ने हथियारों के कई जखीरे ज़ब्त करवाये। हमले के तीन माह पहले से इक़बाल को मारने की कोशिश शकील के गुंडे कर रहे थे। पहले भी कई बार लंगड़ा को पूछते हुए उसके इलाके में गुंडे चक्कर लगा चुके थे। वह इलाके में नहीं मिला इसलिए बचा हुआ था।

परवेज़ आलम मोहम्मद उर्फ़ भैया बाबू ने दम तोड़ा

तुर्भे के चीता कैम्प इलाके में जनता होटल के बाहर 19 दिसम्बर 1999 की शाम को हुई गोलीबारी में घायल परवेज़ आलम मोहम्मद उर्फ़ भैया बाबू (28) पर शकील ने हमला करवाया। उसी रात शताब्दी अस्पताल में उसकी मौत हो गयी। वह भी पुलिस ख़बरी था। इस हमले में उसके पास खड़े एक दोस्त और दो राहगीर भी घायल हुए।

जब भैया बाबू पर गोलीबारी हुई, तब मसूद अहमद नजीबुद्दीन (38) साथ खड़ा था। वह भैया बाबू का दोस्त है। मसूद के पेट में गोली लगी। गुंडों ने जो अन्धाधुन्ध गोलीबारी में दो राहगीर, अब्दुल रशीद आदम बेग (28) और मुनीर सलामुद्दीन ख़ान (29) भी घायल हुए। मसूद की हालत जब थोड़ी ठीक हो गयी तो पुलिस ने उसे सायन अस्पताल में स्थानान्तरित किया, जहाँ से वह पूरी तरह ठीक होकर निकला।

आरिफ लकड़ावाला

27 जून 2003 को गुलशन हत्याकांड के मुखबिर और ख़बरी आरिफ लकड़ावाला को दो अज्ञात लोगों ने गोलियाँ मार दी थीं।

सुकेश शेट्टी को शह-मात

28 मई 2006 को सुकेश शेट्टी को गुंडों ने मार गिराया, जो एनकाउंटर स्पेशलिस्ट विजय सालस्कर का मुखबिर था। वह पहले हेमन्त पुजारी गिरोह का सदस्य था, बाद में मुखबिरी करने लगा था। वह गिरोह की सूचनाएँ देने लगा था जिससे गिरोह को ख़ासा नुक़सान पहुँच रहा था। इसी धृष्टता की सज़ा देने के लिए एक दिन हेमन्त पुजारी ने अपने कुछ बन्दे भेज दिये, उन्होंने हिसाब बराबर कर दिया।

कृष्णा देवेन्द्र

जून 2006 में ही पुलिस मुखबिर कृष्णा देवेन्द्र को शिवड़ी अदालत के ही बाहर गोलियाँ मार दी गयी थीं। वह एक मामले में पुलिस का गवाह भी था।

अमजद ख़ान और हिमांशु चौधरी की हत्या

16 अक्टूबर 2006 को पुलिस मुखबिर अमजद ख़ान और उसके साथी हिमांशु चौधरी को सत्र अदालत के बाहर गोलियों से छोटा राजन गिरोह ने भून दिया था। उसने ही छोटा राजन के द्वारा जहाज़ों में भर कर लाये गये हथियारों के ज़खीरे की पुलिस को सूचना दी थी। उसका नाम पुलिस की गलतियों से बाहर आ गया और उनकी घात में बैठे गुंडों ने सरे राह गोलियाँ दागीं और फरार हो गये।

लंगड्या मामा की किस्मत लंगड़ाई

26 अक्टूबर 2006 को नरसिम्हा नागप्पा मोदी उर्फ़ नरसी मामा उर्फ़ लंगड्या मामा को राजन के गुंडों ने पड़घा गाँव के पास हाईवे पर कार से उतरते हुए चॉपरों और लाठियों से हमला करके मार गिराया था। छोटा राजन को शक था कि जहाज़ों में भर कर जेएनपीटी लाये हथियारों के जखीरे के बारे में पुलिस को सूचना देने वालों में नरसी मामा भी था। वह राजन की पत्नी सुजाता निखालजे और उसके 4 साथियों के मामले में भी न केवल मुखबिर था बल्कि अहम गवाह भी था।

सलीम को डम्पर से कुचल मारा

सितम्बर 2007 में सलीम अहमद सिद्दिकी और उसकी पत्नी को एक डंपर ने कुचल दिया शिवड़ी इलाके में। सलीम पुलिस का मुखबिर था और उसे काफ़ी समय से हत्या की धमकियाँ मिल रही थीं, जिनकी जानकारी उसने पुलिस को भी दी थी लेकिन पुलिस अधिकारियों ने कुछ किया नहीं, और अन्ततः गिरोहबाजों ने उसे हादसे में मार गिराया। 13 माह पहले ऐसे ही एक हादसे में सलीम दो पुलिस वालों के साथ कार में जा रहा था कि सामने से आकर एक पानी का

टैंकर टकराया और सलीम बुरी तरह घायल हुआ, इलाज से बच गया लेकिन दो पुलिस वाले मौक़े पर ही मारे गये थे। फ़िल्म सितारा फरदीन ख़ान के नशे के मामले का मुखबिर वही था।

बंटी के बन्दे मुखबिर हत्या योजना में पकड़े

3 अप्रैल 2008 को पुलिस ने 4 युवकों निलेश सावन्त, करण यादव उर्फ़ बबलू, महेश वारले, नितिन निकम को गिरफ़्तार किया जो कि बंटी पांडे गिरोह के थे, आरोप लगा कि वे एक्साइज विभाग के एक मुखबिर की हत्या करने के लिए भेजे गये थे लेकिन वे हमला कर पाते उसके पहले ही मुलुंड में एटीएस द्वारा पकड़े गये।

दीपक मंडल की टीबी से दर्दनाक मौत

दीपक मंडल ऐसा ख़बरी था जो नशे और नकली करेंसी के बारे में सबसे अधिक जानकारियाँ रखता था। भारतीय पुरातात्विक कला सम्पदा की तस्करी करने वालों के लिए तो वह काल समान था। लेकिन उसका दुर्भाग्य कि वह मुंबई पुलिस के लिए काम करता था। पुलिस अधिकारियों ने कई बार उसके जरिए बड़ी-बड़ी बरामदगी कीं लेकिन उसके हाथों में कभी 500 रुपये रख दिये, कभी 2 हज़ार, कभी 5 हज़ार तो कभी 10 हज़ार। वह इन हालात से उतना बुरी तरह दुखी हुआ कि जरायमपेशा दुनिया को ख़त्म करने की अपनी शपथ छोड़ कर कोई और कामकाज की तलाश में जुट गया। वह कुछ कर पाता, उसके पहले ही उसे टीबी ने धर लिया, बिना पैसों के इलाज होता कैसे? वह बीमारी के कारण मर गया। उसकी मौत का पूरा दोष है तो पुलिस विभाग पर ही।

मुख़्तार की मौत

17 अप्रैल 2013 को मुंबई के उपनगर मालाड में दो लोगों ने चॉपर से वार कर पुलिस मुखबिर मुख़्तार शेख़ की हत्या कर दी। यह ख़बरी कई सालों से पुलिस के लिए काम कर रहा था। कई गहन राज उसकी मुखबिरी के कारण सुलझे थे। उस पर भी कई आपराधिक मामले दर्ज़ थे। शाम करीब छह बजे उस पर हमला किया, जब घर से कुछ दूर खड़ा था। हमलावर वहाँ से आराम से भाग निकले। मुख़्तार पर कुछ समय पहले भी वाकोला इलाके में हमला हुआ था, जिसमें बाल-बाल बचा था। दिंडोशी पुलिस थाने के अधिकारियों ने इसे आपसी रंजिश का मामला करार दिया लेकिन उसके साथियों का कहना था कि मुखबिरी के कारण यह हत्या हुई है।

पुलिस ख़बरी पर चला चाकू

अक्टूबर 2013 के चौथे सप्ताह में भिवंडी-कल्याण रोड पर आठगाँव स्कूल के पास शराब पी रहे तीन युवकों में झगड़ा हुआ, एक ने दूसरे को पुलिस ख़बरी बताते हुए छूरा घोंप दिया। नेहरू नगर, कल्याण के निवासी ऑटो रिक्शा चालक इस्माइल शेख़, कुणाल थोरात व नितिन पाटील एक खाली मैदान में शराब पी रहे थे। किसी बात पर तीनों आपस में लड़ पड़े। कुणाल ने इस्माइल को पुलिस का ख़बरी बोल कर मारपीट शुरू कर दी तो नितिन भी उसके साथ हो गया। नितिन ने एक चाकू से इस्माइल पर हमला कर दिया और दोनों उसे मरा जान कर भाग निकले।

वह मरा नहीं था और इलाज के लिए लोगों ने उसे पास के एक निजी अस्पताल में पहुँचाया। कोनगाँव थाने में इस मामले की सूचना पहुँची तो नितीन पकड़ा गया लेकिन कुणाल फरार हो गया। यह मामला अभी तक किसी अधिकारी को समझ नहीं आया है कि आखिर कुणाल और नितीन ने इस्माइल को पुलिस ख़बरी होने का आरोप लगा कर चाकू क्यों मारा था।

ख़बरियों का यही हश्र होता रहा तो वह दिन दूर नहीं जब कोई पुलिस या जाँच एजेंसियों की सहायता करने आगे नहीं आयेगा। ये मामले ऐसे हैं जो न केवल ख़बरियों के संसार की तमाम बातों को सामने लाते हैं बल्कि उनके व्यवसाय से जुड़े ख़तरों को भी उजागर करते हैं। ऐसे ख़बरियों की संख्या आज भी कम नहीं, जो इस व्यवसाय के खतरे जानते हुए भी अपना काम जारी रखे हुए हैं।

ख़बरियों के ख़तरनाक खेल

मुखबिर ऐसे-ऐसे खेल रचाते हैं कि कई बार न केवल पुलिस अधिकारियों के लिए परेशानी का सबब बन जाते हैं बल्कि उनकी नापाक हरकतों के चलते गिरफ़्तार करना पड़ता है, उन्हें मुठभेड़ में मारा भी जाता है, उन्हें बाकायदा सज़ा दिलाना पड़ता है। इस मामले में आज तक के सबसे ख़तरनाक मुखबिर के रूप में हम मुंबई पर हुए आतंकी हमले के मुख्य साजिशकर्ता डेविड हेडली का नाम ले सकते हैं। हेडली तो एफबीआई का मुखबिर था लेकिन वह जिनका पर्दाफ़ाश करने गया था, उनके ही साथ मिल गया और भारत में ख़ून की होली खेलने का खौफ़नाक कारनामा कर गुजरा।

मुंबई में भी कई हेडली हो चुके हैं। विजय पलांडे एक ऐसा मुखबिर था, जिसने सन्तोष शेट्टी की गिरफ़्तारी में महती भूमिका अदा की थी। उसने पुलिस अधिकारियों के कहने पर विदेश में एक बड़े गिरोह सरगना की तमाम सूचनाएँ इकट्ठा कीं, अपराध शाखा तक पहुँचाईं, वहाँ से इंटरपोल गयीं, और

एक दिन अचानक सन्तोष शेट्टी पुलिस की गिरफ्त में था। लेकिन विजय पलांडे ने पुलिस का साथ हासिल करने के बाद भी ऐसे-ऐसे ख़तरनाक अपराध किये कि मानवता भी दहल उठी। उसने दर्जनों लोगों के लाखों रुपये तो ठगे ही थे, चन्द रुपयों, एक विदेशी कार और अन्धेरी के ओशिवारा इलाके में स्थित एक अदद फ्लैट के लिए एक बुजुर्ग अरुण टिक्कू की चॉपर से काट-काट कर व कुछ सुरयों के लिए करण कुमार कक्कड़ की चाकुओं से गोद-गोद कर हत्याएँ कर दी थी।

विजय एक पुलिस इंस्पेक्टर का रिश्तेदार था। विजय पलांडे तो बाज़ार मैं बहुरूप धारण किये रहता था। वह किरण राणा और करण सूद के नामों से लोगों को बेवकूफ बनाता रहता था। विजय ने अनूप दास नामक एक व्यक्ति की हत्या की थी। उस मामले में उसे अदालत ने दो महीने की पेरोल पर छोड़ा था। वह इतना खुराफाती था कि नाम और पहचान बदल कर अन्धेरी में एक इमारत में फ्लैट किराये पर लेकर रहने लगा। पुलिस वालों ने भी उसकी गिरफ़्तारी के लिए कोशिशें नहीं कीं क्योंकि वह उनके लिए बड़े काम की सूचनाएँ देता था।

छोटा राजन के बागी सिपहसालार ओपी सिंह के बारे में कहा जाता है कि वह इं. प्रदीप शर्मा के लिए मुखबिरी भी करता था। जब वह नाना कम्पनी से अलग हो गया और राजन के प्रति उसके मन में कड़वाहट आ गयी तो उसने इं. प्रदीप शर्मा को गिरोह से सम्बन्धित ढेरों सूचनाएँ मुहैया कराई थीं। इसके चलते इस मुठभेड़ विशेषज्ञ को नाना कम्पनी के ढेरों गुंडों को पकड़ने या मार गिराने में अनपेक्षित तौर पर सफलता मिली थी। राजन को जब इसकी जानकारी मिली तो ओपी को अपने ख़बरियों के जरिए मुखबिरी करके दिल्ली में गिरफ़्तार करवा दिया। जब वह नाशिक जेल में बन्द था, उसे छोटा राजन ने मुखबिरी की सज़ा दे दी—सज़ाए-मौत।

कहा जाता है कि गिरोह सरगना सन्तोष शेट्टी का एक बेहद खास गुर्गा भद्रेश शाह तो मुखबिरी करता ही था, अपराध जगत में भी उसका खासा नाम है। उसके ख़िलाफ़ हफ्तावसूली के लिए धमकियाँ देने के कई मामले दर्ज़ हैं। राजेश चतुरानी का भी कमोबेश यही हाल है।

राजन के खास सिपहसालार विक्की मल्होत्रा के बारे में तो सभी जानते हैं कि वह गिरोह से जुड़ी गतिविधियों के अलावा खुफिया ब्यूरो के लिए मुखबिरी भी करता था। जब वह दिल्ली में गिरफ़्रतार होकर जेल जा पहुँचा तो उसकी एक खुफिया अधिकारी ने काफी मदद की। उसके तमाम मामलों में बरी करवा

कर देश के बाहर निकलने के लिए असली पासपोर्ट दिलवाने तक में इस खुफिया अधिकारी ने तमाम व्यवस्था करवाई। अब विक्की मलहोत्रा इस खुफिया अधिकारी के लिए काम कर रहा है।

नाना कम्पनी का वफादार फरीद तानशा के सिलसिले में भी एक पुलिस अधिकारी का कुछ ऐसा ही कहना था। वे बताते हैं कि फरीद ने अपने फायदे के लिए और विरोधी गिरोह को नुक़सान पहुँचाने के लिए कई पुलिस अधिकारियों तक काफ़ी काम की सूचनाएँ कई बार पहुँचाई थीं।

फरीद तनाशा हत्याकांड में अपराध शाखा ने कई ओसामा और अब्बास को गिरफ़्तार किया था। ओसामा के बारे में अपराध शाखा के अधिकारी यही बताते हैं कि वह कुछ पुलिस अधिकारियों के दबाव में पुलिस को भी बतौर मुखबिर सूचनाएँ देने लगा था। बता दें कि सन् 2005 में काला घोड़ा हत्याकांड में अब्बास और ओसामा गिरफ़्तार हुए थे लेकिन ओसामा को पुलिस ने कोई भूमिका न होने पर रिहा कर दिया था। ओसामा का बाद में इलाहाबाद में कत्ल हो गया। यही माना गया कि उसे पुलिस के लिए मुखबिरी करने का 'असली इनाम' गिरोहबाजों ने दिया है।

अब्बास भी कम ख़तरनाक नहीं था। वह पुलिस के लिए बंटी पांडे को गिरफ़्तार करवाने के लिए विदेश तक के चक्कर लगाता रहा था। किसी दिन यही खेल अब्बास के साथ भी हो जाये तो अचरज नहीं करना चाहिए।

पत्रकार हत्याकांड में ख़बरी की भूमिका!

जून 2011 में यह ख़बर आम हो चली थी कि अंग्रेज़ी अख़बार मिड डे के अपराध संवाददाता ज्योतिर्मय डे, जो जे डे कहलाना पसन्द करते थे, की हत्या में पुलिस अधिकारियों ने मुखबिरों के शामिल होने की जाँच की थी।

2010 में मुंबई से जेएनपीटी पर तस्करी के रक्तचन्दन की एक बड़ी खेप विदेश जाने की तैयारी में थी, जिसकी जानकारी एक ख़बरी से जे डे को मिलने की जानकारी सामने आयी थी। यह सूचना कस्टम्स अधिकारियों को देने से 10 करोड़ का माल बरामद हो गया। इस खेल में शामिल लोगों से पूछताछ में करोड़ों रुपये मूल्य की रक्तचन्दन के दो और जखीरे बरामद हुए। इससे रक्तचन्दन की तस्करी करने वाले गिरोह जे डे से बुरी तरह नाराज हो उठे थे। इस हत्याकांड में अपराध शाखा ने मुखबिर इक़बाल हटेला को हिरासत में लेकर पूछताछ की थी। यह माना जा रहा था कि इक़बाल हटेला ने भी किसी के दबाव या रकम

के लालच में जे डे के बारे में सूचनाएँ लीक कर दी होंगी।

एक और जिस मुखबिर को पुलिस ने हिरासत में लेकर पूछताछ की, वह मतीन था। वह तेल माफिया की मुखबिरी करने के लिए मशहूर है। नकली तेल की ख़बरनवीसी करने के चक्कर में भी जे पर हमले की सूचना पर अधिकारियों ने तफ्तीश आगे बढ़ाई थी।

यह बात और है कि दोनों का नाम बाद में साफ़ हो गया। जो हो, एक बात साफ़ हो गयी कि मुखबिरों को पुलिस अधिकारी भी ज़रा-ज़रा सी बात पर उठा कर हैरान-परेशान करते हैं, जिससे वे भी खासे नाराज़ होते हैं।

मुखबिर निकला बलात्कारी

जुलाई 2014 में बलात्कार के एक मामले में गोरेगाँव पुलिस थाने के अधिकारियों पर एक ऐसे आरोपी को बचाने की कोशिश का आरोप लगा जो उनका ही मुखबिर था। जब मीडिया में खासा हंगामा हुआ और दबाव बढ़ा, तब जाकर कहीं इस आरोपी को गिरफ़्तार किया। इस मामले में आरोपी ख़बरी को बचाने वाले पुलिसकर्मियों और अधिकारियों के ख़िलाफ़ विभागीय जाँच भी शुरू हुई। थाने के अधिकारियों ने बलात्कार पीड़ित की एफआईआर ही दर्ज़ करने से इनकार कर दिया था। जब दबाव दिया तो लड़की के भाई को ही थाने में बन्द कर बुरी तरह पीटा। एक सामाजिक संगठन के जरिए जब ये बलात्कार पीड़ित महिला आला अफ़सरान तक पहुँची, तब जाकर कहीं मामला दर्ज़ हुआ। वह भी 10 दिनों बाद।

कल्याण में ख़बरी का कत्ल

जून 2014 के पहले सप्ताह में कल्याण के आधारवाड़ी इलाके में एक स्टेडियम में विजय सायगाव नामक युवक का शव मिला। उसे चाकू से गोद-गोद कर मारा था। पुलिस अधिकारियों के मुताबिक विजय पुलिस का मुखबिर था। इस मामले में पुलिस ने अनिकेत दलवी और अनिकेत पवार को गिरफ़्तार किया। पुलिस ने मामला यही बताया कि शराब पीने के दौरान आपसी लड़ाई में हत्या हुई है।

विजय गोल्डन पार्क इमारत में रहता है। वह पेशे से इंजीनियर है। शराब और नशीले पदार्थों के चक्कर में उसकी नौकरी चली गयी थी। नशे के लिए वह पुलिस वालों के लिए बतौर ख़बरी काम करने लगा था। इस चक्कर में एक बार तो उसने इमारत के चौकीदार को चाकू की नोक पर लूटने की कोशिश की थी।

दोनों हत्यारे युवकों से नशे के चक्कर में ही उसकी दोस्ती हुई थी। एक दिन किसी कारण उनमें विवाद हुआ। विजय ने उन्हें गालियाँ दे दी। इससे नाराज दोनों युवकों ने उसे कत्ल करने की योजना बना ली थी।

अजीज ख़बरी के अजूबे

डी-कम्पनी के सिपहसालार छोटा शकील से जुड़ा अजीज पुलिस को ख़बर देकर विरोधी और बागी गुंडों की मुठभेड़ में हत्या करवाने में महारत रखता है। पुलिस सूत्रों के मुताबिक़ किसी कारण उसने अबू सायमा को जावेद फावड़ा के रूप में गलत पहचान देकर पुलिस के हाथों मरवा दिया। डी-कम्पनी के गुंडों को हथियार, संरक्षण और भगाने में सहयोग देने वाले अजीज के बारे में पुलिस अधिकारी बताते हैं कि वह अपराध करके फरार गुंडों-गिरोहबाजों की गिरफ़्तारी बचाने के लिए पुलिस के पास फ़र्जी आरोपी गिरफ़्तार करवाता रहा है।

15 जनवरी 1998 को दाऊद गिरोह के गुंडे अजीज ख़बरी को खार पुलिस ने हफ्ताखोरी व हत्या के प्रयास में गिरफ़्तार किया। पुलिस सूत्रों के मुताबिक़ विधायक सोहेल लोखंडवाला के भांजे निसार कुरैशी के हफ्ता न देने पर अजीज ख़बरी और साथियों ने 14 जनवरी धारदार हथियारों से जानलेवा हमला किया। उसने निसार को इफ्तारी के बहाने अपने जूना खार इलाके के अड्डे पर बुलाया था। यहाँ अजीज ने उसे जान से मारने की धमकी भी दी।

निसार की शिकायत पर पुलिस ने अजीज को गिरफ़्तार कर लिया। अजीज के दो साथी इस मामले में फरार थे। बान्द्रा रेलवे कॉलोनी के पास रहने वाला अजीज, पहले भी सोलंकी बिल्डर को धमकाने के मामले में गिरफ़्तार तो हुआ था लेकिन सबूतों के अभाव में छूट गया था।

मुखबिरों का टूटा जाल : मुंबई समेत देश ख़तरे में

सन् 2008 आते-आते तो मुंबई पुलिस ही नहीं बल्कि कस्टम्स, खुफिया ब्यूरो (आईबी), खुफिया राजस्व निदेशालय (डीआरआई), नौसेना, राज्य खुफिया ब्यूरो (एसआईबी), नारकोटिक्स कंट्रोल ब्यूरो (एनसीबी), मुंबई पुलिस की नशा विरोधी शाखा इत्यादि के मुखबिरों का पूरा का पूरा जाल टूट कर छिन्न-भिन्न हो चुका है।

मुंबई पुलिस की आँख, नाक और कान अगर कोई थे तो ये मुखबिर ही। अब चूँकि उनका ही विश्वास पुलिस से उठ चुका है, तो फिर न कोई नाक कुछ सूँघती है, न कोई आँख कहीं कुछ देखती है, न कोई कान कुछ सुनता है। और यही कारण है कि पुलिस का मानवीय खुफिया तन्त्र टूट कर बिखर चला है।

यही कमी अमरीका में भी थी, और उसी का नतीजा था डब्ल्यूटीसी ट्विन टॉवर टेरर अटैक। यही कारण है कि मुंबई पर 1993 में धारावाहिक धमाके होते हैं, पहले से कोई सूचना नहीं मिल पाती है...फिर बसों में बम फोड़े जाते हैं, कोई सूचना पहले से नहीं मिलती है...फिर लोकल ट्रेनों में 7 जगहों पर धमाके होते हैं, पहले से सूचनाएँ नहीं आती हैं...फिर मुंबई पर 26 नवम्बर 2008 को आतंकवादियों का हमला होता है, और हमले के पहले सूचनाओं का भारी अकाल होता है...

मुखबिरों का तन्त्र ख़राब होने के पीछे कारण कोई और नहीं बल्कि पूरा का पूरा तन्त्र ही दोषी है। एक तरफ़ जहाँ मुखबिरों को मिलने वाले पैसों को अधिकारी उन तक नहीं पहुँचाते हैं। यह रकम भी वे ख़ुद ही खा जाते हैं। चूँकि मुखबिरों को पैसे नहीं मिलते हैं, इसके कारण उनके लिए फाकाकशी की स्थिति बन जाती है और वे गुस्से व क्षोभ में पुलिस व खुफिया एजेंसियों का साथ देने से बचने लगते हैं।

दूसरी तरफ़ उनकी सुरक्षा का कोई इन्तज़ाम भी पुलिस अधिकारी नहीं करते हैं। बड़े मामलों में भी मुखबिरों को काम हो जाने के बाद में उनके ही हाल पर छोड़ दिया जाता है। उनकी सुरक्षा के लिए पहले तो पुलिस बन्दोबस्त होता है लेकिन जैसे ही कोई बड़ा त्योहार या वीवीआईपी आता है, उनकी सुरक्षा ख़त्म कर दी जाती है। इसके कारण वे विरोधियों के हमलों के शिकार बन जाते हैं। मुखबिरों को नयी पहचान और नाम देकर किसी अन्य राज्य या देश में स्थापित करने जैसी व्यवस्था भी हमारे देश में न होना बड़ी समस्याएँ खड़ी करता है।

पुलिस अधिकारियों का आपस में ही झगड़ा भी मुखबिरों के लिए बड़ी समस्याएँ खड़ी करता है। मुंबई पुलिस के तमाम एनकाउंटर स्पेशलिस्टों के बीच में मुखबिरों को लेकर आपस में ही तगड़ा गैंगवार चला था। कोई मुखबिर अगर किसी एनकाउंटर स्पेशलिस्ट को कोई बड़ी सूचना देकर किसी गुंडे को पकड़वाता था, अपराधी को मुठभेड़ में मार गिरवाता था, किसी बड़े अपराध के रहस्य से परदा उठवा देता था, तो दूसरा एनकाउंटर स्पेशलिस्ट उस मुखबिर से नाराज़ हो जाता था। ऐसे कई मुखबिर हैं, जिनको पुलिस वालों ने भी अपराधी बना कर सिर्फ़ इसलिए मुठभेड़ों में मार गिराया या गिरफ़्तार कर लिया क्योंकि उन्होंने विरोधी एनकाउंटर स्पेशलिस्ट के लिए काम किया था।

यही कारण है कि सुरेश मंचेकर की सूचना देकर एक एनकाउंटर स्पेशलिस्ट के जरिए मुठभेड़ करवाने वाले मुखबिर को दूसरे एनकाउंटर स्पेशलिस्ट ने अंडरवर्ल्ड

से साँठ-गाँठ का फ़र्जी मामला बना कर मोका में गिरफ़्तार करके 3 सालों तक जेल की सलाखों के पीछे सड़ा दिया था। यह मुखबिर मुंबई पुलिस के लिए सूचना का काफ़ी बड़ा स्रोत था। अब किसी भी पुलिस अधिकारी का नाम लेने भर से वह बिदक जाता है।

पुलिस अधिकारियों से अब ख़बरियों का मिल पाना भी बड़ा ही मुश्किल हो चला है। मुंबई पुलिस और महाराष्ट्र राज्य पुलिस मुख्यालयों की सुरक्षा ऐसी हो गयी है कि वे अभेद्य क़िले जैसे हो गये हैं। वहाँ अन्दर जाने के पहले न केवल पूरी जामातलाशी होती है, बल्कि अन्दर जाते समय हर व्यक्ति का पहचान पत्र (विजिटर कार्ड) बनता है। इस पर फोटो भी होता है। मुखबिर बिल्कुल नहीं चाहते हैं कि जब वे पुलिस मुख्यालय जाएँ तो उनके फोटो खिंचें। उनकी यह कठिनाई को देखते हुए हालाँकि मुंबई पुलिस ने मुख्यालय के पिछले दरवाज़े से अन्दर आने-जाने की अलग व्यवस्था भी की है। वह सबके लिए नहीं है, जिससे काफ़ी सारे ख़बरी अब पुलिस मुख्यालय में जाने से कतराते हैं।

ख़बरियों की पुलिस के ख़िलाफ़ हड़ताल

अप्रैल 2009 में अपराध शाखा के पूर्व इंस्पेक्टर विजय सालस्कर के सबसे करीबी ख़बरी इरफान चिन्दी की मौत से जितना उसके साथी हैरान न थे, उससे कहीं अधिक इसकी नाराजगी थी कि देश और समाज को आतंकवादियों व अपराधियों से बचाने वाले ख़बरियों में से एक इरफान चिन्दी के असली हत्यारों को पुलिस गिरफ़्तार नहीं कर रही है। और तो और जिन आरोपियों ने पुलिस के सामने समर्पण किया है, उन्हें ख़ूब मज़े से रखा है। यही नहीं, छोटे मियाँ को भी गिरफ़्तार नहीं किया।

08 अप्रैल 2009 को इरफान चिन्दी के साथ काम करने वाले तकरीबन 150 ख़बरियों का दस्ता नागपाड़ा में इमारतों के बीच बने आँगन सरीखी जगह में बेहद सुरक्षित स्थान पर जुटा। न केवल इरफान बल्कि अन्य मुखबिरों के परिजन भी वहाँ पहले से जमा थे। सबका कहना था कि अगर मुंबई पुलिस ने इसी तरह आरोपियों को मदद जारी रखी तो वे सारे हड़ताल कर देंगे। वे अब किसी पुलिस अफ़सर को किसी मामले में मदद नहीं करेंगे।

इरफान चिन्दी के मामले में पुलिस ने जिन चार आरोपियों को गिरफ़्तार किया, उनके नाम जाकिर ख़ान, इब्राहिम सैयद उर्फ़ बाटला, मोहम्मद तौफीक और शकीर अहमद उर्फ़ कल्लू बताये। जेजे मार्ग पुलिस थाने के अधिकारियों ने इस हत्याकांड के बारे में कहा कि इरफान हत्याकांड के पीछे ठाणे के एक मोबाइल रैकेट के खुलासे के बाद उसी गिरोह के लोग हो सकते हैं। इस कोण को इरफान

के साथी और परिवार वाले साफ़ तौर पर नकार देते हैं। उनका कहना है कि कल्लू और छोटे मियाँ ने ही हत्या की है।

इसके पहले भी मुंबई पुलिस के कई बड़े ख़बरियों की गिरोहों ने हत्याएँ की हैं लेकिन आज तक यह नहीं हुआ है कि उन हत्याओं के किसी भी असली आरोपी को पुलिस पकड़ सकी है। चाहे वह अमजद ख़ान की हत्या हो, हुसैन वस्त्रा की, जॉर्ज डायस की, नरसी मामा की। इसी कड़ी में एक और नाम इरफान चिन्दी का भी जुड़ गया है।

अब ख़बरियों का कहना है कि वे सभी मिल कर पुलिस को यह बता देंगे कि उनके नाक, कान और आँख कोई अगर हैं तो वे ख़बरी ही हैं और उनके बिना छोटे से छोटा अपराध भी वे नहीं सुलझा सकते हैं, गिरोहों और आतंकवादियों के ख़िलाफ़ मामले बना पाना और उन्हें सुलझाना तो बहुत दूर की बात है।

विजय सालस्कर की मौत के बाद भले ही इरफान चिन्दी की हत्या किसी ख़बरी की पहली मौत हो, लेकिन सच तो यह है कि उनके कई ख़बरियों को यह धमकी आ चुकी है कि उनका सरपरस्त तो कब का खुदा को प्यारा हो चुका है, अब एक-एक करके सभी ख़बरियों को भी उसी के पास भेजा जायेगा।

इरफान की बहन ने जब मीडिया से मुखातिब होकर अपना दुख रखा, ख़बरी साथियों ने इरफान चिन्दी की हत्या की जाँच सीबीआई से करवाने की माँग रखी, तो थोड़ी ही देर में उन्हें धमकी आ गयी कि मीडिया में जाने की जुर्रत कर चुके हो, अब उन सभी को इसका अंजाम भुगतना पड़ेगा।

जाहिद भाई उर्फ़ छोटे मियाँ और आसिफ दाढ़ी पर गोलियाँ चलीं। आसिफ का तो मामला अलग था, छोटे मियाँ की हत्या के पीछे छोटा राजन गिरोह द्वारा दाऊद के क्रिकेट सट्टा कमान प्रभारी को मारने का मकसद सामने आया था। एक कारण यह भी लगता है कि इरफान चिन्दी की हत्या के लिए उसके तमाम रिश्तेदारों, परिजनों और ख़बरी साथियों ने उसे ही दोषी माना था। पुलिस अधिकारियों ने कभी भी इस कोण से मामले की जाँच की ही नहीं कि इरफान चिन्दी के साथियों ने राजन के साथियों से कह कर उसकी हत्या करवाई होगी। अपराध शाखा के कुछ अधिकारी हालाँकि यह मानते थे कि ऐसा सम्भव है परन्तु उन्होंने हमेशा ये कह कर काँधे उचका दिये कि हम क्या करें, ऐसा कोई सुराग ही नहीं मिलता। उस दिन इरफान चिन्दी के एक सहयोगी ख़बरी का फ़ोन आया। उसने कहा कि हिसाब बराबर हो गया। आज दिल को ठंडक पड़ी है।

मूँछों की लड़ाई में नकी गिरफ़्तार

नकी अहमद के साथ तो बहुत बुरा हुआ। एक दिन महाराष्ट्र एटीएस ने नकी को 13/7 बमकांड में गिरफ़्तार कर पूरी मीडिया के सामने परेड करवा दी। उसका असली नाम उजागर कर दिया। दिल्ली पुलिस के अधिकारी इस गिरफ़्तारी की ख़बर से बुरी तरह बौखला उठे। वे मुंबई एटीएस की इस हरकत से बुरी तरह नाराज़ हो गये। उन्होंने केन्द्रीय गृह मन्त्रालय में उसकी शिकायत की। उन्होंने बताया कि नकी उनका खुफिया मुखबिर था, जो आतंकवादियों के बीच से बेहतरीन सूचनाएँ निकाल कर दे रहा था और इंडियन मुजाहिदीन का पूरा जाल ही ध्वस्त करने के वे बेहद करीब थे। ऐसे में जब यह काम इतनी सफलता से हो रहा था, मुंबई एटीएस ने सारे किये-धरे पर पानी फेर दिया। यह सब महज मूँछ की लड़ाई और श्रेय लेने की होड़ के चलते हुआ था।

नकी की गिरफ़्तारी के बाद फरवरी 2012 में दिल्ली पुलिस और महाराष्ट्र एटीएस में बुरी तरह ठन गयी थी। बतौर 13/7 बमकांड आरोपी नकी अहमद के भाई तकी को पकड़ने जब महाराष्ट्र एटीएस का खास दस्ता चुपचाप दिल्ली में जामिया नगर स्थित तकी की दुकान पहुँचा। उन्होंने तकी को एक नोटिस थमाया और मुंबई चलने के लिए कहा। तकी ने साफ़ इनकार कर दिया। उसने कहा कि नोटिस ले लिया है, वह अपने वकील से बात करके मुंबई आने की जानकारी देगा। एटीएस अधिकारियों ने तुरन्त साथ चलने का दबाव डाला तो तकी ने शोर मचा दिया। पड़ोसी तुरन्त वहाँ जमा हो गये। पहले से नाराज स्थानीय लोगों ने उन पर हमला बोल दिया। लोगों ने इस दस्ते पर पत्थर मारने शुरू कर दिये। दिल्ली पुलिस की स्पेशल सेल के अधिकारियों ने इस धृष्टता के लिए एटीएस दस्ते के अधिकारियों को ही एक तरह से अपने क़ब्जे में लेकर घंटों पूछताछ की। ये बात और है कि न तो एटीएस, न दिल्ली पुलिस, किसी ने इस घटना की पुष्टि नहीं की।

पुलिस करे परेशान–ख़बरी करे आत्मदाह

नवम्बर 2012 के अखिरी सप्ताह की बात है। दफ्तर में कामकाज का वह खासा मशक्कत भरा दिन था। अचानक भिवंडी से सहयोगी पत्रकार दानिश आजमी का फ़ोन आता है। वे एक ख़बर देकर चौंका देते हैं। वे बताते हैं कि अपराध शाखा के दफ्तर में एक ख़बरी सलीम सहबान अंसारी ने ख़ुद पर मिट्टी का तेल छिड़क कर आग लगा ली है। यह सुन कर मैं सन्न रह गया।

ऐसा क्यों हुआ? एक ख़बरी को आत्मदाह करने की ज़रूरत क्यों पड़ गयी?

वहाँ मौजूद आसपास के लोगों ने तुरन्त उसे बचा कर 55 फ़ीसदी जली हालत में इलाज के लिए आईजीएम अस्पताल में भर्ती किया, जहाँ से ठाणे सिविल अस्पताल में भेजा। पुलिस वाले तो उससे दूर भाग गये।

पूरी सूचनाएँ आयीं तो पता चला कि भिवंडी पुलिस उपायुक्त के दफ्तर से मात्र 50 गज की दूरी पर अपराध शाखा का दफ्तर है। शान्तिनगर के गौसिया मसजिद के करीब रहने वाले मुखबिर सलीम ने आत्मदाह की कोशिश की थी। वह जलते हुए ही तीसरी मंज़िल स्थित अपराध शाखा के दफ्तर में जाने की कोशिश भी कर रहा था। इसी हाल में जलते हुए पहली मंज़िल तक पहुँच भी गया।

सलीम ने बताया कि अपराध शाखा अधिकारी मोका बन्दी साकिब नाचन के मुक़दमे से जुड़े एक और आरोपी को गिरफ़्तार करवाने के लिए उस पर ऐसा दबाव बनाये हुए थे कि वह मानसिक रूप से त्रस्त हो चला था। इसके कारण उसने तय कर लिया कि वह आत्महत्या कर लेगा।

सलीम के पिता सहबान अंसारी ने मीडिया से बात करते हुए आरोप लगाया कि उनके बेटे की अपराध शाखा के कुछ अधिकारियों ने घासलेट डाल कर आग लगाने की कोशिश की थी।

यह ख़बर मिलते ही इलाके के एसीपी, डीसीपी, जॉइंट सीपी मौके पर पहुँचे। हालात समझने के बाद उन्होंने तय किया कि न तो सलीम के ख़िलाफ़ आत्महत्या का मामला दर्ज़ करेंगे, न उन अधिकारियों पर कार्रवाई की जायेगी जो उस पर दबाव बनाये हुए थे। सलीम को समझाया जाये और उसके इलाज का पूरा ख़र्च उठाया जाये।

सलीम कई सालों से ख़बरी था। उसका एक ऑटो रिक्शा और एक टाटा सूमो था, जो किराये पर चलाने के लिए थे, लेकिन जबसे वह अपराध शाखा के लिए मुखबिरी करने लगा, उनकी सेवा में ही ये वाहन लगाये रहता था। बदले में उसे पुलिस वालों से अच्छी रकम मिलती रहती थी।

पुलिस अधिकारियों ने बताया कि सलीम ख़ुद अपराधी रहा है। कई आपराधिक मामले भी उसके ख़िलाफ़ विभिन्न थानों में दर्ज़ हैं। अच्छा और सक्षम ख़बरी होने के कारण पुलिस अधिकारी उसके अपराधों पर परदा डालते रहते थे। अपराध शाखा के वरिष्ठ अधिकारियों से भी वह काफ़ी करीबी बनाये रहता था। एक इंस्पेक्टर के साथ तो वह सारा दिन डोलता रहता था। एक तरह से वह उनका कार चालक ही बना रहता था। इस घटना से यह साफ़ हो गया कि पुलिस अधिकारी किस कदर अपने ही मुखबिरों को तंग करते हैं।

धन के पुजारी ख़बरी

मुंबई पर आतंकी हमला क्या हुआ, मुखबिरों के मजे हो गये। सरकार ने तमाम खुफिया और सुरक्षा एजेंसियों को मुखबिर तन्त्र ठीक बनाने के निर्देश जो दिये थे। मुंबई समेत देश भर के तमाम ख़बरियों ने एक ही सूचना एक ही शहर की अलग-अलग एजेंसियों को बेहद खास और गोपनीय बता कर बेचनी शुरू कर दीं। ये सूचनाएँ गिरोहबाजों, हवाला, आतंकियों, नक्सलवादियों, काले धन की धुलाई करने वालों, नशा तस्करों, हथियार तस्करों, नकली मुद्रा के तस्करों और कारोबारियों की होती हैं।

मल्टी एजेंसी सेंटर यानी मैक के पास अब तमाम खुफिया सूचनाएँ भेजी जाती हैं, जहाँ इनका परीक्षण और विश्लेषण करके आगे बढ़ाया जाता है। मैक में ऐसी दर्जनों सूचनाएँ सन् 2008 के बाद से जमा होने लगीं, जो कि कमोबेश एक ही जैसी थीं। ऐसे कई मामले मुंबई के भी पकड़े तो अधिकांश किस्से आतंकग्रस्त इलाके कश्मीर से थे। सरकार के लिए मजबूरी यह थी कि सूचनाएँ भले ही आ रही थीं, उसके लिए पैसा अधिक ख़र्च हो रहा था, लेकिन सूचना हासिल करने की कवायद रोकी नहीं जा सकती है। आतंकी खतरे और उससे होने वाले जानो-माल के नुक़सान के सामने इस ख़र्च पर रोक न लगाने की बात तय हुई।

खोमचों में पुलिस के आँख-कान

फरवरी 2012 में पुलिस अधिकारियों ने एक और ख़बर रची। यह ख़बर पुलिस के कामकाज से कम और जनता में विश्वास पैदा करने की एक पीआर एक्सरसाइज से अधिक कुछ नहीं थी। पुलिस अधिकारियों ने कहा कि ख़बरियों और पुलिस का चोली-दामन का साथ है, ख़बरी पुलिस की रीढ़ की हड्डी हैं, पुलिस ने अब तय किया है कि इनका दायरा बढ़ाया जायेगा। मुखबिरों के जाल में अब मुंबई की सड़कों पर बिखरे हज़ारों खोमचे या फेरी वालों को भी शामिल किया जा रहा है। ये संख्या में करीब 2,000 हैं।

पुलिस अधिकारियों ने दावा किया कि इन नये ख़बरियों को सूचनाएँ जुटाने और पुलिस अधिकारियों तक पहुँचाने की कुछ खास तरकीब सिखाई हैं। मध्य क्षेत्र के तत्कालीन अतिरिक्त पुलिस आयुक्त विनीत अग्रवाल ने बताया कि मुंबई में आये दिन खुफिया एजेंसियों से सतर्कता सन्देश मिलते हैं। पुलिस ख़ुद चौकन्ना तो है लेकिन उसे अधिक आँखों और कानों की ज़रूरत है। वह भी हज़ारों में। ऐसे में हर वक्त हज़ारों लोगों को अपने आसपास से गुजरते देखने

वाले फेरीवालों से बेहतर मुखबिर कोई नहीं हो सकता है। उन्हें ये तालीम दी है कि किस तरह आसपास के इलाके पर नज़र रखें। कैसे उनकी हरकत संदिग्ध होने पर पीछा करें। उसके ठिकाने की जानकारी हासिल कर कैसे पुलिस अधिकारियों तक सूचना पहुँचाएँ।

पुलिस ने बतौर मुखबिर इन सबके नाम, सम्पर्क व अन्य तमाम जानकारियाँ फोटो के साथ में एक डायरी में दर्ज़ की हैं। वे बताते हैं कि इसमें एक भी ऐसा व्यक्ति नहीं है, जिसका कोई राजनीतिक सम्पर्क या सम्बन्ध हो। ये सभी बेहद सामान्य फेरीवाले, मोटर मैकेनिक, नाई, दुकानदार, खोमचे वाले, पानपट्टी मालिक इत्यादि हैं। कुछ तो बूट पॉलिश करने वाले भी हैं। वे खुशी से पुलिस के साथ मिल कर काम कर रहे हैं।

एक मुखबिर ने यह योजना सुन कर ठहाका लगाया और कहा, 'साब लोग का तो भेजा हिल गयेला ए...उनकूं ये लोक ख़बरी लगते हैं क्या...ये लोग लफड़े में पड़ेंगे तो मालूम पड़ेंगा सालों को...किसी दिन कोई आँख-कान कूं टपका दिया ना...सब इदरिच रह जाएंगा...'

सीक्रेट फंड जाये कहाँ?

राज्य की खुफिया व्यवस्था को चाकचौबन्द रखने के लिए सालाना 2 करोड़ रुपये का बजट मुखबिरों को बाँटने के लिए रखा जाता है, इतने बड़े और महत्त्वपूर्ण राज्य के लिहाज से यह रकम ऊँट के मुँह में जीरे के समान साबित होती है। पता चला है कि राज्य की खुफिया व्यवस्था ठीक करने के लिए 2 करोड़ रुपये का सीक्रेट फंड 13 अक्टूबर 2008 को ही राज्य सरकार के अधिकारियों को दिये गये थे।

बता दें कि अगस्त 2008 में पुलिस महानिदेशक अनामी राय, मुंबई पुलिस आयुक्त हसन गफूर, एटीएस चीफ हेमन्त करकरे ने तत्कालीन मुख्यमन्त्री आरआर पाटील से मुलाकात करके कहा था कि दो करोड़ रुपये का सीक्रेट फंड काफ़ी कम पड़ता है, उसे बढ़ाया जाना चाहिए। इस पर पैसे तुरन्त देने की बात हो गयी और 13 अक्टूबर को उन्हें पैसे मिल गये थे।

उसके बावजूद और पैसे की माँग गृह विभाग ने 26 नवम्बर 2008 के हमले के बाद राज्य सरकार से की तो 2 करोड़ रुपये रकम की मंजूरी नागपुर में दिसम्बर 2008 में ही चल रहे विधानसभा अधिवेशन के दौरान दोनों सदनों में चन्द मिनटों में बना किसी विरोध के हो गयी।

लेकिन सवाल यह है कि वे 2 करोड़ रुपये क्या हुए, जिसका आवंटन

13 अक्टूबर को हुआ था। ये पैसे कहाँ गये? ये रकम किन मुखबिरों को दी है? क्या ये पैसे वाकई इस्तेमाल हुए हैं? क्या ये रकम अधिकारी तो नहीं डकार गये हैं?

बार मालिकों पर ख़बरियों का आतंक

जबसे मुंबई में गिरोहों का आतंक कम हुआ, ख़बरियों का कामकाज भी मार खा गया। उनकी कमाई में भी खासी कमी आयी। वे कुछ समय तक तो पुलिस अधिकारियों से किसी-न-किसी तरह से धन वसूली करते रहे लेकिन जब वहाँ से भी पैसे मिलने बन्द हो गये तो उन्होंने कुछ ऐसे सॉफ्ट टारगेट तय किये, जिन पर जरा-सा दबाव पड़े तो वे धन की बारिश कर दें।

ख़बरियों ने अवैध रेती कारोबारियों और उनका परिवहन करने वाले ट्रक मालिकों, शराब तस्करों, अवैध पशु कत्लखानों, राशन दुकानों, मटका, सट्टा बुकी, जुआ क्लब के कालाबाज़ारियों इत्यादि को निशाना बनाना शुरू किया। उनके लिए इससे भी अच्छा सौदा था, डांस बारों का।

मुंबई में मार्च 2015 डांस बार पर पाबन्दी थी। इसके पहले कई ऐसे बार थे, जहाँ तय संख्या से अधिक बारबालाएँ होती थीं, वे तय समय से अधिक देर तक वहाँ नाचती भी थीं। पुलिस ख़बरियों ने इन पर निगरानी रखना और वहाँ छापामारी करवाना शुरू करवाई। इसमें उनका साथ कुछ भ्रष्ट पुलिस अधिकारी देते थे। ये ख़बरी पुलिस का डर दिखा कर बार मालिकों से लाखों की वसूली करते थे। नियमानुसार एक बार में, एक वक्त में चार से अधिक बारबालाओं के रात 11 बजे के बाद तक काम करने पर पाबन्दी थी।

ऐसी ही वसूली से परेशान एक बार मालिक जगदीश ने ख़बरियों इसा, आफताब, गुड्डू के ख़िलाफ़ मालाड में बाकायदा शिकायत दर्ज की थी। तब एसीपी वसन्त ढोबले का बार मालिकों में खासा आतंक था। वे बड़े ही खुफिया तरीके से सारी जानकारियाँ जुटा कर ऐसी छापामारी करते थे कि किसी बार मालिक के बचने की कोई गुंज़ाइश नहीं रहती थी। उनके नाम का दुरुपयोग ये मुखबिर भी करने लगे थे।

बार मालिक जगदीश की शिकायत पर मालाड थाने ने 20 मार्च 2015 को इसाक उर्फ़ इसा आफताब और गुड्डू बंगाली पर केस दर्ज़ किया। तत्कालीन पुलिस उपायुक्त महेश पाटील से भी इसी बार मालिक ने तीन मुख़बिरों के ख़िलाफ़ पहले भी शिकायत दर्ज़ करवाई थी। अन्धेरी से दहिसर तक लगभग दो दर्ज़न मुख़बिर इस काम में मुब्तिला थे। इनमें कुछ मुखबिरों ने साप्ताहिक या

मासिक अख़बारों के परिचय पत्र भी ले रखे थे। पुलिस ने ऐसे कई मुख़बिरों को समय-समय पर गिरफ़्तार भी किया है।

अधिक पैसे देते हैं गिरोह

मुंबई पुलिस समेत तमाम खुफिया और क़ानून व्यवस्था एजेंसियों के लिए राज्य व केन्द्र सरकारों का अच्छा-खासा सीक्रेट फंड होता है, इस पैसे को मुखबिरों को बाँटा जाना होता है। लेकिन ये पैसे उन तक नहीं पहुँचते हैं, यह शिकायत आज बेहद आम है। पुलिस जो पैसे देती भी है, वह मुखबिरों के लिए नाकाफ़ी होता है। मुखबिर सूचनाएँ निकालने के लिए अपने साथियों को गिरोहों या आतंकवादियों के बीच में प्लांट करते हैं, उनकी जान को हमेशा ख़तरा बना रहता है, उनके खाने-पीने, शराबनोशी, लड़कियों, होटलों में रुकने, मोबाइल फ़ोन, कारों इत्यादि पर पानी की तरह पैसा बहता है लेकिन पुलिस अधिकारी उन्हें चने खाने जितने भी पैसे नहीं देते हैं, जिसके कारण मुखबिरों के लिए सूचनाएँ निकालने की व्यवस्थाएँ कर पाना सम्भव ही नहीं रह जाता है।

पुलिस ने अपने मुखबिरों को देने के लिए एक रेट कार्ड बना रखा है, जिसके हिसाब से पैसे दिये जाते हैं। इसके ठीक उलट अंडरवर्ल्ड ने मुंबई पुलिस के मुखबिरों के तौर-तरीकों को पलटने और पुलिस को खुफिया सूचनाएँ न जा सकें, इसके लिए अपना ही रेट कार्ड बना लिया है। अपराधी गिरोह मुखबिरों के किये किसी काम को लेकर हमेशा ही भयभीत रहते हैं, इसके लिए वे मुखबिरों के जाल में अपने भी मुखबिरों को पैबस्त करके रखते हैं, उनके बारे में ताज़ातरीन जानकारियाँ भी अपने पास सदा रखते हैं।

गिरोहों के पास भी ख़बरियों का पूरा जाल होता है। यह असल में उनका जासूसी संगठन होता है। ये न केवल गिरोह के लिए ख़बरें व सूचनाएँ जुटाते हैं बल्कि विरोधी गिरोहों में गलत-सलत ख़बरें भी घुसाते हैं। इतना ही नहीं पुलिस को ख़बरें देकर विरोधी गिरोह के गुंडों की हत्या या गिरफ़्तार करवाने, उनके हथियार, नशा, धन ज़ब्त करवाने, अड्डों पर छापे पड़वाने जैसे महत्त्वपूर्ण काम भी अंजाम देते हैं।

इसके अलावा किसी काम के होने पर वे पुलिस विभाग में अपने मुखबिर पुलिस या खुफिया अधिकारियों के जरिए पता करते हैं कि किस मुखबिर ने उनका काम बिगाड़ा है। पहले वे उसे पैसों से खरीदने की कोशिश करते हैं लेकिन अगर वह न माने तो उसे मार गिराने में भी परहेज नहीं करते हैं। गिरोह अब मुखबिरों को सँभालने के लिए पुलिस या खुफिया एजेंसियों से

अधिक पैसे देते हैं। अधिक पैसों के लालच में ये मुखबिर अब पुलिस के बदले इन गिरोहों के लिए काम करने को ही अधिक सुरक्षित और अच्छा मानने लगे हैं।

मुखबिरों के फ़ोन अवैध रूप से गिरोह टेप करवाते हैं। उन्हें जैसे ही पता चलता है कि कोई मुखबिर उनके हथियार, नशीले पदार्थ या अन्य माल की बरामदगी करवाने वाला है, उससे सम्पर्क करते हैं। उसे अधिक पैसों, उसके मोबाइल के बिल भरने या किसी बार विशेष में उसका खाना और शराब मुफ्त करवाने, उसकी गाड़ी के लिए मुफ्त पेट्रोल या डीजल की व्यवस्था जैसे लालच देते हैं।

कई बार मुखबिरों के बैंक खातों के नम्बर भी गिरोहबाज अपने पास रखते हैं। उनके खातों में विदेशों से तुरन्त पैसे ट्रांसफर करते हैं। तुरन्त पैसे मिलने के कारण मुखबिर भी गिरोहों से बँध जाता है। वह पुलिस या खुफिया एजेंसियों को सहयोग नहीं करता है।

मुखबिरों को गिरोह देश-विदेश में छुट्टियों पर भी भेजते हैं। गोवा, खंडाला, महाबलेश्वर से तिरुपति बालाजी, शिर्डी, अजमेर शरीफ तक की 'फुल पेड छुट्टियाँ' इन मुखबिरों को गिरोहों की तरफ़ से मिलती हैं। कई बार मुखबिरों को उनकी पसन्द की लड़कियों (बारबालाओं या वेश्याओं) के साथ भी इन छुट्टियों पर भेजा जाता है। कोई एजेंट पूरा ख़र्च गिरोह की तरफ़ से करता है।

डी-कम्पनी का ख़बरी हफ्ता

मुखबिरों को जितना इनाम सरकारी विभागों से नहीं मिलता था, उससे कहीं अधिक रकम डी-कम्पनी मुखबिरों को देती है। यह जानते तो सब थे, किसी को पक्का पता न था। एक दिन यह बाकायदा दस्तावेज़ों में भी दर्ज़ हो गया, जब राजेश झाम को अपराध शाखा की हफ्तावसूली विरोधी इकाई के अधिकारी जुलाई 2007 के तीसरे सप्ताह में बान्द्रा के जौहरी से 5 करोड़ रुपये हफ्ता माँगने और धमकाने के आरोप में बेंगलुरु से गिरफ़्तार कर मुंबई लाये।

डी-कम्पनी के सट्टा और धन व्यवस्थापन कमान के प्रभारी शरद शेट्टी की दुबई में हत्या होने के बाद राजेश झाम को डी-कम्पनी ने कुछ महत्त्वपूर्ण काम सौंपे थे। जब तारिक परवीन भी दुबई से भारत प्रत्यर्पित हो गया, तो राजेश की लॉटरी निकल आयी। अपराध शाखा अधिकारियों का दावा है कि राजेश 25 साल दुबई में रहा है। वह डी-कम्पनी में बजरिए आरिफ भाईजान पहुँचा था। राजेश का दावा था कि भाईजान के साथ मिल कर वह दुबई में फ़िल्मी हस्तियों का

कार्यक्रम कर मोटी रकम कमाने की योजना बना चुका था। इसी कारण राजेश डी-कम्पनी के सिपहसालारों तक पहुँचा। कार्यक्रम तो न हुआ, राजेश डी-कम्पनी का ख़बरी बन गया।

राजेश ने बताया कि मुंबई के कम से कम 10 बड़े व्यापारियों की जानकारियाँ डी-कम्पनी को देकर हफ्तावसूली करवाई थी। इसके बदले में हफ्ते की उगाही हुई कुल रकम का 20 फ़ीसदी हिस्सा बतौर इनाम या उजरत मिला था।

राजेश के हफ्तावसूली में बतौर ख़बरी काम करने की कहानी भी कुछ कम दिलचस्प नहीं है। एक वरिष्ठ पुलिस अधिकारी ने बताया कि राजेश और फहीम जुए के शौक़ीन थे। एक बार दुबई में राजेश से 5 करोड़ रुपये फहीम हार गया। राजेश ने फहीम से जीत की रकम चाही तो बान्द्रा के जौहरी का टेलीफ़ोन नम्बर देकर कहा कि उससे वसूल ले। अब राजेश ने जौहरी को फ़ोन घुमा दिया। राजेश को लगा कि हफ्तावसूली काफ़ी आसान है। चन्द फ़ोन किये और काम हो गया। वह भी डी-कम्पनी के लिए हफ्ताखोरी में लग गया। इस बीच वह सट्टा कारोबार भी सँभालने लगा। इसी दौरान उसने कारोबारियों और अमीरों की सूचनाएँ निकाल कर कम्पनी को बतौर ख़बरी देनी शुरू की। जब इनाम में उसे 20 फ़ीसदी रकम मिलने लगी तो वह और भी जोर-शोर से मुखबिरी में भिड़ गया।

मुंबई पुलिस का रेटकार्ड

देसी हथियार	500 से 1000 रुपये प्रति हथियार
विदेशी हथियार	अधिकतम 5000 रुपये प्रति हथियार
हथियारों का जख़ीरा	दस्ती बम, आरडीएक्स, एके-47 इत्यादि पर अधिकतम 5 लाख रुपये
मादक पदार्थ	हेरोईन, हशीश, ब्राऊन शुगर, एलएसडी इत्यादि की बरामदगी का 20 प्रतिशत
मादक पदार्थ	चरस व गांजा बरामद होने पर 500 रुपये प्रति टिप या केस
नकली करेंसी	25 फ़ीसदी
गिरोहबाजों की गिरफ़्तारी	1 से 3 लाख रुपये
गिरोहबाजों की मुठभेड़	1.50 से 5 लाख रुपये
पुरातात्विक महत्त्व की मूर्तियाँ	कलाकृतियों की पकड़—50 हज़ार रुपये
गोदी या कंटेनर चोर पकड़वाना व माल की बरामदगी	अधिकतम 1 लाख रुपये
कार चोर पकड़वाना	कारों की कीमत के हिसाब से 5 हज़ार से 1 लाख रुपये तक

गिरोहों का रेटकार्ड

देसी हथियार	1,000 से 5,000 रुपये प्रति हथियार
विदेशी हथियार	5,000 से 50,000 रुपये प्रति हथियार
हथियारों का जख़ीरा	10 से 20 लाख रुपये तक दस्ती बम, आरडीएक्स, एके-47 इत्यादि पर
मादक पदार्थ	30 प्रतिशत हेरोईन, हशीश, ब्राऊन शुगर, एलएसडी इत्यादि की कीमत का
मादक पदार्थ	चरस व गांजा बरामद होने पर 1,000 रुपये प्रति टिप या केस
नकली करेंसी	35 फ़ीसदी
गिरोहबाजों की गिरफ़्तारी	मुँहमाँगी कीमत, विरोधी गिरोह सदस्य की गिरफ्तारी करवाने पर
गिरोहबाजों की मुठभेड़	मुँहमाँगी कीमत, विरोधी गिरोह सदस्य की मुठभेड़ करवाने पर
पुरातात्विक महत्त्व की मूर्तियाँ	35 फ़ीसदी कलाकृतियों की कीमत का
गोदी या कंटेनर चोर पकड़वाना व माल बरामदगी	30 से 40 फ़ीसदी तक

मुठभेड़ : कितना सच-कितना झूठ

मुंबई पुलिस अपनी व्यावसायिकता, गतिशीलता, बुद्धिमत्ता, तीव्रता और सहयोग भावना के कारण दुनिया भर में सराही जाती है। आज तक सैकड़ों गुंडों को मुठभेड़ों में उड़ा चुकी इस बेहतरीन पुलिस सेवा के कामकाज पर प्रश्न चिह्न लगते रहे हैं। हर बार कुछ ऐसा हो जाता है कि पुलिसकर्मी अपनी सनातन मूर्खता सिद्ध कर देते हैं। उन्हें लगता है कि कोई उनके तौर-तरीकों पर अँगुली उठाने का साहस नहीं करेगा। वे गुंडों को मुठभेड़ों में मारते हैं, जो सभी जानते हैं कि आमतौर पर फ़र्जी होती हैं। उनकी नज़र में यह गलत नहीं क्योंकि वे इसे 'इंस्टेंट जस्टिस' कहते हैं। उनके तौर-तरीके लेकिन इतने गलत हैं कि तानाशाही रवैये की बू आती है। मुठभेड़ों से जुड़े सच-झूठ को तौलने-परखने की इस कोशिश का विरोध भी ख़ूब होता है।

पुलिस का फौरी न्याय!

वो 1995 के साल की आखिरी रात थी। मैं जानता था कि इस शहर को, जो शरीर से पूर्ण महानगर लेकिन आत्मा से देहाती है, यह रात बेहद प्रिय है। इस दिन सारा महानगर नये साल के स्वागत में पागलों की तरह सड़क पर घूमता है। लोग कहते हैं कि साल के अन्त और प्रारम्भ के क्षणों में आप जो कर रहे हैं, वही साल भर करेंगे। इस शहर के बाशिंदों को शराब पीना-पिलाना, देर रात तक सड़कें नापना और अपने साथ-साथ दूसरों के लिए परेशानी बढ़ाना पसन्द होगा, तभी तो शहर की सड़कों पर खचाखच वाहन भरे होते हैं और एक रात में ही पुलिस बल का कचूमर निकल जाता है।

मैं भी अपने तीन दोस्तों समेत दो मोटर साइकिलों पर सवार इस रात को 'जीने' की गरज से सड़कें नाप रहा था। कुछ हैरान से, कुछ परेशान से, कुछ अकबकाये से, कुछ खुश से और कुछ हद तक दीवानों से, हम मालाड से जुहू तट तक कई जगह रुकते-रुकते पहुँचे। वहाँ से वापसी के पहले एक पान की दुकान से एक 'मित्र' को रात तीन बजे फ़ोन किया। बस...यूँ ही...'चलो बोर करे।' की तर्ज पर।

'हाँ कॉमरेड...'

'मालूम था फ़ोन आयेंगा तुम्हेरा।' बड़े सहज भाव से फ़ोन पर वह मित्र बोला।

'सपना देखा था क्या?' मैंने मजाक में पूछा।

'मतलब तुम्हेरे कूं मालूम नईं है। भाई, वरली में नेपाली को पुलिस गोली घाल दिया।'

यह सुनते ही मैं सन्नाटे में था।

'वो राजू नेपाली...दाऊद वाला छोकरा...वो क्या?'

'वोईच्च।' जवाब मिला।

अब मेरी पत्रकारीय उत्सुकता जाग गयी।

'कैसे?'

'सोर्स बोला नेपाली उदर आया। उसकूं घेर के टीप (गोली मार दी) दिया। एक घोड़ा (रिवाल्वर) भी मिला बोला।' मित्र ने बताया।

'लेकिन वो बड़ा चालाक था, कैसे फँस गया?'

'क्या भाई मजाक करते हो क्या?'

'क्या मतलब?'

'मतलब तुम्हेरे कूं बी मालूम ये मामा लोक कईसा काउंटर करता। कायकूं मेरी खींच रेले हो।'

'मतलब कि वह कहीं और से...'

'वई तो बोलता मैं...'

'कैसे बोलते हैं आप इस बारे में पक्के तौर पर?'

'देखो भाई, बच्चे को भी मालूम आज थर्टीफस्ट नाईट है, अक्खा रात मुंबई में लोक पागल का माफिक दारू पीता है, सड़क पर घूमता है, अक्खा मुंबई में पुलिस वाला सड़क पर होता है, ऐईसा में नेपाली जैसा भाई बाहर पड़ेंगा क्या? उसकूं शौक आता है क्या पुलिस के साथ बैठ कूं चाय पीने का? क्या भाई...'

उसके तर्क में दम था। कुछ कहने के लिए उसने नहीं छोड़ा था। यह ख़बर चौंकाने वाली थी लेकिन अफ़सोस अख़बार में उसी दिन नहीं जा सकती थी।

मुठभेड़ों का सिलसिला

गरज ये कि ब्राह्म मुहूर्त में सुनी मुठभेड़ की आते साल में पहली ख़बर के बाद 1996 में पूरे वर्ष भर मुंबई के लोगों ने कमोबेश एक सी 'मुठभेड़ों' की सैकड़ों कहानियाँ सुनीं। अगले दिन जब पुलिस ने बताया कि 29 वर्षीय शातिर गुंडा राज बहादुर लंग उर्फ़ राजू नेपाली वरली डेरी के पास वरली पुलिस के एक विशेष दस्ते की गोलियों का शिकार हो, साल के पहले ही दिन यमराज का दरवाजा खटखटाने जा पहुँचा। कई हत्याओं, चोरी तथा मारपीट के आरोपी इस गुंडे से पुलिस को एक देशी कट्टे की बरामदगी भी दिखाई। इसके बाद मुठभेड़ों की झड़ी लग गयी। ऐसा लगा कि पुलिस के माहिर निशानचियों को स्थिर टारगेट पर निशानेबाजी के अभ्यास से बोरियत हो गयी है। वे चलते-फिरते ज़िन्दा टारगेट में अधिक रुचि रखते हैं।

10 जनवरी 96 की रात 1 बज कर 20 मिनट पर अपराध शाखा की इकाई-4 के अधिकारियों ने घाटकोपर की एलबीएस रोड पर स्थित गोल्डन पैलेस होटल के बाहर नाईक गिरोह के बदमाश राव साहब बालू किल्लेदार उर्फ़ किल्या (25) को रक्त के दलदल से सदा के लिए मुक्ति दिला दी। खटाऊ, भाटिया, चौधरी, दत्ता दुकलक जैसे लोगों की हत्या में वांछित किल्या मरने के पहले ऑस्ट्रिया निर्मित स्वचालित पिस्तौल से पुलिस पर 3 गोलियाँ चला गया लेकिन किसी पुलिसकर्मी को खरोंच तक न आयी।

जब इस बारे में एक अधिकारी से पूछा तो उन्होंने गुस्से में कहा—'तो आप चाहते हैं कि हम उन गुंडों के सामने जाकर खड़े हो जायें और कहें कि मुठभेड़ के इरादे से आये हैं, हममें से एक-दो को तुम मार गिराओ, फिर हम तुम्हें मारेंगे। सुनिये मिस्टर, पुलिस ख़ुद को सुरक्षित रखते हुए कार्रवाई करती

है। अगर हर मुठभेड़ में पुलिसकर्मी घायल होने या मरने लगे तो इस फोर्स में भर्ती कोई क्यों होगा?'

अगले दिन दोपहर डेढ़ बजे महिला पीएसआई मृदुला लाड एक ऐसा कारनामा अंजाम देकर पुलिस मुख्यालय पहुँची कि पूरे महानगर की लाडली बन गयीं। 4 हथियारबन्द गुंडों में से दो को हथियार समेत दबोचने के बाद वे बोलीं–'मुझे बिल्कुल डर नहीं लगा।' लाड ने उन्हें पकड़ा क्यों? अपनी सर्विस रिवाल्वर का सदुपयोग वे आरोपियों पर कर सकती थीं। खैर, अगर ऐसा होता तो यह एक 'सच्ची मुठभेड़' होती।

16 जनवरी 1996 की रात 10.15 बजे अन्धेरी की होटल रिजेंसी के बाहर एक नाइजीरियाई एका हाकिम (35) पुलिस की गोलियों से छलनी मिला। उससे कोलंबिया की कोकीन और रिवाल्वर मिला। तमाम अफ्रीकी नागरिकों ने ख़ूब बवेला मचाया कि मुठभेड़ फ़र्जी है लेकिन सब जानते हैं कि अफ्रीकी पर्यटकों-छात्रों के वेश में भारतीय सरज़मीं पर कितने नशा तस्कर और कैरियर आते और निवास करते हैं। यह आन्दोलन वहीं फुस्स हो गया। न ख़बरनवीसों ने इसे हवा दी, न सरकार ने तरजीह।

माह भर से ऊपर गुजर गया। 28 फरवरी 1996 की शाम 5.30 बजे सूचना मिली कि डी-कम्पनी के किसी छोकरे को पुलिस ने उड़ाया है। तिनका-तिनका ख़बरें आती रहीं, अन्त में ख़बर मुकम्मल शक्ल यह बनी कि मुख़्तार अहमद इस्माइल लकड़ावाला (35) के कांदिवली स्थित ठाकुर काम्प्लेक्स पहुँचने की सूचना एसआई प्रशान्त बगाड़े को मिली थी। वे सदल-बल चोरी, हत्या, डकैती में वांछित मुख़्तार को पकड़ने पहुँचे। वह हीरो-होंडा मोटर साइकिल (एमएम 01 ई 3468) पर पहुंचा। पुलिस को देख कर भागा लेकिन उसका पीछा किया। समता नगर थाने के दल ने उसकी छाती में दो, पीठ व हाथ में एक-एक, सिर में तीन और गाल पर एक गोली मार कर ढेर कर दिया। उससे 32 मिमी का देशी रिवाल्वर तथा एक छुरा मिला। मुख़्तार को इतनी गोलियाँ पुलिस को क्यों मारनी पड़ीं, यह आज भी ताज्जुब का विषय है।

...फिर 3 मार्च 1996 को डी-कम्पनी का सुरेन्द्र दूबे उर्फ़ बबलू गाँवदेवी में पुलिस का निशाना बना।

...फिर विक्रोली में 20 मार्च 1996 को पुलिस ने नाईक गिरोह के सलीम अली पटेल को टपका दिया।

...फिर 27 मार्च 1996 की देर रात आरे कॉलोनी में राजन गिरोह के विनोद सिंह ठाकुर का विकेट पुलिस ने गिराया।

...फिर पुलिस ने नाईक गिरोह के शूटर हरीश पुजारी का 8 अप्रैल 1996 को मुलुंड से स्वर्ग का टिकट काट दिया। फिर...और भी कई 'फिर' हैं जो एक के बाद एक हमारी आँखों के सामने तैर रहे हैं। इनका अन्त साल 2001 ख़त्म होने के बाद भी नहीं हुआ।

मुठभेड़ों में मोड़

यहाँ मुठभेड़ों में नया मोड़ है। दाऊद के लिए काम कर रहा नारू गिरोह 24 अप्रैल 1996 को महज एक ही दिन में पूरा का पूरा ख़त्म हो गया। गिरोह सरगना नारायण सिंह रावत उर्फ़ नारू (35) का ट्रांबे और आसपास भारी आतंक था। अपराध शाखा की इकाई 5 ने नारू समेत बशीर मोहम्मद कलसीकर, सुरेश दिघे उर्फ़ सूर्या उर्फ़ चिंट्या (24) तथा विलास श्रीकृष्ण म्हात्रे (25) को मानखुर्द की आगरवाड़ी में मार गिराया। इनसे पुलिस ने तीन देशी रिवाल्वर और चार चॉपर बरामद किये। कुर्ला टर्मिनस पर एक व्यापारी से हफ्तावसूली करने पहुँचा राजन का गुंडा भूपेन्द्र कांबले (30) 19 अपराधों में वांछित आरोपी था। उसे पकड़ने के चक्कर में इं. खंडागले की छाती में गोली लगी तो पुलिस दल ने भूपेन्द्र को गोलियों से छलनी कर दिया।

शिवड़ी में 22 मई 1996 को शकील का साथी अफजल अब्दुल गफ्फार उर्फ़ शेख़ (22) अपराध शाखा अधिकारियों की गोली का निशाना बना। मरने से पहले उसने एसआई बाजीराव पाटील के हाथों में गोली मारी। उन्हें केईएम अस्पताल में भर्ती किया गया। मुठभेड़ से 3 माह पहले अदिति बार (अन्धेरी) के बाहर दुहरे हत्याकांड का कारनामा शेख़ का था। 10 मामलों में वांछित मूलजी करसन बबनिया उर्फ़ अक्का पाड़ा (38) तथा 5 मामलों में फरार गुंडा अरुण मनोहर विचारे उर्फ़ पाशा साथ-साथ 30 मई 1996 की रात अपराध शाखा—इकाई 2 तथा एसओएस के हत्थे चढ़े। वरली में इन्हें मारने का श्रेय फिर तत्कालीन एसीपी अनिल तलपदे ले गये।

राजन गिरोह का सदस्य अरुण राऊत उर्फ़ चिऊ (25) 16 जून 1996 की रात 1.30 बजे अँधेरे में मारा गया। वरिष्ठ पुलिस इंस्पेक्टर श्री राठौर इस मुठभेड़ में घायल हुए। 18 जून 1996 की रात अमर सावन्त को नेहरू नगर में पुलिस ने रात एक बजे मुठभेड़ में मारा। रासुका से छूट कर आये उसे तीन माह हुए थे कि फिर अवैध धन्धे में जुट गया। वह राजन गिरोह से था...और किशोर तान्या शेट्टी (26) भी...जो 20 जून 1996 को तिलक नगर में मारा गया। उसकी चलाई गोली से इं. एटी पाटील का बायाँ हाथ जख्मी हुआ था।

सुरेन्द्र कुमार राजोरिया उर्फ़ बाल्मीकि तथा सदाशिव तानू तांबे उर्फ़ सदा, देवनार फॉर्म के पास ट्रांबे-1 पुलिस मोबाइल के शिकार हुए। 11 जुलाई 1996 को राजन गिरोह का शरद कांबले उर्फ़ सर्जा (27) को मुलुंड में मारा गया। एक दिन पहले, 10 जुलाई 1996 को, डी-कम्पनी का कासिम अली कुर्ला में एलबीएस रोड पर पुलिस की इकाई-4 के हत्थे चढ़ा और मारा गया। फिर 17 जुलाई 1996 का दिन अमर नाईक के लिए बुरा समाचार लाया। उसका साथी हैदर अली मुठभेड़ में मारा गया।

29 जुलाई 1996 की रात पुलिस को खासी मेहनत करनी पड़ी। दाऊद के रामकृष्ण सावन्त उर्फ़ छब्या नामक हफ्ताखोर को पार्क साईट पुलिस ने मारा। अगली रात नाईक का गुंडा जमालुद्दीन सैयद हुसैन उर्फ़ शेंड्या जोगेश्वरी में इकाई-2 की गोलियों का शिकार बना। 33 मामलों के आरोपी शेंड्या पर टाडा लगा, तीन बार रासुका लगा, तड़ीपार हुआ लेकिन वह सुधरा भी तो मौत के बाद। वह बड़ी सख्त जान था। सुबह सवा 11 बजे ढेरों गोलियाँ खाकर भी मरा तो रात 7 बजे कूपर अस्पताल के बिस्तर पर।

राजन गिरोह के लिए 2 अगस्त 1996 का दिन फिर सदमे का था। विष्णु हडकर को भांडुप में पुलिस ने मार गिराया। इसके बाद की दास्तान तो अपराध जगत की पूरी तस्वीर बदल देने वाली है।

क्या अदालती कार्रवाई और गिरफ्तारियों का ज़माना फिर लद गया? सवालों के साये में जवाबों के अक्स बड़े धुँधले नज़र आते हैं। मुठभेड़ को पुलिस का 'त्वरित न्याय' कहते हैं। कुछ लोग हैं जो इसे सही करार देते हैं, कुछ नहीं। सही कहने वालों का तर्क है कि बड़े गुंडे और सरगना अदालतों से मज़े में छूट जाते हैं। लोग उनके ख़िलाफ़ गवाही नहीं देते हैं। इससे वे और शेर बन जाते हैं। गवाहों को सुरक्षा मिलती नहीं तो भला कोई क्यों अपनी जान देने अदालत में जायेगा?

इससे तत्कालीन संयुक्त पुलिस आयुक्त (अपराध) रणजीत सिंह शर्मा सहमत नहीं। वे कहते हैं, 'ऐसा नहीं है कि हम शिकायत करने वालों या गवाहों को सुरक्षा नहीं देते। हमने अपराध शाखा का पुनर्गठन किया और अपराधों को ख़त्म करने की हर सम्भव कोशिश की। इस दिशा में काफ़ी काम हुआ। लोगों को चाहिए कि वे एहतियात बरतें और जब गुंडे पैसों के लिए धमकाएँ, तुरन्त पुलिस को इत्तिला दें।'

तत्कालीन पुलिस आयुक्त डी. शिवानन्दन हमेशा कहते थे कि 'पुलिस बल में जिस तरह से मुठभेड़ विशेषज्ञों ने असीमित अधिकार हासिल कर लिए हैं, उनसे जनता का भी खासा नुक़सान होगा। वे साफ़ तौर पर इन मुठभेड़ों को

गलत मानने से इनकार करते हुए पुलिस बल का बचाव भी करते हैं, साथ ही साथ प्रदीप शर्मा और दया नायक के महिमामंडन पर नाराजगी भी दिखाते हैं। इन कुछ अधिकारियों ने नहीं, पूरी मुंबई पुलिस के साझा प्रयासों से गिरोहों पर काबू करने में सफलता मिली है। किसी एक या दो को श्रेय देकर बाकी फोर्स का मनोबल मत तोड़िए।'

1996 के अगस्त माह की 11 से 17 तारीखों के बीच मुंबई की ज़मीन पर चार अपराधियों का लहू गिरा। अमर नाईक, नरी ख़ान, सुरेश यंदे और शेखर मिराशी की मुठभेड़ों में मौत हुई। पुलिस को अफ़सोस है तो यही कि दो अन्य शातिर गुंडों के बारे में भी सूचनाएँ मिली थीं लेकिन वे बच निकले।

मुठभेड़ों का सिलसिला लेकिन कहाँ से शुरू हुआ था, यह बड़ा ही परेशान करने वाला सवाल बना रहा। किसी ने कहा कि मन्या सुर्वे की मुठभेड़ पहली थी, तो किसी ने उसका खंडन किया। पुलिस के दस्तावेज़ों में जो दर्ज़ है, वह तो यही साबित करता है कि मन्या मुठभेड़ के पहले भी एक गुंडा मुठभेड़ में मरा था।

लुइस की पहली मुठभेड़

मुंबई पुलिस के पूर्व मुठभेड़ विशेषज्ञ इं. इमैनुअल अमोलिक की गिरफ़्तारी ने मुंबई पुलिस को ऐसा शर्मसार किया है कि कोई अब गर्व से नहीं कह सकेगा कि यह देश की सबसे अच्छी पुलिस है। ये वही अमोलिक हैं, जिन्होंने मुंबई की दूसरे नम्बर की मुठभेड़ की थी। तमाम पुलिस अधिकारी भी और अपराध संवाददाता भी, पूरे देश को बताते आये हैं कि मुंबई की पहली मुठभेड़ मन्या सुर्वे की थी।

कुछ लोगों का कहना था कि उसके पहले सन् 1981 में माजिद को इं. इमैनुअल अमोलिक ने डोंगरी में ठोंका था। पुराने जानकारों के मुताबिक़ अजित-दिलीप गिरोह का माजिद एक प्यादा था। यह गिरोह मध्य मुंबई क्षेत्र में उन दिनों बड़ा सक्रिय था। इस गिरोह की करीम लाला और उसके गिरोह से सीधी दुश्मनी थी।

कुछ का कहना है कि 14 अक्टूबर 1980 को ही गिरोह सरगना लुइस जोसफ डिसूजा को मालवणी में मुठभेड़ के दौरान पुलिस ने मारा था। जब यह मुठभेड़ हुई, मुंबई पुलिस आयुक्त तक के हाथ-पाँव फूल गये थे। किसी को पता न था कि ऐसे में करना क्या है। लुइस एक गिरोह सरगना था। वह पूरे इलाके में हफ्तावसूली करने और लोगों से मारपीट करने के कारण काफ़ी बदनाम था। उसके ख़िलाफ़ दर्जनों मामले दर्ज़ थे।

मन्या सुर्वे मुठभेड़

11 जनवरी 1982 को मनोहर सुर्वे उर्फ़ मन्या वडाला में आम्बेडकर कॉलेज के

पास एक ब्यूटी पार्लर में अपनी गर्लफ्रेंड से मिलने पहुँचा था। इं. इसाक बागवान, इं. राजा तांबट के साथ वहाँ पहले से मौजूद दस्ते के साथ उसकी मुठभेड़ हुई, जिसमें वह मौक़े पर ही मारा गया। कुछ लोग यह प्रचारित करते रहे हैं कि यह मुंबई की पहली मुठभेड़ है। पुलिस की बतायी इस कहानी पर कभी मन्या के परिवार और जानकारों ने भरोसा नहीं किया।

ये भी कहा जाता है कि पुलिस को मन्या के वडाला में आने की सूचना वरदराजन मुदलियार ने दी थी। एक पुलिस अधिकारी के मुताबिक़ मन्या से वरदा बुरी तरह डर गया था कि वह कुछ ही समय में उसका पूरा कामकाज नष्ट कर देगा और ख़ुद पूरे मुंबई का सरगना बन जायेगा। दाऊद भी उससे बुरी तरह डरा हुआ था क्योंकि मन्या ने ख़ुद को हिन्दू डॉन के रूप में मुंबई का एकमात्र डॉन घोषित कर दिया था। उसने कहा था कि चाहे पठान हो या कोंकणी मुसलिम गिरोहबाज, सभी को ख़त्म कर वह मुंबई का एकमात्र हिन्दू डॉन बनेगा।

आलमजेब की रहस्यमयी मुठभेड़

दाऊद ने एक बार फिर निशाना साधा और आलमजेब भी यमलोक पहुँच गया। 29 दिसम्बर 1985 को आलमजेब सूरत शहर के बाहरी इलाके में स्थित गुजरात हाउसिंग बोर्ड कालोनी के एक फ्लैट में उस समय मुठभेड़ में मारा गया, जब वह भारती नामक एक युवती के साथ जबरदस्ती पर उतारू था। उसकी चीख सुनकर पड़ोसियों ने सब इंस्पेक्टर दलसुख भाई पारधी को इत्तला की तो उन्होंने पुलिस बल के साथ वहाँ छापा मारा और मुठभेड़ में आलमजेब को जान गँवानी पड़ी। भारती को उसके मनोरंजन के लिए आलमजेब के गिरोह की दो औरतें कैराग्राम से फुसला कर ले आयी थी। लेकिन किसी बात पर वह जोर-जोर से चीखने लगी थीं।

आलमजेब की पुलिस मुठभेड़ में मौत के बाद अपराध जगत में इस तरह की चर्चा हुई कि उसकी हत्या की योजना दाऊद गिरोह ने ही बनायी थी। दाऊद के किसी आदमी ने ही भारती नामक युवती को आलमजेब के पास भिजवाया था और दलसुख पारधी को सूचना भी उसी ने दी थी। इंस्पेक्टर पारधी को आलमजेब को मारने के लिए राष्ट्रपति का गोल्ड मैडल मिला था। इस तरह दाऊद के इंतकाम का आखिरी चरण भी पूरा हो गया था। लेकिन इसके लिए उसे भी कम कीमत नहीं चुकानी पड़ी थी।

'रावण' का खात्मा

पुलिस इतिहास में वह सबसे सुनहरा दिन था, जब अमर नाईक जैसा सरगना

मुठभेड़ में मारा गया। यह पहला मौक़ा है जब एक सरगना पुलिस गोली का शिकार हुआ। 'एस्कोबार गिरोह' के मुखिया पाब्लो एस्कोबार की मुठभेड़ में मौत के बाद भारत में ही किसी सरगना की मुठभेड़ में मौत हुई। फ़र्क़ सिर्फ़ इतना है कि 1995 में पाब्लो को मारने के लिए कोलंबिया पुलिस के 1,800 अधिकारियों ने घंटों कड़ी मशक्कत की जबकि नाईक आया और बस...यूँ चींटी की तरह मसला गया।

नाईक मुठभेड़ पर लोग नाराज़ न हुए हों ऐसा भी नहीं है। कईयों की भृकुटियाँ तनीं, कईयों की जुबान खुली। नाईक जैसा सावधान, सधा हुआ चतुर खिलाड़ी इतनी आसानी से पुलिस जाल में जा फँसा, पहले तो यही बात किसी के गले नहीं उतरी। उसके पास दो स्वचालित ग्लॉक पिस्तौलें थीं, फिर भी वह मारा गया, यह बात भी लोगों को असम्भव लगी। और जो बात स्याह संसार बताता है, वह ज्ञान चक्षु खोलने नहीं, 'फाड़' देने वाली है। जिस कार में नाईक की मौत हुई, बकौल पुलिस वह चोरी की थी लेकिन काले संसार के सूत्र बताते हैं कि कार मालिक पुलिस ख़बरी है। यदि यह सच है तो इसका अर्थ भी उतना ही भयानक है, जितना फ़र्जी मुठभेड़ों का काला आरोप पुलिस पर आम है।

नाईक के पिता मारुति नाईक ने गोलियाँ बिंधी बेटे की लाश के पास दहकते गुस्से और गर्म आँसुओं से छलछलाती आँखों से पत्रकारों से सवाल पूछा—'सारे एनकाउंटर रात में ही क्यों होते हैं?' वे कहते हैं कि पुलिस जो कहती है, लोग उसे ही सच मान लेते हैं। ऐसा नहीं होना चाहिए।

एक सान्ध्य दैनिक ने खुलेआम छापा कि नाईक की 'हत्या' में एक उद्योगपति के परिवार का हाथ है। इस उद्योगपति की हत्या दिनदहाड़े नाईक ने करवाई थी। तबसे उसे मारने की 'सुपारी' हत्यारों के बाज़ार में घूम रही थी। 8 करोड़ में यह सुपारी नाईक के एक प्रतिद्वन्द्वी गिरोह ने ली। एक सूत्र का कहना है—'आठ खोके में से तीन खोका माल पुलिस को मिला है।' एक अधिकारी यह सुनते ही ठहाका मार कर हँस देते हैं। कहते हैं—'मज़ा आ गया। साबित हो गया अफ़वाहों के पाँव नहीं होते... (रहस्य खोलने को मुद्रा अख़्तियार कर वाक्य पूरा करते हैं) ...पंख होते हैं।'

नरी नरक-गमन

नाईक की मौत के कुल जमा 28 घंटों बाद विक्रोली में नरी ख़ान मारा गया। देश के कुछ बड़े नशा तस्करों में से एक नरी की इहलीला गोलियों के शरीर में धँसते ही ख़त्म हो गयी। नरी भी नाईक का करीबी था और नशा कारोबार में भागीदार

भी। ऐसे आरोप व संकेत मिले कि नाईक व ख़ान को पुलिस ने साथ-साथ गिरफ़्तार किया, अलग-अलग पूछताछ की और अलग-अलग इलाकों में मुठभेड़ में मारा बता कर पुलिस ख़ुद की पीठ ठोंक रही है। एमडीपीएस के तहत ख़ान के ख़िलाफ़ दर्ज़ सभी छह मामलों से बरी हो चुका था। पुलिस रिकार्ड के मुताबिक़ वह देश में 150 किलो से अधिक हेरोईन व कोकीन की तस्करी कर चुका है। पुलिस ने जब नरी को मारा, उससे एक किलो ब्राउन शुगर की बरामदगी बतायी।

नरी के करीबी इस पर आश्चर्य व्यक्त करते हैं कि वह उस इलाके में क्या करने गया जो गवली की सल्तनत है। गवली गिरोह नशा तस्करी की सख्त मुखालफत करता है। फिर इतना बड़ा नशा सम्राट एक किलो जैसी हकीर मात्रा लेकर ख़ुद 'डिलीवरी' को जाये, यह बात भी किसी के गले नहीं उतरी। महाराष्ट्र के एक राजनीतिक दल ने जब मराठी भाषी हिन्दू अपराधियों को मुठभेड़ में मारने पर खासा शोर मचाया तो नरी मारा गया। माना जाता है कि इस दल के आकाओं को खुश करने के लिए पुलिस ने एक मुस्लिम अपराधी को उड़ा दिया।

1980 में मुठभेड़

सन् 1980 में सहार हवाई अड्डे के बाहर इं. ईएस अमोलिक के हाथों महमूद कालिया नामक गुंडा मारा गया। डी-कम्पनी के इस सिपहसालार ने जब अपने सरगना की हुक्मउदूली कर गिरोह से नाता तोड़ा तो 'ऊपर' से उसे 'खल्लास' करने के आदेश हुए। डी-कम्पनी के शूटरों, खालिद पहलवान और छोटा शकील, को 'काम' सौंपा गया। उन्होंने कालिया को ताड़देव स्थित उसी के दफ्तर में ख़त्म करना चाहा। हुआ उल्टा—न केवल कालिया बच निकला बल्कि उसने शकील को घायल कर दिया। शिकार ही शिकारी पर भारी पड़ गया।

अब दाऊद को लगा कि उसे ही कुछ करना पड़ेगा। कालिया को 'दुबई दरबार' में हाजिरी लगाने के आदेश हुए ताकि मामला निपटाया जा सके। कालिया वहाँ नहीं पहुँचा। एक दिन अचानक पता चला कि कालिया को एक इंस्पेक्टर और एक कस्टम्स अधिकारी ने मार गिराया है। स्याह संसार में इसे लेकर कोई आश्चर्य न था। सभी जानते हैं कि जब दाऊद बगैर किसी लफड़े के अपने किसी आदमी को ख़त्म करना चाहता है तो उसकी 'सुपारी' पुलिस में उठता है।

मुठभेड़ों को लेकर मुंबई पुलिस पर शुरू से अँगुलियाँ उठती रही हैं। शक यह भी होता रहा है कि ऐसी मुठभेड़ धन के लिए होती हैं। भूमिगत संसार के सूत्र बताते हैं कि आपसी लड़ाई में मारे गये गुंडों की लाश को क़ब्जे में लेकर अधिकारी मुठभेड़ में मारे शिकार की तरह पेश करते रहे हैं। कुख्यात सरगना

रमा नाईक मुठभेड़ को स्याह संसार इसी श्रेणी में रखता है।

रमा नाईक मुठभेड़

सन् 1987 की बात है। एसआई राजेन्द्र काटदरे तब नागपाड़ थाने में तैनात थे। उन्होंने रमा को मुठभेड़ में मारा था। लेकिन अपने इलाके में नहीं, वहाँ से काफ़ी दूर चेंबूर में। तब सवाल उठा था कि क्या कोई अधिकारी अपने क्षेत्र का उल्लंघन कर, किसी अन्य थाना क्षेत्र का अतिक्रमण करते हुए कार्रवाई करने को स्वतन्त्र है? वरिष्ठ अधिकारी कहते हैं–'हाँ। विशेष परिस्थिति में पुलिसकर्मी ऐसा कर सकते हैं या अपने वरिष्ठ अधिकारी की इजाज़त लेकर।' इस पर श्री शर्मा कहते हैं–'अपराध शाखा में इलाकों का चक्कर नयी व्यवस्था के तहत ख़त्म हो गया। संगठित अपराध दस्ता शहर के किसी भी कोने में काम करने के लिए स्वतन्त्र हो गया और इलाकों की बाध्यता ख़त्म हो गयी।'

उस वक्त श्री काटदरे ने सिर्फ़ इतना किया था कि रमा के चेंबूर पहुँचने की सूचना डायरी में दर्ज़ कर दी थी। सूचना के बाद अपना इलाका छोड़, वे शहर के दूसरे कोने तक दौड़े-भागे जा पहुँचे ताकि रमा को पकड़ सकें, लेकिन वह ज़िन्दा हाथ न आया। जब मुद्दा ख़ूब उछला तो उन्होंने पुलिस का वही पुराना जुमला उछाल दिया कि मुझे आत्मरक्षा में गोली चलाने को मजबूर होना पड़ा। मैं ऐसा न करता तो रमा की गोलियों से मारा जाता।

उनकी बात से भूमिगत संसार सहमत नहीं। वहाँ अलग ही कहानी कही जाती है। बताते हैं कि दाऊद और रमा में खासी मित्रता थी। दुबई की एक बैठक में दाऊद, नाईक और शरद थे। उनके बीच बोरीवली के एक भूखंड को लेकर विवाद उपजा। नाईक भूखंड चाहता था लेकिन दाऊद वह शेट्टी को देना चाहता था। दाऊद का कहना था कि इलाका शेट्टी का है, तो प्लॉट भी शेट्टी को मिलेगा। यह नाईक को रास न आया। उसने विरोध किया और अड़ गया। दाऊद तब चुप रहा लेकिन बैठक के तुरन्त बाद सबसे पहला काम रमा को ठिकाने लगाने का किया।

राजन ने डैनी तथा भूपेन्द्र को 'काम' पर लगाया। कई दिनों की मशक्कत के बाद दोनों ने रमा को सान्ताक्रूज की लीडो टॉकिज के पास घेर लिया। कुछ देर बाद वह गोलियों से बिंधा पड़ा था लेकिन लाश उठा कर चेंबूर के अतुर पार्क में फेंकी गयी। इसके बाद अधिकारी पहुँचे। कहानी वही कि सूचना मिली...रमा आया...समर्पण को ललकारा...उसने गोली चलाई...आत्मरक्षा में पुलिस ने गोली चलाई...वह गिरा...अस्पताल ले गये...भर्ती के पहले मृत घोषित। पुलिस ने ऐसा

क्यों किया? जाहिरा तौर पर एक मेडल, एक पदोन्नति, एक वेतन वृद्धि, प्रचार और ढेर सारे 'बाहरी' धन की ख़ातिर। यह कितना सच है, कहना मुहाल है। भूमिगत संसार में बातों का अन्त नहीं।

कालिया का काल

एसीपी अनिल तलपदे मुठभेड़ में खासी शोहरत रखते हैं। अब तक 8 गुंडों को गोलियों का निशाना बना चुके हैं। इनमें से एक एन्थोनी कालिया हैं। एन्थोनी मुठभेड़ को लेकर पर्दे के पीछे की कहानी कुछ यूँ कही जाती है कि दुबई निवासी तस्कर मोहम्मद डोसा से एन्थोनी ने सार्वजनिक रूप से बदतमीजी की। उसका सिर मुंडवा दिया। इससे डोसा के मन में प्रतिशोध के बीज पड़ गये। वह मौक़ा तलाशने लगा कि कब एन्थोनी को ठिकाने लगा पाता है। बताते हैं कि डोसा ने एन्थोनी को ख़त्म करवाया था।

ऑपरेशन माया डोलस

सन् 1994 का लोखंडवाला में हुआ, 'आपरेशन माया डोलस' आज भी हज़ारों की आँखों और लाखों की स्मृतियों में ताज़ा है। कई घंटों तक चली मुठभेड़ में डी-कम्पनी के ख़तरनाक गुंडों, माया डोलस तथा दिलीप बावा, को पुलिस ने मार गिराया। यह अपनी तरह की अनोखी, मुंबई पुलिस की सबसे साहसिक व लम्बे वक्त तक चली कार्रवाई थी। पूरी कार्रवाई आईपीएस एए ख़ान की अगुवाई में हुई थी। श्री ख़ान इंस्पेक्टर जनरल पद से स्वैच्छिक सेवा निवृत्ति हासिल कर चुके हैं। तब ये आरोप भी लगे कि कार्रवाई दाऊद के कहने पर हुई थी।

इतना ही नहीं डोलस के पास मौजूद 70 लाख रुपयों की बरामदगी न होना भी हंगामे का विषय बना। काली दुनिया में आम था कि रकम पुलिस को दाऊद ने बतौर इनाम बख्श दी। तब तमाम अफ़सरों ने इसका एक सुर में खंडन किया था।

सबके मन में सदा एक सवाल आता है कि माया डोलस तो दाऊद का आदमी था, फिर यह क्यों हुआ? दरअसल दाऊद देख रहा था कि डोलस का क़द काफ़ी ऊँचा हो चला है। वह पहुँच से ऊपर जा निकले, इसके पहले उसे दबा देने में ही दाऊद ने भलाई समझी। एक बार माया डोलस ने दाऊद के साथ कुछ जुबानदराजी कर ली थी। माया डोलस ने एक-एक बड़े बिल्डर से हफ्ता माँगा। वह बिल्डर एक बड़े कांग्रेसी नेता और महाराष्ट्र के मुख्यमन्त्री रह चुके राजनेता का बेहद खास था। इस बिल्डर ने नेता के सामने गुहार लगाई कि माया डोलस ने करोड़ों रुपये का हफ्ता माँगा है। राजनेता ने दाऊद को फ़ोन लगा कर बताया।

दाऊद ने माया डोलस से कहा कि वह बिल्डर से हफ्ता न ले। वह अपने खास आदमी का खासमखास है। माया डोलस ने इस पर दाऊद को जवाब दिया कि वह तो दुबई में बैठा है। यहाँ मुंबई में रह कर वो काम करता है। वो अगर इस तरह बिल्डरों को हफ्ता माफ करने लगा तो उसकी धमक खत्म हो जायेगी। वह बिल्डर से हफ्ता लेगा। बस, दाऊद को नाराज होना ही था। वह ना सुनने का तो आदी था ही नहीं।

इसके बाद क्या था, गोपाल राजवानी ने माया डोलस के लोखंडवाला के अड्डे में होने की सूचना पुलिस को दे दी...और जो कुछ भी हुआ, उसे सारी दुनिया ने देखा। यही वो मशहूर मुठभेड़ थी, जिस पर शूटआऊट एट वडाला नामक फ़िल्म भी बनी थी।

माया की मौत!

एनएम जोशी मार्ग पर पुलिस की हफ्तावसूली शाखा तथा एसओएस अधिकारियों ने 16 अगस्त 1996 की दोपहर नाटकीय मुठभेड़ में गवली गिरोह के दो मज़बूत स्तम्भों को ढहाया। चन्द्रशेखर मिराशी उर्फ़ शेखर माया (35) गिरोह में पद की दृष्टि से तीसरा था। उसके साथ मारा गया सुरेश यंदे (32) गिरोह के सबसे ख़तरनाक 6 शूटरों में से एक था। शेखर बेहद क्रूर हत्यारा और पक्का निशानेबाज था।

इनकी मौत को लेकर भूमिगत संसार और पुलिस, दोनों यह बात कहते हैं कि मुठभेड़ फ़र्जी या पूर्व निर्धारित न थी। अपराध शाखा के तत्कालीन मुखिया श्री शर्मा कहते हैं—'ये आरोप बिल्कुल बेबुनियाद हैं कि मुठभेड़ फ़र्जी थी। हमें क्या अपने शरीर पर गोलियाँ खाने में मज़ा आता है? गुंडों के पास अत्याधुनिक हथियार हैं तो उन्हें पकड़ने गये दल को निहत्था नहीं भेजा जा सकता। गुंडे अत्याधुनिक हथियारों से पुलिस पर हमला करें तो भला हम उन्हें कैसे बख्श देंगे? विलेपार्ले में आमने-सामने की झड़प में बैंक डकैतों ने गोली चला कर मेरे बहादुर जवान को घायल किया। वह कई दिनों तक मौत से जूझता रहा।'

श्री शर्मा के चेहरे पर हैरानी के साथ क्रोध का सम्मिलित भाव था। वे कहते हैं—'यंदे-मिराशी मुठभेड़ में मेरा एक अधिकारी बाल-बाल बचा। मिराशी ने उसकी ठोड़ी के नीचे यहाँ (पिस्तौल की तरह अपनी अँगुली को बना कर वे गले व ठोड़ी के नीचे लगा कर बताते हैं) लगा दी। गनीमत है गोली नहीं चली। इतना होने पर भी वह हिम्मती अफ़सर अन्धेरी गली में अकेला गुंडों के पीछे घुसा। मिराशी की चलाई गोली उसके हाथ में लगी। उसने ऐसा क्यों किया? वह क्यों अपनी जान देने पर आमादा था?'

इसके उलट सुरेश की पत्नी माया यंदे का आरोप है कि सादे कपड़ों और मैकेनिक-टैक्सी चालकों के बहुरूप वाले कुछ पुलिसकर्मियों ने सुरेश को लक्ष्मी निवास इमारत स्थित धर दबोचा और ठीक उसी की आँखों के आगे, उसके पति को गोलियों से भून दिया।

बड़े भाई गणपत यंदे के मुताबिक़ सुरेश तब संगम लांड्री का कामकाज देखता था। वह डेढ़ से 2 बजे के बीच खाना खाने घर आता था। उस दिन देर तक नहीं आया तो माया व एक पड़ोसी उसे देखने लांड्री तक गये। लांड्री से यंदे का घर 'मंदार निकेतन' मात्र सौ गज दूर है।

माया कहती हैं कि अपने पति को बन्दूकधारियों की गिरफ्त में देख उसने वहाँ पहुँच कर बीच-बचाव किया लेकिन 'उन लोगों ने मुझे धक्का देकर हटा दिया।' एक प्रत्यक्षदर्शी कहता है कि एक व्यक्ति को सादे कपड़े पहने कुछ लोगों ने सड़क पर पकड़ा और अन्दर ले गये। बाद में दो लाशें निकलीं। पहले वाले (यंदे) को पकड़ते मैंने देखा था लेकिन दूसरे वाले (मिराशी) को पकड़ते नहीं देखा था।

कई प्रत्यक्षदर्शी हालाँकि इस बात से ठीक-ठीक सहमत नहीं। एक के मुताबिक़ उनके दिखते ही एक व्यक्ति ने आवाज़ लगाई—'तुझी आई ची...' और गोलियाँ चलाते उनकी तरफ़ दौड़ा।

उधर शेखर मामा की बहन शशिकला मिराशी भी मौक़े पर जा पहुँची थी। वह स्तब्ध खड़ी रह गयी। उसने कहा, 'मेरे भाई ने पुलिसवालों को कुछ किया नहीं था। उन्होंने गोली मार कर उसे ख़त्म क्यों किया?' शेखर की भाभी के मुताबिक़ पुलिस ने उसे पकड़ कर लक्ष्मी निवास के अन्दर पहुँचाया, फिर गोली मारी।

इनसे अलग डी-कम्पनी से जुड़ा एक व्यक्ति वहीं से गुजर रहा था। उसने देखा कि पुलिस बहुरूप में खड़े हैं और अचानक टैक्सी से उतरे दो लोगों का पीछा करते एक इमारत में जा घुसे। कुछ देर में वहाँ गोलियाँ चलने की आवाज़ें आने लगीं। यहाँ से वो सरपट भागा। बाद में उसने कहा—'मेरे कूं लगता था एनकाउंटर हमेशाईच्च लफड़े वाला होता है...आज देका तो भाई एक़दम सईच लगा...मेरे कूं लगा मेरे कूं नेंईं उड़ाके नीचे बिछा दें वो लोक। अपुन तो कल्टी कर लिया बाबा उदर से।'

सलीम रहमान खान उर्फ़ सलीम हड्डी की मुठभेड़

19 नवम्बर 1996। दाऊद गिरोह से सिपहसालार और सुपारी हत्यारे सलीम हड्डी को मुंबई पुलिस, अपराध शाखा (इकाई तीन) ने एक मुठभेड़ में आज शाम साढ़े चार बजे अन्धेरी (प.) के मिल्लत नगर इलाके में मार गिराया। अपराध शाखा

के तत्कालीन संयुक्त पुलिस आयुक्त रंजीत सिंह शर्मा ने पत्रकारों को बताया कि सलीम के बारे में अपराध शाखा के जाँच दल को सूचना मिली थी कि वह मध्यप्रदेश के इन्दौर शहर में छुपा है। उसे गिरफ़्तार करने के लिए एक दस्ता इन्दौर गया था। इस दस्ते से 18 नवम्बर को सूचना टेलिफ़ोन पर मिली थी कि सलीम तो मुंबई में ही छुपा है। पुलिस दस्ते ने रात से ही पूरे लोखंडवाला-ओशिवरा क्षेत्र में सलीम को पकड़ने के लिए जाल बिछाए रखा था।

पुलिस का दावा था कि इकाई तीन के एक अधिकारी ने देखा कि सलीम सामने से आ रहा है। वह सलीम को पहचानता था। जब तक वह इंस्पेक्टर अपने सहकर्मियों को सूचित कर पाता, तब तक सलीम ने भी उस इंस्पेक्टर को पहचान लिया। सलीम ने तुरन्त पिस्तौल निकाल कर पुलिस पर तीन गोलियाँ चलाईं। सलीम को पुलिस की जवाबी गोलीबारी में चार गोलियाँ लगीं। वह ज़मीन पर गिर पड़ा। पुलिसकर्मियों ने उसे तुरन्त उठा कर इलाज के लिए कूपर अस्पताल भेजा। डॉक्टरों ने सलीम को बचाने के प्रयास किये लेकिन वह नहीं बचा।

पुलिस का दावा है कि इन्दौर गये पुलिस दल ने उसके फ़्लैट के दोनों कमरों का ताला तोड़ा, जिन्हें सलीम रहमान खान उर्फ़ सलीम हड्डी ने किराये पर ले रखा था। वहाँ छानबीन में कुछ ऐसी जानकारी मिली कि सलीम मिल्लत नगर पहुँच रहा है। अबू सालेम और छोटा शकील के विश्वस्त सहयोगी सलीम की मुठभेड़ में मौत से दाऊद गिरोह को बड़ा झटका लगा था। सूत्रों के मुताबिक पुलिस को सलीम की सूचना एक विरोधी गिरोह के खबरियों ने दी थी।

सलीम हड्डी पर जुहू में बिल्डर प्रदीप जैन (मार्च 1995 में) की हत्या, जुहू में केल्विन कोयलो (अक्टूबर 1994 में) की हत्या, सांताक्रुज में सैयद मुगल की (जुलाई 1994 में) हत्या, फ़िल्म निर्माता जावेद सिद्दीक़ी (जून 94 में) वरसोवा में हत्या के मामले दर्ज़ तो थे ही, फ़िरोज खान (महाभारत टीवी शृंखला में अर्जुन की भूमिका अदा करने वाले अदाकार) पर जुलाई 94 में तथा होटल मुग़ल महल के व्यवस्थापक पर जुलाई 1994 में हत्या के प्रयास के मामले दर्ज़ थे।

कुकरेजा हत्याकांड के बाद पुलिस ने उसका सुराग़ पाकर पीछा किया था। पुलिस का दावा है कि हत्या के बाद सलीम गोवंडी स्थित एक गैरेज में कार तथा हथियार छोड़ कर भाग निकला था। यह गैरेज वही है, जिसमें सलीम बतौर मैकेनिक काम करता था।

इस मामले में एक तथ्य तब तक मुंबई पुलिस अधिकारियों को पता न था कि इस लेखक को सलीम हड्डी की मुठभेड़ से एक दिन पहले ही इन्दौर के दस्ते द्वारा उसकी पत्नी और दो बच्चों के सामने ही उठा कर लाने की सूचना मिल चुकी

थी। इस लेखक ने तत्कालीन एसपी इन्दौर से इसकी पुष्टि भी की थी। एसपी इन्दौर ने बताया था कि सफेद कपड़े पहने दुबले-पतले एक आरोपी को इन्दौर से पकड़ कर मुंबई पुलिस की अपराध शाखा का एक दस्ता उनके पास लाया था। उसे लेकर ये अधिकारी दो टाटा सूमो में बैठ कर मुंबई रवाना हो गये थे।

सलीम हड्डी को इन्दौर से मुंबई लाकर नकली मुठभेड़ में मार गिराने के बारे में जब और जानकारी जुटाई तो ऑफ मिल्लत नगर रोड की तरफ जिन इमारतों के फ़्लैटों की खिड़कियाँ खुलती हैं, उनके काफ़ी सारे निवासियों ने देखा था कि पुलिस अधिकारियों ने सलीम हड्डी को दिनदहाड़े जीप से निकाल और गोली मार दी थी। उनके बयानों के आधार पर यह ख़बर अगले दिन इंडियन एक्सप्रेस समूह अंग्रेज़ी, हिन्दी, मराठी और गुजराती भाषा के सभी अख़बारों में प्रमुखता से प्रकाशित हुई थी।

इस ख़बर के शाया होने के बाद राज्य मानवाधिकार आयोग ने फ़र्जी मुठभेड़ मामले की जाँच की। इस मामले में लेखक का बयान भी राज्य पुलिस मुख्यालय की दूसरी मंज़िल पर स्थित राज्य मानवाधिकार आयोग के दफ़्तर में बुला कर बयान लिया था। जब पुलिस अधिकारियों ने इस बयान की प्रति उपलब्ध करवाने से इनकार कर दिया तो लेखक ने इस पर हस्ताक्षर करने से इनकार कर दिया था। उसी समय लेखक ने पहली मंज़िल पर तत्कालीन पुलिस निदेशक को बयान न देने सम्बन्धी शिकायत भी कर दी थी।

जैसा कि होना था, राज्य मानवाधिकार आयोग ने पूरे मामले में लीपापोती की। किसी भी सही गवाह के बयान दर्ज़ नहीं किये। अन्ततः सभी पुलिसकर्मी सलीम हड्डी की फ़र्जी मुठभेड़ से बचने में कामयाब हो गये।

ओमी का अन्त

अमर नाईक की मौत के साल भर पहले ओमप्रकाश भारद्वाज उर्फ़ ओमी भी पुलिस मुठभेड़ में मारा गया था। ठाणे के आशीर्वाद बीयर बार की बारबाला पूनम से शादी कर पिता बन चुका नाईक गिरोह का शूटर पुलिस गोलियों का शिकार बना, तब सबने सहज मान लिया कि उसे पुलिस ने वाकई मारा होगा।

आश्चर्यजनक मानी गयी नाना कम्पनी के गुंडे भूपेन्द्र कांबले (30) की मुठभेड़ में मौत। चेंबूर के तिलक नगर इलाके में मारा गया भूपेन्द्र हफ्ताखोरी में माहिर था। वह मौत के कुछ समय पहले तक ठाणे जेल में बन्द था। वह जेल से जेजे अस्पताल नियमित रूप से जाता था। कारण? वह एड्स रोगी था। वह चाहता था कि अपने अन्तिम दिन सुरक्षित और शान्ति से बिताये लेकिन पुलिस

ने उसकी कामना पूरी न होने दी। उसे पहले ही मार गिराया। कहने की बात यही थी कि वह हफ्तावसूली के लिए आया था, पकड़ने की कोशिश में पुलिस पर हमला किया, जवाबी कार्रवाई में मारा गया।

सदा की सनसनी

गवली के सेनापति सदा पावले और सिपहसालार विजय तांडेल मुठभेड़ मामला कम विवादास्पद न रहा। इसमें पुलिस पर खुला आरोप लगा कि सदा-विजय को कार में जाते उनके परिवार वालों के साथ पकड़ा और एकान्त में गोलियों से उड़ा दिया। इस मामले में बलदेव सिंह नामक मध्य रेलवे का टीसी था जो पुलिस और अपराधियों के दबाव में कम से कम पाँच बार बयान बदलने को मजबूर हो गया। मामला पेचीदा हो गया और नतीजा सिफर। कुल मिलाकर यही होगा कि निचली अदालत में पुलिस या गिरोहबाज के रिश्तेदारों में कोई भी हारता है तो मामला हाईकोर्ट में जायेगा, यह आगे भी अदालती लड़ाई में वकीलों की जेब भरता रहेगा...

मुठभेड़ के ऐसे कई मामले हो चुके हैं जो पुलिस के लिए गले की फाँस बने हुए हैं। अधिकारी अभी भी मुठभेड़ों में हाथ डालने से नहीं डरते हैं। उनके कुछ शूटर हैं जो एक से पाँच दर्जन तक अपराधियों को मार चुके हैं। उनका काम अभी भी जारी है...आगे भी रहेगा।

फावड़ा की फाँस

पुलिस ने मुठभेड़ों के कारण कोई कम परेशानियाँ नहीं उठायी हैं। जावेद फावड़ा का मामला अदालत में पहुँचा और लोगों ने साबित किया वह युवक एक मासूम मूँगफली विक्रेता था। पुलिस कहती है कि वह डी-कम्पनी का हफ्ताखोर था। इसमें इं. वसन्त ढोबले को सज़ा हो गयी। हाईकोर्ट में अपील की, मामले की सुनवाई चली और अन्ततः कहा गया कि फावड़ा और अबू सायमा एक ही व्यक्ति थे और मुठभेड़ गलत नहीं थी।

इस मामले में दरअसल समाजवादी पार्टी के एक वरिष्ठ नेता का स्वार्थ था। उसने पहले भी इं. ढोबले को हवालात में हुई एक मौत के सिलसिले में फँसाने के लिए हत्प्राण की बेवा के जरिए अदालत में घसीटा था लेकिन यह अधिकारी हाईकोर्ट में जीत गया था। इस पर वह नेता हताश हो गया था। जब फावड़ा मामला हाथ लगा तो फिर इं. ढोबले के पीछे पड़ गया। बताते हैं कि इसी नेता ने जावेद की बहन को माली इमदाद दी और क़ानूनी सलाहकार मुहैया करवाये। जब निचली अदालत में मामला हार गया तो उसने हाईकोर्ट में अपील करवाई।

मानवाधिकार कार्यकर्ताओं का सवाल है कि जब जावेद का काम डी-कम्पनी के लिए हफ्तावसूली करना था तो वह मूँगफली क्यों बेचता था? पुलिस कहती है कि वह आवरण रहा होगा। अपराधी हमेशा किसी छद्‌म आवरण में काम करते हैं।

राष्ट्रीय मानवाधिकार आयोग (एनएचआरसी) ने फ़र्जी मुठभेड़ की जाँच कर रहे आयोग को बताया कि सायमा उर्फ़ फावड़ा जिस मुठभेड़ में मारा गया, वह फ़र्जी, पूर्व नियोजित और साजिश के तहत की गयी थी। पुलिस ने मानवाधिकारों का उल्लंघन किया है। एनएचआरसी को जबसे फ़र्जी मुठभेड़ की शिकायतें मिलनी शुरू हुई हैं, तबसे उसने काफ़ी सक्रिय भूमिका निभाई है।

सितम्बर 1998 में वह रपट आ गयी, जिसका सबको बेसब्री से इन्तजार था। यह रपट मुख्य सत्र न्यायाधीश एसएस अगुईयार की फ़र्जी मुठभेड़ कांड पर की जाँच के सम्बन्ध में थी। पुलिस में मुख्य सत्र न्यायाधीश एसएस अगुईयार की फ़र्जी मुठभेड़ कांड जाँच रपट के निर्देशों को लेकर हताशा दिखाई दी लेकिन मनोबल टूटा हुआ न दिखा। अधिकारी अपने मामले को अधिक सुदृढ़ बनाने के लिए नयी रणनीति बनाने लगे। वे अदालत में साबित करेंगे कि मारे गये गुंडे ख़तरनाक हत्यारे थे। पुलिसकर्मी वक्त पर हथियार इस्तेमाल न करते तो उनकी जान को ख़तरा था।

तत्कालीन पुलिस उपायुक्त (ज़ोन-7) केएल प्रसाद कहते थे, 'इस रपट से पुलिसकर्मियों का मनोबल टूटेगा। हम हाईकोर्ट में साबित करेंगे कि मुठभेड़ मामले में हम किसी तरह गलत नहीं हैं।' वे पहले अपराध शाखा के उपायुक्त थे। उनके समय में सबसे अधिक मुठभेड़ें हुई थीं। वे कहते हैं, 'अगर हाईकोर्ट का फ़ैसला हमारे ख़िलाफ़ जाता है तो पुलिसकर्मी किसी ख़तरनाक गिरोहबाज या गुंडे को गिरफ़्तार करने से पहले दो बार सोचेंगे।'

अपराध शाखा के तत्कालीन प्रभारी संयुक्त पुलिस आयुक्त डी. शिवानन्दन ने कहा कि इतना तय है कि मारे गये गुंडे थे। वे कहते हैं, 'हम इसे अदालत में साबित करेंगे। पुलिसकर्मी अपना कर्तव्य निभाते हुए आत्मरक्षा में गोली चलाते हैं तो यह उनका हक है।'

पुलिस उपायुक्त (अपराध) परमबीर सिंह जब (ज़ोन-2) के प्रभारी थे, उनकी सदारत में सदा-विजय मुठभेड़ में सफाया हुआ। वे इससे बिल्कुल परेशान नहीं हुए कि रपट में पुलिस के ख़िलाफ़ टिप्पणी हैं। वे कहते हैं, 'यह सिर्फ़ जाँच रपट है, फ़ैसला नहीं। हम अपना पक्ष हाईकोर्ट में साबित करेंगे, जब वहाँ मामले की असली सुनवाई होगी।' यह तेजतर्रार अधिकारी कहता है, '...अगर गुंडे हमला करेंगे तो हम भी कर्तव्य से बँधे हैं, हमें प्रति हमला करना ही होगा। हमें हाईकोर्ट

से न्याय अवश्य मिलेगा।'

एक अधिकारी ने कहा कि श्री अगुईयार ने पुलिस बल की विश्वसनीयता पर सवालिया निशान लगाया कि सदा-विजय कितने ख़तरनाक गुंडे थे, यह बात पुलिस साबित नहीं कर पायी। वे कहते हैं, 'श्री अगुईयार ने यह जानकारी माँगी ही नहीं थी। मारे गये गुंडे का आपराधिक इतिहास हमारे पास है। वे चाहते तो यह उन्हें ज़रूर मुहैया करते।'

पूर्व पुलिस प्रमुख आरडी त्यागी ने प्रतिक्रिया दी कि रपट पुलिस के पक्ष में है क्योंकि इसमें पुलिसकर्मियों को मुठभेड़ में मारे गुंडों की हत्या का दोषी नहीं ठहराया है। सेवानिवृत्त महानिदेशक, एससी राज्य प्रमुख श्री पार्थसारथी के मुताबिक़ अदालत को यह महसूस हुआ है कि पुलिस का कहना सच नहीं हो सकता लेकिन यह बात रपट में स्पष्ट तौर पर नहीं दर्शाई गयी है। वे मानते हैं कि सायमा की गलत पहचान का मामला जाँच का विषय हो सकता है।

इसके साथ ही पुलिस को सरकार का समर्थन भी मिला। तत्कालीन गृह राज्य मन्त्री गजानन कीर्तिकर ने कहा कि पुलिस ने गुंडों के ख़िलाफ़ हथियार उठा कर कोई गलती नहीं की। पुलिस बचाव में आइन्दा भी गुंडों को मारने के लिए स्वतन्त्र है। उन्होंने अधिकारियों और कर्मचारियों को साफ़ सन्देश दिया कि रपट से न घबराएँ और ज़रूरत पड़ने पर गुंडों को मार गिराएँ।

24 फरवरी 1999 को फावड़ा और सदा-विजय फ़र्जी मुठभेड़ मामलों में मुंबई हाईकोर्ट ने निर्णय दिया और दोनों मुठभेड़ों को सही ठहराया। हाईकोर्ट जस्टिस एन. अरमुगम और जस्टिस रंजना सामन्त-देसाई खंडपीठ ने फ़र्जी मुठभेड़ सुनवाई के तीसरे दिन फ़ैसला सुनाया और उन्हें सही करार दिया। हाईकोर्ट के आदेश को सुन कर परमबीर सिंह ने अदालत परिसर में कहा, 'इस फैसले से हम बेहद खुश हैं। हम जो कह रहे थे वह सच साबित हुआ।' इस मौक़े पर श्री सिंह के अलावा पुलिस के निशानेबाज इं. विजय सालस्कर मौजूद थे। दोनों ने मिल कर 1997 और 1998 में पचासों गुंडों को मारा था।

पुलिस का मनोबल फिर ऊँचा हो गया। फिर गुंडों के पीछे पुलिस पड़ गयी। फिर सड़कों पर रक्त बहाने वालों का खून अँधियाली सड़कों पर बहने लगा। मुंबई में फिर गुंडों के बीच भगदड़ मच गयी। जैसे माफिया के कारण कोई ख़ुद को सुरक्षित महसूस नहीं करता था, गुंडे भी अब एक बार फिर असुरक्षित महसूस करने लगे। ऐसे में और कई बड़े गुंडों को पुलिस ने मार गिराया तो ताज्जुब की क्या बात है।

डीके राव + 4

उस दिन पत्रकारों की टोली प्रेस क्लब जा रही थी। योजना थी कि आज, जो हमारे लिए किसी कारणवश खास था, ख़ूब खाना-पीना और मस्ती होगी। लेकिन उस 11 नवम्बर 1998 को किस्मत में (हमेशा की तरह) मज़े मारना नहीं लिखा था। शाम को एक अधिकारी का फ़ोन मिला कि राजन गिरोह के चार गुंडों को अपराध शाखा-इकाई 10 ने दादर में मार गिराया है। मुठभेड़ में जिन्हें गोली मारी है, उनमें राजन के सबसे ख़तरनाक हत्यारा व हफ्ताखोर डीके राव भी है। उसकी मौत नहीं हुई। पुलिस ने गुंडों से नौ मिमी की तीन अत्याधुनिक विदेशी पिस्तौलें बरामद कीं। तत्कालीन डीसीपी (अपराध) परमबीर सिंह के मुताबिक़ मृत गुंडों के नाम रवि पुजारी, विपिन खंडपाल, शेट्टी और राजा गोरे हैं। उनके मुताबिक़ डीके राव उर्फ़ आकाश राव के सीने में गोलियाँ लगी हैं।

पुलिस को सूचना मिली कि नाना कम्पनी के गुंडे मुंबई सेंट्रल की आर्थर रोड जेल में स्थित मुंबई बमकांड विशेष अदालत से बाहर आने वाले एक बमकांड आरोपी की हत्या के इरादे से आयेंगे। सूचना लगभग तीन बजे मिली। तुरन्त एक मारुति वैन, मारुति ज़ेन, मारुति 800 कार और एक मोटर साइकिल पर अधिकारियों के कई दस्ते घेराबन्दी के लिए महालक्ष्मी पहुँचे। इन दस्तों में इकाई-10 के प्रभारी वरिष्ठ पुलिस इंस्पेक्टर अंबादास पोटे, इं. विलास गंगावणे, श्री वावल, श्री ताडलगाँवकर, सुनील देशमुख, राजन घुले, राजू पिल्ले, श्री पीरजादे, हवलदार आल्हाद गायकवाड, कांस्टेबल श्री राणे और डब्ल्यूपीसी उमा राव थे। उन्होंने गुंडों के आने के सम्भावित रास्तों और विभिन्न इलाकों में निगाहबीनी शुरू की।

महालक्ष्मी स्टेशन के पास सात रस्ता पर सफेद मारुति 1000 कार में बैठे डीके व गुंडे एक दस्ते को दिखे। पीछा करते तमाम दस्तों को कार का घेराव करने के निर्देश वायरलेस पर मिलने लगे। पीछा करने वाले अधिकारियों ने गुंडों की कार दादर (पू) के गोखले रोड पर स्थित झंडू फार्मास्यूटिकल कारखाने के मुख्य दरवाजे के सामने शाम लगभग 6 बजे घेर ली और गुंडों को मार गिराया। लेकिन चमत्कार हो गया। पहले से ही एक मुठभेड़ में ज़िन्दा बचा डीके अपने शरीर में चार गोलियाँ लेकर जी रहा था। इस बार फिर वह अस्पताल में ज़िन्दा हो गया। अब फिर उसके शरीर में पाँच गोलियाँ बची रह गयी हैं। डॉक्टर ये गोलियाँ निकाल न सके।

पुरुषोत्तम मुठभेड़ गले की हड्डी

जून 1998 में मीरा रोड में एक मुठभेड़ पुलिस के लिए गले की हड्डी बन गयी।

सुभाष ठाकुर गिरोह के कथित गुंडे पुरुषोत्तम कोटियन (27) मुठभेड़ में उसके परिवार ने रिट याचिका लगाने का निर्णय जो ले लिया। परिवार का दावा था कि कोटियन एक व्यापारी है और उसे पुलिस ने गलत शिनाख़्त के चलते मार गिराया।

4 जून 1998 की शाम 4.30 बजे, ठाणे ग्रामीण पुलिस के तत्कालीन प्रभारी एसपी अशोक कामटे की मौजूदगी में एक युवक को पुलिस ने मारा। श्री कामटे ने बताया कि सुभाष ठाकुर गिरोह के हफ्ताखोर को मारा है। अचानक पुलिस ने मुँह सिल लिया। इस बारे में सवालों के जवाब मिलने बन्द हो गये। पुलिस ने तीन दिन तक मृत गुंडे की शिनाख़्त नहीं की। किसी अख़बार को नहीं बताया कि उसका नाम क्या है।

कोटियन परिवार के वकील ओपी तिवारी ने कहा कि पुलिस एफआरआई में सिर्फ़ इतना लिखा है कि सुभाष ठाकुर गिरोह का गुंडा हफ्तावसूली करने आयेगा। यह रपट अमजद अली ख़ान नामक बिल्डर ने लिखाई थी। रपट में न तो आने वाले हफ्ताखोर का नाम था और न उसका हुलिया। वे कहते हैं कि किस आधार पर पुलिस ने कोटियन को मारा, यह कहीं भी स्पष्ट नहीं होता है। श्री तिवारी मानते हैं कि पुलिस ने गलत शिनाख़्त के कारण एक व्यापारी की मुठभेड़ के नाम पर हत्या की। वे बताते हैं कि कोटियन से बरामद रकम उसकी थी, जबकि रिवाल्वर पुलिस ने 'प्लांट' किया।

सूत्रों के मुताबिक़ पुलिस ने तीन दिनों तक पुरुषोत्तम के परिवार को शव भी नहीं दिया। अपने छोटे भाई के साथ पुरुषोत्तम कांदिवली की शंकर लेन में रहता था। वह कांदिवली में सम्पत्ति ख़रीद-फरोख़्त का कारोबार करता था, जिसमें एक भागीदार रोनी मनेजेंस भी है। पुरुषोत्तम की 60 वर्षीया माँ बंगलूर में रहती हैं। बेटे की मौत का अविश्वसनीय समाचार जानने के बाद बदहाल माँ मुंबई आयी।

मंगलूर के मूल निवासी पुरुषोत्तम की सगाई 24 मई को स्थानीय युवती से हुई थी। बताते हैं कि जिस दिन पुरुषोत्तम की कथित मुठभेड़ में हुई, उसी दिन वह सम्पत्ति का एक सौदा मौत के घंटे भर पहले किया था। पुलिस को प्लास्टिक की थैली में भरी 75 हज़ार की जो नगदी मिली, वह इसी सौदे की थी।

कांदिवली में पुरुषोत्तम को जानने वाले बताते हैं कि वह एक एस्टेट एजेंट था और उसके ख़िलाफ़ कहीं पुलिस रपट दर्ज़ नहीं है। बताते हैं कि पुरुषोत्तम के भाई को 5 जून को सूचना किसी विजय नामक व्यक्ति ने दी कि उसका भाई ठाणे सिविल अस्पताल में भर्ती है। जब वह पुरुषोत्तम का हालचाल जानने अस्पताल पहुँचा तो उसे शव मिला। यह विजय कौन है, इस बारे में सन्देह बना रहा। सूत्रों के मुताबिक़ किसी पुलिसकर्मी ने फ़र्जी नाम से उसे सूचना दी। जब

कथित विजय के पास पुरुषोत्तम का नम्बर था, तो पुलिस ने क्यों उसके घर सूचना देने की कोशिश नहीं की?

कोटियन परिवार का कहना है कि पुरुषोत्तम हमेशा जेब में विजिटिंग कार्ड रखता था। इसे लेकर सवाल उठा कि पुलिस क्यों तीन दिन तक कोटियन की शिनाख़्त नहीं कर पायी? पुलिस ने उससे जो 32 कैलीबर की स्मिथ एंड वैसन रिवाल्वर बरामद की, उसके बारे में परिवार ने अनभिज्ञता ज़ाहिर की। उसे जानने वाले कहते हैं कि उसके पास कभी रिवाल्वर या हथियार नहीं देखा गया। यह सवाल उठा कि जब पुलिस के पास पुख़्ता सबूत हैं कि मृत युवक सुभाष गिरोह से ताल्लुक रखता है, तो क्यों उसके बारे में निश्चित सूचना मुहैया नहीं करवाई जाती?

पुरुषोत्तम मुठभेड़ में मुंबई पुलिस के डीआईजी स्तर के अधिकारी से उसी दिन बात हुई तो वे कहने लगे कि इस ख़बर को न छापें। उनका तर्क था कि ख़बर प्रकाशित होने से मुठभेड़ में शामिल तमाम पुलिसकर्मी निलम्बित हो जायेंगे। उनके बीवी-बच्चे भूखे मरने लगेंगे। सवाल उठा कि क्या पुरुषोत्तम की माँ के आँसुओं की कोई कीमत नहीं, जिसका आसरा वह बेटा था? वह लड़की क्या करेगी जो सुहागन होने से पहले विधवा हो गयी? यह गनीमत थी कि सिर्फ़ सगाई हुई थी, यदि विवाह के दो-चार दिन हुए होते और पुलिस यह क्रूर कारनामा कर गुजरती तो लड़की का क्या होता? एक भारतीय नागरिक के मानवाधिकार के बारे में पुलिस क्यों नहीं सोच पाती है? एक निर्दोष की जान लेने के बाद कहते हैं कि 'छोटी सी भूल' की सज़ा इतनी बड़ी नहीं होनी चाहिए।

सच तो यह है कि जिन अधिकारियों पर पुरुषोत्तम जैसी मुठभेड़ों का मामला है, उनके साथ एक अपराधी से भी बुरा व्यवहार होना चाहिए। यह इसलिए नहीं कहा जा रहा क्योंकि उन्होंने गलती की, दरअसल उन्हें गलतियाँ करके बचने की आदत हो ज़ाती है। उनके साथ इसीलिए अधिक कड़ाई बरतनी ज़रूरी है।

एक और फ़र्ज़ी मुठभेड़ याचिका

16 फरवरी 1999 में गिरोहबाजों और गुंडों के लिए त्वरित दंड देने वाली पुलिस की 'मुठभेड़' प्रक्रिया एक बार फिर अदालत में पहुँची। पुलिस के लिए इस बार परेशानी एयर इंडिया के सेवानिवृत्त अधिकारी विजय बहादुर उर्फ़ नारायण सिंह द्वारा अपने बेटे को फ़र्ज़ी मुठभेड़ में मारने के दावे से पैदा हुई। श्री सिंह ने दावा किया कि उनके बेटे राजेश कुमार (28) को मुंबई पुलिस ने 15 अगस्त 1998 को फ़र्ज़ी मुठभेड़ में मार गिराया। वे बताते हैं कि राजेश 10 अगस्त 1998 को रोजगार की तलाश में मुंबई गया था। पुलिस ने उसे गिरोहबाज मान कर मार दिया।

याचिका का महत्त्व इसलिए अधिक हो गया क्योंकि फ़र्जी मुठभेड़ सम्बन्धी दो याचिकाओं की सुनवाई पहले ही हाईकोर्ट जस्टिस एन. अरमुगम की खंडपीठ में लम्बित थीं। अदालत में अबू सायमा उर्फ़ जावेद फावड़ा तथा सदा मामा—विजय तांडेल मुठभेड़ों पर दायर दो अलग-अलग याचिकाओं की सुनवाई जारी थी। श्री सिंह ने राजेश फ़र्जी मुठभेड़ सम्बन्धी याचिका अपने वकील अब्बास काजमी के जरिए हाईकोर्ट में पेश की। यह याचिका भी श्री अरमुगम की अदालत में सुनवाई के लिए रखी गयी। इस मामले में श्री सिंह द्वारा महाराष्ट्र सरकार, मुंबई पुलिस आयुक्त और मानवाधिकार आयोग को अदालत में घसीटा गया।

बन्दूकें फिर गरजीं

अक्टूबर 1998 में मुंबई पुलिस ने गुंडों को ख़त्म करने की नीति पर फिर चलना शुरू कर दिया। अभी प्रधान सत्र एसएस अगुईयार की दो मुठभेड़ को लेकर छानबीन की रपट से उपजे हंगामे का गुबार थमा भी न था कि पुलिस ने मुठभेड़ कर साबित कर दिया कि उनका मनोबल न तो टूटा है, और न उसे गुंडों के ख़िलाफ़ हथियार उठाने से कोई रोक सकता है। डीसीपी परमबीर सिंह ने अपराध शाखा में आते ही नये संहारक दस्ते का सृजन किया। उसने पहली बार दक्षिण मुंबई के भीड़ भरे इलाके में मुठभेड़ कर एक गुंडे को जिस तरह गोली से उड़ाया, उससे यह स्थापित हो गया कि उन्हें अपराध जगत का सफाया करने के लिए पूरी छूट दी गयी थी। उस शाम 4 बजे परमबीर सिंह मुख्यालय में तीन वरिष्ठ अधिकारियों के साथ पत्रकारों से चर्चा कर रहे थे। वे डी-कम्पनी के गुंडों की गिरफ़्तारी पर जानकारी दे रहे थे, उसी समय उनका विशेष दस्ता चुपचाप काम पर लगा था। उन्होंने बड़ी सफाई से वाहिद को ठिकाने लगाया।

वाहिद के ख़िलाफ़ शिवाजी नगर, गोवंडी के दो पुलिसकर्मियों, श्री सावन्त और श्री भालेराव, की गोली मार कर हत्या समेत कुल 17 मामले दर्ज़ थे। उसने शिवसेना शाखा प्रमुख श्री पाटिल के घर में घुस कर चॉपर से हमला किया था। जब उनकी पत्नी और लड़की बीच में आये तो उन्हें भी चॉपर की धार पर ले लिया। तीनों बुरी तरह घायल हुए लेकिन बच गये। अधिकारियों ने सावधानी से चुन-चुन कर गुंडों को ख़त्म करना शुरू किया। पहले जैसी लापरवाही से डकैतों, छोटे-मोटे चोरों और टपोरियों को मारने की जो लहर पुलिस में थी, उसे रोका। पहले दो डीसीपी और एक संयुक्त पुलिस आयुक्त में होड़ थी कि कौन-कितने गुंडों को मारता है। इसी के नतीजे में पुलिस पर मुक़दमों की भरमार हो गयी। इस दबाव में मुठभेड़ बन्द करनी पड़ीं।

सदा पावले–विजय तांडेल मुठभेड़

वह 24 फ़रवरी 1999 का दिन था। मुंबई पुलिस के तमाम छोटे-बड़े अधिकारियों ने बड़ी ही राहत की साँस ली थी। पिछले डेढ़ साल से अधिक समय से चले आ रहे अबू सायमा उर्फ़ जावेद फावड़ा और सदा पावले उर्फ़ मामा–विजय तांडेल उर्फ़ वीटी फ़र्जी मुठभेड़ मामलों में आज मुंबई हाईकोर्ट ने निर्णय दिया। मुंबई हाईकोर्ट की जस्टिस एन अरमुगम और जस्टिस रंजना सामन्त-देसाई की खंडपीठ ने दोनों मुठभेड़ उचित मानीं।

फ़र्जी मुठभेड़ मामले की सुनवाई के तीसरे दिन यह फैसला आया। अबू सायमा को 28 अगस्त 97 को पुलिस मुठभेड़ में मारा था। उसकी मौत पर एक याचिका दायर हुई थी, जिसमें गलत शिनाख्त के कारण अबू सायमा को पुलिस द्वारा मारने के आरोप थे।

इसके कुछ समय बाद गवली गिरोह के ख़तरनाक सुपारी हत्यारों और हफ्ताखोरों सदानन्द पावले उर्फ़ सदा मामा और वीटी की मौत पुलिस मुठभेड़ में हुई थी। इसे भी बतौर फ़र्जी मुठभेड़ अदालत में चुनौती दी थी।

हाईकोर्ट ने इन मामलों की छानबीन के लिए सत्र न्यायाधीश एएस अगुईयार को निर्देश दिये थे। उन्होंने छानबीन में कहा कि पुलिस ने गलती की और दोनों मुठभेड़ फ़र्जी थीं। पुलिस अधिकारियों का यह कथ्य मान लिया कि हर बार मुठभेड़ों के दौरान आत्मरक्षा में गोलियाँ चलाईं। इसके उलट याचिकाकर्ताओं ने कहा कि अगर गुंडों ने गोलियाँ चलाई तो कोई अधिकारी कभी घायल क्यों नहीं हुआ?

हाईकोर्ट के इस आदेश के बाद मुंबई पुलिस की अपराध शाखा के तत्कालीन उपायुक्त परमबीर सिंह ने अदालत के बाहर कहा, 'इस फ़ैसले से हम बेहद खुश हैं। हम जो कह रहे थे, वह आखिरकार सच साबित हुआ।' वहाँ मुंबई पुलिस के निशानेबाज इंस्पेक्टर विजय सालस्कर भी थे। दोनों ने इस मुठभेड़ कांड से पहले दो सालों में पचासों गुंडे मारे थे।

1 अप्रैल 1998 को सदा मामा–विजय तांडेल की मुठभेड़ मामले में अदालत में दो और गवाह पूर्व में दिये बयान से मुकर गये। इससे गवली गिरोह को जहाँ भारी झटका लगा, वहीं पुलिस अधिकारियों ने राहत की साँस ली। सदा मामा के भाई आनन्द तथा उसके दोस्त बलदेव विजय सिंह की गवाही हुई। उन्होंने अदालत में कहा कि मुठभेड़ के दिन 26 सितम्बर 1997 को वे शिरडी में थे। यही बयान आनन्द की बहन हशुबाई तावडे और पत्नी अनीता ने भी अदालत में 30 मार्च 1998 को दिया था।

18 अप्रैल 1998 को, इस फ़ैसले के कई महीनों पहले सदा मामा और विजय तांडव मुठभेड़ मामले के प्रमुख गवाह बलदेव सिंह पूरी तरह पलट गया था और उसने अदालत को बताया कि वह कभी सदा पावले से नहीं मिला था। सरकारी वकील हर्षद पोंडा के सवालों का जवाब देते हुए बलदेव ने बताया था कि वह मार्च 1995 में सदा के भाई आनन्द पावले के साथ कोल्हापुर ज़िला स्थित गाँव उसकी बहन यशोदा के विवाह समारोह में शामिल होने गया था। जब विवाह की एक फोटो में दाढ़ी वाले एक व्यक्ति को दिखाया तो बलदेव ने कहा कि वह नहीं जानता है कि वह सदा पावले है या नहीं। उसे याद नहीं कि उसने दाढ़ी वाले व्यक्ति को विवाह समारोह में देखा था।

बलदेव ने कहा कि उससे सदा पावले का परिचय विवाह समारोह के दौरान नहीं करवाया था। उसने बताया कि जून 1997 में आनन्द के विवाह में वह मौजूद था। उसने एक फोटो में एक बच्चे को पहचानते हुए कहा कि वह सदा पावले का बेटा है। उसने स्वीकार किया कि वह कोल्हापुर में सदा पावले के घर और दगड़ी चाल में कई बार गया था। उसने बताया कि सदा पावले दगड़ी चाल का निवासी था।

बलदेव ने अदालत में बताया कि मुठभेड़ के समय आनन्द और हशूबाई पुलिस अधिकारियों से विनती कर रहे थे, तब वे सदा पावले का नाम नहीं ले रहे थे। वे यही कह रहे थे कि उनके भाई को छोड़ दें। वे कह रहे थे, 'माझा भाऊ ला सोडा' (मेरे भाई को छोड़ दो)। उसने बताया कि उस समय मुझे अहसास हुआ कि अजय असल में सदा पावले है क्योंकि आनन्द के एकमात्र भाई निवृत्ति पावले को वह अच्छी तरह से जानता है। बता दें कि पहले बलदेव ने बताया था कि सदा और विजय को उससे अजय और भास्कर नाम से मिलाया था।

बलदेव ने यह भी कहा कि मुठभेड़ के 10 दिनों बाद आनन्द उससे मिला था और मामले में हर अधिकारी के काम के बारे में बताया था। आनन्द ने बताया कि जिस पुलिस अधिकारी ने बलदेव पर स्टेनगन तानी थी वह शेट्ये था, जिसने आनन्द पर रिवाल्वर तानी थी वह अविनाश सावन्त था। उसने बताया कि शपथ पत्र में ये बात उसने नहीं लिखी थी।

बलदेव ने बताया कि आनन्द ने उसे अन्य अधिकारियों के नाम भी बताये। आनन्द ने यह भी बताया कि पुलिस दस्ते के मुखिया विजय सालस्कर थे। उसने बताया कि मुठभेड़ के दिन ही उसे यह पता चल गया कि इं. विजय सालस्कर ने ही सदा पावले पर गोली चलाई थी। उसने यह भी बताया कि हेमन्त देसाई ने सारी व्यवस्था की थी और जिसने विजय तांडेल के पेट में पहली गोली मारी

थी, उस पुलिसकर्मी का नाम जाधव है। ये तमाम तथ्य भी उसने शपथ पत्र में नहीं लिखे थे, यह बात भी बलदेव ने आज अदालत में स्पष्ट की।

सायमन मैनुअल उर्फ़ शानू उर्फ़ सिकन्दर मुठभेड़

22 अप्रैल 2000 की देर रात सायमन मैनुअल उर्फ़ शानू उर्फ़ सिकन्दर को मुठभेड़ में अपराध शाखा के एपी प्रदीप शर्मा व दस्ते ने मार गिराया। बोरीवली में एक वीआईपी हत्या हेतु सायमन (के) आने की ख़बर थी। बोरीवली (पू) में मागाठणे इलाके में स्पेशल स्टील कम्पनी के पास जाल बिछाया था। रिक्शे में साढ़े छह बजे सुबह सायमन आया। आत्मसमर्पण के लिए पुलिस दस्ते ने ललकारा। उसने पुलिस दस्ते पर विदेशी रिवाल्वर से गोलीबारी की। पुलिस की जवाबी गोलीबारी में वह मारा गया।

गोरेगाँव के शिवसेना शाखा प्रमुख शिवाजी चव्हाण और मालाड के पूर्व शिवसेना शाखा प्रमुख बबन सुर्वे तथा उनके साथी बजाज की 21 अप्रैल 2000 को हत्या करने वाला छोटा शकील का खास साथी था। वह एक सधा हुआ निशानची और सुपारी हत्यारा था। इसके ख़िलाफ़ हत्या, हत्या प्रयास, हफ्ताखोरी के 30 मामले थे। सायमन मुठभेड़ से कुछ दिनों पहले ही जेल से रिहा हुआ था। सायमन ने जूहू निवासी एक महिला का अपहरण कर कई लाख रुपये की फिरौती वसूली थी। जमानत पर रिहा होने के बाद उसने नया नाम सिकन्दर रखा था। सिकन्दर के नाम पर कई शिकायतें दर्ज़ हुई थीं।

राजशी मुठभेड़

27 नवम्बर 2000 को पुलिस ने फजलू गिरोह के राजशी मेहर को भरूच में घेर कर पकड़ना चाहा तो उनके बीच मुठभेड़ हुई। वह मारा गया। उसके चंगुल से फिरौती के लिए अपहृत परेश रिहा हो गया।

जावेद–जिहाद की मुठभेड़

13 फरवरी 2001 को मुंबई पुलिस की अपराध शाखा की इकाई एक के अधिकारियों ने फजलू गिरोह के जावेद और जिहाद को चर्चगेट पर एसएनडीटी कॉलेज के पास एक मुठभेड़ में गोलियों का शिकार बनाया।

बबलू की मुठभेड़

13 अक्टूबर 2001 को नागपाड़ा का निवासी और साबू सिद्दिक इंजीनियरिंग कॉलेज, भायखला में इलेक्ट्रॉनिक इंजीनियरिंग के आखिरी साल का विद्यार्थी खानजादा अब्दुल जलील उर्फ़ बबलू महज 23 साल की उम्र में मुंबई पुलिस के

पिघले सीसे का शिकार बना। पुलिस अधिकारियों की बन्दूकों के दहानों से निकले बारूद ने एक जवान जान ही नहीं लील ली, एक परिवार तबाह कर दिया। छह भाई-बहनों में बबलू दूसरा था।

पुलिस ने मुठभेड़ के बाद दावा किया कि बबलू को फ़िल्म वित्त पोषक झामू सुगन्ध, फ़िल्म निर्माता आशुतोष गोवारीकर और अभिनेता आमिर ख़ान की हत्याएँ करने का ठेका अबू सालेम गिरोह से मिला था। मुठभेड़ के पहले वह अचानक घर से ग़ायब हो गया था। उसकी गुमशुदगी की रपट भी दर्ज़ हुई थी लेकिन पुलिस ने उसे खोजने की कभी कोई कोशिश नहीं की थी। बाद में परिवार को उसकी लाश ही सौंपी।

बबलू के बारे में किसी ने कोई शिकायत पूरे मोहल्ले में की हो, ऐसी कोई रपट किसी थाने में दर्ज़ नहीं निकली। बबलू के पिता जावेद ख़ान को उस समय बड़ा झटका लगा था जब राज्य मानवाधिकार आयोग ने मुठभेड़ को सही करार देते हुए, तमाम पुलिसकर्मियों पर लगे आरोपों को खारिज कर दिया था। इससे जावेद ख़ान अन्दर से टूट गये और उन्होंने खुदा का कहर समझ कर जी कड़ा कर लिया। जावेद ख़ान कहते हैं कि उनका बेटा अबू सालेम गिरोह का सदस्य था, इसके बारे में कोई सबूत पुलिस के पास नहीं हैं, न ही ऐसे कोई सबूत राज्य मानवाधिकार आयोग में पेश किये हैं। जब इन चारों को पुलिस ने मुठभेड़ में मारा, तब आमिर ख़ान लन्दन में थे। जब इन पुलिस वालों ने मेरे बेटे को मारा तो उसकी जेब में महज 160 रुपये बरामद हुए थे। इतने बड़े गिरोह सरगना के इतने ख़तरनाक कथित शूटर की जेब में उतनी हकीर रकम कैसे?

बबलू के साथ इमरान शेख़ (22) और तनवीर ख़ान (24) की भी उसी मुठभेड़ में मौत हुई थी। वे भी बबलू के मोहल्ले में रहते थे। सभी दोस्त थे। चौथा बन्दा जो इस मुठभेड़ का शिकार बना था, उसका नाम मनोज कुमार उर्फ़ संजय सिंह था। बबलू के परिवार का दावा था कि उन्होंने कभी इसका नाम नहीं सुना था। संजय के नाम पर हालाँकि आपराधिक मामले थे लेकिन अन्य तीनों के ख़िलाफ़ कोई मामला न था। जावेद ख़ान बताते हैं कि उनका बेटा नागपाड़ा इलाके में कुछ छोटी कैंटीन चलाता था। वे कहते हैं कि बबलू के शव के फोटो तक देखने की हिम्मत नहीं हो रही थी। उसके सिर पर एक गोली लगी थी। तीन गोलियाँ सीधे सीने में उतार दी थीं।

गोट्या भी गया

14 सितम्बर 2002 की रात मंचेकर के महत्त्वपूर्ण सिपहसालार और दोस्त प्रकाश

उत्तेकर उर्फ़ गोट्या को पुलिस ने डोंबीवली में मुठभेड़ में मारा। मंचेकर को गोट्या की मौत से खासा झटका लगा। पिस्तौल से गोलियाँ दागने में माहिर गोट्या ने मुंबई व ठाणे में कई हत्याएँ की थीं। पुलिस को सूचना थी कि एक बिल्डर की हत्या के लिए गोट्या जा रहा है। पुलिस ने उसे पकड़ने के लिए डोंबीवली की पीएंडटी कालोनी के पास वेदान्त सोसायटी के आसपास घेराबन्दी की। गोट्या पहुँचा तो समर्पण के लिए ललकारा लेकिन गोलीबारी करने पर पुलिस ने गोलियाँ चलाईं। गोलीबारी में गोट्या मारा गया।

समद-अशरफ ढेर

21 फरवरी 2002 को मलाबार हिल इलाके में फजलू गिरोह के दो प्यादे एक सूचना के आधार पर पुलिस अधिकारियों ने जा घेरे, समर्पण के लिए ललकारा लेकिन उनके गोली चलाने पर आत्मरक्षा में पुलिस की चलाई गोलियों के शिकार हो गये। उनके नाम समद चाँद सैयद (27) और मो. अशरफ मो. मकसूद (27) थे। पुलिस ने दावा किया कि वे एक व्यापारी का फिरौती के लिए अपहरण करने आये थे। सूचना पाने पर वहाँ जाल बिछाया था। लाशों के पास पुलिस ने इंग्लैंड निर्मित 22 मिमी की रिवाल्वर और तीन गोलियाँ व 9 मिमी बेल्जियम निर्मित अर्धस्वचालित पिस्तौल और तीन गोलियाँ बरामद की थीं।

मुठभेड़ में गया मोहम्मद अनवर

8 मार्च 2003 की घटना है। एक विशेष पुलिस दस्ते ने तड़के दक्षिण मुंबई ताड़देव इलाके में छोटा शकील गिरोह का मोहम्मद अनवर उर्फ़ पप्पू उर्फ़ इमरान मोहम्मद हसन शेख़ से हुई मुठभेड़ में मार गिराया। पुलिस ने दावा किया कि पप्पू एक साथी समेत रात दो बजे वहाँ एक कारोबारी से हफ्तावसूली के लिए पहुँचा। पुलिस दस्ते ने उसे पहचान कर चेतावनी दी लेकिन पप्पू के गोलीबारी करने पर जवाबी हमले में वह ढेर हो गया। पप्पू का साथी कहाँ गया? हमेशा की तरह वह अँधेरे का फायदा उठा कर भागने में सफल रहा। यही तो पुलिस ने बताया था।

सुरेश मंचेकर की मुठभेड़

डेढ़ दशक तक आतंक का कारोबार कर रहे ग़िरोह सरगना सुरेश मंचेकर उर्फ़ महाराज उर्फ़ विजय भारद्वाज उर्फ़ सुशील शिंदे उर्फ़ सुभाष जाधव उर्फ़ दादा उर्फ़ बोबड्या पेंटर की पुलिस मुठभेड़ में 15 अगस्त 2003 को हुई मौत के बाद रहस्यों की कई-कई परतें खुल कर सामने आयीं। एक दशक से कर्नाटक के शहर बेलगाम को मुंबई के सबसे ख़तरनाक गिरोहबाजों में से एक सुरेश मंचेकर

ने छुपने और जीवनयापन का आसरा बनाया था। यहाँ न केवल उसने ख़ूबसूरत आशियाना खड़ा किया बल्कि ऐशो-आराम के तमाम साधन भी जुटाये थे।

अपने भव्य बंगलों में सुरेश ने कभी फ़ोन तक न लगवाये क्योंकि उसे पता था कि जिस 'शिंदे अंकल' के रूप में उसकी पहचान शहर में है, वह तो नहीं लेकिन उसका पुराना जीवन और नाम भारी गड़बड़ कर सकते हैं। न पत्नी के नाम, न बेटे विनायक के नाम पर, उसने कभी अपने घर में फ़ोन लगाने के बारे में नहीं सोचा। पुलिस अधिकारी बताते हैं कि मंचेकर के पास सदा 25 से अधिक देशी-विदेशी सिम कार्ड थे। वह इनका इस्तेमाल शिकारों को धमकाने में करता था लेकिन साथियों से बातचीत हेतु दर्जी की दुकान पर लगे एसटीडी बूथ का सहारा लेता था।

मंचेकर अपने बेटे और पत्नी राजश्री उर्फ़ मीनाक्षी के साथ बेलगाम में बतौर हापुस आम निर्यातक रहता था। राजाओं जैसी शानो-शौकत के साथ वह, कुल 70 एकड़ ज़मीन पर 20 कमरे के विशाल एवं भव्य बंगले में निवास करता था।

पुलिस के मुताबिक़ मंचेकर नियमित रूप से गोवा जाता था। बेलगाम से गोवा की दूरी महज 130 किलोमीटर है। मंचेकर वहाँ शुक्रवार को आकर किसी होटल में रहता और रविवार की शाम तक वापस लौट जाता। वह होटल से बाहर निकलता तो मोबाइल फ़ोन बन्द कर देता। अधिकारी कहते हैं कि गोवा में शनिवार-रविवार को सेल फ़ोन कम्पनियों में छुट्टी होती है, जिससे मंचेकर की धरपकड़ में काफ़ी मुश्किलों का सामना करना पड़ा। सोमवार के पहले मंचेकर के बारे में वहाँ कुछ पता नहीं चलता था, तब तक मंचेकर फिर बेलगाम जा पहुँचता था। मंचेकर को मुठभेड़ में मारने वाले तत्कालीन वरिष्ठ पुलिस इंस्पेक्टर (अपराध) ठाणे रवीन्द्र आंग्रे ने कहा था, 'किसी को पता न था कि उनके पड़ोस में रहने वाला एक्सपोर्टर दरअसल इतना बड़ा और ख़तरनाक गिरोह सरगना है।'

पता चला कि पुलिस ने सन् 2001 में मंचेकर की जानकारी हासिल करने के लिए दो मुखबिरों को गिरोह में शामिल किया लेकिन वे नाकाम रहे। इं. आंग्रे के मुताबिक़ मंचेकर के ख़िलाफ़ हत्या के 50 और हफ्तावसूली के 80 मामले दर्ज़ थे। बेलगाम पुलिस को पहले जानकारी न थी कि मंचेकर दो सालों से वहाँ डेरा जमाये था।

ऐसा न था कि सबने मंचेकर मुठभेड़ की कहानी पर भरोसा कर लिया। भले ही मुंबई मीडिया ने श्री आंग्रे की बात मान ली लेकिन दक्षिण भारतीय मीडिया ने उसे फ़र्जी करार दिया। दक्षिण भारतीय मीडिया के मुताबिक़ 'सुरेश मंचेकर का मुंबई पुलिस ने बेलगाम से अपहरण कर मुठभेड़ में मृत बताया है।' इस खोज

से ठाणे पुलिस एक बार फिर परेशानी में पड़ गयी थी। दक्षिणी मीडिया ने ठाणे पुलिस की पोल खोलने का कारण यह बताया कि बेलगाम में मंचेकर की पत्नी राजश्री ने अपहरण की शिकायत दर्ज़ की थी।

दक्षिणी मीडिया ने मंचेकर को दाऊद का साथी बताया। रिपोर्टों में कहा कि उसे रात में बेलगाम के एक स्थान से पकड़ कर निजी कारों के काफिले में ठूँस कर चुपचाप महाराष्ट्र पुलिस अधिकारी ले गये। कर्नाटक की सीमा पार कर सुरक्षित जगह पर अगली सुबह मंचेकर को मुठभेड़ में मार दिया। बेलगाम पुलिस को मुठभेड़ की जानकारी न थी।

बेलगाम में सुशील शिंदे नाम से सुरेश मंचेकर ने सन् 2000 से रहता था। दो अगस्त से ही महाराष्ट्र पुलिस का एक दस्ता मंचेकर पर बेलगाम में निगरानी रखे था। ये भी कहा गया कि विरोधी गिरोह ने पुलिस को उसकी टीप दी थी। बताया गया कि मंचेकर की निगरानी करके उसके आने-जाने और तौर-तरीकों पर निगरानी के बाद दस्ते ने सहयोगियों को ठाणे से बुलाया। एक रात भवानी नगर स्थित एसटीडी-पीसीओ, जो दर्जी की दुकान में है, से धर दबोचा। मंचेकर ने बचाव के लिए भरा रिवाल्वर निकाला लेकिन एक अधिकारी ने उसे घूँसा जड़ दिया। उसके निहत्था होते ही बाकी सब भी टूट पड़े। उसे तुरन्त ज़ंज़ीरों में जकड़ कर घर पहुँचे। वहाँ से एक और विदेशी रिवाल्वर व 200 गोलियाँ ज़ब्त कर लीं।

मंचेकर को पुलिस मध्यरात्रि में लेकर रवाना हुई। अगली सुबह उसकी मौत के बारे में सारी दुनिया को पता चला। राजश्री ने मौत के पहले ही बेलगाम के तिलकवाड़ी पुलिस थाने में मंचेकर के अपहरण की रपट दर्ज़ की थी। उसके बाद राजश्री भी बेलगाम से अगले ही दिन दोपहर सुरक्षित ठिकाने पर बेटे को लेकर चली गयी। वह इस बात से डरी बताते हैं कि ठाणे पुलिस शिकायत वापस लेने का दबाव डाल सकती थी। बेलगाम पुलिस के वरिष्ठ पुलिस अधिकारियों ने ऐसी रपट दर्ज़ होने की जानकारी से साफ़ इनकार किया और कहा कि यदि राजश्री महाराष्ट्र पुलिस के ख़िलाफ़ अपने पति के अपहरण और हत्या की शिकायत दर्ज़ करती तो उस पर कार्रवाई होती। उन्होंने बताया कि अपने बेटे समेत राजश्री कहाँ गयी, कुछ पता नहीं चला।

यह भी पता चला कि मुठभेड़ दस्ता बेलगाम के कॉलेज रोड पर स्थित एक महँगे पाश होटल में रुका था। वहाँ रहते हुए वे सादे कपड़ों में मंचेकर की निगरानी रख रहे थे। बेलगाम पुलिस का कहना है कि महाराष्ट्र पुलिस ने मंचेकर के दोस्त विक्टर मेंडोसा को धमकी दी थी कि यदि मंचेकर के अपहरण की जानकारी कर्नाटक से बाहर निकलने तक किसी को दी तो बुरा अंजाम होगा।

मंचेकर की मौत के बाद पुलिस अधिकारियों को लगा कि उसके रिश्तेदार, बहन या पत्नी, बवाल खड़ा न करें, अधिकारियों ने बयान दिये कि मंचेकर के तमाम रिश्तेदारों और परिजनों की छानबीन हो रही है। कोई भी उसके काले कारनामों में शरीक मिला तो उसे 'मोका' में गिरफ़्तार कर मामला चलाएँगे। यह सीधी धमकी थी कि यदि विरोध का स्वर उठा या मंचेकर की मौत पर बवाल खड़ा किया तो मोका में सड़ा देंगे। यहाँ तक कि ठाणे अपराध शाखा के तत्कालीन सहायक पुलिस आयुक्त अमर जाधव ने अख़बारों से कहा था, 'हम उसके रिश्तेदारों की छानबीन कर रहे हैं, यदि कोई दोषी मिला तो उसे मोका में गिरफ़्तार करेंगे।' पुलिस ने बताया था कि ठाणे के ढेरों कारोबारियों-व्यापारियों ने मंचेकर से कर्ज़ लिया था, उनकी भी सूचनाएँ जुटा रहे हैं।

मुंबई अपराध जगत में मंचेकर ही वह दूसरा सरगना था जिसे पुलिस मुठभेड़ (?) में मारने के लिए पचासों कोशिश कर चुकी थी लेकिन लोमड़ी जैसा ये चालाक अपराधी हर बार बच निकलता था।

भूमिगत संसार में मंचेकर को 'बड़ा भाई' होने का गौरव उस दिन मिला, जब शिवसेना नगरसेवक विनायक वाबले को मारा। सुरेश चाहता तो वाबले की हत्या कर आराम से फरार हो जाता। लेकिन उसने ऐसा कारनामा अंजाम दिया, जिससे उसकी दहशत पूरे इलाके में बैठ गयी। उसने वाबले की हत्या कर शव को 100 मीटर तक घसीटा और शिवसेना शाखा के सामने ला फेंका। किसी की मजाल न हुई कि मंचेकर को यह जघन्य कृत्य करने से रोके। शव को ठिकाने लगा कर वह खरामा-खरामा टहलते हुए चला गया।

मंचेकर ने परिवार को राम टेकरी के पुराने घर से परेल विलेज के सुरक्षित ठिकाने पर रखा। सुरेश ने काम करने के ठिकानों में परिवर्तन की योजना बनायी। परेल के अलावा ठाणे, कल्याण और डोंबीवली को कार्यक्षेत्र बनाया। उसने ठाणे इलाके में लोगों से ज़मीनें और बँगले खाली करवाने की सुपारियाँ बिल्डरों से लेकर ख़ूब पैसा बनाया था। बाद में उसने उन्हीं बिल्डरों को कह दिया कि यदि वे पक्का और नियमित हफ्ता नहीं देंगे तो वह उन्हें भी नहीं बख्शेगा। बुरा हश्र हुआ बिल्डरों का आस्तीन में नाग पालने का। अब मंचेकर के इशारे पर गिरोह नवी मुंबई, वाशी, कल्याण, डोंबीवली और ठाणे के बिल्डरों के सिर पर आतंक बन कर छा गया। हर बिल्डर के लिए ज़रूरी कर दिया कि संरक्षण राशि दें, नहीं तो उनके सिर पर हर वक्त एक यमदूत खड़ा मिलेगा।

अन्ततः मुंबई, ठाणे, और नवी मुंबई पुलिस की अपराध शाखाओं के लिए लम्बे अर्से तक सिरदर्द बन चुके मंचेकर के सात साथी मारे गये, जिससे मंचेकर

के मन में पुलिस का भय पैठ गया। उन्हें मुंबई पुलिस की अपराध शाखा के एक दस्ते ने एक ठिकाने पर सोते समय जा घेरा और गोलियों से भून दिया।

अधिकारियों को सूचना मिली थी कि मंचेकर यहाँ कुछ साथियों समेत छुपा है। मंचेकर को गिरफ़्तार करने अधिकारी न केवल आसपास के इलाकों बल्कि राज्य के बाहर भी कई बार छापामारी कर चुके थे लेकिन बेहतरीन मुखबिर और सम्पर्क के कारण पहले ही ग़ायब हो जाता था। यही कारण है कि इस बार भी वह पुलिस के हाथों नहीं पड़ा। पुलिस को उसके एक सिपहसालार और छह प्यादों की लाशों से ही सन्तोष करना पड़ा था।

मंचेकर को मुंबई पुलिस पहले दो बार गिरफ़्तार कर चुकी थी। उसे कुछ समय कल्याण आधारवाड़ी जेल की चक्की भी पिसवाई जा चुकी थी लेकिन जमानत पर रिहा होने के बाद वह कभी पकड़ा न गया।

मुठभेड़ के भय से मंचेकर ने मुंबई से भागने में ही भलाई समझी थी लेकिन वह विदेश न जाकर अन्य राज्यों में रहता था। अधिकारी कहते हैं कि मंचेकर में इतनी हिम्मत और सम्पर्क नहीं थे, न उसके पास इतना पैसा था, कि विदेश जाकर बसे और आपराधिक गतिविधियाँ चलाये। यह बयान कितना सही था, यह कहना मुहाल है। माफिया सूत्रों का कहना है कि मंचेकर के पास पैसों की कमी नहीं थी, वह चाहता तो किसी अन्य देश में शरण तो ले ही सकता था। मंचेकर ने भारत में ही रखकर काम करना पसन्द किया था, यही गलती उसके लिए मौत का सबब बन गयी।

मुंबई पुलिस की अपराध शाखा के एक अधिकारी ने गोपनीयता की शर्त पर कहा था, 'कई बरसों से लुका-छिपी खेल रहा मंचेकर जानता था कि मुंबई या ठाणे पुलिस के हाथ में आने का मतलब क्या है। भागने दें उसे, देखेंगे बकरे की अम्मा कब तक खैर मनाएगी। हम उसे ही नहीं, उसके सारे साथियों को एक-एक करके देख लेंगे' इस अधिकारी की बात सत्य हुई, उन्होंने न केवल मंचेकर के साथियों बल्कि इस कथित 'बकरे की अम्मा' को भी जेल की सलाखों के पीछे ठूँस दिया था। बाद में मंचेकर को भी 'लम्बा लिटा कर' भेजा।

मंचेकर की मौत का समाचार मिलने के बाद देर रात उसकी बहन इन्दू उर्फ़ दीपाली निमान और उमरोली गाँव के कुछ रिश्तेदार कोल्हापुर के शाहूपुरी थाने गये ताकि सही जानकारी ले सकें। शाहूपुरी थाने के एपीआई आरएम गूजर के मुताबिक़ उन्हें अस्पताल भेजा, जहाँ मंचेकर का शव था। उनके मुताबिक़ पोस्टमार्टम के बाद मंचेकर का शव रिश्तेदारों को सौंप दिया। वे शव लेकर गाँव गये और अन्तिम संस्कार कर दिया।

उन लोगों के लिए यह विश्वास करने वाली बात न थी कि जो देखते थे कि कल तक जो आदमी उनकी कारों की रंगाई करता था, जो कारें साफ करता था, जो उनके साथ काम करने के मामले में कभी परेशानी नहीं करता था, वही आदमी एक कुख्यात गिरोह सरगना बन कर समाज के लिए आफत बन गया। वही आदमी जो लाखों लोगों के लिए भारी सिरदर्द बना था, वही आदमी जो कल तक करोड़ों रुपये की रकमें हफ़्ते में बटोर रहा था, वही आदमी जो निरपराधों की हत्या करते घूम रहा था, उसी सुरेश मंचेकर को ठाणे पुलिस ने मुठभेड़ में मार गिराया...और वह ज़िन्दा नहीं है।

लखन भैया मुठभेड़ ने तोड़ी पुलिस की कमर

11 नवम्बर 2006 को अन्धेरी के वरसोवा इलाके में बने नाना-नानी पार्क के पास लखन भैया को मुठभेड़ में पुलिस दस्ते ने मारा था। उसके वकील भाई राम नारायण गुप्ता ने लखन भैया को घर से ले जाते ही वरिष्ठ पुलिस अधिकारियों, महाराष्ट्र के राज्यपाल, मुख्यमन्त्री, गृहमन्त्री को टेलीग्राम भेज दिया, जिसके दो घंटे बाद पुलिस अधिकारियों ने लखन भैया की मुठभेड़ दिखाई। यह टेलीग्राम ही पुलिस अधिकारियों के गले की फाँस बन गया। पुलिस अधिकारियों ने लखन भैया को नाना कम्पनी के एक सिपहसालार डीके राव का सहयोगी बताया था।

लखन के भाई रामप्रसाद का आरोप था कि मुठभेड़ फ़र्जी थी। उन्होंने अदालत का दरवाज़ा खटखटाया और निष्पक्ष जाँच की माँग की थी। अन्धेरी अदालत के जज आरए शेख़ की जाँच में यह मुठभेड़ फ़र्जी साबित हुई थी। बता दें कि फ़र्जी मुठभेड़ और गिरोहों से सम्बन्धों के आरोपों में प्रदीप शर्मा सन् 2008 में निलम्बित हो गये थे। ये भी बहुतेरी ख़बरें अख़बारों में उन दिनों उछलती रही थीं कि प्रदीप शर्मा तीन अरब रुपये की बेनामी सम्पत्ति के मालिक हैं, लेकिन उनका कोई आधार न था। न ही उनके बारे में कहीं कोई सबूत ही मिले।

मुठभेड़ विशेषज्ञ की मुठभेड़!

8 जनवरी 2010 को मुंबई के विवादास्पद पूर्व मुठभेड़ विशेषज्ञ प्रदीप शर्मा ने पूरी मुंबई पुलिस में सबसे अधिक गुंडों को यमलोक पहुँचाने का यश तो हासिल कर लिया लेकिन वे ख़ुद न्यायिक मुठभेड़ में ख़ुद का बचाव न कर सके और जेल जा पहुँचे। उन्हें लखन भैया फ़र्जी मुठभेड़ मामले में गिरफ़्तार कर एक सप्ताह की पुलिस हिरासत में भेज दिया।

मेट्रोपोलिटन मजिस्ट्रेट आरए शेख़ ने 1984 बैच के इस अधिकारी और उसके सहयोगियों कांस्टेबल रत्नाकर कांबले, कांस्टेबल तानाजी देसाई, मुखबिर अकील

उर्फ़ बॉबी, मुखबिर हितेश सोलंकी, मुखबिर शैलेन्द्र पांडे भी गिरफ़्तार हुए थे। इन्हें मुंबई हाईकोर्ट द्वारा नियुक्त एसआईटी ने एक रात पहले ही गिरफ़्तार किया था, जिसकी सदारत पुलिस उपायुक्त एमएम प्रसन्ना के हाथ थी। तत्कालीन मुख्यमन्त्री अशोक चव्हाण ने कहा था कि फ़र्जी मुठभेड़ों के कारण पुलिस बल की छवि पर धब्बा लगा है।

एसआईटी जाँच में साबित हुआ था कि लखन भैया की हत्या एक तरह से सुपारी हत्या थी। यह सुपारी लखन के ही एक कारोबारी भागीदार जनार्दन भानगे ने पुलिस अधिकारियों को उनके मुखबिरों के जरिए दी थी। 2010 में एसआईटी ने प्रदीप शर्मा समेत 21 आरोपियों को गिरफ़्तार किया। एसआईटी जाँचकर्ताओं के मुताबिक बिल्डर जनार्दन भानगे उर्फ़ जान्या सेठ के कहने पर लखन भैया का नकली एनकाउंटर हुआ था। यह भी स्थापित हुआ कि पुलिसवालों ने ही अनिल भेड़ा और लखन भैया को वाशी से 11 नवम्बर 2006 को उठाया था। एसआईटी दस्तावेजों के मुताबिक लखन जब नवी मुंबई से अगवा हुआ था, तब अनिल भेड़ा भी वहीं था। आरोप यह भी लगा था कि पुलिस ने उसे महीनों तक अवैध रूप से कैद में रखा था ताकि वह उनके ख़िलाफ़ बयान न दे जाये। उसे काफ़ी समय तक मुंबई के उपनगर अन्धेरी में एक गुप्त स्थान पर रखा था, उसके बाद कोल्हापुर के एक घर में नजरबन्द रखा था।

इकलौते गवाह की मौत का राज़

यह कहानी तब और अधिक उलझी, जब एक अहम गवाह अनिल भेड़ा अचानक ग़ायब हो गया। इस मामले के एकमात्र चश्मदीद गवाह अनिल भेड़ा को मौत के सौदागरों ने अन्ततः मार गिराया। पुलिस के मुताबिक भेड़ा को फ़ोन पर धमकियाँ मिल रही थीं कि वो गवाही न दे। मुंबई से भाग जाये। ऐसा नही किया तो उसे मार देंगे। पुलिस के मुताबिक 11 मार्च को सुबह 11.44 बजे भेड़ा को फ़ोन पर धमकी मिली थी। 12 मार्च को आये फ़ोन में कहा गया कि अगर वह जान की खैरियत चाहता है तो जेल जाकर तुरन्त पीएस (प्रदीप शर्मा) से मिले। अगर गवाही नहीं देगा तो ज़िन्दगी भर बड़े फायदे में रहेगा।

भेड़ा को पुलिस सुरक्षा भी मिली हुई थी। इसके बाद 2011 में इकलौता चश्मदीद गवाह भेड़ा घर से लापता हो गया। भेड़ा के लापता होने की शिकायत उसकी पत्नी ने वाशी पुलिस में की। पुलिस ने उसकी तलाश में लावारिश लाशों की जाँच शुरू की। लापता होने की शिकायत दर्ज होने के दो माह बाद ठाणे के मनोर जंगल में वाड़ा गाँव स्थित एक फॉर्म हाऊस के पीछे से भेड़ा की अधजली

लाश मिली। लाश की पहचान मुश्किल थी। उसके पिता के डीएनए से मिलान कर शव की शिनाख्त हुई थी।

प्रदीप शर्मा का बरी हो जाना

जुलाई 2013 में इस मामले में एक बड़ा ही रोचक वाक़या हुआ। लखन भैया फ़र्जी मुठभेड़ कांड में 13 पुलिसवालों समेत कुल 21 को उम्र क़ैद की सज़ा तो अदालत ने सुना दी। जिन अधिकारियों को सज़ा हुई, उनके नाम हैं—एनकाउंटर स्पेशलिस्ट इंस्पेक्टर प्रदीप सूर्यवंशी, इंस्पेक्टर नितिन सरतेप, अरविन्द सारवनकर, दिलीप पलांडे, सब-इंस्पेक्टर गणेश हरपुड़े, आनन्द पठादे, पांडुराम कोकम, कॉन्स्टेबल तानाजी देसाई, रत्नाकर कांबले, विनायक शिंदे, देवीदास सकपाल, प्रकाश कदम, संदीर सरदार। हंगामा इस बात पर हो गया कि इं. प्रदीप शर्मा को अदालत ने सबूतों के अभाव में बरी कर दिया।

यह खबर जब अदालत से बाहर आयी तो न केवल तमाम पत्रकार, वकील और जनता चकित रह गयी, उनके तमाम सहआरोपी और परिवार भी स्तब्ध रह गये। उन्हें विश्वास ही नहीं हो रहा था कि ऐसा भी हो सकता है। वे मान कर चल रहे थे कि या तो सब रिहा होगे, नहीं तो सबको सज़ा होगी।

जिन्हें सज़ा हुई, उनमें मुठभेड़ विशेषज्ञ प्रदीप सूर्यवंशी का नाम भी शामिल था। तमाम कलमनवीसों से दोस्ती रखने वाले और बेहद खुशमिजाज इं. प्रदीप सूर्यवंशी की तो हालत ही देखने लायक थी। उनका पूरा परिवार वहाँ बिलख पड़ा था। अन्य 13 पुलिस वालों के परिजनों की आँखों से भी खारा सैलाब बह निकला।

प्रदीप शर्मा की रिहाई को लेकर बाकी पुलिस अधिकारियों के परिवार ने विरोध करने की हल्की कोशिश जरूर की थी। वे दबी जुबान में यह कहते पाये जाते रहे कि जिन्हें सज़ा हुई है, वे तो कम दोषी हैं, प्रदीप शर्मा ने ही सारा कांड रचा था। जिन लोगों ने उनका साथ दिया था, उन्हें सज़ा हो गयी।

शिवसेना का साथ

शिवसेना प्रमुख उद्धव ठाकरे ने लखन भैया मामले के तमाम सज़ायाफ़्ता पुलिसकर्मियों के लिए अपने दरवाज़े खोलते हुए एक बड़ा राजनीतिक क़दम उठाया। उन्होंने ऐलान किया कि इन पुलिस वालों के लिए अब शिवसेना आगे लड़ेगी। उन्होंने पत्रकारों से कहा कि पुलिस वांछित अपराधियों और गुंडों को मारने वाले पुलिसकर्मियों की रक्षा सरकार को करनी चाहिए। इससे बुरा क्या होगा कि राज्य सरकार का वकील अदालत से इन पुलिस वालों को फाँसी देने की माँग कर रहा है। उन्होंने कहा कि शिवसेना तमाम पुलिसकर्मियों को क़ानूनी

सहायता देगी। उनके परिवारों की भी अर्थिक तथा हर किस्म की मदद करेगी।

प्रदीप शर्मा की जान फिर साँसत में

26 सितम्बर 2014 को एक बार फिर प्रदीप शर्मा की जान साँसत में तब फँसी, जब फ़र्जी मुठभेड़ मामले में मुंबई हाईकोर्ट ने उनके ख़िलाफ़ जमानती वॉरंट जारी किये। जस्टिस पीवी हरदास ने रामनारायण गुप्ता उर्फ़ लखन भैया की फ़र्जी मुठभेड़ मामले में उन्हें बरी करने को चुनौती देने वाली दो अपील विचारार्थ मंजूर कीं। अदालत ने प्रदीप शर्मा को जमानत के लिए निचली अदालत में पेश होने के आदेश भी दिये। ये अपील महाराष्ट्र सरकार और वकील रामप्रसाद गुप्ता ने अलग-अलग दाखिल की थीं। सत्र अदालत ने प्रदीप शर्मा को सबूतों के अभाव में बरी किया था। हाईकोर्ट के आदेश पर मामले की जाँच कर एसआईटी ने बिल्डर जनार्दन भनागे द्वारा प्रदीप शर्मा और इं. प्रदीप सूर्यवंशी को लखन भैया को मारने की कथित सुपारी देने का आरोप दर्ज़ किया था।

प्रदीप शर्मा के क़दम लड़खड़ाये

25 सितम्बर 2014 को एक ख़बर आती है। प्रदीप शर्मा का भाजपा से टिकट लगभग पक्का हो गया है। देर रात तक पता चलता है कि भाजपा उन पर चल रहे मामलों और कुछ गिरोह सरगनाओं के पीछे पड़ने होने के चलते सम्भवतः अपनी पार्टी के टिकट पर चुनाव न लड़वा कर किसी और सहयोगी दल के टिकट पर चुनाव लड़ाएगी। इसके बारे में एक तरह से आन्तरिक समझौता भी हो गया है।

26 सितम्बर को यह तय हो गया कि प्रदीप शर्मा राजनीतिक दल आरपीआई (आठवले) से महाराष्ट्र विधानसभा चुनावों में भाग्य आजमाने वाले हैं। दोपहर तक विधानसभा की ओर तेज़ी से बढ़ते उनके क़दम ठिठक गये। मुंबई हाईकोर्ट की जस्टिस पीवी हरदास और अनुज प्रभुदेसाई की खंडपीठ ने लखन भैया मुठभेड़ कांड में उनके बरी होने के ख़िलाफ़ आयी याचिका पर सुनवाई करते हुए जमानती गिरफ़्तारी वारंट जारी कर दिया। यह याचिका लखन भैया के बड़े भाई रामप्रसाद गुप्ता ने हाईकोर्ट में याचिका दायर की थी।

जब अदालत ने सरकार का पक्ष चाहा, तब प्रदीप शर्मा को बरी करने के निचली अदालत के आदेश के ख़िलाफ़ महाराष्ट्र सरकार की ओर से अपील आयी। रामप्रसाद गुप्ता ने मुंबई हाईकोर्ट को बताया कि पुलिस कांस्टेबल से एसीपी तक, कुल 11 गवाहों ने बताया कि वे सारे प्रदीप शर्मा के निर्देश पर काम कर रहे थे, ऐसे में निचली अदालत ने कैसे मान लिया कि ये सभी गवाह गलत हैं? निचली अदालत ने प्रदीप शर्मा को बरी करने का आदेश गलत दिया है।

पुलिसवालों की सजा हुई स्थगित

साल 2015 के दिसम्बर महीने के पहले सप्ताह में लोग तब चैंक गये जब महाराष्ट्र की भाजपा सरकार ने मुंबई हाईकोर्ट के आदेशों की अवहेलना करने वाला एक फैसला लिया। महाराष्ट्र सरकार ने लखन भैया फर्जी मुठभेड़ कांड के 11 पुलिसवालों की सजा छह माह के लिए स्थगित कर दी। महाराष्ट्र गृह विभाग द्वारा जारी आदेश में 6 महीने के लिए मुक्त किये पुलिसवालों के लिए लिखा था कि सजा स्थगित रहने के दौरान वे मामले से जुड़े पीड़ित परिवार या गवाहों से सम्पर्क नहीं करेंगे। उन्हें पासपोर्ट जमा करने होंगे। वे धर्म परिवर्तन करते हैं तो सरकार से अनुमति लेनी होगी। कोई गलत हरकत उनकी फिर जेल पहुँचा सकती है। मामला हाईकोर्ट में लम्बित है। वहाँ से सजा होने पर फिर जेल जाना होगा।

जिनकी सज़ा स्थगित हुई, उनके नाम तानाजी भाऊसाहेब देसाई (क़ैदी नम्बर सी-6082), रत्नाकर गौतम कांबले (क़ैदी नम्बर सी-6083), प्रकाश गनपत कदम (क़ैदी नम्बर सी-6085), आनन्द बालाजी पाताडे (क़ैदी नम्बर सी-6086), पांडुरंग गनपत कोकम (क़ैदी नम्बर सी-6087), विनायक बालासाहेब शिंदे (क़ैदी नम्बर सी-6088), दिलीप सीताराम पालांडे (क़ैदी नम्बर सी-6089), नितिन गोरखनाथ सरतापे (क़ैदी नम्बर सी-6094), गणेश अंकुश हरपुडे (क़ैदी नम्बर सी-6095), सन्दीप हेमराज सरदार (क़ैदी नम्बर सी-6096), देवीदास गंगाराम सकपाल (क़दी नम्बर सी-6097) है।

लखन भैया के भाई और वकील रामप्रसाद गुप्ता ने जब सरकार का यह फैसला सुना तो दुखी हो गये। उन्होंने इस आदेश पर खेद जताते हुए इसे अदालत में चुनौती दी। अदालत ने इस पर सरकार को आड़े हाथों लिया। हाईकोर्ट के आदेश पर सरकार को अपना पुराना आदेश वापस लेना पड़ा। इसके बाद सभी 11 पुलिसवालों ने 4 जनवरी 2016 की देर रात ठाणे जेल में समर्पण कर दिया। रामप्रसाद गुप्ता के मुताबिक इन पुलिसवालों ने समर्पण के लिए कुछ मोहलत माँगने के लिए मुंबई हाईकोर्ट में याचिका दायर की। उन्हें यहाँ रहत नहीं मिली। पुलिसवालों ने उसी दोपहर तीन बजे सुप्रीम कोर्ट में फरियाद की, जहाँ फिर मुँह की खानी पड़ी।

रेडियोवाला का सुर टूटा

6 जुलाई 2007 को सुहैल के अपहरण में वांछित इमरान शफी रेडियोवाला को दस दिनों पहले मुंबई पुलिस ने एक मुठभेड़ में मार गिराया था। इमरान के एक साथी अनीस ने पुलिस को बताया था कि सुहैल के अपहरण में मिले पैसे उसने

एजाज के कहने पर हवाला से बैंकॉक भेजे थे। अनीस के मुताबिक़ बेटे की सुरक्षित रिहाई के बदले में मुंबई के परवेज लकड़ावाला से दो बार एजाज ने पैसे मँगवाये थे। परवेज के बेटे सुहैल का इस मुठभेड़ के एक माह पहले अपहरण हुआ था, जिसे एक करोड़ फिरौती देने पर गिरोह ने छोड़ा था।

इमरान की हत्या या मुठभेड़?

14 दिसम्बर 2007 को एनसीपी के पार्षद की हत्या के इरादे से आये बंटी पांडे गिरोह के दो सदस्यों को पुलिस ने एक मुठभेड़ में मार गिराने का दावा किया। पुलिस ने दावा किया कि गिरोहबाज रामबहादुर साहनी उर्फ़ डॉक्टर (30) और उसके साथी इमरान इरफान शेख़ (20) को शाम सात बजे पवई में कस्टम कॉलोनी के बाहर ही मुठभेड़ में मारा है।

तत्कालीन पुलिस उपायुक्त (जाँच) देवेन भारती ने भी दावा किया कि जिन गुंडों को मुठभेड़ में मारा है, उनके बारे में एनसीपी के स्थानीय पार्षद की हत्या के लिए आने की सूचना मिली थी। एक सूचना पर हफ्तावसूली विरोधी शाखा के अफ़सरान ने जाल बिछाया। दोनों गुंडों को पहचान कर समर्पण के लिए ललकारा। गुंडों ने पुलिस दल पर चार गोलियाँ दागीं। जवाबी पुलिस गोलीबारी में दोनों गम्भीर घायल हुए। उन्हें राजावाड़ी अस्पताल भेजा। वहाँ चिकित्सकों ने उन्हें मृत घोषित किया।

इस मामले में मुश्किल तब हो गयी जब गोवंडी निवासी इमरान के पिता इरफान शेख़ ने मुठभेड़ को फ़र्जी करार दिया। उन्होंने आरोप लगाया कि इमरान को पुलिस दस्ते ने घर के पास से ही 10 दिसम्बर को दिनदहाड़े उठाया था। उन्होंने इं. विजय सालस्कर पर आरोप लगाया कि उनके सत्रह साल के बेटे इमरान को फ़र्जी मुठभेड़ में मारा है और ख़ामोश न रहने पर बुरे अंजाम की धमकी दी थी।

कुछ समय बाद इरफान शेख़ जब इस लेखक से मिले तो बड़े हैरान-परेशान थे। उन्हें लग रहा था कि मुंबई में न्याय नाम का वजूद नहीं है। उन्होंने दावा किया कि कुछ गुंडे उनका पीछा कर रहे हैं। लगातार उन पर निगाह रखी जा रही है। उन्हें पैसों के बदले बेटे की मौत पर बखेड़ा न करने की पेशकश भी आयी है। इतना ही नहीं, उन्हें किसी फ़र्जी मामले में गिरफ़्तार कर जेल में सड़ाने या इमरान जैसा हश्र करने की धमकियाँ भी मिल रही हैं। उन्होंने कहा कि इस मामले के ख़िलाफ़ वे मानवाधिकार आयोग में अर्जी दे चुके हैं।

जब उन्होंने बेटे का शव लेने से इनकार कर दिया था तो भी उन्हें बहुतेरी धमकियाँ मिली थीं। उन्होंने कहा कि वे बेटे का शव तब तक नहीं लेंगे, जब

तक कि दोषी पुलिस अधिकारियों के ख़िलाफ़ कार्रवाई नहीं होती है।

उन्होंने बताया कि रामबहादुर साहनी ने चेंबूर में उनकी दुकान के पास में एक दुकान किराये पर ले रखी थी। वह उस दुकान में बैठ कर लोगों का इलाज करता था। वह ख़ुद को होमियोपैथी का डॉक्टर बताता था। उसका बरताव इतना अच्छा था कि आसपास के तमाम लोग उसे बेहद भला और अच्छा इनसान मानते थे। सभी उसे डॉक्टर पुकारते थे। किसी को पता न था कि वह किसी गिरोह से जुड़ा सुपारी हत्यारा है। आसपास के लोग जितना उसे जानते थे, उतना ही इमरान भी जानता था।

इरफान का दावा था कि उनका बेटा 10 दिसम्बर की सुबह नौ बजे निकला था लेकिन जब वह लौटा नहीं तो देवनार थाने में उसकी गुमशुदगी की रपट दर्ज़ करवाई थी। पुलिस ने उसे नहीं खोजा लेकिन 15 दिसम्बर के अख़बारों में उसकी मौत की ख़बर छपी। वे रोते हुए कहते हैं, 'मेरे बेटे के ख़िलाफ़ किसी पुलिस थाने में एक भी मामला दर्ज़ नहीं था। वह अपराधी नहीं था। मेहनत-मजदूरी करके खाने-कमाने वाला नेक लड़का था। इन लोगों ने मेरे जवान बेटे की हत्या कर दी। एक बाप के काँधे पर उसके जवान बेटे का जनाजा रख दिया। खुदा इन पुलिसवालों से ख़ुद हिसाब करेगा ही, मैं भी इनके ख़िलाफ़ हर तरह की लड़ाई लड़ूँगा। क़ानून भी आखिरकार कोई शै है।'

उनके मुताबिक़ इमरान को उत्तर प्रदेश का निवासी बता कर लोगों को गुमराह करने की कोशिश पुलिस ने की। वह मुंबई में ही पैदा हुआ था, मुंबई में ही उसकी मौत हुई। वह कभी उत्तर प्रदेश गया ही नहीं था।

जब पूछा कि उन्होंने क्यों बेटे का शव लिया तो बताया कि इमरान के बाद मेरे बेटे रिजवान को भी मुठभेड़ में मारने या बंटी पांडे गिरोह का सदस्य बता कर गिरफ़्तार करने और मोका में सड़ाने की धमकी मिली। यही नहीं, पुलिस अधिकारियों ने घर आकर मुझे भी धमकाया था। इमरान के मुताबिक़ उन्होंने इस मामले की शिकायत (क्र. 4325/07) देवनार थाने में की थी। उन्होंने रपट में कहा कि तीन लोग उनके घर में जबरन घुस गये और कहा कि अगर इमरान का मृत शरीर जेजे अस्पताल के शवगृह से नहीं लिया तो घर के हर सदस्य को हलाक कर देंगे। धमकाने वालों ने ख़ुद को बिल्डर, पार्षद और पुलिसवाला बताया था। वे तकरीबन 15 मिनट तक घर के अन्दर थे। उनके लगभग 15 साथी घर के बाहर खड़े थे, जिनके पास चॉपर और तलवारें थीं।

इरफान ने यह भी दावा किया कि वे अदालत गये ताकि पुलिस वालों के ख़िलाफ़ और फ़र्जी मुठभेड़ के सिलसिले में मुक़दमा कर सकें। आदालत से बाहर

आते ही उन्हें कुछ लोगों ने घेर कर धमकाया। इससे वे बुरी तरह घबरा गये। इसके बाद रात में ही बेटे का शव लाकर दफन कर दी। बता दें कि विरोध के चलते इमरान का शव पाँच दिनों तक जेजे अस्पताल के शवगृह में ही रखा था।

इरफान ने यह भी बताया कि उन्हें बंटी पांडे का फ़ोन आया था। उसने कहा था कि इमरान की फ़र्जी मुठभेड़ के मामले में वो हरसम्भव सहायता देगा। इस पर इरफान ने कहा, 'मैंने इस गैंगस्टर से साफ़ कह दिया कि उसी के नाम पर मेरे बेटे की हत्या हुई है। उसका एक पैसा भी मेरे लिए हराम है। मैं हलाल की कमाई से ही बेटे के लिए अदालतों से इंसाफ माँगूँगा। उसकी हराम की एक भी पाई मुझे मंजूर नहीं। मेरा सब्ज़ियों का भी कामकाज है। मैं टेंपो चलाता हूँ, दिन भर कड़ी मेहनत करता हूँ। मेरा बेटा भी मेरा टेंपो चलाता था। ज़रूरत पड़ने पर वह भारी सामान भी अपनी पीठ पर लाद कर टेंपो से उतारता/चढ़ाता था। वह बड़ा ही खुद्दार लड़का था। उसने कभी किसी का हक नहीं छीना। न ही मैं ऐसे काम में भरोसा करता हूँ।'

अप्रैल 2008 में मुंबई हाईकोर्ट के जस्टिस बिलाल नाजकी ने इमरान मुठभेड़ कांड की जाँच के लिए दायर याचिका सुनवाई के लिए स्वीकार कर ली। उन्होंने सरकारी वकील शिरीष गुप्ते से कहा कि आप किसी व्यक्ति की हत्या करने की छूट या ताकत पुलिस को नहीं दे सकते हैं, अन्यथा कल इसका प्रयोग आप या मुझ पर भी किया जा सकता है। पुलिस के वकील ने इस याचिका का पुरजोर विरोध किया था। उनका कहना था कि पुलिस ने आत्मरक्षा में गोली चलाई थी। मारे गये गुंडों के पास से एक दस्ती बम भी बरामद हुआ था। इमरान के पिता इरफान द्वारा दायर याचिका की सुनवाई के दौरान उनके वकील मिहिर देसाई ने अदालत को बताया कि उनके मुवक्किल का बेटा न केवल निर्दोष था, बल्कि वरिष्ठ पुलिस अधिकारियों से शिकायत करने के बावजूद आरोपी पुलिस अधिकारियों के ख़िलाफ़ न तो जाँच की, न ही मामला दर्ज़ किया।

इस लड़ाई का नतीजा कुछ उलटा ही हुआ। 8 अक्टूबर 2010 को गोरेगाँव-पूर्व थाने के अधिकारियों ने इमरान को बंटी पांडे का साथी बताते हुए हफ्तावसूली के आरोप में गिरफ़्तार कर लिया। पुलिस ने दावा किया कि इमरान को बिल्डर सन्तोष सालडा से एक करोड़ रुपये हफ्ता वसूलते रंगे हाथों गोरेगाँव के वेस्टर्न एक्सप्रेस हाईवे स्थित एक शॉपिंग मॉल से गिरफ़्तार किया है। इमरान ने पुलिस थाने में दावा किया कि इं. विजय सालस्कर के ख़िलाफ़ मुंबई हाईकोर्ट में इमरान फ़र्जी मुठभेड़ मामले का मुक़दमा दर्ज़ करने का यह इनाम है। मेरे ख़िलाफ़ आज तक एक आपराधिक मामला किसी थाने में दर्ज़ नहीं है। मेरे बारे में पूरे इलाके

में पूछ लें, आपको सच्चाई पता चल जायेगी।

मज़ेदार बात यह है कि जब पत्रकारों ने ज़ोन के तत्कालीन प्रभारी उपायुक्त अजीत पाटील से पूछा कि क्या इरफान का बंटी पांडे गिरोह से कोई ताल्लुक है तो उन्होंने कहा कि इस बारे में फिलहाल जाँच हो रही है। पुख्ता तौर पर नहीं कह सकते हैं कि उसके सम्बन्ध बंटी पांडे या गिरोह से हैं।

इमरान झिंगाडा और समीर ख़ान मुठभेड़ में ढेर

19 नवम्बर 2009 की शाम बोरीवली के डॉन बास्को स्कूल के पास छोटा शकील गिरोह के सदस्य इमरान झिंगाडा और उसके साथी समीर ख़ान को पुलिस ने मुठभेड़ में मार गिराया। वह मुंबई में शकील गिरोह का महत्त्वपूर्ण गुंडा था। उसके भाई मुन्ना झिंगाडा ने 2002 में बैंकॉक में छोटा राजन पर हमला किया था।

आनन्द धींगरे का चेंबूर में शूटआउट

13 अगस्त 2010 को चेंबूर में पुलिस ने मुठभेड़ में आनन्द धींगरे को मार गिराया। पुलिस ने दावा किया कि वह चेंबूर स्थित कावेरी इमारत के निवासी बिल्डर विजय भटीजा के घर हफ्ते के लिए धमकियाँ देने पहुँचा था। इस बिल्डर को गिरोह सरगना रवि पुजारी काफ़ी समय से हफ्ता चुकाने के लिए धमका रहा था। इसकी शिकायत उन्होंने पुलिस से भी की थी।

मुठभेड़ में मंगेश नारकर मरा

31 अक्टूबर 2010 की तड़के चार बजे अपराध शाखा और सम्पत्ति शाखा ने संयुक्त अभियान में चेंबूर इलाके में सेंट्रल बैंक ऑफ़ इंडिया के सामने मंगेश नारकर को मुठभेड़ में मार गिराया। छह अक्टूबर 2010 से मंगेश नासिक जेल ले जाते समय पुलिस दल की आँखों में मिर्ची झोंक कर फरार हो गया था। उस पर हत्या, डकैती, हफ्तावसूली के कई मामले दर्ज़ थे। पुलिस अधिकारियों का कहना था कि सूचना मिली कि मंगेश तड़के चार बजे चेंबूर स्टेशन के पास एक शिकार से हफ्ता वसूलने आयेगा। उसकी घेराबन्दी की और मार गिराया। पुलिस का दावा था कि मंगेश ने जेल में रहते हुए भी अपने गुंडों के जरिए वाकोला के एक बार मालिक पर हफ्ता न चुकाने पर गोलियाँ चलवाई थीं।

मुन्ना की मुठभेड़

9 जनवरी 2014 को छोटा राजन गिरोह के सिपहसालार इक़बाल मलाबारी के सहयोगी और 1993 बमकांड के आरोपी मुन्ना दरबार को गुलबर्गा पुलिस ने मुठभेड़ में मार गिराया। इस मुठभेड़ में गुलबर्गा पुलिस के 2 अधिकारियों के

घायल होने की ख़बर भी थी। वह दादर का निवासी था। वह बमकांड के बाद गुलबर्गा में पत्नी के साथ रहता था। पुलिस ने दावा किया कि इसकी जानकारी मिलने पर 15 अधिकारियों का एक दस्ता उसकी पत्नी के घर में जा घुसा। मुन्ना को गिरफ़्तार करने की कोशिश की। मुन्ना ने पुलिस बल पर गोली चला दी। सब इंस्पेक्टर मल्लिकार्जुन बंडे के सिर और पैर में गोली लगी। जवाबी गोलीबारी में मुन्ना मारा गया। सब इंस्पेक्टर मल्लिकार्जुन बंडे को हालत गम्भीर होने पर इलाज के लिए हैदराबाद भेजा था।

मुठभेड़ विशेषज्ञ अहम क्यों?

जून 2012 में दो मुठभेड़ विशेषज्ञों, डीसीपी अंबादास पोटे और इं. दया नायक की पुलिस बल में वापसी हुई। अंबादास पोटे मुंबई पुलिस की अपराध शाखा में बतौर उपायुक्त आये तो पुलिस विभाग में अधिकारियों को सज़ा देने के नाम पर कुख्यात माने गये लोकल आर्म्स विभाग में दया नायक लौटे। इन मुठभेड़ विशेषज्ञों ने जबरदस्त खुफिया जाल तैयार किया था और बेहतरीन काम भी किया था। इसके बावजूद आरोप लगे कि इनमें से कुछ ने ताकत का दुरुपयोग किया। आरोप लगे कि उन्होंने सुपारी लेकर गुंड़ों और बेगुनाहों की हत्याएँ कीं। ये भी आरोप लगे कि किसी खास गिरोह के गुंडों को मारने के लिए भी कुछ मुठभेड़ विशेषज्ञों ने किसी खास गिरोह सरगना से दोस्ती गाँठी, उसकी सुपारी पर विरोधियों या बागियों की हत्याएँ कीं, इस तरह करोड़ों रुपये की माया जोड़ी थी।

इं. प्रदीप शर्मा और इं. दया नायक ने डी-कम्पनी और नाना-कम्पनी के सर्वाधिक गुंडे मारे हैं। प्रदीप शर्मा की 100 से ज्यादा मुठभेड़ के क़िस्से आम हैं। इं. विजय सालस्कर ने अरुण गवली और अमर नाईक गिरोह पूरी तरह ख़त्म कर दिया। इं. रवीन्द्र आंग्रे को ठाणे, कल्याण-डोंबिवली, उल्हासनगर इलाकों में आतंक मचाने वाले मंचेकर गिरोह के खात्मे का श्रेय मिलता है। इं. सचिन वाझे भी मुठभेड़ों के अर्धशतकवीर कहलाते हैं। कहते हैं कि मुंबई में हुई तमाम मुठभेड़ों में से अधिकांश प्रदीप शर्मा, प्रफुल्ल भोंसले और विजय सालस्कर के ही हिस्से में आती हैं। ख्वाजा युनूस की फ़र्जी फरारी के आरोपों के चलते इं. प्रफुल्ल भोंसले की हालत भी खस्ता हो चली थी। मुठभेड़ों के मामले में प्रफुल्ल भोंसले के अलावा हेमन्त देसाई और विजय सालस्कर का नाम भी प्रमुखता से लिया जाता है।

यह बिल्कुल सही है कि इन पुलिस अधिकारियों के आला दिमाग, काम करने की ललक, दिन-रात मेहनत करने की सनक, नेतृत्व क्षमता के चलते वे अन्य अधिकारियों के मुकाबले बेहतर थे। उनका मुखबिर तन्त्र इतना सटीक और

शानदार था कि अंडरवर्ल्ड की बारीक से बारीक ख़बर निकालना उनके लिए बायें हाथ का काम था। उनके आगे-पीछे उद्योगपतियों, कारोबारियों, फ़िल्मी हस्तियों की भीड़ लगी रहती थी। वे इन मुठभेड़ विशेषज्ञों के लिए कुछ भी करने को तैयार रहते थे। उनके लिए हर स्तर पर अपनी ताकत का इस्तेमाल भी करने से नहीं चूकते थे। आखिरकार मुंबई के कातिलों से ये मुठभेड़ विशेषज्ञ ही तो उनकी रक्षा करते थे। हर मुठभेड़ विशेषज्ञ का अपना खुफिया तन्त्र होता था। किसी गिरोह विशेष की जानकारी निकालने में वे इतने सक्षम थे कि अपराधी तो उनके हत्थे चढ़ने तय थे।

सन् 1991 में लोखंडवाला कॉम्प्लेक्स, अन्धेरी में माया डोलस समेत सात गुंडों की मुठभेड़ में इं. अंबादास पोटे भी थे। 1998 में दादर में राजन के चार गुंडों की मुठभेड़ में भी अंबादास पोटे थे। डीके राव पाँच गोलियाँ लगने पर भी ज़िन्दा बच गया था। वसन्त ढोबले सदा सुर्खियों में रहने वाले पुलिस अधिकारी हैं। अबू सायमा उर्फ़ जावेद फावड़ा मुठभेड़ कांड के कारण भी विवादों में रहे। दया नायक का दावा है कि 86 मुठभेड़ कर चुके हैं। सादिक कालिया, रफीक डिब्बावाला, विनोद मटकर के नाम दया नायक के मुख्य शिकार रहे हैं।

विजय सालस्कर, प्रफुल्ल भोंसले, रवीन्द्र आंग्रे, प्रदीप शर्मा, दया नायक, अरुण बोरूडे, राजत घुले, अनन्त किंजाले, राजन पिल्लै, सुरेश कदम, पास्कल डीसूजा, निनाद सावंत कुछ ऐसे नाम हैं, जो माफिया से हमेशा टकराते पाये जाते थे। ये सभी मुठभेड़ विशेषज्ञ माने जाते थे। इनके अलावा अंबादास पोटे, प्रफुल्ल जोशी, सुनील देशमुख, किरण सोनाने भी मुठभेड़ों के मामले में नाम कमा चुके हैं। हेमन्त देसाई, अविनाश सावंत, महेश देसाई, दिलीप सावंत, अशोक खोत भी इसी पथ के राही थे। इन्हें सहयोग देने का काम एए ख़ान से आरडी त्यागी, डी शिवानन्दन, आरएस शर्मा, एमएन सिंह, जेएफ रिबेरो, अरविन्द ईनामदार, आरएस मल्होत्रा, रोनाल्डो पी. मेंडोसा सरीखे वरिष्ठ अफसरान करते आये हैं।

क्या ज़रूरी हैं मुठभेड़ विशेषज्ञ?

इस सवाल का जवाब बड़ा ही टेढ़ा है। ये 'हाँ' में भी हो सकता है, 'ना' में भी। मुठभेड़ों और मुठभेड़ विशेषज्ञों के बरख़िलाफ़ झंडा उठाने वालों में मानवाधिकारवादी हैं, कुछ वकील हैं, कुछ अपराधियों के परिवार हैं, कुछ निरपराध मारे गये लोगों के परिवार हैं, कुछ पत्रकार हैं। मुठभेड़ विशेषज्ञों का साथ देने वालों में उनके परिजन हैं, वरिष्ठ पुलिस अधिकारी हैं, कुछ राजनेता भी हैं। सबके अपने-अपने तथ्य हैं, सबके अपने-अपने दावे हैं, सबके अपने-अपने कथ्य हैं।

सन् 2012 तक तो ऐसे हालात हो चुके थे कि किसी पुलिसकर्मी या अधिकारी के सामने मुठभेड़ शब्द का उच्चारण भी कर लें तो बिदक उठते थे। अब तक तो मुठभेड़ का सिलसिला पूरी तरह थम चुका था। वे यह तो नहीं कहते थे कि अब मुठभेड़ का नाम लेने से ही इसलिए डर लगता है क्योंकि उच्चाधिकारियों की आपसी राजनीति और सिर-फुटौव्वल के कारण उन्हें सुरक्षा नहीं मिल रही है। उनके ख़िलाफ़ अदालतों में फ़र्जी मुठभेड़ के नाम पर मुक़दमे हो रहे हैं। वे तो यही कहते थे कि मुठभेड़ों के कारण माफिया का दबदबा ख़त्म हो गया है। सारे गिरोह बिलों में जा दुबके हैं।

ये ज़रूर था कि डी-कम्पनी से नाना-कम्पनी तक, गवली गिरोह से नाईक गिरोह तक, किसी का कोई कारनामा बीते दो सालों में नहीं दिखा था। इसका कारण यह नहीं था कि वे पुलिस से डर गये थे या मुठभेड़ों ने उनके तमाम सिपहसालार और प्यादे ख़त्म कर दिये थे। असल में कुछ और ही कारण रहे कि ये गिरोह मुंबई में हफ्ते और सुपारी हत्याओं के धन्धे से दूरी बना रहे थे। अब तक पुलिस कार्रवाई के चलते गिरोहों की कमर टूट चुकी थी, गिरोहों का ताना-बाना छिन्न-भिन्न हो चुका था, गिरोहो के सिपहसालारों ने अपने-अपने गिरोह बनाने शुरू कर दिये थे, गिरोहों की आपसी मारकाट में ढेरों गुंडे मारे जा चुके थे, गिरोहों के सरगनाओं को मुंबई में हफ्तावसूली और सुपारी हत्याओं में भी रुचि कम हो चली थी, बिल्डरों से मिलने वाली अनाप-शनाप कमाई का जरिए भी बन्द हो चला था, इन तमाम कारणों से गिरोहों का आतंक मुंबई में कम हो चुका था। गिरोहों को आसानी से नये रंगरूट भी मिलने बन्द हो चले थे।

देश भर के तमाम मानवाधिकार संगठनों और अदालतों ने पुलिस मुठभेड़ों की खुले तौर पर निन्दा की और बेहद कठोर आदेश पारित किये। इसके कारण मुंबई पुलिस के आला अफसरान ने भी मुठभेड़ों पर एक तरह से रोक ही लगा दी थी।

कहानी मुठभेड़ वीरों की

वे कभी मुंबई पुलिस के महानायक थे। बाद में अचानक वे स्खलित नायक कहलाने लगे। जो लोग उन्हें पसन्द करते थे, वे भी अब उनसे डरने लगे थे। कुछ के मन में उनके प्रति सहज भय व्याप्त गया कि वे अच्छे लोग नहीं हैं। इन मुठभेड़ विशेषज्ञों की जानकारियाँ–

प्रदीप शर्मा–अपराधी गन्दगी हैं, और मैं सफाईकर्मी हूँ। ये मशहूर वाक्य इं. प्रदीप शर्मा का कहा माना जाता है। मुंबई के पुलिस अधिकारियों में सबसे अधिक मुठभेड़ अंजाम देने और सवाधिक गुंडे मारने वाले प्रदीप शर्मा ही रहे

हैं। उन पर रामनारायण गुप्ता उर्फ़ लखन भैया को फ़र्जी मुठभेड़ में मारने, आय के ज्ञात स्रोतों से अधिक सम्पत्ति के आरोप लगे हैं। वे मूल रूप से हिन्दीभाषी हैं लेकिन जन्म और परवरिश महाराष्ट्र में ही हुई है। अन्धेरी पूर्व के जेबी नगर में एक शानदार फ्लैट में उनकी रिहाइश है। ख्वाजा यूनुस कांड के आरोप भी उन पर लगे थे। उनके जीवन पर एक फ़िल्म 'डिपार्टमेंट' भी बनी, जिसमें मुख्य भूमिका संजय दत्त की थी।

मुंबई पुलिस आयुक्त ने धारा 311 के तहत मुंबई माफिया से मेलजोल और साँठगाँठ के आरोपों में इं. प्रदीप शर्मा को बरखास्त किया। उन पर दाऊद और राजन गिरोहों के साथ सम्बन्ध रखने के आरोप लगते रहे हैं। उनके ख़िलाफ़ आय से अधिक सम्पत्ति रखने के आरोप भी लगे थे लेकिन वे साबित नहीं हो सके। वे भी फिर लौट आये। प्रदीप शर्मा कुछ समय बाद बहाल हो गये। वे इस झगड़े फसाद से इतने आहत हुए कि उन्होंने पुलिस बल छोड़ दिया। जब सन् 2013 में लोकसभा चुनाव हुए, तब उनके भारतीय जनता पार्टी से चुनाव लड़ने के लिए टिकट की जिम्मेदारी पूर्व पुलिस आयुक्त सत्यपाल सिंह ने ली थी।

सचिन वझे–परभणी ज़िले के निवासी और सॉफ्टवेयर इंजीनियर ख्वाजा यूनुस कांड के चलते सन् 2003 में निलम्बित हुए, गिरफ़्तार हुए। उन्होंने दावा किया था कि ख्वाजा यूनुस को जाँच के लिए पुणे ले जाते वक्त जीप पलट गयी और तमाम पुलिसकर्मी बेहोश हो गये। आरोपी ख्वाजा यूनुस फरार हो गया। ख्वाजा के परिवार ने आरोप लगाया था कि पुलिस अधिकारियों ने उनके बेटे की हत्या की है। उसका शव कहीं दफन कर दिया है ताकि सबूत ख़त्म हो जायें। परिवार का ये भी दावा था कि सचिन वझे ने ख्वाजा से पूछताछ के दौरान मारपीट की थी। उसके पेट में घूँसा मार दिया, जिससे वह बेहोश हो गया था। उस पर ठंडा पानी डाल दिया, जिससे वह बेतरह बीमार होकर मर गया था। इस मामले ने एमबीए कर चुके इस इंस्पेक्टर के मन में वितृष्णा भर दी। वे 2007 में पुलिस बल को अलविदा कह गये। बाद में उन्होंने राजनीतिक दल शिवसेना में शामिल होने का निर्णय लिया। उनके शिकारों में प्रमुख मुन्ना नेपाली, कृष्णा शेट्टी थे।

विजय सालस्कर–गवली गिरोह के खात्मे का श्रेय उन्हें ही जाता है। 26 नवम्बर 2008 को मुंबई पर हुए मानवता के इतिहास के सबसे भीषण और भयावह आतंकी हमलों में विजय सालस्कर आतंकी को घेरने जाते समय मारे गये। वे भी उसी मशहूर 83 बैच के अधिकारी थे, जिसने सबसे अधिक मुठभेड़ विशेषज्ञ दिये थे। पवई में एक मुठभेड़ में 18 साल के एक युवक की मौत ने उनके दामन पर भी दाग डाल दिया था। वे मुंबई के सुपर कॉप कहलाने वाले

राकेश मारिया के सबसे पसन्दीदा अधिकारियों में से एक थे।

दया नायक–वे ख़ुद कहते हैं कि महज चार सालों में उन्होंने 83 गुंडों को यमलोक पहुँचाया था। एक उडीपी होटल में कभी बतौर बेयरा काम करने वाले, रात की पाठशाला में पढ़ कर उच्चशिक्षा तक पहुँचने वाले इस युवक ने सैकड़ों-हज़ारों युवकों के सामने सफलता की एक नयी परिभाषा रची थी। दया नायक 1995 में मुंबई पुलिस में भर्ती हुए थे। दिसम्बर 1996 में दया नायक ने जुहू में छोटा राजन गिरोह के दो गुंडों की पहली मुठभेड़ की थी।

दया नायक ने अपनी माताजी के नाम पर लगभग दो करोड़ की लागत का स्कूल मंगलूर के अपने पैतृक गाँव येन्नेहोले में खोला था, उसका उद्घाटन करने महानायक अमिताभ बच्चन के जाने से खासा बखेड़ा खड़ा हुआ था। फ़िल्मी हस्तियों से मित्रता ने भी कई बार उनके लिए समस्याएँ खड़ी कीं।

सन् 2003 में उनके ख़िलाफ़ पत्रकार केतन तिरोडकर ने गिरोहों से साँठगाँठ के आरोप लगाते हुए मुंबई मोका अदालत में याचिका दी थी, जिसके चलते उन पर मोका के तहत मामला भी दर्ज़ हुआ था। केतन ने बताया था कि दया नायक को दाऊद गिरोह के लिए काम करने के बदले में दी जाने वाली रकम उन्होंने ही लाकर दी थी। केतन ने बाकायदा शपथ पत्र पेश कर आरोप लगाया था कि दया नायक गिरोहों के लिए काम करते थे। केतन तिरोडकर ने बताया था कि वह सन् 2002 में दया नायक से मिला था, तभी से वे दोस्त बने थे। दया नायक पर 'मक़ोका' भी लगा था लेकिन सबूत न मिलने से बरी हो गये। ये आरोप अदालत में टिके नहीं थे। दया नायक तो बच गये, केतन तिरोडकर को मोका के तहत सजा हो गयी।

एसीपी शंकर कांबले ने सन् 2003 में, फिर डीसीपी केएल बिश्नोई ने सन् 2004 में जो जाँच कीं, उनमें दया नायक के ख़िलाफ़ एक भी सबूत न होने की बात कही गयी। एक और जाँच सन् 2004 में एसीपी दिलीप सावंत ने की, जिसमें भी उनके ख़िलाफ़ सबूत नहीं मिलने की बात थी।

कुर्ला के एक दुकान मालिक तारिक ख़ान ने आरोप लगाया कि पाँच लाख रुपये न देने पर दया नायक और उनके पाँच अन्य पुलिसकर्मी सहयोगियों ने मिल कर उनका अपहरण किया, उन्हें मुठभेड़ में मारने की धमकी दी, उन्हें अवैध हिरासत में रखा था। इसके कारण दया नायक को निलम्बित कर दिया था। जब मामला साबित न हो सका तो वे बहाल हो गये।

'अब तक छप्पन' प्रदर्शित होने के कुछ समय बाद दया नायक पर भ्रष्टाचार से जुड़े कई मामले सामने आने लगे तो उन्होंने अख़बारों से कहा था कि ये ख़बरें

इं. प्रदीप शर्मा द्वारा अख़बारों को मुहैया करवाई हैं।

एसीबी ने ज्ञात स्रोत से अधिक सम्पत्ति रखने के आरोप में जनवरी 2006 में एक मामला दया नायक के ख़िलाफ़ दर्ज़ किया था। आरोप लगा कि नायक ने अपने और पत्नी के नाम 60 लाख रुपये की बेनामी सम्पत्ति इकट्ठा की। 21 जनवरी 2006 को दया नायक के घर पर एसीबी ने छापा मारा। तलाशी ली। कोई सबूत नहीं मिले।

इसके बाद दया नायक के कर्नाटक में उसके गाँव में माँ की याद में बनाये स्कूल पर भी बिना कर्नाटक सरकार की जानकारी के एसीबी ने छापामारी की थी। वहाँ भी कुछ गलत नहीं मिला। महज छह लाख रुपये के आय से अधिक होने का मामला बन पाया था। 83 मुठभेड़ कर चुके दया नायक एसीबी के एसीपी भीमराव गाड़गे ने दया नायक को गिरफ़्तार किया था। 2 महीने बाद जमानत पर छूटे। इसके बाद वे निलम्बित हो गये।

18 फरवरी 2006 को मुंबई सत्र अदालत ने दया नायक को गिरफ्तार करने के आदेश जारी कर दिये थे। मुंबई हाईकोर्ट और सुप्रीम कोर्ट से अग्रिम जमानत न मिलने के कारण ये आदेश आये थे। 20 परवरी को दया नायक ने अदालत के समक्ष समर्पण कर दिया था। उन्हें 14 दिन पुलिस हिरासत में, फिर 45 दिनों तक न्यायिक हिरासत में रहना पड़ा। सबूत न मिलने के कारण उसके ख़िलाफ़ आरोप पत्र ही दाखिल नहीं हुआ। इसके चलते उसे जमानत पर अदालत ने रिहा कर दिया।

नवम्बर 2007 में एसीबी ने अदालत में मामला चलाने के लिए पुलिस महानिदेशक से अनुमति माँगी लेकिन उन्होंने अनुमति न दी। उन्होंने कहा कि दया नायक के खिलाफ सबूत नहीं हैं। इसके बाद एसीबी ने अदालत में रपट दाखिल कर दी। फरवरी 2008 में यह मामला अदालत में खत्म हो गया। जून 2011 में पुलिस महानिदेशक अजीत पारसनीस ने उन्हें आरोपों से मुक्त कर दिया था।

सन् 2008 में सोहराबुद्दीन शेख़ फर्जी मुठभेड़ मामला सामने आया तो केतन तिरोडकर ने एक और शपथ पत्र पेश किया। उसने आरोप लगाया कि दया नायक भी सादिक जमाल फर्जी मुठभेड़ कांड में शामिल था। दया नायक ने ही सादिक को पकड़ कर गुजरात पुलिस को सौंपा था।

सन् 2010 में अदालत ने उसके ख़िलाफ़ मोका के तमाम आरोप रद्द कर दिए थे।

16 जून 2012 को मुठभेड़ विशेषज्ञ दया नायक के लिए एक बड़ी राहत का दिन बना। आय से अधिक सम्पत्ति मामले में 6.5 साल निलम्बित रहे उप-निरीक्षक

दया नायक हो गये। उन्हें शस्त्र शाखा में तैनाती मिली। बहाली आदेश हाथ में आते ही दया नायक ने पहला काम यह किया कि वर्दी पहन कर पुलिस मुख्यालय जा पहुँचे और प्रभार सँभाल लिया।

दया नायक ने तुरन्त ही कहा कि उनके ख़िलाफ़ भ्रष्टाचार के तमाम आरोपों का ख़ात्मा हो गया है। अब आराम से काम कर सकेंगे। वे पूरे प्रकरण से खासे निराश चल रहे थे। उन्होंने तब कहा था कि वे हमेशा ख़ुद पर विश्वास करते रहे हैं। उन्हें मिथ्या आरोपों ने परेशान उतना नहीं किया लेकिन इस बात से दुखी हैं कि इन आधारहीन आरोपों के कारण उनके कई महत्त्वपूर्ण साल बरबाद हो गये।

जनवरी 2014 में उनका तबादला नागपुर हो गया। दया नायक नागपुर नहीं गये। जुलाई में उन्हें इसी कारण सरकार ने निलम्बित कर दिया। अगस्त 2015 में यह तबादला आदेश रद्द हो गया। 11 जनवरी 2016 को फिर उन्हें मुंबई पुलिस में बहाल कर दिया। उन्हें ऐसे विभागों में भेजा जाता रहा, जहाँ वे अपने पसन्दीदा तरीके से काम नहीं कर सकते थे। कहते हैं कि इं. दया नायक पर 'कगार' और 'रिस्क' फ़िल्में भी बनी थीं। 'अब तक 56' भी उनके जीवन पर बनी थी। उनके नाम फिल्म 'डिपार्टमेंट' भी है।

प्रफुल्ल भोंसले–पुलिस में भर्ती होने से पहले बैंक कर्मचारी रहे प्रफुल्ल भोंसले तत्कालीन डीसीपी (अपराध) परमबीर सिंह के बेहद प्रिय अधिकारी थे। उनकी हर मुठभेड़ में प्रफुल्ल भोंसले ज़रूर शामिल दिखते थे। नाईक गिरोह की कमर उन्होंने तोड़ी। गवली गिरोह में भी डर पैदा करने वाले विजय सालस्कर जितना ही श्रेय उन्हें भी जाता है। डीसीपी परमबीर सिंह का यह खास दस्ता टूट गया लेकिन प्रफुल्ल भोंसले की पिस्तौल के दहाने ने आग उगलना कभी बन्द नहीं की। जब वे घाटकोपर अपराध शाखा इकाई के प्रभारी हुए तो उन्होंने सन् 2002 में शकील गिरोह के सुपारी हत्यारे आरिफ कालिया को मार गिराया था। उनके बारे में वरिष्ठ अधिकारी भी कहते थे कि वे मामलों की तफ़्तीश करने में उस्ताद हैं। उन्हें सन् 2000-01 का डीसीपी दीपक जोग श्रेष्ठ जाँच अधिकारी पुरस्कार भी मिला था। सन् 2003 में ख्वाजा यूनुस मामले में गिरफ़्तारी का सामना करना पड़ा लेकिन बरी हो गये और वापसी की।

रवीन्द्र आंग्रे–'यह स्वतन्त्रता दिवस पर देश को मेरी भेंट है।' रवीन्द्र आंग्रे के शब्द सुरेश मंचेकर मुठभेड़ के तुरन्त बाद आये थे। वे हैं 83 बैच के एक और अधिकारी, जिन्होंने मुठभेड़ों का अर्धशतक बनाया था। कहते हैं कि जब उनकी 50 मुठभेड़ें पूरी हुई थीं तो अपने सभी साथियों और कुछ पत्रकारों को शानदार दावत दी थी। ठाणे ज़िले में उन्होंने अपराधियों और गिरोहबाजों के मन में

क़ानून का भय भर दिया था। उनके भी मुखबिरों का जाल शानदार माना जाता था। उनकी सबसे मशहूर मुठभेड़ गिरोह सरगना सुरेश मंचेकर की है, जो उन्होंने कोल्हापुर में की थी। सन् 2008 में ठाणे के एक बिल्डर महेश वाघ ने उन पर हफ्तावसूली का मामला दर्ज़ करवाया था, जिसके चलते उन्हें गिरफ़्तारी झेलनी पड़ी थी। 14 माह तक जेल में रहना पड़ा। सुरक्षा के लिहाज से उन्हें ठाणे जेल की अंडा सेल में रखा गया, जहाँ मुंबई माफिया के सबसे ख़तरनाक अपराधियों और आरोपियों को रखते हैं। वहाँ पहले से बन्द डी-कम्पनी के गिरोहबाज साजिद चिकना को देख कर तो उनके पाँवों तले ज़मीन ही सरक गयी थी। मई 2009 में वे बरी हुए।

असलम मोमिन–लगभग तीन दर्जन मुठभेड़ कर चुके इस पुलिस अधिकारी पर आरोप लगा कि गिरोह सरगना दाऊद इब्राहिम के भाई इक़बाल कासकर से बात की थी। इस सिलसिले में उनकी गिरोहबाजों से बातचीत पुलिस अधिकारियों ने रिकॉर्ड की थी। उन्हें धारा 311 के तहत पुलिस सेवा से सरकार ने जुलाई 2005 में मुअत्तल कर दिया। आरोप लगे कि इक़बाल कासकर को मुंबई आने के लिए उन्होंने ही समझाइश दी थी। मोमिन व इक़बाल के बीच बातचीत रिकॉर्डिंग से यह बात साबित हुई थी।

अरुण बोरुडे–वे एक भरोसेमन्द, शानदार और जांबाज अधिकारी की छवि रखते थे। एक ऐसा भी वक्त आया कि इस अधिकारी को, जिसने 47 गुंडों को मार गिराया था, ख़ुद अपराधियों की तरह अपने ही साथी पुलिस अधिकारियों से छुप कर भागना पड़ रहा था। अरुण बोरुडे पर एक नाबालिग लड़की से बलात्कार करने के आरोप लगे थे।

इस मामले में अरुण बोरुडे ने सत्र अदालत में अग्रिम जमानत के लिए अर्ज़ी दी लेकिन 25 नवम्बर 2010 को अतिरिक्त सेशन्स जज आरजी अवचट ने वह खारिज कर दी। एक दिन अचानक उनका शव रेल पटरियों पर मिला। उनका शव अहमदनगर ज़िले के श्रीरामपुर शहर के रेलवे स्टेशन से कुछ दूरी पर बुरी तरह क्षतविक्षत स्थिति में दिसम्बर 2010 में उनकी फरारी के एक माह बाद मिला था।

पुलिस ने दावा किया कि उन्होंने ग्लानि में आत्महत्या कर ली है जबकि उनके परिवार का खुला आरोप था कि वे आत्महत्या नहीं कर सकते हैं। वे किसी साजिश का शिकार हुए हैं। वे न तो बलात्कार कर सकते हैं। न ही उस तरह मौत को गले लगाएँगे। उनकी मौत की जाँच कभी ठीक तरह से नहीं हुई।

अंबादास पोटे–अंबादास पोटे को भी बेहतरीन जाँच अधिकारी माना जाता है। 90 के दशक में वे मुंबई पुलिस की अपराध शाखा की इकाई 10 के प्रभारी

थे। उन्होंने भी दर्जनों गुंडों को उड़ाया लेकिन वे कभी उसका श्रेय ख़ुद नहीं लेते थे। वे किसी और पुलिस अधिकारी का नाम आगे कर देते थे और पूरा मामला उसी के नाम पर दर्ज़ हो जाता था। वे बेहद खामोशी से मुठबेड़ अंजाम देते, उसे शक्ति प्रदर्शन के रूप में पेश नहीं करते, यही कारण रहा कि वे आराम से पदोन्नति भी पाते रहे। उनके समकक्ष मुठभेड़ विशेषज्ञ पदोन्नति पाने के लिए तरसते ही रह गये, वे डीसीपी के ओहदे तक जा पहुँचे।

मुठभेड़ विशेषज्ञों में भिड़न्त

जनवरी 2008 तक तो ऐसा भी वक्त आ गया था कि अख़बारों में ये ख़बरें छपने लगी थीं कि मुंबई पुलिस के नामचीन मुठभेड़ विशेषज्ञों प्रदीप शर्मा और विजय सालस्कर में घमासान मचा हुआ है। वे न केवल एक-दूसरे पर किसी न किसी तरह से विभागीय कार्रवाई करवाने पर आमादा थे बल्कि अदालतों में भी घसीटने की कोशिश कर रहे थे। आरोप लग रहे थे कि दोनों एक-दूसरे के करीबी लोगों का इस्तेमाल कर रहे हैं। यह पुख्ता तौर पर कभी नहीं कहा जा सका कि दोनों में बैर था। ऐसे सबूत भी कभी सामने नहीं आये लेकिन अख़बारों में जब ख़बरें छपीं, तो लोगों के कान खड़े होना स्वाभाविक था।

प्रदीप शर्मा और विजय सालस्कर को एक वक्त में गहरा दोस्त बताया जाता है लेकिन उनमें भी किसी कारण मनमुटाव हो चला और वे एक-दूसरे से प्रतिद्वन्द्विता करने लगे थे।

समाचार चैनल आईबीएन और समाचार एजेंसी पीटीआई वार्ता द्वारा जारी एक ख़बर के मुताबिक़ मुठभेड़ों का सैकड़ा पार करने वाले इं. प्रदीप शर्मा पर कांजुरमार्ग के निवासी हसन शेख़ की पत्नी रिजवाना ने आरोप लगाया कि वे उसके पति को मुठभेड़ में मारना चाहते हैं। रिजवाना ने इसकी शिकायत अदालत से की थी। तब कहा गया कि ये आरोप भी पुलिस बल की अन्दरूनी राजनीति का हिस्सा ही थे।

दूसरी और गिरोहबाज धनराज सिंह उर्फ़ बच्ची सिंह ने अदालत में अर्जी पेश की। उसने दावा किया कि इं. विजय सालस्कर ने उस पर दबाव डाला है कि प्रदीप शर्मा के ख़िलाफ़ प्रताड़ना का मामला पुलिस में दर्ज़ करवाये। उसने दावा किया कि इं. विजय सालस्कर और कुर्ला अपराध शाखा के अधिकारियों ने उसे ही नहीं बल्कि मित्रों और रिश्तेदारों पर भी ऐसे बयान दिलवाने के लिए दबाव डाला है। बच्ची सिंह ने इस सिलसिले में सीबीआई से जाँच की माँग की थी।

हाईकोर्ट की जस्टिस विलाल नाजकी और एसबी म्हसे खंडपीठ ने इस मामले

में तमाम अधिकारियों के ख़िलाफ़ मामला दर्ज़ कर सबसे जवाब तलब किया था। इन मामलों को इस तरह से देखा गया कि दोनों पुलिस अधिकारियों के बीच गम्भीर मनमुटाव है और वे एक-दूसरे से परोक्ष-अपरोक्ष भिड़न्त पर आमादा हैं।

फ़िल्म 'मैक्सिमम' के दो किरदारों, ईनामदार और पंडित के बारे में बताया तो यही जाता है कि उनमें से एक-एक प्रदीप शर्मा को सामने रख कर लिखा था। ईनामदार की भूमिका नसीरुद्दीन शाह ने निभाई। सोनू सूद ने पंडित का किरदार अदा किया था। फ़िल्म में एक वरिष्ठ अधिकारी उन दोनों से पूछता है कि तुम दोनों ने मुठभेड़ में अमूमन बराबर ही मारे हैं तो ईनामदार तुरन्त जवाब देता है—"नहीं, मेरे ज्यादा हैं। मैंने 56 मुठभेड़ किये हैं—मैक्सिमम।"

दया और प्रदीप शर्मा साथ में काफ़ी समय तक काम करते रहे। यह कहा जाता है कि रामगोपाल वर्मा की फ़िल्म 'अब तक छप्पन' फ़िल्म के कारण मुंबई की यह सबसे प्रसिद्ध पुलिस अधिकारियों की जोड़ी टूटी थी। 'अब तक छप्पन' के चलते इं. प्रदीप शर्मा और इं. दया नायक में मनमुटाव होने की बात कही जाती है। फ़िल्म की मुख्य भूमिका अदा करने वाले नाना पाटेकर का किरदार इं. प्रदीप शर्मा को सामने रख कर लिखा बताते हैं।

दूसरी तरफ़ यह कहा गया कि यह किरदार दया नायक का है। फ़िल्म में जतीन शुक्ला का किरदार ही दया नायक का होने की बात इं प्रदीप शर्मा ने अख़बारों से कही थी। दया नायक उनकी भूमिका अपने नाम पर बता कर बढ़त हासिल करने की कोशिश कर रहे हैं।

यह भी कहा गया कि इस फ़िल्म के टीवी पर प्रोमो देख कर प्रदीप शर्मा की बेटी ने उनसे पूछ लिया था कि दया अंकल पर फ़िल्म बन गयी, आप पर फ़िल्म कब बनेगी? इस बात ने इं. शर्मा को बुरी तरह खफा कर दिया था। उनके मन में दया नायक के लिए वह बात नहीं रह गयी, जो पहले कभी होती थी। यह बात और है कि इस कहानी की पुष्टि भी किसी स्तर से नहीं होती है।

कितने गये?

1993 से 2003 के बीच मुंबई में स्याह प्रेतों का आतंक नर्तन चरम पर था। तत्कालीन पुलिस अधिकारियों और नेतृत्व को यह सूझ ही नहीं रहा था कि इसका इलाज क्या करें। ऐसे में त्वरित न्याय का मुठभेड़िया सिद्धान्त सामने आया। वरिष्ठ अधिकारियों ने प्रदीप शर्मा, विजय सालस्कर, प्रफुल्ल भोंसले, हेमन्त देसाई, रवीन्द्र आंग्रे, दया नायक, अंबादास पोटे जैसे अधिकारियों को इनका नामोनिशान मिटाने के आदेश दिये। उन्हें कहा कि वे खुल कर काम करें, बस ये आतंक

राज ख़त्म होना चाहिए। उनकी पिस्तौलों के दहाने खुल गये और पूरी मुंबई के सरमायादारों के सीनों में उन्होंने पिघला सीसा भर दिया।

1994 में 30 गुंडे पुलिस मुठभेड़ों में मरे थे। 1997 में पुलिस ने 71 गुंडों को मारा था। 1999 में 83 गुंडों को पुलिस ने मारा था। 2000 में पुलिस ने 73 गुंडे मारे थे। सन् 2001 से पुलिस मुठभेड़ों के आंकड़े भी कम होते चले गये। सन् 2001 में पुलिस ने मुठभेड़ में कुल 94 गुंडों को मार गिराया था। सन् 2002 में 47, सन् 2003 में एक भी नहीं। सन् 2006 में कुल 8 मारे, 2007 में ये संख्या 10 हुई, 2008 में 9 रह गयी, 2009 में घट कर 8 हो गयी, 2010 में यह फिर 9 हुई। सन् 2000 से 2010 तक के 10 सालों में मुंबई पुलिस ने कुल 272 गुंडें और आतंकी मारे थे। उनमें नाना कम्पनी के कुछ 97 गुंडें थे। डी-कम्पनी के 46 गुंडें ही थे। 2011 में यह 4 पर ही जा पहुँची। सन् 2013 में पुलिस ने एक भी मुठभेड़ नहीं की, एक भी गुंडा या आतंकी नहीं मारा।

फ़र्ज़ी मुठभेड़ पर सज़ा-ए-मौत का फ़रमान

और अन्त में एक खास ख़बर। देश की सर्वोच्च अदालत की जस्टिस मार्कंडेय काटजू और सुधा मिश्रा खंडपीठ ने मई 2011 के दूसरे सप्ताह में साफ़ कर दिया कि वह पुलिस अधिकारियों की बेजा हरकतें बरदाश्त करने के लिए नहीं है। अदालत ने साफ़ कहा कि फ़र्ज़ी मुठभेड़ करने वाले पुलिस अधिकारियों की सिर्फ़ एक सज़ा है—और वो है फाँसी।

यह सुन कर दिल्ली-मुंबई से लेकर पूरे देश के तमाम उन पुलिस अधिकारियों के हाड़ काँप गये, जिन्होंने मुठभेड़ों में मौतों का अर्धशतक और शतक बनाने की होड़ मचा रखी थी। अदालत ने कहा ये नकली मुठभेड़ें किसी भी तरह से क्रूर हत्याओं से कम नहीं हैं। इसमें शामिल पुलिसकर्मियों को मौत की सज़ा से कम तो नहीं ही मिलनी चाहिए।

जस्टिस काटजू और सुधा मिश्रा ने फ़ैसले में कहा, 'किसी मामले में किसी पुलिसकर्मी के ख़िलाफ़ फ़र्ज़ी मुठभेड़ साबित होती है, तो ऐसे मामलों को दुर्लभतम से भी दुर्लभ मान कर मौत की सज़ा ही मिलनी चाहिए।'

इसके साथ ही अदालत ने वह अपील खारिज की, जिसमें मुंबई पुलिस के इं. प्रदीप शर्मा और उनके दस्ते व मुखबिरों पर फ़र्ज़ी मुठभेड़ में लखन भैया की हत्या को लेकर अपील थी। उसमें इं. प्रदीप शर्मा की रिहाई को चुनौती दी थी।

फ़र्ज़ी मुठभेड़ नाक़ाबिले बरदाश्त

और सबसे अन्त में एक ख़ास ख़बर। देश की सबसे बड़ी अदालत ने जैसे ही

22 सितम्बर 2014 को यह ऐतिहासिक आदेश सुनाया कि अब हर मुठभेड़ की जाँच होगी। अब हर मुठभेड़ के फ़र्जी पाये जाने पर पुलिस वालों के ख़िलाफ़ मुक़दमा दर्ज़ होगा। अब जाँच ख़त्म होने तक मुठभेड़ में शामिल पुलिस वालों को पदोन्नति या वीरता पुरस्कार नहीं मिलेगा। मुंबई में मुठभेड़ों की ही मुठभेड़ में मौत हो गयी।

सुप्रीम कोर्ट ने इस आदेश में साफ़ किया कि सीआरपीसी की धारा 176 के तहत हर मुठभेड़ की न्यायिक जाँच ज़रूरी होगी। पुलिस अधिकारियों को अपराधियों की सूचना मिलते ही अपनी डायरी में पहले से ही दर्ज़ करना होगा। हर मुठभेड़ के बाद उन्हें अपने हथियार व गोलियाँ जमा करने होंगे ताकि उनकी जाँच की जा सके। मुख्य न्यायाधीश आरएम लोढ़ा की पीठ ने कहा कि जाँच रपट स्थानीय अदालत और राज्य मानवाधिकार आयोग या राष्ट्रीय मानवाधिकार आयोग को भेजनी होगी।

एक तरफ़ मानवाधिकारवादियों ने इस फ़ैसले को ऐतिहासिक करार दिया, दूसरी तरफ़ पुलिस व जाँच एजेंसियों के तमाम अधिकारियों ने इस फ़ैसले पर निराशा जताते हुए, इसे मनोबल तोड़ने वाला बताया। उनके मुताबिक़ अब कोई भी अधिकारी किसी अपराधी या आतंकवादी का पीछा कर उसे खेदड़ने या उस पर गोलियाँ चलाने के पहले एक हज़ार बार सोचेगा। उसे सदा यह भय बना रहेगा कि किसी भी छोटे से नुक्ते या बिन्दु पर उसे मुठभेड़ मामले में गिरफ़्तार कर उन्हीं सलाखों के पीछे रखा जायेगा, जिनके पीछे उनके गिरफ़्तार किये गुंडे और आतंकी होंगे।

मानवाधिकारवादियों का कहना था कि आतंकवाद ग्रस्त जम्मू-कश्मीर और पंजाब से लेकर मुंबई माफिया के सरगनाओं और सुपारी हत्यारों से पीछा छुड़ाने के 'फौरी न्याय के साधन मुठभेड़ों' का चक्कर पूरे देश की पुलिस ने एक तरह से अपनी अदालत—अपना न्याय के सिद्धान्त के रूप में अपना लिया था। देश भर के पुलिस अधिकारियों ने अपराधियों और गुंडों को गिरफ़्तार कर हर दिन उनके पीछे अदालतों के चक्कर लगाने से बेहतर मुठभेड़ों में उन्हें मार गिराने की नीति पर चलना पसन्द किया। इस चक्कर में कई भ्रष्ट अधिकारियों ने सुपारी लेकर लोगों को नकली मुठभेड़ों में भी मार गिराया था।

राष्ट्रीय मानवाधिकार आयोग के मुताबिक़ सन् 2002 से 2008 के बीच पूरे देश में फ़र्जी मुठभेड़ों की कुल 440 घटनाएँ दर्ज़ हुईं। जनवरी 2009 से फरवरी 2013 के बीच संदिग्ध फ़र्जी मुठभेड़ों के कुल 555 मामले दर्ज़ हुए थे। जुलाई 2013 में केन्द्रीय गृहमन्त्रालय ने मुठभेड़ों के मामले में बेहद चौंकाने वाले राष्ट्रीय आंकड़े

जारी किये थे। मन्त्रालय के आँकड़ों के मुताबिक़ राष्ट्रीय मानवाधिकार आयोग के पास महज एक अप्रैल 2009 से 15 फ़रवरी 2013 तक महज 4 सालों में ही कुल 555 फ़र्जी मुठभेड़ों के मामले दर्ज़ हुए हैं। इनमें से 144 मामले हल हो गये हैं लेकिन 411 में पुलिस जाँच जारी थी या अदालत में मुक़दमा जारी था। इस दौरान उत्तर प्रदेश में 138, मणिपुर में 62, असम में 52, पश्चिम बंगाल में 35, झारखंड में 30 और छत्तीसगढ़ में 29 फ़र्जी मुठभेड़ों के मामले सामने आये थे।

मुठभेड़ और मानवाधिकार हनन

पुलिस पर मुठभेड़ों को लेकर चाहे जितने आरोप क्यों न लगे हों, पुलिस हमेशा बेदाग बचती रही है। अब यह पुराना मुद्दा है जो नये मुलम्मे में उछल रहा है। सवाल पूछा जा रहा है कि क्या मुठभेड़ों में अपराधियों को मार गिराना मानवाधिकारों का खुला उल्लंघन नहीं है?

जवाब मिलता है भूतपूर्व हाईकोर्ट जज बख़्तावर लेंटिन के इन विचारों से–'मानवाधिकार से मतलब मानवों से होता लेकिन गिरोह सरगना इनसान ही कहाँ हैं? वे ख़ुद भी तो मानवाधिकारों का उल्लंघन करते हैं।'

यह बात श्री लेंटिन ने वाईबी चव्हाण सभागार में हुए एक शैक्षणिक सत्र में कही थी। यह पुलिस बल के नवनियुक्त 400 पुलिस अधिकारियों को पुलिस के कर्तव्यों के बारे में जानकारियाँ देने के लिए किया था।

मन मथते सवाल

ऐसा क्यों होता है कि मुठभेड़...

...रात में ही होती है?

...में सिर्फ़ वे अपराधी ही मारे जाते हैं जिनके आने की सूचना पुलिस को होती है?

...में अँधेरे का लाभ उठा कर मारे गये अपराधी के साथी फरार हो जाते हैं?

...में कभी भी किसी पुलिसकर्मी को चोट नहीं लगती है?

...में ख़तरनाक गुंडों और अपराधियों के पास से भी बेहद घटिया किस्म के हथियार ही बरामद होते हैं?

...सुनसान और एकान्त इलाकों में ही होती हैं?

...में गोलियों से छिदा अपराधी अस्पताल ले जाते वक्त रास्ते में ही दम तोड़ जाता है?

...का प्रारम्भ किसी एक पुलिस प्रमुख के कार्यकाल में ही शुरू होता है?

मुठभेड़ मुंबई में

इं. अरुण बोरुडे—47

इं. असलम मोमिन—34

इं. दया नायक—86

इं. प्रदीप शर्मा—113

इं. प्रफुल्ल भोंसले—90

इं. रवीन्द्र आंग्रे—55

इं. विजय सालस्कर—80

इं. सचिन वाझे—63

(सूची विभिन्न स्रोतों पर आधारित। आधिकारिक आंकड़े नहीं हैं।)

टाडा : सत्य और कथ्य

'टाडा' एक ऐसा क़ानून जो आतंक का पर्याय था। उनके लिए यह आतंक का पर्याय था जो ख़ुद आतंक फैलाते थे। टाडा के तहत जो कार्रवाई मुंबई माफिया के ख़िलाफ़ हुई, वह कितनी कारगर रही, इस बारे में किसी को सन्देह नहीं। उन दिनों सभी गिरोहों के सदस्य पुलिस से अगर किसी कारण डरते थे तो उनकी गोलियों से नहीं, बल्कि टाडा से। टाडा ने कैसे माफिया के आतंक को कम करने में महत्त्वपूर्ण भूमिका अदा की और कैसे वह ख़ुद आतंक बन कर सामने आया...एक बहस।

क़ानून का ककहरा

बमकांड छानबीन में लगा वह थका-हारा पुलिस अधिकारी उस शाम शान्ति भुवन होटल में मेरे सामने बैठा जूस की चुस्कियाँ लेते हुए कह रहा था–

'आपको पता है, संजय दत्त को टाडा में गिरफ़्तार करने वाले हैं?'

'क्या कह रहे हैं आप?'

मेरा हड़बड़ाना जायज़ था। संजय का नाम बमकांड के सिलसिले में ख़ूब उछल रहा था लेकिन सभी का मत था कि उसके ख़िलाफ़ टाडा के तहत कार्रवाई नहीं होगी। ऐसे में इस अधिकारी का यह कहना चौंकाने के लिए बहुत काफ़ी था। वह इतमिनान से बोला–

'लगता तो यही है।'

'लगने का मतलब क्या हुआ?'

'आज जैसी चर्चा थी, उसके आधार पर कह रहा हूँ।'

'चर्चा का क्या चक्कर है?'

'यानी पोलिटिकल...'

'राजनीति का बमकांड से क्या लेना-देना?'

'टाडा से तो है...'

'कैसे?'

'टाडा के ख़िलाफ़ कांग्रेसी और समाजवादी न जाने कबसे दंगा मचाये हैं। उनको इस क़ानून को रद्द करवाना है। उनकी तो दुकान ख़त्म हुई जा रही है।'

'तो मेरे भाई, उसका संजय दत्त से क्या लेना-देना?'

'अगर संजय दत्त को टाडा में गिरफ़्तार करते हैं तो बड़ा धमाल होगा। वह एक सितारा है, उसके पिता न केवल फ़िल्मी हस्ती हैं बल्कि कांग्रेस के सांसद हैं, संजय की गिरफ़्तारी से बड़ी बहस चल पड़ेगी...'

'इस बहस से क्या होगा?'

'यह कि संजय टाडा क़ानून ख़त्म करवाने का सबसे बढ़िया उपकरण बनेगा।'

'यार अपने गले यह बात आसानी से उतर नहीं रही है।'

'मेरे भी नहीं उतरती...लेकिन जो संकेत मिले, उनको मैं दुहरा रहा हूँ।'

'परन्तु मुझे एक बात बताएँ।'

'हाँ...'

'क्या संजय दत्त ने ऐसा जुर्म नहीं किया है जिसके लिए वह टाडा में गिरफ़्तार हो?'

'किया है, एक अधिसूचित क्षेत्र में एक प्रतिबन्धित हथियार अवैध रूप से

हासिल किया। टाडा में प्रतिबन्धित हथियार अधिसूचित क्षेत्र में रखना अवैध है। ऐसे व्यक्ति के ख़िलाफ़ टाडा लगाया जा सकता है और...'

'तो फिर यहाँ राजनीति कहाँ घुस गयी?'

'मामला शरद पवार विरुद्ध सुनील दत्त भी तो है।'

'तो क्या पवार-दत्त की लड़ाई में संजय यूँ ही पिस जायेगा?'

'राजनीति इसी का नाम है मेरे दोस्त...'

'भली बला है भाई यह राजनीति भी...'

'देख लेना, कुछ दिनों में खासा बवंडर उठेगा। हम-तुम कुछ नहीं कर पायेंगे। जो होगा, हम सभी मूक दर्शक होंगे।'

हमारे सामने रखे इडली-सांभर अब तक ठंडे हो चुके थे, जूस के गिलासों के बाहरी हिस्से पर पानी की बूँदें जमा थीं, मानो उन गिलासों को भी पसीना आ गया। अब उनकी ओर ध्यान गया तो इडली खाकर जूस पिया और बिल अदा कर बाहर आये। दोनों ने दुआ-सलाम की और अपने-अपने दफ्तरों की ओर चल दिये। उस अधिकारी की बात को चन्द दिन न बीते होंगे कि वही हुआ जिसकी जानकारी मिली थी।

कठघरे में क़ानून

स्थान—आर्थर रोड जेल विशेष टाडा अदालत परिसर मुंबई।

तारीख—1994 का एक दिन।

समय—दोपहर।

क़ानून—आतंकवादी और विध्वंसक गतिविधि (रोकथाम) क़ानून (टाडा) 1987।

जेल—ठाणे सेंट्रल जेल, जिला ठाणे।

नाम—संजय दत्त।

व्यवसाय—अभिनय।

आरोप—अवैध विदेशी हथियार रखना। बमकांड साजिशकर्ताओं को सहयोग प्रदान करना इत्यादि।

स्थान—दिल्ली।

तारीख़—5 नवम्बर 1986।

समय—शाम।

क़ानून—आतंकवादी और विध्वंसक गतिविधि (रोकथाम) क़ानून (टाडा) 1987।

जेल—तिहाड़ जेल, दिल्ली।

नाम—शहीद सिद्दीकी।

व्यवसाय—सम्पादक, उर्दू साप्ताहिक नयी दुनिया।

आरोप—लन्दन निवासी खालिस्तानी विचारक-जंगजू जगजीत सिंह चौहान का साक्षात्कार अख़बार में छापना कि खालिस्तान एक दिन सच्चाई बन जायेगा।

उन दिनों संजय दत्त जमानत के लिए क़ानूनी लड़ाई लड़ रहा था, मामला सुप्रीम कोर्ट में था और हालात बेहद जटिल, सवाल था कि उसे जमानत मिलेगी या नहीं? संजय दत्त को एक बार जमानत मिली, वह काम करता रहा, देश छोड़ कर नहीं गया, फिर गिरफ़्तार हुआ।

उधर मामला सिद्दीकी का लें तो पता चलता है कि सिर्फ़ एक इंटरव्यू छापने के कारण उन्हें पुलिस ने 'टाडा' में बन्द कर दिया। 18 दिनों तक लम्बी और गम्भीर बहस, खोज, नुक्ताचीनी, जाँच-पड़ताल तथा माथाफोड़ी के बाद सिद्दीकी को जमानत मिली। श्री सिद्दीकी काम करते रहे, प्रधानमन्त्री कार्यालय के अधिकृत बुलावों पर 15 विदेश यात्राएँ कर आये, फिर भी टाडा आरोपी, लेकिन जमानत पर बाहर।

मुंबई ही नहीं पूरे महाराष्ट्र में टाडा दुरुपयोग की बातें जोर-शोर से उठाने की कोशिशें हुईं, लेकिन बगैर राजनीतिक सहयोग के दब गयीं। हर राजनीतिक दल का सिर्फ़ मुस्लिम प्रतिनिधि टाडा के ख़िलाफ़ बोलता रहा कि यह 'काला क़ानून' मुस्लिमों का दमन करता है। आरोप लगा कि बाबरी मस्जिद ढहने से नाराज और दिसम्बर 92-जनवरी 93 के दंगों में शिकस्त से आहत मुस्लिमों को मनाने-मरहम लगाने के लिए कांग्रेस ने भी टाडा की मुखालफत की थी। तत्कालीन मुख्यमन्त्री महाराष्ट्र शरद पवार पहले ही टाडा के ख़िलाफ़ बोल चुके थे। तत्कालीन केन्द्रीय आन्तरिक सुरक्षा मन्त्री राजेश पायलट ने मुंबई में 'ख़िलाफ़त दिन' के जुलूस की अगुवाई के पहले ऐलान किया कि टाडा का दुरुपयोग सिद्ध हो जाये तो यह रद्द होगा। इससे टाडा पर व्यापक बहस छिड़ गयी। इधर सुरक्षा जाँच और खुफिया एजेंसियाँ इस अचूक अस्त्र को खोना नहीं चाहती थीं, उधर मानवाधिकार संगठन, वकील और मुस्लिम नेता इसे जड़-मूल से ख़त्म करने पर आमादा थे। दोनों पक्ष अपनी जगह सही थे। अब किसकी बात मानें? प्रश्न यही था।

4 अगस्त 1994 को केन्द्रीय मंत्रियों, सांसदों और वकीलों की एक संयुक्त बैठक में श्री पवार ने ऐलानिया कहा कि हमारी क़ानून व्यवस्था में 'टाडा' सबसे ख़तरनाक हिस्सा है। इसके दुरुपयोग की शिकायतें सुन एक जाँच आयोग बैठाया गया, जिसने पाया कि टाडा में 50 फ़ीसदी मामले फ़र्जी बनाये गये। यह भी कि

टाडा के तहत गिरफ़्तार हुए लोगों में मुस्लिम समुदाय का प्रतिशत सर्वाधिक था। जब महाराष्ट्र का मुख्यमन्त्री ऐसे बयान दे तो कोई आश्चर्य नहीं कि बाकी भी अधिक हाय-तौबा मचाएँ। टाडा राजनीति में वाद-विवाद का विषय बन गया। श्री पवार की जान उन दिनों जितनी साँसत में थी, पहले कभी न थी। पहले खैरनार ने उनकी ख़बर ली, फिर तिनयीकर ने तड़का दिया, फिर अन्तुले ने आरोप लगाये, फिर उल्हास जोशी उछल कर मैदान में आ गये, फिर रामदास नायक की हत्या का मामला आ गया। विरोधी कहते हैं कि 'टाडा' में 'गिरफ़्तारी पुनर्विचार की सम्भावना' का शोशा श्री पवार के दिमाग़ में इसलिए आया क्योंकि वे 'अपने लोगों' को बचाना चाहते थे।

महाराष्ट्र में टाडा दुरुपयोग पर श्री पवार के ख़िलाफ़ पूर्व मुख्यमन्त्री अब्दुल रहमान अन्तुले ने ही आरोप नहीं लगाये, उनके निकट प्रतिद्वन्द्वी अर्जुन सिंह और शंकरराव चव्हाण के अलावा तत्कालीन रेल मन्त्री सीके जाफ़र शरीफ़ और तत्कालीन आन्तरिक सुरक्षा मन्त्री राजेश पायलट भी सख्त मुखालफत में थे। श्री पायलट ने ठीक श्री पवार के गढ़ में आकर चोट की ओर 'टाडा दुरुपयोग' का दावा (आरोप) ठोंक कर चले गये। शरद पवार भले ही खुद टाडा के विरोध में थे लेकिन उनकी नाक के नीचे आकर उनकी मूँछों के बाल तोड़ कर ले जाना इस मराठा क्षत्रप को भी रास नहीं आया था। उनके प्रतिद्वन्दियों ने टाडा की मुखालफत कर एक तरह से उनकी मदद ही की थी लेकिन यह शरद पवार के लिए इसलिए परेशानी भरा था क्योंकि वे टाडा के दुरुपयोग का मामला महाराष्ट्र, खासतौर पर मुंबई में जो उठा रहे थे।

उधर मुंबई पुलिस भारी परेशानी में थी। बमकांड के तमाम आरोपियों को पकड़ने, उनके ख़िलाफ़ आरोप-पत्र बनाने इत्यादि में दिन-रात एक करने के बाद भी 'शाबाशी' या 'धन्यवाद' का एक बोल न मिला, ऊपर से सीबीआई को अदालत में मामला चलाने का इनाम दे दिया। आहत पुलिस पर अल्पसंख्यकों पर अत्याचार और टाडा दुरुपयोग के आरोप लगे। पुलिस अधिकारी कहते हैं कि बमकांड पूर्णतः आतंकी गतिविधि है। वे मानते हैं कि बमकांड के बाद कुछ लोगों को जल्दबाजी में टाडा लगाया। कुछ बमकांड आरोपियों को टाडा से छूट मिली, जो बाद में सही साबित हुई।

पुलिस अधिकारी आज भी यही मानते हैं कि कई दशकों पुरानी भारतीय दंड संहिता (आईपीसी) और अपराध प्रक्रिया संहिता (सीआरपीसी) के जरिए अपराधों की रोकथाम असम्भव है। इसी वजह से पुलिस टाडा का इस्तेमाल गिरोहबाजों के ख़िलाफ़ करती थी। यह सच है कि मुंबई में टाडा का इस्तेमाल गिरोहबाजों

के ख़िलाफ़ सर्वाधिक संख्या में हुआ। लेकिन सच यह भी है कि मुंबई का एक अदना-सा हवलदार भी किसी पान-सब्ज़ी वाले को 'हफ्तावसूली' के लिए घुड़कता था तो यही कहता था—'ठीक से रह, नहीं तो टाडा में डाल दूँगा।'

बमकांड के फौरन बाद मुंबई पुलिस ने जिस हड़बड़ी में गिरफ्तारियाँ कीं, उसे देख कर लगा कि ठाणे, रायगढ़ और मुंबई में अपराधी ही नहीं, उनके लिए छोटे-मोटे काम करने वाले भी जेलों में दिखेंगे। अति उत्साह की हद तब हो गयी, जब मुंबई पुलिस के एक दस्ते ने 40 से अधिक जुलाहों को धर दबोचा। आरोप था—विध्वंसक रॉकेट रखने का। ये रॉकेट भी दो-चार नहीं, सैकड़ों की संख्या में ज़ब्त हुए। सात दिनों बाद पता चला कि ज़ब्त सामग्री रॉकेट या उनके खोल न होकर बुनाई के काम आने वाले 'स्पिंडल कोन' थे। गिरफ़्तारी के दौरान जुलाहों पर कथित 'रॉकेट' की प्राप्ति स्रोत जानने के लिए बेतहाशा जुल्म हुए। पुलिस को भरोसा ही न था कि ये 'स्पिंडल कोन' हैं। अप्रमाणित आँकड़ों के मुताबिक़ सिर्फ़ बमकांड के दौरान टाडा के नाम पर अवैध गिरफ्तारियों की संख्या 3,000 तक गयी थी। इनमें से मात्र 175 के ख़िलाफ़ आरोप पत्र दाखिल हुए।

राष्ट्रीय मानवाधिकार आयोग (एनएचआरसी) ने टाडा को 'काले से भी अधिक काला' क़ानून की संज्ञा दी तो तमाम मानवाधिकार संगठन इसके ख़िलाफ़ खड़े हो गये। 90 के दशक में नागरिक स्वतन्त्रता आन्दोलन के तहत 'टाडा' खास मुद्दा बना। एनएचआरसी इसके ख़िलाफ़ क़दम उठाने लगा। स्व. केन्द्रीय गृहमन्त्री शंकरराव चव्हाण ने संसद में स्वीकार किया कि टाडा का दुरुपयोग हो रहा है। उन्होंने तमाम राज्यों के मुख्यमंत्रियों को एक पत्र लिख कर टाडा का दुरुपयोग रोकने के लिए कहा।

एनएचआरसी अध्यक्ष और सुप्रीम कोर्ट के पूर्व चीफ जस्टिस रंगनाथ मिश्रा नये परिवर्तनों के साथ आये टाडा की पुनर्समीक्षा में लगे थे। वे बताते हैं, 'परिवर्तनों के बावजूद टाडा की भयावहता में कोई कमी नहीं आयी। इसे रोकने के लिए एनएचआरसी ने सुप्रीम कोर्ट में याचिका दायर की।' एनएचआरसी महासचिव और वरिष्ठ संवैधानिक वकील आरवी पिल्लई ने कहा कि इस पर चर्चा होनी चाहिए। वे कहते हैं, 'टाडा के ख़िलाफ़ याचिका अपनी मिसाल आप है क्योंकि टाडा का दुरुपयोग राज्यों में सीमाएँ लाँघ गया। पुलिस को जुल्म का एक नया अस्त्र मिल गया महसूस होता है।' वे बताते हैं कि आयोग ने पहले भी मुख्यमंत्रियों को दुरुपयोग के बारे में चेतावनी दी, राज्य सचिवों को समय-समय पर लिखा, केन्द्रीय गृह मन्त्रालय के अधिकारियों से कई बैठकें कीं, जिसमें मुद्दा था कि राज्यों में टाडा के तहत क्यों, कैसे और कितने मामले दर्ज़ हुए? इनका

विश्लेषण भी किया...लेकिन नतीजा? वही...सिफर।

गृह मन्त्रालय और पीपुल्स यूनियन फॉर सिविल लिबर्टीज (पीयूसीएल) तथा द पीपुल्स यूनियन फॉर डेमोक्रेटिक राइट्स (पीयूडीआर) जैसी मानवाधिकार संस्थाएँ टाडा क़ैदियों के सन्दर्भ में अपने आंकड़े देती हैं। इन्हें सही माना जाये तो हालात भयावह दिखते हैं। पीयूसीआर का दावा है कि 1985 से टाडा ख़त्म होने तक 53 हज़ार से अधिक लोग पकड़े गये। इससे भी ख़तरनाक स्थिति यह थी कि जिन राज्यों में आतंकवाद न था, वहीं इस काले क़ानून के सर्वाधिक शिकार हुए। इसका श्रेष्ठतम उदाहरण गुजरात है, जहाँ 19,000 लोग टाडा में पकड़े गये। इनमें से मात्र 12 फ़ीसदी के आरोप पत्र अदालतों में पहुँचे, सिर्फ़ 4 फ़ीसदी की सुनवाई हुई और सालाना सज़ा की दर 1 फ़ीसदी से भी कम रही।

सुप्रीम कोर्ट संविधान पीठ ने टाडा की वैधता पर प्रश्नचिह्न लगाया, कुछ परिवर्तन ज़रूरी समझे। राजेश पायलट स्वीकार करते थे कि टाडा का दुरुपयोग हुआ है। वे मानते थे कि सज़ा की दर काफ़ी कम है। 'आतंकवादियों को सज़ा देने के लिए पहले से मौजूद क़ानून पर्याप्त थे, नये क़ानून (टाडा) की तो ज़रूरत ही न थी।' उनका नजरिया था कि टाडा का दुरुपयोग न रोका गया तो उसे ख़त्म कर दिया जाये। यही नजरिया तत्कालीन प्रधानमन्त्री पीवी नरसिंहराव का भी रहा। उनको जबर्दस्त राजनीतिक समर्थन मिला और अन्ततः टाडा ख़त्म हो गया।

तत्कालीन केन्द्रीय गृह सचिव के. पद्मनाभैया कहते हैं कि देश भर में कुल 46,425 मामले दर्ज़ हुए। इसमें से 38,442 (82.2 फ़ीसदी) व्यक्तियों को देश के उत्तर-पूर्वी राज्यों, आन्ध्रप्रदेश, असम, पंजाब, जम्मू-कश्मीर और तमिलनाडु में गिरफ़्तार किया। वे टाडा को राजस्थान और गुजरात में लागू करने का कारण बताते हैं कि दोनों राज्य सीमा पर हैं, जहाँ गलत गतिविधियाँ काफ़ी होती हैं। इसे रोकने के लिए टाडा लगाया। इन राज्यों की लम्बी खुली असुरक्षित सीमा पर तस्करी ख़ूब होती है। यहाँ से सोना, नशा, उपभोक्ता सामग्रियाँ और हथियार देश में चोर रास्तों से आते हैं। लेकिन महाराष्ट्र सीमान्त प्रदेश नहीं, फिर यहाँ टाडा की ज़रूरत क्यों पड़ी? श्री पद्मनाभैया के मुताबिक़ यहाँ की तस्वीर अलग है। वे कहते हैं—'मुंबई बमकांड ने देश की आत्मा को झकझोर दिया। यह सरकार को उखाड़ फेंकने की साजिश थी। यह कहना गलत होगा कि टाडा मुस्लिमों को दबाने के लिए बना। आरोप बिल्कुल निराधार हैं।' वे मानते हैं कि सीमान्त प्रदेशों में टाडा के तहत मुस्लिम अधिक पकड़े गये। वे कारण बताते हैं, 'कुछ खास इलाकों में, कुछ खास समुदाय, कुछ खास अनैतिक अवैध व्यापार-व्यवसाय में लगे हैं। इसके कारण यह संख्या बड़ी दिखाई देती है।'

क्या उनके बताये कारण सही हैं? जस्टिस मिश्रा के मुताबिक़ पुलिस जुल्मों की जाँच अलग मुद्दा है। छानबीन के परिणामों से सब साफ़ होगा। वे कहते हैं, 'टाडा का उपयोग उसकी सीमाओं से कहीं ऊपर और उद्देश्यों से अलग हट कर हुआ। प्रथमदृष्टया सुझावों से पता चला कि इसमें गुजरात सबसे ऊपर था।' जाँच के नतीजे वही थे, जैसा सोचा गया। टाडा का गलत इस्तेमाल हुआ था लेकिन माफिया के ख़िलाफ़ लगाये टाडा मामलों को लेकर किसी ने एक शब्द नहीं कहा...सभी जानते थे कि ऐसा करना समाज और शहर के लिए घातक सिद्ध होगा।

मानवाधिकार कार्यकर्ता वीएम तारकुंडे के मुताबिक़ एनएचआरसी टाडा मुद्दे पर सुप्रीम कोर्ट में पूरे दमखम से लड़ा। वे कहते हैं–'अब तक आयोग का यह सबसे बढ़िया क़दम रहा। इससे देश-विदेश में एनएचआरसी की साख बढ़ी है। इससे साबित हुआ कि यह सरकारी नहीं, बिल्कुल स्वतन्त्र संस्था है।' वे महसूस करते हैं कि सुप्रीम कोर्ट की जस्टिस एसआर पंडियन, जस्टिस एमएम पंछी, जस्टिस के. रामास्वामी, जस्टिस एससी अग्रवाल, जस्टिस आरएम साही की संविधान खंडपीठ ने कर्तार सिंह बनाम पंजाब सरकार मामले में जो आदेश दिया और टाडा की जिन धाराओं की आलोचना की, उससे भी आयोग को बल मिला। श्री तारकुंडे कुछ भी कहें, आरोप लगाने वालों के मुँह कोई नहीं बन्द कर सकता। एक पुलिस अधिकारी कहते हैं–'यह सरकार का काम है। मानवाधिकार संगठनों को संकेत दिया कि टाडा के ख़िलाफ़ खड़े हों ताकि नाराज़ मुस्लिमों को कांग्रेस मना सके।'

एक और चिन्ताजनक मुद्दा टाडा लागू करने के बारे में उठा था। इसकी जद में आतंकवादी ही नहीं पत्रकार, वकील, नेता, श्रमिक नेता, सरकारी अधिकारी, क़ानून व्यवस्था से सम्बन्धित व्यक्ति भी आते रहे। किसी को भी यह क़ानून हथकड़ी लगाने में सक्षम था।

राज्यसभा में जनता दल के सांसद मोहम्मद (मीम) अफज़ल ने टाडा मसले को उठाया। उनका दावा था कि मुस्लिम समुदाय पर टाडा की ज्यादती के आरोप साबित करने के लिए पर्याप्त दस्तावेज़ हैं। दंगों के नाम पर काफ़ी मुस्लिम टाडा में धरे गये। वे आरोप लगाते हैं, 'मैंने रिपोर्ट की जाँच की और पाया कि मुंबई बमकांड की छानबीन कर रहे विशेष कार्य बल (एसटीएफ) और पुलिस ने 5,000 से अधिक लोगों को टाडा के नाम पर परेशान किया। कुछ को सीबीआई ने भी हैरान किया जबकि गिरफ़्तारी सिर्फ़ 189 व्यक्तियों की ही हुई। मुंबई के मध्यमवर्गीय मुस्लिम परिवारों में आज ऐसा कोई नहीं बचा है, जिससे पुलिस ने टाडा की दहशत दिखा कर कुछ लूटा न हो। टाडा में गिरफ़्तारी का डर दिखा कर

लूटने की दर 5 लाख से 3 करोड़ रुपये तक थी। यह सब मैं 'ऑन रिकॉर्ड' दे सकता हूँ।' वे जब इतने विश्वास से दावा करते हैं तो कुछ सच्चाई ज़रूर होगी।

कुछ वर्ष पहले मारे गये पूर्व इंका सांसद रऊफ वलीउल्लाह ने दावा किया था कि बाबरी मस्जिद टूटने के पहले तक गिरफ़्तार 1,200 टाडा आरोपियों में से 1,050 मुस्लिम थे। यह संख्या बाद में और बढ़ी। सूरत के दंगों ने टाडा गिरफ़्तारी का रिकार्ड बनाया। उस समय 2,000 दंगाई इस क़ानून में गिरफ़्तार हुए। पीयूडीआर की रपट के मुताबिक़ गुजरात में 1985 से 1990 के दौरान टाडा के तहत कुल 11,957 गिरफ्तारियाँ हुईं जबकि 2,167 मामले दर्ज़ हुए। कुल फरार आरोपियों, रद्द या वापस लिए मामले 25 फ़ीसदी थे। 26 फ़ीसदी मामलों की तफ्तीश जारी थी। 49 फ़ीसदी मामलों को चुनौती दी गयी। चुनौती दिये मामलों में 18 फ़ीसदी सरकार ने वापस ले लिए। लंबित रहे 20 फ़ीसदी, निर्णय हुआ 13 फ़ीसदी का। निर्णय हुए मामलों में भी सज़ा हुई 81 व्यक्तियों को। टाडा क़ानून के प्रावधानों से अलग और टाडा के तहत 18 व्यक्तियों को। टाडा के तहत सज़ा पाने वाले व्यक्तियों का प्रतिशत कुल पकड़े लोगों का 8.15 है। स्पष्ट है कि टाडा का कितना दुरुपयोग हुआ।

राजस्थान के जिंजारा इलाके के विधायक (कांग्रेस) नवाबजादा इमामुद्दीन अहमद ख़ान (धुरू) राजस्थान टाडा रिलीफ कमेटी (आरटीआरसी) के लिए कार्य करते थे। वे बताते हैं कि पुलिस ने बूढ़ों-महिलाओं-बच्चों को भी टाडा में बन्द किया। केन्द्रीय गृह मन्त्रालय ने संसद के सामने आंकड़े रखे कि जुलाई 1993 से 31 मार्च 1994 तक राजस्थान में टाडा के तहत सिर्फ़ 29 गिरफ्तारियाँ हुईं। श्री ख़ान इसे पूर्णतः गलत सूचना करार देते हैं। वे आरटीआरसी के सर्वेक्षण का हवाला देते हैं कि इस दरम्यान कुल 57 मामले दर्ज़ हुए। पहले 118 मामले दर्ज़ हुए थे, उसमें एक इमाम, 5 शिक्षक, 3 पत्रकार, 13 कृषक, 4 ठेकेदार, 2 सेवानिवृत्त सरकारी कर्मचारी, 4 छात्र, 27 राजमिस्त्री, 31 मजदूर और 28 दुकानदार थे। सवाल है कि क्या ये लोग ऐसे अपराध करने में सक्षम हैं कि उन पर टाडा लगे? मुस्लिमों के ख़िलाफ़ टाडा दुरुपयोग के निश्चित आंकड़े कभी उपलब्ध नहीं हुए। जो हैं वे सरकारी और गैर-सरकारी संगठनों के होने से विरोधाभासी और भ्रामक हैं।

सीबीआई का दावा है कि केन्द्र में उन्होंने सिर्फ़ 46 मामले टाडा के तहत दर्ज़ किये, जिनके आरोप पत्र भी अदालत में पेश हो चुके हैं। सभी मामले आतंकवादी और तोड़फोड़ की घटनाओं के थे। इनमें रुबाइया सैयद अपहरण मामला है तो मुंबई बमकांड भी है। जनरल अरुण कुमार वैद्य, प्रधानमन्त्री राजीव

गाँधी, श्री मुस्तफा, लास्सा कौल, मुशीर उल हक, मौलवी फारुख की हत्याओं के मामले भी हैं। इन उदाहरणों के कारण सीबीआई की बात में कुछ दम दिखता है। इससे उलट हालत गम्भीर लगती है कि 1986 के बाद से देश भर में 67,251 गिरफ्तारियाँ हुईं। 44,388 मामले दर्ज़ हुए। गिरफ़्तार लोगों में 53,481 जमानत पर रिहा हो गये। आरोप पत्र दाखिल हुए 17,086 मामलों में, 7,714 मामले लम्बित थे, 7,990 का फैसला हुआ, 16,786 लोग रिहा हो गये, 626 को ही सज़ा मिली। टाडा आरोपियों को जमानत मिलने के मामले जरा आँकड़ों पर तौलें... 67,251 टाडा आरोपियों में 53,481 को जमानत मिली। जमानत देते समय जज को प्रथमदृष्टया विश्वास होना चाहिए कि आरोपी निर्दोष है। तो इतने लोगों को जमानत मिलना क्या दर्शाता है? कुल आरोपियों में सिर्फ़ 626 को सज़ा मिलने का मतलब है, बाकी ने कितनी पीड़ादायी लम्बी जेल काटी थी।

सबसे बड़ी क़ानूनी-सामाजिक समस्या थी कि टाडा को 'भारतीय अपराध न्याय व्यवस्था' से जोड़ा गया। आतंकवाद से लड़ने का 'क़ानूनी अस्त्र' गिरोहबाजों के अलावा छोटे-मोटे मामलों पर भी आजमाया गया। टाडा को 25 में से 22 राज्यों ने और 7 में से 2 केन्द्र शासित प्रदेशों ने लागू किया था। मीम अफ़ज़ल जैसे विपक्षी नेता इंका सरकार पर टाडा जैसे 'भुतहा क़ानून' को बनाये रखने और मुस्लिम दमन के आरोप लगाते रहे। उधर मानवाधिकार संगठनों का आरोप था कि तीन बार 'टाडा' की अवधि बढ़ी लेकिन विपक्ष ने एक बार भी विरोध न किया।

यह जानना दिलचस्प रहेगा कि 1986 में 'टाडा' क़ानून बगैर किसी विरोध के संसद में पारित हुआ था। 1987 में पंजाब में राष्ट्रपति शासन लागू करने के बिल के साथ अवधि बढ़ाने के लिए टाडा क़ानून भी आया और पारित हुआ, 1989 में यह अवधि बढ़वाने को चंडीगढ़ डिस्टर्ब एरिया (अमेंडमेंट) बिल के साथ आया और पारित हुआ, 1993 में आईपीसी सुधार बिल के साथ ही टाडा फिर अवधि बढ़वाने आया, फिर पारित हो गया।

टाडा क़ानून ही लोगों ने कठघरे में खड़ा कर दिया। अन्ततः उसे सज़ा दी गयी, सज़ा-ए-मौत। सुप्रीम कोर्ट की संविधान पीठ का यह फ़ैसला तो भले ही बाद में आया लेकिन राजनीतिक रोटियाँ सेंकने वालों ने तो पहले ही उसका जीवन निर्धारित कर दिया था। अन्ततः यह क़ानून भी ख़त्म हो गया क्योंकि एक समुदाय विशेष को प्रताड़ित करने का आरोप इस क़ानून पर लगा था।

जो हो, टाडा ने एक काम तो ज़रूर कर दिखाया था। और वह था माफिया गतिविधियों पर सख्ती और अंकुश। टाडा के डर से ही सही, काफ़ी हद तक रंगरूट मिलने में भी गिरोहों को परेशानी होने लगी थी। गिरोहों को कामकाज

चलाने में भारी परेशानियों का सामना करना पड़ा, क्योंकि टाडा में जो एक बार बन्द हुआ, उसे खुली हवा में साँस लेने का मौका दो साल से पहले नसीब ही नहीं होता था।

टाडा : खास क्यों–विरोध क्यों

मुद्दा 1. जमानत

खासियत–जमानत किसी भी आरोपी को तभी मिल सकती है जबकि (1) जज को प्रथमदृष्टया यह इत्मिनान हो जाये कि आरोपी बेकसूर है। (2) जज को इत्मिनान हो जाये कि आरोपी जमानत पाकर फरार नहीं होगा या अपराध नहीं करेगा। केन्द्रीय गृह सचिव मानते हैं कि इससे विदेशी एजेंटों की फरारी से बचाव होता है।

विरोध–वकील इसे कुछ हद तक तर्कपूर्ण मानते हैं। कहते हैं कि जब सामान्य क़ानूनों के तहत सामान्य अदालतें जमानत नहीं देतीं तो इस विशेष क़ानून की ज़रूरत क्या है? पूर्व चीफ जस्टिस (जम्मू-कश्मीर) और एनएचआरसी सदस्य कहते हैं–'टाडा जमानत के अधिकार को छीनता रहा। कोई आरोपी सुनवाई के पहले ही कैसे सिद्ध कर सकता है कि वह बेकसूर है?'

मुद्दा 2. इकबालिया बयान

खासियत–जाँच अधिकारियों के सम्मुख दिये आरोपी के बयान अदालत में उसके ख़िलाफ़ सबूत माने जायेंगे। यही नहीं सह आरोपियों के बयान भी सबूत हो सकते हैं।

विरोध–टाडा की यह विशेषता साक्ष्य अधिनियम की धारा 25 और 26 को तोड़ती है। मानवाधिकार संगठन जाँच अधिकारियों के नैतिक मूल्यों पर प्रश्न चिह्न लगाते हैं। वे मानते हैं कि कोई आरोपी ख़ुद इकबालिया बयान नहीं देगा। आरोपी से जबरन लिए बयान का क्या होगा?

मुद्दा 3. हिरासत अवधि

खासियत–किसी आरोपी को बिना आरोप पत्र दाखिल किये एक वर्ष पूछताछ के लिए हिरासत में रखा जा सकता है। पहले यह अवधि 90 दिन थी।

विरोध–यह अवधि न केवल आपत्तिजनक है बल्कि किसी व्यक्ति के मूल अधिकारों के ख़िलाफ़ है। हिरासत की अवधि कम से कम होनी चाहिए।

मुद्दा 4. याचिका

खासियत–या तो टाडा कोर्ट में ही याचिका दी जा सकती है, या सुप्रीम कोर्ट में।

विरोध–इसका विरोध इसलिए हुआ क्योंकि अन्य मामलों में आरोपी हाईकोर्ट के बाद सुप्रीम कोर्ट जाते हैं जबकि टाडा में आरोपी बिल्कुल पंगु

हो जाता है। वह सुप्रीम कोर्ट में जाने की हैसियत न रखता हो तो मजबूरन फैसला मानना होगा।

टाडा दुरुपयोग का दावा निराधार–पवार

महाराष्ट्र के आंकड़े बेहद भ्रामक हैं। खासतौर से जो केन्द्र और राज्य सरकार ने दिये। केन्द्र के आंकड़ों के मुताबिक़ महाराष्ट्र में टाडा के तहत कुल 3,351 गिरफ्तारियाँ हुईं लेकिन राज्य सरकार के आंकड़ें, जो तत्कालीन मुख्यमन्त्री शरद पवार ने दिये थे, सिर्फ़ 3,156 ही थे...यानी 195 कम। किसके आँकड़ों पर भरोसा करें?

श्री पवार कहते थे कि अब तक दाऊद के 399, नाईक के 103, गवली के 89 और अन्य गिरोहों के 539 अपराधी टाडा के तहत गिरफ़्तार हुए यानी कुल 1,130 गिरफ्तारियाँ। दूसरी ओर उनके दिये आँकड़ों में 1990 से अगस्त 1994 तक कुल 550 गिरोहबाज गिरफ़्तार हुए। इसका मतलब साफ़ है कि सरकार टाडा आँकड़ों से खिलवाड़ करती रही, केन्द्र, मानवाधिकार संस्थाओं और जनता को अँधेरे में रखे रही। श्री पवार और मुंबई पुलिस आरोपों का खंडन करते रहे। पवार दावा करते रहे कि महाराष्ट्र ने टाडा ख़त्म करने के प्रस्तावों का तगड़ा विरोध किया। वे कहते थे कि टाडा में अल्पसंख्यकों पर कोई ज्यादती नहीं की गयी। अधिक मुस्लिमों की टाडा में गिरफ़्तारी का दावा बिल्कुल बेबुनियाद है।

श्री पवार कहते रहे कि गिरोहबाजों और आतंकवादी गतिविधियों से निपटने के लिए पुलिस को अधिक अधिकारों की ज़रूरत है, साथ ही जोड़ते रहे, 'यह ज़रूर है कि 'टाडा' का दुरुपयोग नहीं होना चाहिए।' श्री पवार ने इस आरोप का खंडन किया कि महाराष्ट्र में टाडा के तहत हज़ारों गिरफ्तारियाँ की गयीं। उनका दावा था कि पूरे महाराष्ट्र में गिरफ़्तार 3,156 लोगों में से 2,225 (60 फ़ीसदी) मुस्लिम थे। उन्होंने कहा कि दिसम्बर 92 और जनवरी 93 के दंगों में जितनी गिरफ़्तारी हुई, उनकी पुनर्समीक्षा के लिए उच्च न्यायालय के पूर्व न्यायाधीश की अध्यक्षता में एक समिति का गठन किया, जो एक माह में रपट पेश करेगी। यह रपट अब कहाँ है? श्री पवार का कहना था कि टाडा दुरुपयोग के आरोप उनके ख़िलाफ़ राजनीतिक साजिश के चलते उछाले गये। पूर्व मुख्यमन्त्री अब्दुल रहमान अन्तुले के आरोपों पर श्री पवार चुप रहते थे लेकिन सधा हुआ जवाब भी देते थे। वे कहते थे, 'यह श्री अन्तुले के इलाके की समस्या है, जिसे उन्होंने उठाया है।'

अब तक दी जानकारी से तो यही लगता है कि मुसलमानों के ख़िलाफ़ टाडा का खासा दुरुपयोग हुआ था। सच कुछ और ही है। जो आंकड़े महाराष्ट्र सरकार या पुलिस से हासिल हुए हैं, उन्हें देखने पर लगता है कि हिन्दुओं की गिरफ़्तारी ही ज्यादा संख्या में हुई थी। यह भी एक विरोधाभास है, जिस पर आज तक सरकार ने स्पष्टीकरण नहीं दिया है। वह भ्रम आज भी जस का तस कायम है।

मुंबई में टाडा के वार्षिक आंकड़े

वर्ष	गिरफ़्तारी	मामले दर्ज़	हिन्दू	मुस्लिम	सिख आतंकवादी
1990	136	58	99	25	10
1991	267	128	137	59	22
1992	190	68	123	39	23
1993	493	108	229	248	10
1994	106	28	51	53	--
कुल	1194	39	675	424	67

स्रोत—मुंबई पुलिस (15 अगस्त तक के आंकड़े)

टाडा के तहत महाराष्ट्र में गिरफ्तारियाँ (1990 से अब तक)

	सम्पूर्ण महाराष्ट्र	सिर्फ़ मुंबई	अन्य ज़िले
कुल	3,156	1,194	1,960
हिन्दू	2,225	675	1,550
मुस्लिम	703	424	279
अन्य समुदाय	228	95	133

स्रोत—महाराष्ट्र सरकार

गिरोहबाजों के ख़िलाफ़ टाडा का इस्तेमाल (सिर्फ़ मुंबई में)

दाऊद गिरोह	399
नाईक गिरोह	103
गवली गिरोह	89
अन्य गिरोह	539
कुल	1130

स्रोत—मुंबई पुलिस

मुंबई में टाडा में धार्मिक आधार पर गिरफ़्तारी विश्लेषण (1990–अगस्त 1994)

कुल गिरफ़्तारी	1194
हिन्दू	675
मुस्लिम	484
सिख	66
इसाई	21
पारसी	6
अन्य	2

स्रोत–मुंबई पुलिस

मुंबई में अपराध के आधार पर टाडा में गिरफ़्तारी (1990–अगस्त 1994)

कुल गिरफ़्तारी	1,194
गिरोहबाज	550
बम विस्फोट	175
दंगा	150
सिख आतंकवादी	64
अन्य	257

स्रोत–मुंबई पुलिस

शब्दार्थ

अंग्रेज़	–	अकड़ू, ख़ुद की सही बात पर ज़ोर देने वाला (जास्ती अंग्रेज़ मत बन)
अंग्रेज़ करू	–	सभ्य इनसान
अंडरवर्ल्ड	–	अपराध जगत
अंडवा	–	चमचा
अन्धाधुनी	–	बेकार का आदमी या खिलाड़ी
अक्खा	–	पूरा
अड़वा पट्टा	–	बेकार का आदमी या खिलाड़ी
अण्णा	–	बड़े भाई के लिए दक्षिण भारतीय शब्द
अतरंगी	–	बड़ा शातिर
अतिरेकी दल	–	आतंकवादी समूह
अद्धा	–	आधा, छोटे क़द का
अद्धी	–	शराब की आधी बोतल
अधाड़ा	–	आधा, छोटे क़द का
अनाड़ी	–	सिरफिरा
अपुन	–	मैं या हम सब
अर्थपिशाच	–	पैसों के लिए पागल व्यक्ति
अलटा-पलटी	–	चकमा देकर सामान बदलना, असली माल दिखा सस्ता नकली माल देने की हेराफेरी
अवली	–	बिना काम के रहने वाला बन्दा, बेकार इनसान, ठलुआ
आईएनबीपी	–	इंडो-नेपाल बॉर्डर पुलिस
आईएनसीबी	–	अन्तरराष्ट्रीय मादक पदार्थ नियन्त्रण बोर्ड

आईएसआई	—	इंटर सर्विसेज इंटेलिजेंस, पाकिस्तान की खुफिया एजेंसी
आइटम	—	लड़की, महिला मित्र, प्रेमिका
आईबी	—	इंटेलिजेंस ब्यूरो
आईबी	—	खुफिया ब्यूरो
आईला	—	बाप रे, हे भगवान
आयेला	—	आना
आक्यूपेंसी सर्टिफिकेट	—	निवास योग्य होने का प्रमाण पत्र, जिसके बिना कोई रहने नहीं जा सकता है।
आग उगलना	—	नाराज़ होना
आठ नम्बर	—	38 कैलीबर रिवाल्वर
आरएमएमएस	—	राष्ट्रीय मिल मजदूर संघ
आर्टिस्ट	—	शूटर
इं.	—	इंस्पेक्टर
इंटरपोल	—	विश्व पुलिस संगठन, मुख्यालय फ्रांस का लियोन शहर में
इकसठ-बासठ	—	लड़की
उगरानी	—	वसूली
उजड़ा चमन	—	बरबाद
ऊपर का माला	—	सिर
एक सौ बीस	—	तीन सौ-गुटका या तम्बाकू
एकदम इकसठ	—	बिल्कुल खरा माल
एकदम झकास भिड़ू	—	बिल्कुल अच्छा है दोस्त
एक्सीडेंट हो गया	—	कोई गुंडा गिरफ़्तार होते-होते बचा हो तो यह कहा जाता है।
एडमिट हो गया	—	गिरोहबाज के गिरफ़्तार हो जाने पर कहा जाता है।
एन कम्पनी	—	अमर नाईक गिरोह
एनजीओ	—	गैर-सरकारी संगठन, सामाजिक संगठन
एनडीपीएसए	—	नशा एवं मादक द्रव्य विरोधी अधिनियम
एनसीपी	—	राष्ट्रवादी कांग्रेस पार्टी
एपीआई	—	सहायक पुलिस इंस्पेक्टर
एफएसआई	—	चटाई क्षेत्र

एफबीआई	–	फेडरल ब्यूरो ऑफ इनवेस्टीगेशन, अमरीकी जाँच एजेंसी
एफसी	–	फोकटचन्द या फकीर चन्द। मुफ्तखोर बन्दा
एबीएस	–	अखिल भारतीय सेना, अरुण गवली द्वारा शुरू की राजनीतिक पार्टी
एमपीडीए	–	महाराष्ट्र प्रिवेंशन ऑफ़ डेंजरस एक्टिविटीज, बुटलेगर्स, स्लम लॉर्ड्स एक्ट
एसआई	–	सब इंस्पेक्टर
एसीपी	–	सहायक पुलिस आयुक्त
ऑफ हो गया	–	मर गया
ओजी	–	असली माल, ओरिजिनल
ओपन में	–	खुल कर
ओपियम	–	अफीम
कंटाला	–	बोर होना
कच्चा लिम्बू	–	नया बन्दा
कट टू कट	–	बिल्कुल सही-सही, सीधी और छोटे में बात करो
कट ले	–	चले जाओ
कटिंग	–	आधी चाय
कटिंग	–	शिकार के बारे में महत्त्वपूर्ण सूचना
कटुवा, कटलू	–	जिसका शिश्न भग्न हो
कबूतर	–	नकली पासपोर्ट वीज़ा पर विदेश जिसे भेजा जाने वाला हो
कमती कर	–	हत्या करना
करजत-कसारा	–	भैंगे व्यक्ति के लिए
करू पांडे	–	उत्पाती किस्म की प्रवृत्ति वाला व्यक्ति
कलटी	–	ग़ायब होना, निकल जाना, भाग निकलना
कलाकार	–	मँजा हुआ काम करने वाला
कांडी	–	तीली, दुबला-पतला, विस्फोटक जिलेटिन की छड़
काट डाल	–	हत्या कर देना, तलवार या चॉपर से हत्या करना

काड़ी मत कर — परेशान मत करो
काला कोट — वकील
कीड़ा — काफ़ी जानकार या ज्ञानवान (कोरट का कीड़ा है वो तो भाय)
कीड़ा — घुन्ना इनसान (बहुत कीड़ा है उसमें)
कीड़े मत कर — परेशान मत करो
कूट नाम — सांकेतिक नाम
कैप्स्यूल — गोली
कैप्स्यूल देना — गोली मारना
कैलीबर — पिस्तौल-रिवाल्वर या बन्दूक की नाल का अन्दरूनी व्यास (गोलाई)।
कॉपी करना — नकल करना
कॉपी — नकली माल
कोपचे में — एकान्त में, कोने में
कोपचे में ले — कोने में पिटाई
कौवा — सेल फ़ोन
खंडणी — हफ्ता, रंगदारी
खंबा — शराब की पूरी बोतल
खजुआ — बेवकूफ व्यक्ति
खजूर — मूर्ख व्यक्ति
खटिया खड़ी — पिटाई या डाँट से हालत ख़राब करना
खर्चा पानी देना — पीटना, रिश्वत देना
खली-वली — भाग यहाँ से
खल्लास — ख़त्म, समाप्त
खाली फोकट — बेकार में
खाली-पीली — बेकार में, जबरन में
खिटपिट — झगड़ा करना
खूँटे — जहाँ जानवर को बाँधा जाता है
खेली — जुआरी
खोटी — ख़राब
खोपड़ी — दिमाग़दार बन्दा
खोपड़ी — मुठभेड़ के शिकार के लिए प्रयुक्त
खोपड़ी सरकाना — दिमाग़ ख़राब करना, परेशान करना

खोपड़ी हिलाना	—	हैरान कर देना
ख़र्चा-पानी देना	—	पिटाई करना
गंगाराम	—	नाई के लिए प्रयुक्त
गटर	—	शराबी
गधा मजूरी	—	बेहद मेहनत का काम करना भारी भरकम काम
गरद	—	ब्राऊन शुगर
गर्दुल्ला	—	नशेड़ी
गर्म गोश्त का कारोबार	—	वेश्यावृत्ति
गर्म गोश्त का धन्धा	—	वेश्यावृत्ति कारोबार
गलतफेमेली	—	गलतफहमी
गले में गोटे	—	डर जाना, बेहद सख्त काम करना
गांड अँगुली	—	जबरन परेशान करना
गांडा भाई	—	गुजराती बन्दा
गांडू	—	समलिंगी, डरपोक
गाँधी	—	500 सौ का नोट
गावठी	—	ग्रामीण, भदेस व्यक्ति
गिरोह युद्ध	—	अपराधियों में आपसी लड़ाई
गुज्जू	—	गुजराती बन्दा
गुड़	—	जिगेलो, समलिंगी पुरुष
गुल होना	—	भाग निकलना
गुलटी मारना	—	ग़ायब हो जाना
गेम करना	—	हत्या करना
गेम बजाना	—	कत्ल कर दिया
गैंगवार	—	गिरोहों की आपसी लड़ाई
गोटी सटकना	—	मुश्किल में फँस जाना
गोटी से लटकाना	—	अंडकोष बाँध कर रस्सी ऊपर खींचना, प्रताड़ना का पुराना तरीका है।
गोरा करू	—	सभ्य विदेशी इनसान
घंटा	—	कुछ नहीं, बिल्कुल नहीं
घंटे पे	—	मेरी बला से
घाटी	—	मराठी व्यक्ति के लिए प्रयुक्त
घुँघरू सलमान	—	घुँघराले बाल वाला बन्दा

घेऊन टाक — पीट दे, दबोच ले,

घेतली — पकड़ लिया, दबोच लिया, ख़ूब गालियाँ सुना देना

घोड़ा — ट्रिगर, हथियार

घोड़ा खींचना — फिक्सिग या हराना

घोड़ा वगन — वज़न

घोड़ागिरी — काफ़ी कम पैसों में करवाया जा रहा भारी भरकम काम

चंपक — बेवकूफ इनसान

चकरभन्नाट — चकराने वाला

चकरी घुमाना — बेवकूफ बनाना

चपट्या — नेपाली या पहाड़ी लोगों के लिए

चमड़ी, वासु — लड़कियों का रसिया औरतखोर

चमाट — तमाचा, थप्पड़

चरसी — नशेड़ी

चल फूट — भाग यहाँ से

चाँदमारी — गोली चलना, सीखने का स्थान

चाइनीज गाड़ी — सड़क पर लगने वाले ठेले जिनमें चीनी भोजन मिलता है

चिन्दी — छुटभैया छोटा आदमी बेकार

चिन्दी — बेहद छोटी बात या वस्तु या व्यक्ति के लिए प्रयुक्त

चिन्दीचोर — ओछी हरकतें करने वाला, घटिया व्यक्ति, छोटा व्यक्ति, बेकार इनसान

चिकन टिक्का — शादीशुदा ख़ूबसूरत महिला

चिकना — ख़ूबसूरत पुरुष या लड़का

चिकनी — ख़ूबसूरत महिला या लड़की

चिपका डाल — तमाचा या मुक्का रसीद करना

चिपकाना — बेवकूफ बना कर देना, जबरन देना

चिपकू — बिना बात के ही किसी के साथ लगे रहने वाला इनसान

चिमट — जोकर सरीखा दिखने वाला या अजीब बन्दा

चिमाट	–	अजीब या मसखरा सा दिखने वाला बन्दा
चिरकुट	–	छुटभैया
चिरमिरी	–	छुटभैया
चिल्लर पार्टी	–	बच्चे
चीना	–	नेपाली या पहाड़ी लोगों के लिए
चुदक्कड़	–	ढेरों मर्दों से जिस्मानी रिश्ते रखने वाली महिला
चूतिया	–	बेवकूफ
चूना लगाना	–	ठगना
चूरन	–	बेकार या झूठा इनसान
चोमू	–	मूर्ख
छक्का	–	हिजड़ा
छगन	–	बेवकूफ
छत्री	–	गिरोह का खैरख्वाह या पैसे से मददगार
छपटी	–	चवन्नी
छपड़ी	–	छुटभैया
छप्पनटिकली	–	चेचक या मुहाँसों का दागदार चेहरा
छमिया, माल, छावी, आइटम	–	प्रेमिका
छावा	–	लड़का, पुरुष मित्र, प्रेमी
छावी	–	लड़की, महिला मित्र, प्रेमिका
छीप	–	बिना बात के किसी से चिपका रहने वाला इनसान
छेंटी रहने का	–	दूर रहो
छेद बनाना	–	गोली मारना (एक एक्सट्रा छेद बना साले की पिछाड़ी में।)
छेह	–	घटिया बात सुनने पर बोला जाने वाला शब्द
छोटा	–	छोटी गोल्डफ्लैक सिगरेट का पैकेट
छोटा तीर	–	घाव गम्भीर–छोटा काम लेकिन फायदा बड़ा
छोटे	–	कम उम्र लड़के के लिए, छोटे भाई के लिए

जगमग	—	चमकीले, शानदार
जमा किया	—	गिरफ़्तार किया
जाड्या	—	मोटा पुरुष
जादू	—	चालाकी, बाजीगरी
जायला/छायला	—	छी, क्या यार के लिए प्रयुक्त
जास्ती पका मत	—	बोर मत करो
जिगो	—	जगह
जीरो नम्बर	—	मुखबिर, ख़बरी
जॉनीवॉकर	—	शराबी
झंडू	—	मूर्ख व्यक्ति
झक्कास	—	शानदार
झांटे	—	शिश्न अथवा योनि के बाल
झोल	—	गड़बड़ी होना, ग़ायब करना, ठग लेना, घोटाला करना, समस्या होना
झोलर	—	ठगी करने वाला, किसी को चूना लगा कर कमाई करने वाला
टंकी	—	ख़ूब शराब पीने वाला व्यक्ति
टकला	—	500 सौ का नोट
टकल्या	—	गंजा
टपक गया	—	मर गया
टपका देना	—	हत्या करना
टपकाना	—	हत्या करना
टपरी	—	पान या चाय वाले की दुकान
टपोरी	—	सड़कछाप गुंडा
टशन	—	झगड़ा
टाँग के बीच वस्त्रा	—	उस्तरे से दोनों टाँगों के बीच गुदा द्वार चीरना
टाँगा पलटी	—	बाल-बाल बचे
टापना	—	घूर कर देखना
टारगेट	—	वह जगह या व्यक्ति जिस पर निशाना लगाना है।
टाल्या	—	गंजा
टिप	—	सूचना

टिफिन	–	जेल में खाने का डिब्बा
टीआर	–	ट्रांसवर ऑफ रेसीडेंस
टेंबका	–	गर्भवती महिला
टेबलेट देना	–	गोली मारना
टेलीफ़ोन भाई	–	फ़ोन पर धमकाने वाले गुंडे
टोपी	–	धोखेबाज
टोपी कम्पनी	–	अरुण गवली गिरोह (अरुण गवली के गाँधी टोपी पहनने के कारण)
टोपी घुमाना	–	ठगना
टोपी फिराना	–	बेवकूफ बनाना
टोपीबाज	–	धोखेबाज
ठरकी	–	सनकी
ठाँसना	–	अच्छी फटकार लगाना
ठिए	–	ठिकाना
ठिनचक	–	चमकीले और शानदार
ठोंक देना	–	हत्या करना
ठोंकना	–	गोली मारना, सहवास करना, हत्या करना
डबल बैटरी	–	मोटा चश्मा लगाने वाला शख्स
डबल सीट	–	समलिंगी
डब्बा	–	पुलिस की नीली बड़ी गाड़ी
डब्ल्यूटीसी	–	वर्ल्ड ट्रेड सेंटर, शिकागो, अमरीका
डाल दे	–	गोली मारना
डिब्बा	–	जेल में खाने का डिब्बा
डीआरआई	–	डायरेक्टरेट ऑफ रेवेन्यू इंटेलिजेंस
डी-कम्पनी	–	दाऊद गिरोह
डीपी	–	नकली नोट
डीसी	–	दो कालम, समाचार के लिए प्रयुक्त शब्दावली का हिस्सा
डीसीपी	–	पुलिस उपायुक्त
डेंजर लोक	–	ख़तरनाक आदमी
डेढ़ दिमाक	–	अधिक चालाक
डेढ़ फुट	–	क़द में छोटा इनसान
डेढ़ फुटिया	–	क़द में छोटा इनसान

डेढ़ श्याना	—	अधिक चालाक
डॉक्टर	—	काम करने वाले विशेषज्ञ
ड्राई रन	—	योजना का पूर्ण अभ्यास
ढक्कन	—	बेवकूफ
ढपनी के	—	बेवकूफ
ढापण्या	—	चश्माधारी
तंबी	—	बड़ा भाई
तड़ीपार	—	लम्बे समय तक ग़ायब रहना, छुपे रहना
ताई	—	बड़ी बहन
ताबड़तोप	—	तुरन्त
तीन-तेरा	—	हालत खस्ता होना
तेंदू पत्ता	—	बीड़ी बनाने के लिए लगने वाला पत्ता
तोड़	—	जवाब
थकेला	—	बेकार, बोरिंग कमजोर बन्दा
थकेला माल	—	बेकार सामान
थान	—	स्थान
थूकपट्टी	—	आधा-अधूरा काम करना, गलत तरीके से काम करना
थैलीशाह	—	अमीर व्यक्ति
दम देना	—	धमकी देना
दम लगाना	—	सिगरेट या चिलम के कश लगाना
दादा	—	बड़े भाई
दाना क्लब	—	डायस (छह पहलू वाले पासे) को दाना कहते हैं। जहाँ इससे जुआ खेलते हैं, वह दाना क्लब है।
दिमाक का दही	—	बोर करना, सताना
दूल्हा बनाना	—	गिरफ़्तार करना
दूँ क्या	—	पिटाई लगाऊँ क्या
दूध-पाव	—	ऐसा व्यक्ति जो भोजन देता है।
दूसरे घर पे आना	—	दूसरी लाइन पर फ़ोन करो। ये तभी कहते हैं, जब फ़ोन बीच में सुने जाने, टेप होने या गड़बड़ी का शक हो।
देह व्यापार	—	वेश्यावृत्ति

देहजीवा	—	वेश्या
धतींग	—	बेवकूफी, मस्ती
धाँसू	—	शानदार
धार मारना	—	पेशाब करना
धूप	—	छाँव-सड़क पर बनी नाई की दुकान
धूर	—	शिकार, बकरा, जिसे बेवकूफ बनाया जा रहा है
धो डाला	—	पीट दिया
नम्बरकारी	—	आपराधिक मामले में सहयोगी
नगरसेवक	—	पार्षद
नल्ला	—	नकली
नांवा	—	पैसा
नाना कम्पनी	—	छोटा राजन गिरोह
निकल गया	—	मर गया
निकल ले	—	भाग यहाँ से
नेपाली	—	नेपाली या पहाड़ी लोगों के लिए
नो मैंस लैंड	—	सीमान्त इलाका जहाँ दो देशों के नागरिक या सैन्यकर्मी नहीं रहते।
नौ नम्बर चप्पल	—	9 एमएम स्टार पिस्तौल
पंटर	—	सट्टा खेलने वाले
पंडित	—	उत्तरभारतीय ब्राह्मण या कोई भी व्यक्ति
पका मत	—	दिमाग़ मत खा
पतली गल्ली से सटक ले	—	चुपचाप ग़ायब होना
पपलू	—	साधारण बन्दा, मूर्ख बन्दा
पल्ली पार	—	विदेश में
पव्वा	—	शराब की चौथाई बोतल
पहचान पट्टी	—	किसी की शिनाख़्त करना
पांडू	—	पुलिस कांस्टेबल
पाजी	—	सिक्ख बन्दे के लिए
पाटी	—	पुलिस की नाम व जानकारियाँ लिख कर फोटो खींचने वाली स्लेट
पाटी, कैरम बोर्ड	—	ऐसी लड़की जिसके उरोज बिल्कुल न हों
पान पट्टी	—	पान वाले की दुकान

पानी कम	—	बेकार, फालतू
पानी का काम	—	समन्दर से तस्करी
पानी पार	—	कराची या पाकिस्तान
पानी से	—	समुद्री मार्ग से
पार्सल	—	अपहरण करके शिकार को चुपचाप भेजना
पार्सल	—	सामान भेजना
पिघला सीसा	—	बन्दूक की गोली
पिछाड़ी	—	नितम्ब
पीआई	—	पुलिस इंस्पेक्टर
पीआरओ	—	जनसम्पर्क अधिकारी
पीपीपी	—	पीपुल्स पार्टी ऑफ पाकिस्तान
पीसी	—	पोस्टमार्टम
पुट्ठा	—	पासपोर्ट
पेपर	—	पैसा, धन, रुपया
पेमेंट कर देना	—	किसी की हत्या करना या सुपारी पर किसी को मारना।
पेरोल	—	जेल से सज़ायाफ्ता क़ैदियों को मिलने वाली छुट्टी
पेस्टनजी	—	पारसी व्यक्ति
पैदल होना	—	छुपते हुए रहना
पॉकिट	—	पुरुषों का पर्स, लिफ़ाफ़ा
पोटला	—	हत्या के बाद लाश ग़ायब करना
पोटला बनाना	—	मार कर लाश ग़ायब कर देना
पोपट पट्टा	—	पुलिस का पिटाई वाला हत्थे पर लगा तीन इंच चौड़ा व दो फुट लम्बा कैनवस का पट्टा।
पोपट बनना	—	बेवकूफ बन जाना
प्यादे	—	गिरोह में सबसे निचले स्तर का सदस्य
प्रीमियम	—	हवाला में यह शब्द प्रति डॉलर एक या दो रुपये की दलाली हेतु प्रयुक्त होता है।
फंटर	—	सड़कछाप गुंडा
फंटी	—	लड़की, महिला मित्र, प्रेमिका

फंड करना	—	ग़ायब करना, धोखा देना
फंडे देना	—	ज्ञान देना
फच्चड़	—	नया बन्दा
फट गयी	—	डरना
फटना	—	डरना
फट्टू	—	डरपोक
फट्टे दिये	—	पीटना
फर्लोफ	—	जेल से हत्या अथवा जघन्य मामलों में सज़ायाफ़्ता कैदियों को मिलने वाली छुट्टी।
फ़ाइल, कैमरा	—	बन्दूक
फाड़ू	—	शानदार, बेहतरीन, मज़ेदार
फील्डिंग	—	निगाहबीनी, घेराबन्दी
फुल टू	—	शराब के नशे में धुत्त
फुल मून	—	गंजा इनसान
फूक्या	—	नशेड़ी
फेंकना	—	गप्प मारना
फ्रंटी	—	मारुति 800 कार
फ्री का फिनाइल पीना	—	मुफ्त में कुछ भी लेना
फ्री का फिनाईल पीना	—	मुफ्त में कुछ भी लेने वाला
फ्रेम में	—	सामने आना, पहचान में आना
बकचोद	—	बेकार की ख़ूब सारी बातें करने वाला
बकरा	—	बेवकूफ बनाने के इस्तेमाल, शिकार
बकरी	—	टच स्क्रीन वाले स्मार्टफ़ोन
बड़बड़	—	कोई बात करे ना करे, ख़ुद ही बोलते रहना
बतोलेबाजी	—	ऊँची हाँकना
बरफी	—	ख़ूबसूरत महिला या लड़की
बरोब्बर	—	ठीक है (बरोब्बर है की नईं) (बरोब्बर से जाने का)
बस क्या	—	क्या बात कर रहे हो

बहादुर	–	नेपाली चौकीदार
बही	–	रजिस्टर
बाटली	–	शराब की बोतल
बाबल्या	–	बस चालक या परिचालक
बाबू	–	मन्त्री (दिल्ली में बैठेला बाबू लोक)
बाबूमोशाय	–	बंगाली व्यक्ति के लिए
बारबाला	–	वह महिला जो शराब खाने में शराब परोसती है या नाचती है।
बारात	–	पुलिस दस्ता
बावा	–	पारसी व्यक्ति
बिन्दास	–	खुल कर, बेहिचक, भयरहित
बिन्दास	–	लापरवाही से, बिना झिझक के
बिल फटना	–	नाम सामने आना
बीएमसी	–	बृहन्मुंबई महानगरपालिका
बीकेआई	–	बब्बर खालसा इंटरनेशनल
बीसीसीआई	–	बैंक ऑफ क्रेडिट एंड कमर्शियल इंटरनेशनल
बेरिंग	–	सनकी
बेवड़ा	–	शराबी
बैटरी	–	चश्मा लगाने वाला शख्स
बॉल	–	उरोज, स्तन
बोंग	–	बंगाली व्यक्ति के लिए
बोंगालबाबू	–	बंगाली व्यक्ति के लिए
बोचा	–	नितम्ब
बोम	–	बड़ी बातें करना, हड़काना
बोल पट्टा	–	पुलिस का पिटाई वाला हत्थे पर लगा तीन इंच चौड़ा व दो फुट लम्बा कैनवस का पट्टा।
बोले तो	–	मेरा मतलब है कि
बोस	–	गिरोह का सरदार, दोस्त
ब्राऊन शुगर	–	अफीम से बनने वाला नशा

भंकस	—	मज़ाक़
भत्ता खाना	—	जेल जाना
भन्नाट	—	चकराने वाला
भय्या	—	उत्तर भारतीय व्यक्ति
भारी	—	एकदम शानदार, वज़नदार
भिडू	—	दोस्त, यार
भेजा	—	दिमाग़
भेजा फ्राई	—	दिमाग़ ख़राब करना
भैंस	—	लैपटॉप
मचमच	—	झगड़ा करना, बहुत बोलना
मचान	—	विवाद, झगड़ा
मटका	—	एक तरह का जुआ
मटका	—	गर्भवती महिला
मदरासी	—	दक्षिण भारतीय के लिए प्रयुक्त
मनपा	—	मुंबई महानगरपालिका
मफ्ती	—	पुलिस वाले जिन सादे कपड़ों में ड्यूटी करते हैं, उसे मफ्ती कहते हैं।
महिम-माटुंगा	—	भैंगे व्यक्ति के लिए
माँ भैन करना	—	बेइज्जती करना, माँ-बहन की गालियाँ देना
माँडवली	—	सुलह सफाई, समझौता
माँडवली भाई	—	ऐसे गुंडे जो सिर्फ़ माँडवली का काम करते हैं
माणिकचन्द	—	गुटका या तम्बाकू खाने वाले के लिए
माफिक	—	जैसी
मामा	—	पुलिस कांस्टेबल
मामा बनाया	—	बेवकूफ बनाया
मामू	—	बेवकूफ बन्दा
मामू बनाया	—	बेवकूफ बनाया
मारवाड़ी	—	कंजूस, बनिये, राजस्थानी बन्दे के लिए

माल	–	ख़ूबसूरत महिला या लड़की
मावा	–	गुटका या तम्बाकू
मियाँ भाई	–	मुसलिम बन्दा
मिमी	–	मिलीमीटर
मिलियन	–	10 लाख
मीटर पे	–	ऊँचे ब्याज पर कर्ज़
मुद्राराक्षस	–	पैसों के लिए पागल व्यक्ति
मुर्गीचोर	–	छोटा-मोटा काम करने वाला
मूं फाड़ना	–	राज फाश करना
मूठ मारना	–	हस्तमैथुन करना
मूत की धार पे	–	बेहद करीब से
मूत मारना	–	पेशाब करना
मेंग्रोव	–	समुद्र में उगने वाली झाड़ीनुमा वनस्पति
मैंड्रेक्स	–	बुखार बनाने की दवा पेरासीटमामोल से बनने वाला नशीला पदार्थ
मैटर बजाना	–	पंगे वाले काम करना, विवाद सुलझाना
मैटरबाज	–	पंगेबाज
याहूम	–	ज़ोरदार
यूएनओ	–	संयुक्त राष्ट्र संघ
यूबीएल	–	युनाइटेड बैंक लिमिटेड
येड़ा	–	बेवकूफ, पागल
रखड़पट्टी	–	जबरन और ख़ूब सारा काम
रगड़ा	–	विवाद, झगड़ा, मारपीट
रहमानी कीड़ा	–	अपने काम में माहिर व्यक्ति, किसी काम का जबरदस्त जानकार
रान्टी	–	बलशाली पुरुष
राग	–	डाँटना, नाराज़ होना, धमकी देना
रागपट्टी	–	धौंसपट्टी

राड़ा	–	विवाद, झगड़ा, मारपीट
रापचिक	–	शानदार, खरा
रामप्यारी	–	नितम्ब
रामू	–	किसी होटल, ठेले या सड़क किनारे की चाय दुकान पर कार्यरत छोटा बच्चा
रुस्तमजी	–	पारसी व्यक्ति
रॉ	–	एजेंसी रिसर्च एंड एनालिसिस विंग
रोकड़ा	–	नकद रकम
लंगूर	–	बेवकूफ
लंघिया	–	बेवकूफ
लम्बा लिटाना	–	हत्या करना
लफड़ा	–	परेशानी
लफड़ा	–	विवाद, झगड़ा, मारपीट
लल्लू	–	बेवकूफ
लवडू	–	मूर्ख
लाइन देना	–	लड़की या लड़के का इशारेबाजी करना
लाफा	–	थप्पड़
लाल बावट्या	–	महानगर में साम्यवादियों को लाल बावट्या कहते थे।
लिट्टे	–	लिबरेशन ऑफ तमिल टाइगर इलम, श्रीलंका का पृथकतावादी तमिल आतंकवादी संगठन।
लिफ्ट वाली बिल्डिंग	–	ऑटोमैटिक स्प्रिंग मैग्जीन वाली पिस्तौल, जिसमें गोलियाँ स्वतः नली में आती हैं।
लुक्खा	–	नीच, कमीना और पैसों का मोहताज
लुढ़काना	–	हत्या करना
ले डाली	–	बुरी तरह डाँटना
लेग पीस	–	अच्छी लड़की ख़ूबसूरत लड़की
लेट के जाना	–	शवयात्रा निकलना
लेडीज बार	–	ऐसे शराबख़ाने जहाँ महिलाएँ शराब परोसती और नाचती हैं।
लैंडिंग एजेंट	–	तस्करी का माल समुद्र में बाहर लाने का

		काम करने वाले
लैटर	—	सन्देश
लोचा	—	विवाद, झगड़ा, मारपीट
लोचा लबाचा	—	समस्या
लोड लेना	—	बहुत विचार करना, काम अधिक करना, तनाव में
वंटास की गोली	—	भाग ले
वट	—	शान
वटक ले	—	ग़ायब हो जा, चला जा
वसई	—	विरार-भैंगे व्यक्ति के लिए
वसूली	—	उगाही
वहान	—	ढऊ, 30 से 50 मीटर लम्बा लकड़ी का जहाज़, जिनके पंजीकरण नहीं होते। तस्करी में काफ़ी इस्तेमाल होते हैं।
वांदा होना	—	तकलीफ होना, नहीं मिलना, कम होना
वाट लगना	—	हालत खस्ता होना, तबाह होना
विकेट	—	किसी की हत्या के लिए प्रचलित शब्द
वीडीआईएस	—	स्वैच्छिक आय घोषणा योजना
व्हाइटम व्हाइट	—	सफेद कपड़े
शाब बाबू	—	नेपाली या पहाड़ी लोगों के लिए
शूटआऊट	—	गोलीबारी
शूटर	—	गोलियाँ चला कर हत्या करने वाले
शेंडी लगाना	—	बेवकूफ बनाना, चूना लगाना
शॉट दिखाऊँ क्या?	—	गोली मारूँ क्या तुम्हें? ये शब्द आमतौर पर शिकार को भयभीत करने के लिए होते हैं।
श्याना	—	छुटभैया लफंगा इलाके का
सन्तरा, नारंगी, मौसंबी, गुलाब	—	देसी शराब के नाम
सटक गयी	—	दिमाग़ ख़राब होना, ग़ुस्से में आना
सटक ले	—	भाग लो
सरगना	—	गिरोह का सरदार
सलटा देना	—	हत्या करना
सलटा ले	—	निपटा ले

सांई	–	सिंधी बन्दे के लिए
साँड़	–	बलशाली पुरुष
साफ़ करना	–	हत्या करना
सामान	–	हथियार
सिंडिकेट	–	एक समूह जिसके विचार या काम एक जैसे हों
सिकलीगर	–	अवैध रूप से हथियार बनाने में महारत रखने वाली मध्यप्रदेश की सिक्ख जनजाति
सीआईडी	–	खुफिया पुलिस
सीबीआई	–	केन्द्रीय जाँच ब्यूरो
सुट्या	–	नशेड़ी
सुपड़ी साफ़	–	पूरा काम ख़त्म
सुपारी	–	ठेका, काम देना
सुमड़ी	–	चुपचाप, गोपनीयता से (सब काम सुमड़ी में होना मँगता है)
सूलेमानी कीड़ा	–	अपने काम में माहिर व्यक्ति, किसी काम का जबरदस्त जानकार
सेंटी	–	भावुक
सॉफ्ट टारगेट	–	बेहद आसान निशाने
स्क्वेयर फीट भाई	–	गुंडा जो किसी गिरोह विशेष से न जुड़ा हो।
स्ट्रेट	–	चाकू
स्ट्रेट घुमा दिया	–	चाकू मार दिया
स्थगनादेश	–	अदालत द्वारा किसी मामले में स्थिति जस की तस रखने का आदेश
स्नाइपर	–	ऐसे पक्के निशानेबाज जो एक गोली से एक व्यक्ति की हत्या करते हैं।
स्नीफर	–	एफबीआई का सॉफ्टवेयर जो इंटरनेट, टेलीफ़ोन, ई-मेल, वेबसाइटों, एसएमएस सन्देश व अन्य संचार साधनों की लगातार छानबीन करता है।
हज्जाम	–	बेवकूफ

हटा सावन की घटा — चल दूर हो जा, परवाह नहीं करना

हटेला — पागल, सनकी

हड़का दिया — डाँट दिया

हफ्ता — गुंडे को देने वाली रकम, जबरन पैसे की वसूली, संरक्षण राशि

हरी पत्ती — रुपये, सौ का नोट

हलकट — बत्तमीज

हवा आने दे — हटो यहाँ से, जाओ यहाँ से

हाईला — बाप रे, हे भगवान

हाथ पे आजा — मेरे मोबाइल पर फ़ोन करो।

हाथी — डेस्क टॉप कम्प्यूटर

हिल गया — अचरज में पड़ गया, डर गया

हिले डुले — समलिंगी व्यक्ति

हूल देना — डराना, धमकाना

हूलपट्टी — धमकियाँ देना

हेरोईन — ब्राऊन शुगर से परिष्कृत नशा काफ़ी महँगा है।

होम ग्राउंड — स्थानीय अदालत के विषय में इस्तेमाल होने वाला शब्द।

आभार

किसका आभार मानूँ, किसका नहीं!

सच तो यह है कि सबसे पहले आभार उन सभी का मानना होगा, जिनके जीवन एवं मृत्यु की कीमत पर उक्त शब्द गढ़े जा सके। वे सभी मुखबिर या ख़बरी या ज़ीरो नम्बर, जिनके रक्त के दलदल में धँसे बिना ये सूचनाएँ मुझ तक नहीं पहुँच सकती थीं।

आभार के दूसरे हकदार वे जाँच एवं खुफिया एजेंसियों के अधिकारी हैं, जिनकी मेहनत व शौर्य के बूते ढेरों मामले हल हुए, दर्जनों असली मुठभेड़ हुईं, रक्तपिपासु प्रेतों के मृत्यु नाद के बीच जिनकी हुंकार ने मेरे अन्दर का भय नष्ट कर दिया। उनके बनाये दस्तावेज़ों और उनके स्मृतिकोषों से जो मिला, उसका एक बड़ा अंश भी यहाँ है।

मेरे कुछ सहयोगी, विशेषकर अमजद अंसारी, जावेद शेख़, रवि, नेहा जालान, अभिषेक जोशी जिन्होंने पिछले दो दशकों की मेरी शोध व लेखन यात्रा में बहुत मदद की। मेरी हस्तलिखित सामग्री वे टाइप करते गये। सहेजते गये। उसे सजाते-सँवारते गये। इनका साथ नहीं मिला होता, तो यह महती कार्य आप तक पहुँचना कुछ दुष्कर होता।

मेरे दोनों छोटे भाई, उदयन व कात्यायन का विशेष आभार। वे मेरे सबसे बड़े आलोचक थे, रहे हैं, और रहेंगे। उनकी आलोचनाओं ने सुधार की गुंज़ाइश ख़ूब पैदा की। परिवार के बाकी सभी लोगों का आभार इसलिए क्योंकि मैं जो समय उन्हें दे सकता था, वह न दे सका। 24 घंटों में से 18 से 20 घंटे उन तंग गलियों में बरसों तक ये जानकारियाँ खँगालते जो बीते।

हिन्दी दैनिक अख़बार 'जनसत्ता' के उन सभी संगी-साथियों का आभार, जिन्होंने साथ दिया। उन सबका खास तौर पर आभार, जिन्होंने

मेरे लेखन का विरोध किया। उनका विरोध जितना प्रबल होता, उतना मैं बाजिद होता। इसी प्रखर विरोध ने यह काम करने के लिए प्रेरित किया था।

कुछ वकील मित्र हैं। मुंबई सत्र अदालत से हाईकोर्ट तक कई ऐसे मित्र रहे हैं। इनका आभार प्रकट करना ही होगा। नाम नहीं दे सकता, उनके व्यावसायिक हितों पर चोट पहुँचेगी। उनसे भी ढेरों जानकारियाँ और दस्तावेज़ समय-समय पर मिलते रहे।

□□

कुछ तस्वीरें

अबू सालेम उर्फ़ चिकना उर्फ़ सरदार
–(फ़ोटो पुलिस रिकार्ड से)

अनीस इब्राहिम
–(फ़ोटो पुलिस रिकार्ड से)

अश्विन मारुति नाईक
–(फ़ोटो पुलिस रिकार्ड से)

अब्दुल लतीफ
—(फ़ोटो पुलिस रिकार्ड से)

अब्दुल लतीफ, गुजरात का कुख्यात सरगना
—(फ़ोटो पुलिस रिकार्ड से)

अबू सायमा उर्फ़ जावेद फावड़ा
—(फ़ोटो पुलिस रिकार्ड से)

अनिल परब उर्फ वांग्या
–(फ़ोटो पुलिस रिकार्ड से)

अनिल परब उर्फ वांग्या
–(फ़ोटो पुलिस रिकार्ड से)

एंजेल एंड्रयू फर्नांडिज उर्फ छोटू
–(फ़ोटो पुलिस रिकार्ड से)

भाई ठाकुर
—(फ़ोटो पुलिस रिकार्ड से)

बालू डोकरे उर्फ़ सुरेश कृष्णकान्त
—(फ़ोटो पुलिस रिकार्ड से)

ब्रजेश सिंह
—(फ़ोटो पुलिस रिकार्ड से)

बाबू रेशिम
—(फ़ोटो पुलिस रिकार्ड से)

डेविड परदेसी
—(फ़ोटो मुंबई पुलिस)

राजू चिकना
—(फ़ोटो मुंबई पुलिस)

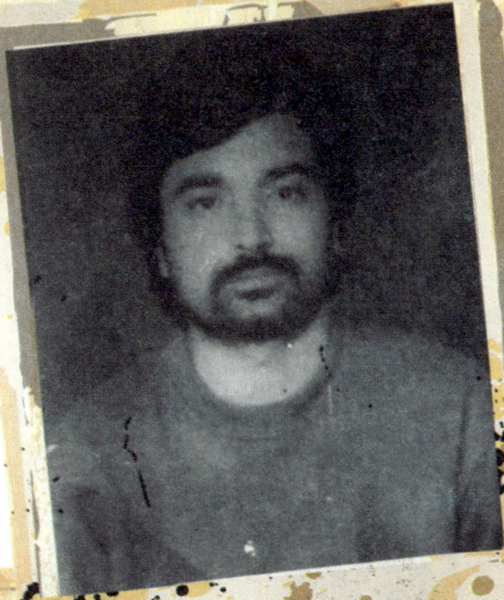

हेमन्त पुजारी
—(फ़ोटो पुलिस रिकार्ड से)

मुंबई के माफिया सरगना

दाऊद इब्राहिम
–(फ़ोटो पुलिस रिकार्ड से)

डीके राव उर्फ़ मल्लेश वोरा
–(फ़ोटो पुलिस रिकार्ड से)

एजाज पठान
–(फ़ोटो पुलिस रिकार्ड से)

फरीद तानशा
—(फ़ोटो पुलिस रिकार्ड से)

एजाज लकड़ावाला
—(फ़ोटो पुलिस रिकार्ड से)

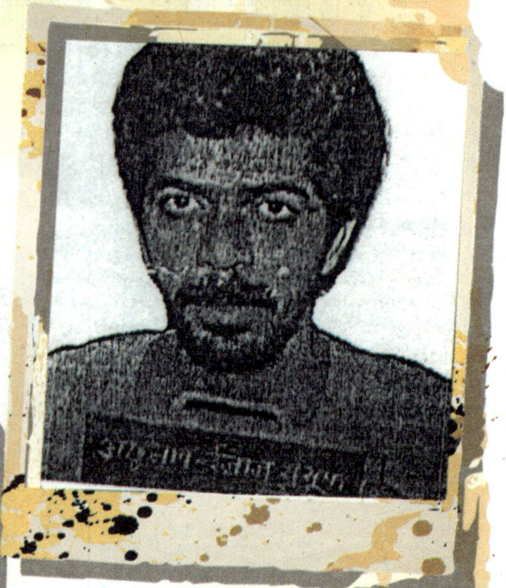

फजलू रहमान
—(फ़ोटो पुलिस रिकार्ड से)

मुंबई के माफिया सरगना

छोटा राजन उर्फ़ नाना उर्फ़ राजन निखालजे
–(फ़ोटो पुलिस रिकार्ड से)

छोटा राजन उर्फ़ नाना उर्फ़ राजन निखालजे
–(फ़ोटो पुलिस रिकार्ड से)

करीम लाला उर्फ़ बाबा खान
–(फ़ोटो पुलिस रिकार्ड से)

करीम लाला उर्फ़ बाबा खान
–(फ़ोटो पुलिस रिकार्ड से)

मुंबई के माफिया सरगना

हुसैन वस्त्रा
—(फ़ोटो पुलिस रिकार्ड से)

हाजी मस्तान और फ़िल्म अभिनेता धर्मेन्द्र
—(फ़ोटो पुलिस रिकार्ड से)

इस्माईल मलाबारी उर्फ़ इक़बाल हुसैन
—(फ़ोटो पुलिस रिकार्ड से)

नूरा कासकर और चंकी पाण्डे
–(फ़ोटो मुंबई पुलिस)

नूरा कासकर
–(फ़ोटो मुंबई पुलिस)

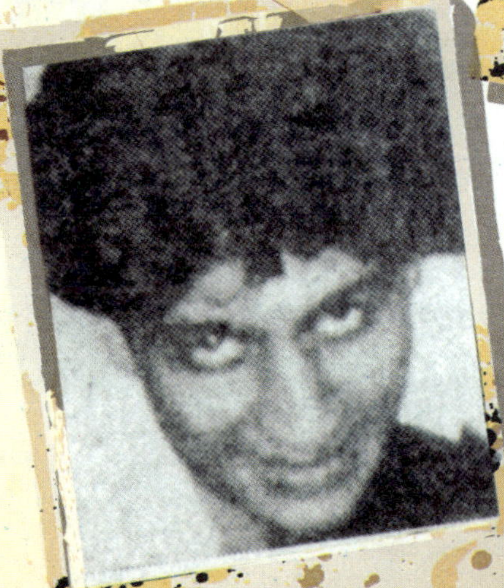

फीलू खान
–(फ़ोटो मुंबई पुलिस)

रमा नाईक
—(फ़ोटो पुलिस रिकार्ड से)

रमा नाईक
—(फ़ोटो पुलिस रिकार्ड से)

साबिर खान, दाऊद का भाई पठानों के हाथों गोलियों से छलनी होने के बाद
—(फ़ोटो पुलिस रिकार्ड से)

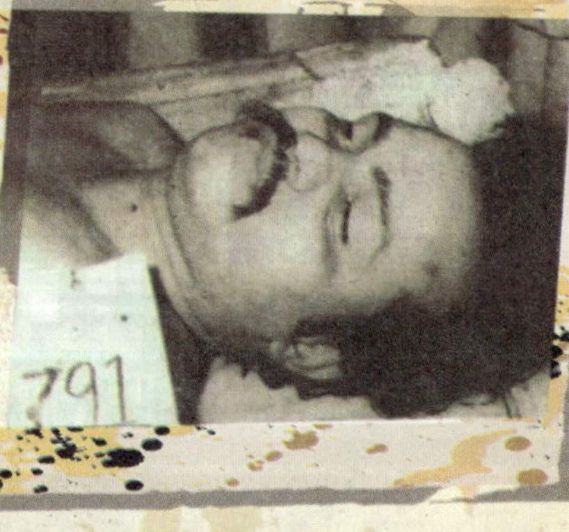

संजय मयेकर उर्फ़ बाब्या मयेकर
—(फ़ोटो पुलिस रिकार्ड से)

सुनील सावन्त उर्फ़ सावत्या
—(फ़ोटो पुलिस रिकार्ड से)

शरद शेट्टी
—(फ़ोटो विवेक अग्रवाल के संग्रह से)

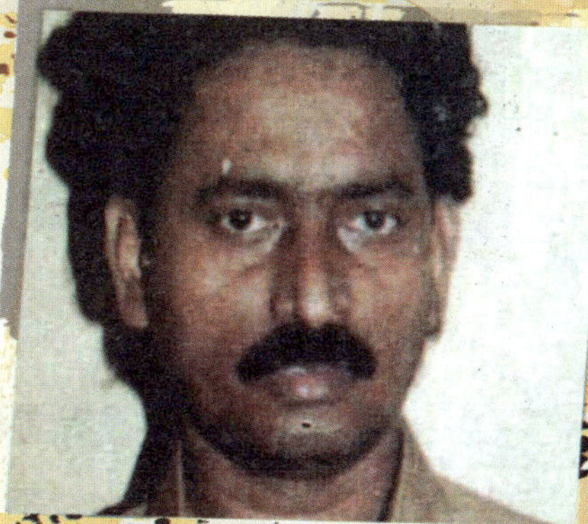

सुरेश मंचेकर उर्फ़ महाराज
—(फ़ोटो पुलिस रिकार्ड से)

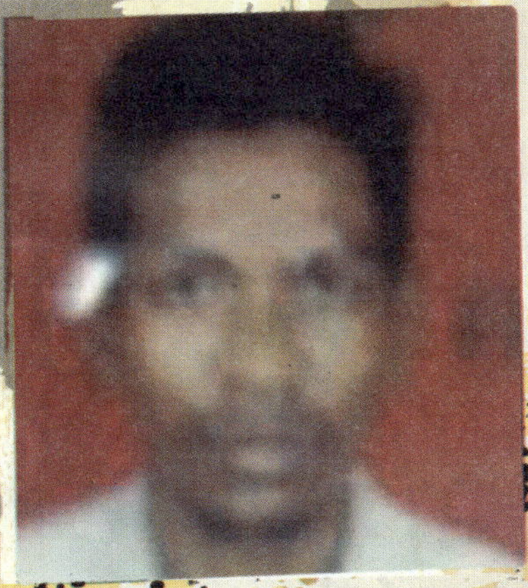

सुनील जाधव उर्फ़ एक्का
—(फ़ोटो पुलिस रिकार्ड से)

टाइगर मेमन
—(फ़ोटो पुलिस रिकार्ड से)

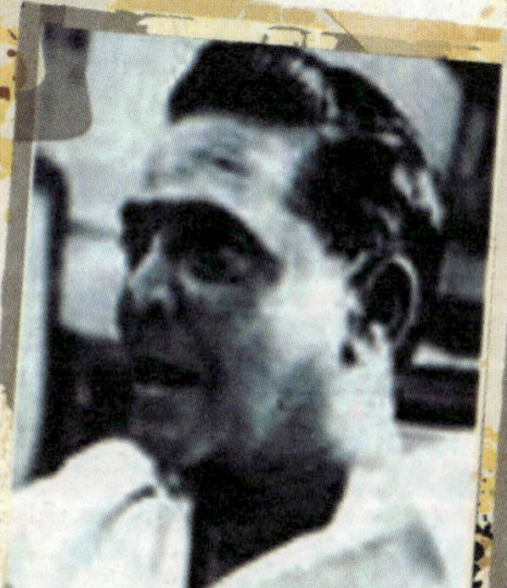

वरदराजन मुदलियार उर्फ़ वरदा दादा
—(फ़ोटो पुलिस रिकार्ड से)

विक्रम वाही उर्फ़ विजय शर्मा
—(फ़ोटो पुलिस रिकार्ड से)

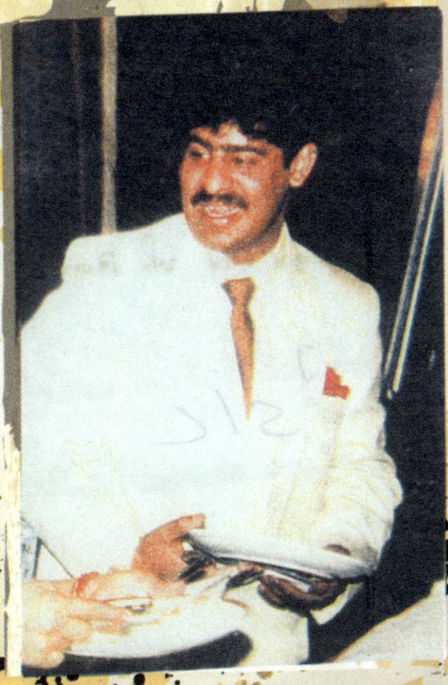

विक्रान्त उर्फ़ विक्की मलहोत्रा
—(फ़ोटो पुलिस रिकार्ड से)

वेंकटेश बग्गा रेड्डी उर्फ़ बाबा अजीम रेड्डी
—(फ़ोटो पुलिस रिकार्ड से)

मदार चाँद प्यारे, तेल माफिया
—(फ़ोटो पुलिस रिकार्ड से)

जमीम शाह, स्पेस टाइम नेटवर्क के मालिक की हत्या डी-कम्पनी से जुड़ाव के कारण हुई
—(फ़ोटो पुलिस रिकार्ड से)

तारिक परवीन
—(फ़ोटो पुलिस रिकार्ड से)

मदन चौधरी
—(फ़ोटो पुलिस रिकार्ड से)